Armin Müller
Kienzle

PERSPEKTIVEN DER WIRTSCHAFTSGESCHICHTE

Herausgegeben von Clemens Wischermann und Katja Patzel-Mattern

Band 2

Armin Müller

Kienzle

Ein deutsches Industrieunternehmen
im 20. Jahrhundert

Mit einem Vorwort von Thomas Guzatis und einem Nachwort
von Christian H. Kienzle

Umschlagabbildung: Lkw der Kienzle Apparate GmbH in den 1960er Jahren
(Archiv Wenzel) und Diagrammscheibe eines Kienzle-Fahrtschreibers (Archiv KATI).

Bibliografische Information der Deutschen Nationalbibliothek:
Die Deutsche Nationalbibliothek verzeichnet diese Publikation in der Deutschen
Nationalbibliografie; detaillierte bibliografische Daten sind im Internet über
<http://dnb.d-nb.de> abrufbar.

Dieses Werk einschließlich aller seiner Teile ist urheberrechtlich geschützt.
Jede Verwertung außerhalb der engen Grenzen des Urheberrechtsgesetzes
ist unzulässig und strafbar.
© 2011 Franz Steiner Verlag, Stuttgart
Druck: Hubert & Co, Göttingen
Gedruckt auf säurefreiem, alterungsbeständigem Papier.
Printed in Germany.
ISBN 978-3-515-09845-8

INHALTSVERZEICHNIS

Thomas Guzatis: Vorwort 7

Phönix aus der Asche 9

1. **Wurzeln und Anfänge** 13
   - 1.1. Ein Kind der Schwarzwälder Uhrenindustrie 13
   - 1.2. Umbrüche in der Uhrenbranche 18
   - 1.3. Lehr- und Wanderjahre des Gründers 20
   - 1.4. Die Gründung der Kienzle Taxameter und Apparate AG 23
   - 1.5. Die Geburtsstunde des Kienzle-Taxameters 28
   - 1.6. Apparate zur Betriebs- und Fahrzeugkontrolle 34
   - 1.7. Die Anfänge des Fahrtschreibers 37
   - 1.8. Der wirtschaftliche Aufstieg im Nationalsozialismus 42
   - 1.9. In der Kriegswirtschaft 49
   - 1.10. Die Kriegsfolgen: Demontage und Wiederaufbau 58

2. **Bürosysteme und Computer aus Villingen** 65
   - 2.1. Situation der Büromaschinenindustrie 1945 65
   - 2.2. Von Chemnitz nach Villingen 68
   - 2.3. Die späte Blüte der mechanischen Büromaschine 75
   - 2.4. Einstieg in die Elektronik 80
   - 2.5. Die Entwicklungskrise 1962 85
   - 2.6. Kienzle, Nixdorf und die Mittlere Datentechnik 90
   - 2.7. Kienzle Datensysteme in den 70er Jahren 100
   - 2.8. Computer der neuen Generation 9000 108
       Die Geschichte der Mannesmann Tally 111
   - 2.9. Trennung vom Computergeschäft 118
   - 2.10. Die kurze Geschichte der Digital-Kienzle 123

3. **Die Goldenen Jahre** 127
   - 3.1. Feinmechanik in höchster Präzision 127
   - 3.2. Der Siegeszug des Fahrtschreibers in der frühen Bundesrepublik 131
   - 3.3. Fahrtschreiber als unbestechliche Zeugen im Straßenverkehr .. 139
   - 3.4. Neue Anwendungen der Betriebsdatenerfassung 144
   - 3.5. Technik für die moderne Tankstelle 149
   - 3.6. Groschengräber aus Villingen 154

Inhaltsverzeichnis

- 3.7. Das Unternehmen wächst ... 157
  - *Gastarbeiter bei Kienzle Apparate* ... 167
- 3.8. Pflege der Stammbelegschaft ... 168
- 3.9. Selbstbewusste Kienzleaner ... 175
- 3.10. Aus- und Weiterbildung ... 181

4. Wachstumsmärkte im Automobilgeschäft ... 185
- 4.1. Entwicklung des elektronischen Taxameter ... 185
- 4.2. Ein Fahrtschreiber für ganz Europa ... 189
- 4.3. Wege zum Kunden ... 197
- 4.4. Engagiert auf den Inlandsmärkten ... 201
- 4.5. Das Apparate-Vertriebsnetz ... 204
- 4.6. Besondere Beziehungen nach England und Japan ... 209

5. Vom Familienunternehmen zur Konzerntochter ... 215
- 5.1. Eine Unternehmerfamilie mit starkem Management ... 215
  - *Geschichte der ARGO-HYTOS* ... 221
- 5.2. Die Krise und der Verkauf an Mannesmann ... 232
- 5.3. Integration in die Mannesmann AG ... 240
- 5.4. Von der Konkurrenz zur Kooperation: Kienzle und VDO ... 250
- 5.5. VDO Kienzle: Fusion und Neuordnung im Vertrieb ... 256

6. Neue Wege der automobilen Kommunikation ... 261
- 6.1. Langer Abschied vom mechanischen Fahrtschreiber ... 261
- 6.2. Starthilfe für das Mobilfunknetz D2 ... 266
- 6.3. Der Unfalldatenspeicher und die Schwierigkeiten mit dem Pkw-Geschäft ... 269
- 6.4. Erfolge mit Cockpitsystemen und Start des Digitaltachographen ... 273
- 6.5. Zukunftsmarkt Mautsysteme ... 277
  - *Die Geschichte des Kienzle-Taxameters* ... 280
- 6.6. Kienzles Erben ... 283
- 6.7. Siemens, Conti, Schaeffler: Neue Konzerne am Traditionsstandort Villingen ... 287

7. Ein Unternehmen in seiner Zeit ... 295
- 7.1. Produkte des angewandten Taylorismus ... 295
- 7.2. Computer made in Germany ... 298
- 7.3. Die automobile Gesellschaft und ihre Regulierung ... 302

Christian H. Kienzle: Nachwort ... 307

Danksagung ... 309

Bildnachweis ... 311

VORWORT

Mit der Eintragung der Kienzle Argo Taxi International GmbH in das damals bestehende Handelsregister von Villingen-Schwenningen am 24. Februar 1999 endete die seit über 70 Jahren von der Kienzle Apparate gepflegte Tradition des Taxameter-Geschäftes. Die Verlagerung der Produktion von Villingen nach Leipzig im April 2001 war der endgültige Abschied von jenem Unternehmen, das einst die Telegrammadresse „TAXAMETER VILLINGEN" führte. Schon zu diesem Zeitpunkt traf sich regelmäßig einmal im Monat ein Stammtisch ehemaliger Kienzle-Mitarbeiter, um über vergangene Zeiten Erinnerungen auszutauschen. Der Verfasser dieses Wortes zum Geleit hatte das Glück, nur wenig später den Kreis der Ehemaligen kennenzulernen und interessiert deren Erinnerungen teilen zu können. Mit jedem Besuch wuchs die Erkenntnis, dass hier so viel Wissen um die Geschichte des Unternehmens, deren Produkte, deren Märkte und das gesamte Umfeld der Zeit versammelt war, dass es sehr traurig gewesen wäre, dieses in Vergessenheit geraten zu lassen. Die Idee entstand, das Erlebte festzuhalten und dadurch die Weitergabe an Interessierte zu ermöglichen. Um dies in angemessener Qualität und Sorgfalt möglich zu machen, wurde Kontakt mit Prof. Dr. Clemens Wischermann, Fachbereich Geschichte und Soziologie der Universität Konstanz, aufgenommen mit dem Vorschlag, gefördert durch die Kienzle Argo Taxi International, ein Buch über die Geschichte der Kienzle Apparate zu verfassen. In der Person von Dr. Armin Müller wurde ein Autor gefunden, der sich mit großer Umsicht und hohem Engagement ab Winter 2004 diesem Thema zuwandte. Grundlage für diese Arbeit war dabei der im Juli 2005 geschlossene Forschungs- und Entwicklungsvertrag zwischen der Universität Konstanz und der Kienzle Argo Taxi International. Damit waren die Voraussetzungen für das vorliegende Werk geschaffen.

Das Projekt mit Leben erfüllen konnten aber erst rund 20 Interviews, die Dr. Müller mit zahlreichen Mitarbeitern ebenso führte wie mit Luitgard Kienzle, Witwe von Jochen Kienzle, der gemeinsam mit seinem Bruder Herbert und Dr. Martin Fahnauer die Geschäftsführung des Unternehmens bis zu dessen Übergang 1981/82 auf den Mannesmann-Konzern innehatte. Stellvertretend für alle befragten Zeitzeugen müssen aber vier jahrzehntelang leitende Mitarbeiter genannt werden, ohne deren intensive Mitwirkung und regelmäßige Zuarbeit das Buch nicht hätte entstehen können. Es sind dies Dipl.-Volkswirt Herbert Ackermann (Leiter der Presse- und Öffentlichkeitsarbeit), Rechtsanwalt Josef Zieglwalner (Leiter der Rechtsabteilung und des Personalbereichs der leitenden Angestellten) sowie die leider zwischenzeitlich verstorbenen Klaus Thede (Verantwortlicher für den Apparatebereich des Unternehmens sowie Inhaber der gleichnamigen Gebietsvertretung in Bremen) und Ingenieur Karl Vögtlin (führender Konstrukteur und Inhaber zahlreicher Patente).

Nicht unerwähnt bleiben darf die umfangreiche Archivarbeit, ohne die es nicht möglich gewesen wäre, in der vorliegenden Qualität und Tiefe zu berichten. An erster Stelle ist hier zu nennen das Archiv der damaligen Siemens VDO Automotive, Werk Villingen, in das großzügig Zugang und Einsicht gewährt wurde. Ferner das Schwenninger Uhrenmuseum, dessen Depot die Sichtung einer großen Menge von Produkten des Hauses ermöglichte, das Stadtarchiv Villingen-Schwenningen, das Staatsarchiv Freiburg, das Generallandesarchiv Karlsruhe sowie das Berliner und Freiburger Bundesarchiv und nicht zuletzt das Mannesmann-Archiv in Mülheim/Ruhr, die viele Akten beisteuerten, durch die vertieft und aufgeklärt werden konnte. Neben den zahlreichen Unterlagen aus dem Besitz der Befragten sind auch noch die Kienzle-Blätter zu nennen, die zwischen 1951 und 1982 erschienen und eine wertvolle Quelle zu Personen, Strukturen, Alltag, technischen Entwicklungen und Unternehmensentwicklung sind.

Zahlreiche Unternehmenszusammenführungen und -übergänge führten in der Zeit zwischen 2000 und 2010 dazu, dass der Name Kienzle, Synonym für qualitativ anspruchsvolle Technik rund um das Fahrzeug, immer mehr in den Hintergrund trat. Heute befindet sich der Name nur noch auf der Verpackung der Diagrammscheiben für die Fahrtschreiber aus der Zeit vor der Einführung der elektronischen Aufzeichnung im Fahrzeug. Neue Produkte unter diesem traditionsreichen Namen werden weiter von der Kienzle Argo Taxi International GmbH in den Markt gebracht, während in den Firmennamen von Kienzle Argo GmbH und Kienzle Automotive GmbH der Name für Kunden in Deutschland weiterlebt. Der zweite Namensbestandteil „Argo", abgeleitet von der griechischen Argonautensage und weltweit über Jahrzehnte hinweg überall dort verwandt, wo aufgrund der Landessprache die Nennung des Namens Kienzle nur schwer verständlich ist, lebt in der ARGO-HYTOS, einem auf Hydraulik und Filtertechnik spezialisierten Unternehmen weiter, dessen geschäftsführender Gesellschafter Christian H. Kienzle ist.

Möge das vorliegende Werk ebenso für Außenstehende wie für Kenner der Firmengeschichte interessant sein und dazu beitragen, den Namen Kienzle in Verbindung mit innovativer Technik von hoher Qualität rund um das Fahrzeug nicht in Vergessenheit geraten zu lassen!

Berlin, im Januar 2011
Thomas Guzatis
Geschäftsführer der Kienzle Argo Taxi International GmbH

PHÖNIX AUS DER ASCHE

Unternehmensgeschichten sind oft wie Matroschkas, die russischen Schachtelpuppen, aufgebaut. Öffnet man die äußerste Hülle, dann findet man eine weitere, etwas kleinere Puppe darin. Nimmt man diese zweite heraus, kann man sie ebenfalls öffnen und entdeckt eine dritte Puppe, und so weiter. Heutige Großkonzerne ähneln in ihrem Aufbau diesem Schachtelprinzip. Ihre Größe und Wirtschaftskraft entstand oft Schritt um Schritt infolge von Zusammenschlüssen und Aufkäufen von anderen Firmen und deren Marken – *Mergers and Acquisitions* heißt das in zeitgeistigem Neudeutsch. In ihrem Inneren verbergen die Konzerne bunt schillernde Teile, die sich bei näherer Betrachtung als besonders wertvoll gearbeitet „entpuppen". Ihre Geschichten sind oft genug sehr spannend, sie erzählen von vergangenen Erfolgen und Misserfolgen. Trotz der verlorenen Eigenständigkeit machen diese Standorte bis heute einen wichtigen Teil der Leistungs- und Innovationskraft der Gesamtkonzerne aus und bilden damit die Basis für zukünftige Umsätze und Gewinne.

Eine dieser Geschichten ist die der Kienzle Apparate GmbH. Sie spielt in Villingen im Schwarzwald; ihren Widerhall fand sie aber in allen Teilen der Bundesrepublik und weit über die nationalen Grenzen hinaus. Es ist eine Geschichte, die zwei zentrale Spannungsbögen der deutschen Industriegeschichte des 20. Jahrhunderts enthält. Zum einen handelt sie vom Aufstieg und vom Erfolg der Autoindustrie und ihrer Zulieferer. Zum anderen ist sie Teil vom wechselvollen Auf und Ab und letztlich dem Scheitern der Computerproduzenten in diesem Land. Unternehmensgeschichte enthält hier im besten Sinne Gesellschaftsgeschichte in vielerlei Facetten, in ihr spiegeln sich zentrale politische, wirtschaftliche und technologische Umbrüche und Trends.

Heute ist das Villinger Werk Teil der Continental AG (kurz Conti) und damit wesentlich von deren Konzern- sowie der gesamten Branchenentwicklung abhängig. Die Konzernentwicklung wird seit Sommer 2008 vom fränkischen Familienunternehmen Schaeffler mitbestimmt, als Schaeffler begann, die Conti AG zu übernehmen. Dass Schaeffler dabei ins Straucheln geriet, ist im Wesentlichen Folge der einsetzenden Krise der gesamten Autoindustrie infolge der globalen Finanz- und Wirtschaftskrise. Traditionsreiche Großkonzerne wie General Motors, Ford oder Chrysler mussten zwischenzeitlich ein Insolvenzverfahren durchlaufen, andere Hersteller retteten mit Kurzarbeit, Entlassungen und weitreichenden Sparprogrammen, was zu retten war. Der riskante Übernahmeversuch von Schaeffler fiel somit in eine alles andere als rosige Zeit der Autobranche. Mittlerweile atmet die Autobranche wieder auf und erfreut sich seit 2010 wieder guten Geschäften.

Auch Werke, wie das in Villingen, mit eigentlich modernen und konkurrenzfähigen Produkten, durchlebten unsichere Zeiten. Viele Beschäftigte waren von Kurzarbeit betroffen, die Zahl der Arbeitsplätze wurde reduziert. Immerhin verständigten sich Arbeitgeber und Arbeitnehmer im Herbst 2009 auf eine Standortgarantie für die kommenden fünf Jahre. Teil des Abkommens waren aber materielle Einschnitte für die Arbeiter und Angestellten im Villinger Werk.

Zu Beginn der Kienzle-Geschichte hätte man sich diese Gesamtentwicklung nicht träumen lassen. Dort wo heute in Villingen die Fahnen des Conti-Konzerns flattern, stand über Jahrzehnte hinweg der Name Kienzle Apparate für ein modernes, innovatives und international bekanntes Industrieunternehmen. Zur Continental AG gehört das Werk Villingen aber erst seit Ende 2007, zuvor war es nacheinander Teil des Mannesmann- und des Siemens-Konzerns und davor stehen 50 Jahre als eigenständiges Familienunternehmen. Die Gründungsjahre der Kienzle Apparate lagen in der Endphase der Weimarer Republik, also mitten in der ersten großen Weltwirtschaftskrise. Es entstand als Spin-Off der Kienzle Uhrenfabriken mit Sitz im benachbarten Schwenningen. Familiäre Entwicklungen führten dazu, dass das Geschäft mit neu entwickelter Mess- und Kontrolltechnik im Villinger Werk konzentriert und unter Führung eines der Unternehmersöhne verselbständigt wurde. In der anbrechenden Weltwirtschaftskrise war dieser Schritt in die Selbständigkeit aber steinig und hart. Ihre Folgen zwangen weite Teile der deutschen Wirtschaft in die Knie. Wie verheerend die Folgen waren, zeigt ein Blick auf die damalige Kienzle-Belegschaft: War das Unternehmen 1928/29 mit rund 250 Arbeitern und Angestellten gestartet, so mussten im Laufe der Folgejahre über 80 Prozent der Beschäftigten entlassen werden. Am Tiefpunkt der Entwicklung waren nur noch 40 Mitarbeiter beschäftigt und selbst diese Rumpfbelegschaft war 1932 nur mit einer Drei-Tage-Woche ausgelastet.

Es waren das Durchhaltevermögen des Gründers und sein Vertrauen in die Zukunftsfähigkeit der eigenen Produkte, die das Unternehmen überleben ließen. Die weitere Entwicklung sollte diese Hoffnung bestätigen. Zunächst in den 30er Jahren und dann in der Nachkriegszeit durchlief Kienzle Apparate einen rasanten Aufstieg. Wie ein Phönix aus der Asche entstieg Kienzle Apparate den Folgen der großen Weltwirtschaftskrise. Das Unternehmen schaffte es, die eigenen technologischen Wurzeln in der Schwarzwälder Uhrenindustrie sowie das Know-how der Mitarbeiter in neue, innovative Produkte umzusetzen. Anstelle der Uhren in den väterlichen Fabriken entwickelte man Mess- und Kontrollapparate für Betriebe und Automobile und betrat damit die sich noch vage abzeichnenden Zukunftsmärkte. Später nutzte Kienzle das eigene feinmechanische Können, um neue Büromaschinen und datenverarbeitende Systeme herzustellen. Automobilisierung und Elektronische Datenverarbeitung waren sicherlich zwei technisch-industrielle Großtrends des 20. Jahrhunderts.

Der Blick in die eigene Geschichte ist somit für die heutige Zeit auch ein Zeichen der Hoffnung. Die industriellen Erben der Kienzle Apparate sehen, dass ihre Zukunft letztlich auch in schwierigen Zeiten von den eigenen technologischen Potentialen, den Fähigkeiten der eigenen Mitarbeiter sowie dem Wissen um zukünftige Märkte abhängt. Auch unter den aktuellen Rahmenbedingungen wird wieder der eine oder andere Phönix aus der Asche steigen.

Die Kienzle-Geschichte verweist aber auch auf die Möglichkeit des Scheiterns in einer solchen Situation. Rund 40 Jahre war Kienzle eine der führenden deutschen Marken in der Büromaschinen- und Computerindustrie. Heute ist die Geschichte der gesamten Branche aber weitgehend vergessen. Kaum eine der einstmals strahlenden Marken ist heute noch bekannt. Manch einer mag noch mit den Namen Nixdorf, Siemens oder Telefunken eine vage Erinnerung an deutsche Computersysteme verbinden, aber wie steht es mit Triumph-Adler, Olympia, Anker, CTM, Wanderer, Siemag und eben auch Kienzle? Selbst in der Region Schwarzwald-Baar ist der alte Name Kienzle heute kaum noch präsent, das gilt auch für die meisten anderen Marken. Auf ihre Spuren stößt man nur noch in manchem Industrie- und Technikmuseum. Computer „made in Germany" gehören der Vergangenheit an.

Obwohl das Villinger Werk heute mit aktuell rund 1.300 Mitarbeitern größter industrieller Arbeitgeber der Region ist, ist der Markenname Kienzle weitgehend in Vergessenheit geraten. Am ehesten erinnert sich noch der Kundenkreis der ehemaligen Kienzle-Produkte an den Traditionsnamen. In vielen Taxis tut noch heute ein Taxameter der Marke Kienzle Argo seinen Dienst. Genauso bei Bus- und Lkw-Fahrern: Die meisten Fahrzeuge sind dazu verpflichtet, einen Fahrtschreiber (Tachographen) als Kontrollgerät mitzuführen, und in neun von zehn Fällen wird man darauf den Markennahmen VDO finden. Dann sind es Geräte, die in der Kienzle-Tradition bis heute im Villinger Werk der Continental AG hergestellt werden.

Taxameter, Fahrtschreiber, aber auch Bus-Cockpits, Mautsysteme und Betriebsdatenerfassung: Auch wenn auf der äußeren Matroschka-Puppe nur noch selten Kienzle drauf steht, steckt oft noch eine Kienzle-Puppe darin. Die goldenen Jahre des Unternehmens mögen der Vergangenheit angehören, aber das industrielle Erbe Kienzles ist weiterhin lebendig. Versucht man die Kienzle-Geschichte in Bibliotheken nachzulesen, dann wird man aber fast vollständig scheitern. Bislang fehlt es an entsprechenden Darstellungen und selbst die ansonsten allwissenden Internetportale geben darüber nur dürftig oder verzerrt Auskunft. Der einzige Überblicksartikel zur Unternehmensgeschichte stammt vom langjährigen Leiter der Presse- und Öffentlichkeitsarbeit des Unternehmens und wurde in den Jahresheften des regionalen Geschichts- und Heimatvereins veröffentlicht.[1] Es bleibt zu hoffen, dass sich diese Situation mit dem Erscheinen dieses Buches ändert.

Die Kienzle-Geschichte wird in vier großen Abschnitten erzählt. Das erste Kapitel handelt von der Vorgeschichte in der regionalen Uhrenindustrie, der Gründung des eigenen Unternehmens 1928, der großen Krisen nach 1929 und dem ersten Aufstieg in der nationalsozialistischen Kriegswirtschaft. Kapitel 2, 3 und 4 liegen dann zeitlich parallel zueinander. Während zunächst die eigenständige Geschichte des zweiten Standbeins des Unternehmens, dem Geschäft mit Büromaschinen und Computern, erzählt wird, konzentrieren sich Kapitel 3 und 4 auf die Apparate für den Fahrzeugbereich und die allgemeine Unternehmensentwicklung bis zum Verkauf des Familienunternehmens an den Mannesmann-Konzern in den Jahren 1981/82.

---

1   Herbert Ackermann: Von Taxameter, Fahrtschreibern und Computern, die Geschichte der Kienzle Apparate GmbH, in: Jahresheft Geschichts- und Heimatverein Villingen 19 (1994/95), S. 92–106.

Hier werden nicht nur die Entwicklungen von Technik, Produktion und Märkten skizziert, sondern es wird auch auf das Wachstum und die sozialen Beziehungen im Unternehmen eingegangen. Kapitel 5 und 6 stellen schließlich den Übergang vom Familienunternehmen zur Konzerntochter dar. Gut 50 Jahre war man in Villingen in Familienhand, seit nunmehr 25 Jahren ist man Teil großer deutscher Industriekonzerne – zunächst der Mannesmann AG, dann der Siemens AG und nun der Continental AG. Welche Veränderungen durchlebte das Unternehmen, welche weiteren Entwicklungen erlebte es in dieser Zeit? Welches industrielle Erbe Kienzles lebt weiter? Die allerjüngsten Ereignisse um den Einstieg der Schaeffler-Gruppe und die große Finanz- und Wirtschaftskrise verdeutlichen, dass die Zukunft auch großer, erfolgreicher und kapitalstarker Wettbewerber nicht sicher ist.

In dem Buch werden die Produkte und ihre technische Weiterentwicklung, aber gleichberechtigt auch die Menschen des Unternehmens und die gesellschaftlichen Ideen hinter den Produkten lebendig gemacht. Deshalb schließt das Buch in Kapitel 7 mit einer übergreifenden Einordnung der Kienzle-Geschichte in die Technik-, Wirtschafts- und Gesellschaftsgeschichte des 20. Jahrhunderts. Es waren immer wieder große Ideen und Entwicklungslinien, die in Villingen ihren Niederschlag fanden und zu denen die Kienzle Apparate GmbH ihren Beitrag leistete.

Ravensburg, im Winter 2010/11
Armin Müller

1. WURZELN UND ANFÄNGE

1.1. Ein Kind der Schwarzwälder Uhrenindustrie

Das Unternehmen Kienzle Apparate ist ein Kind der feinmechanischen Uhrenindustrie des Schwarzwalds. Deren Vorgeschichte reicht bis ins 17. Jahrhundert zurück, von einer Industrie kann man aber erst seit Ende des 19. Jahrhunderts sprechen.[1] Bis dahin gab es viele handwerkliche Kleinbetriebe mit einem gewachsenen technischen Know-how, das auf ein gut ausgebildetes, bäuerliches Milieu zurückging, das ihr Gewerbe zunächst im Nebenerwerb betrieben hatte.[2] Diese Tradition garantierte über alle Krisen und Brüche hinweg bis tief in die Jahrzehnte der Bundesrepublik hinein eine hohe Qualität in der Uhren- und Schmuckproduktion. Hierbei hatte sich die Region um Villingen und Schwenningen schon früh zu einem überregionalen Zentrum der mechanischen Uhrenfertigung entwickelt.

Mit dem Beginn der Industrialisierung geriet das traditionelle Uhrengewerbe in eine tiefe Krise. Das althergebrachte Handwerk sah sich einer ausländischen Konkurrenz ausgesetzt, die ihm in einigen Schritten voraus war. In den USA gab es schon seit Beginn des 19. Jahrhunderts arbeitsteilig organisierte Uhrenfabriken, die es so schafften, ihre Produkte mit Hilfe moderner Vertriebsstrukturen auf die europäischen Märkte zu liefern und das zu Preisen, mit denen das Schwarzwälder Kleinhandwerk nicht konkurrieren konnte. Spätestens ab 1850 – die Industrialisierung war in den deutschen Ländern in vollem Gang – mussten sich diese Betriebe den Herausforderungen der Zeit stellen. Sie waren gezwungen, ihr Handwerk Schritt um Schritt den neuen Methoden aus Übersee anzupassen. Für das Jahr 1846 waren in Villingen 245 Großuhrmacher registriert, die aber jeweils nicht mehr als einen oder zwei Gehilfen hatten. 20 Jahre später zählte man schon 19 Uhrenfabriken, die insgesamt aber nicht mehr als 250 fest angestellte Arbeiter und weitere 200 Saisonkräfte beschäftigten.[3] Diese Zahlen zeigen den schnellen Wandel vom Handwerk zur Fabrik. Diesen Weg gingen aber nicht alle Uhrmacher, viele blieben auf der Strecke. Einige aber erkann-

---

1   Vgl. Rudolf Helms: Die Gründe und Ergebnisse der Zusammenschlussbewegung in der deutschen Uhrenindustrie, Diss. Ohlau in Schlesien 1930, hier S. 4–10; Peter Kurz (Hg.): 200 Jahre Schwenninger Uhren 1765–1965, Schwenningen 1965.
2   Vgl. Ernst Dessel: Die deutsche Uhrenindustrie und ihre Gegenwartsfragen unter besonderer Berücksichtigung der Schwarzwälder Uhrenindustrie, Diss. Tübingen 1929, S. 1–8; Ausschuß zur Untersuchung der Erzeugungs- und Absatzbedingungen der deutschen Wirtschaft (Hg.): Die Deutsche Uhrenindustrie (Verhandlungen und Berichte des Unterausschusses für allgemeine Wirtschaftsstruktur (I. Unterausschuß), 5. Arbeitsgruppe (Außenhandel), 17. Band, Berlin 1930.
3   Annemarie Conrad-Mach: Feinwerktechnik – Arbeitswelt – Arbeiterkultur. Ein Beitrag zur Wirtschafts- und Sozialgeschichte Villingens und Schwenningens vor 1914, Villingen-Schwenningen 1985, hier S. 18.

ten die Herausforderungen und stellten ihre Unternehmen auf zunehmend arbeitsteilige und automatisierte Fertigungsmethoden um. Zusätzlich eigneten sie sich die Gesetze der Märkte an und bildeten moderne, überregionale Vertriebsstrukturen aus. Zwei Musterbeispiele für diese Entwicklung bildeten die beiden unternehmerischen Wurzeln der Kienzle Apparate: Zum einen die Kienzle Uhrenfabriken in Schwenningen, zum anderen die Firma C. Werner in Villingen.

Die Geschichte der Kienzle Uhrenfabriken war die Geschichte von Jakob Kienzle, dem Sohn eines Schwenninger Getreidehändlers.[4] Geboren wurde er am 12. April 1859. Obwohl er nicht in Armut oder gar Elend aufwuchs, waren seine Kindheit und Jugend keineswegs ein Spaziergang. Der Vater starb schon vor seiner Geburt, so dass er im Haushalt seiner Tante aufwuchs. Diese war mit dem Uhrenmacher Friedrich Mauthe verheiratet. Dort kam Kienzle auch erstmals in Kontakt mit dem Uhrmacherhandwerk. Im Alter von 18 Jahren absolvierte er eine kaufmännische Lehre in einer Kolonialwarenhandlung in Triberg, dann arbeitete er zunächst in einer größeren Weberei in Mühlhofen am Bodensee, um dann wieder im Betrieb seines Onkels als Leiter der Verpackungs- und Versandabteilung eingesetzt zu werden.

Von dieser Tätigkeit unterfordert und im latenten Konflikt mit seinen Pflegeeltern stehend, schaute sich der 23jährige Kienzle nach neuen Herausforderungen um und fand diese im Handwerksbetrieb des Uhrmachers Christian Schlenker. Die Firma Schlenker existierte in Schwenningen seit 1822. Sie war von dessen Vater Johannes Schlenker gegründet worden und beschäftigte zum Zeitpunkt von Kienzles Eintritt im Jahr 1883 nicht mehr als 30 Mitarbeiter. Sie war bis dahin kaum dem Stadium des Kleinhandwerks entwachsen.

Kienzle wurde neben Christian und seinem Schwager Carl Johannes Schlenker als Teilhaber aufgenommen. Noch im Jahr seines Eintritts heiratete er Agathe, die 20jährige Tochter von Christian Schlenker, und der Firmenname wurde auf Schlenker & Kienzle erweitert. Dass sich mit dem Eintritt Kienzles im Betrieb einiges grundlegend veränderte, wird klar, wenn man sich die schnelle Expansion des Betriebs vor Augen führt. Kaum fünf Jahre nach Kienzles Eintritt beschäftigte Schlenker & Kienzle schon 200 Arbeiter und die Jahresproduktion stieg von 2.000 auf 30.000 Uhrwerke. Wichtigster Grund hierfür war die Einführung industrieller Produktionsmethoden. Hinzu kam die professionalisierte Organisation von Absatz und Vertrieb. So errichtete Kienzle 1887 in Reaktion auf die Erhöhung von Einfuhrzöllen in Österreich-Ungarn im böhmischen Komotau ein Zweigwerk, das nach der Jahrhundertwende schon 400 Arbeiter beschäftigte. Somit konnte sich Schlenker & Kienzle auf dem Habsburger Markt als bedeutendster Uhrenhersteller etablieren. Das Schwenninger Werk war zu diesem Zeitpunkt schon auf 600 Mitarbeiter angewachsen, so dass die Zahl der Gesamtbelegschaft die Schwelle von 1.000 Arbeitern überschritten hatte.

4   Zum Leben Jakob Kienzles vgl. v.a. Lebenslauf des Gründers der Kienzle Uhrenfabriken AG Jakob Kienzle, Manuskript 1928 (zum 69. Geburtstag verfasst), in: Stadtarchiv Villingen-Schwenningen (StA VS), Kienzle Apparate, 1098; Georg Ehnes: Der Unternehmer Jakob Kienzle, in: Kurz (1965), S. 187–190; Adolf Reitz: An den Rändern der Zeit. Zum 100. Geburtstag von Jakob Kienzle, in: Stuttgarter Zeitung, 11.4.1959.

1.1. Ein Kind der Schwarzwälder Uhrenindustrie

In der Unternehmensführung setzte sich Jakob Kienzle schnell als unumstrittene Führungsfigur durch. Christian Schlenker war schon 1886 verstorben und Carl Johannes versuchte es 1887 mit einer eigenen Uhrenwerkstatt. Er musste diesen Versuch aber 1889 abbrechen und verkaufte den Betrieb an seinen Schwager Kienzle.[5] Der Name Schlenker blieb aber bis 1922 im Firmennamen erhalten und wurde erst im Rahmen einer Umfirmierung aufgegeben. Kienzles Unternehmen expandierte in dieser Zeit weiter und erschloss Schritt um Schritt neue Märkte. Mit der Produktion so genannter Amerikaner-Uhren, einer wesentlich billigeren Alternative zu den bis dahin üblichen Massivuhren, mit der Produktion eigener Taschenuhren und der Entwicklung geräuschloser Rechenschlagwerke demonstrierte Kienzle seine Innovationskraft. Neben dem böhmischen Standort entstanden weitere Zweigbetriebe mit Fertigungsabteilungen in Paris, Mailand und später in Brüssel, Buenos Aires und New York.[6]

Der Erste Weltkrieg bedeutete für das Unternehmen einen tiefen Einschnitt. Als 1914 die Aufträge ausblieben und die Zahlungen stockten, suchte Jakob Kienzle nach alternativen Aufträgen für seine Fabriken und fand diese bei Kunden wie Krupp und anderen Waffenfabriken. In Schwenningen wurde die Uhrenproduktion zurückgefahren und stattdessen Zünderbestandteile gefertigt. Kienzle übernahm aber nicht nur Fertigungsaufträge, sondern entwickelte selbst neue Zünder, die mit einer doppelten Zündung arbeiteten – eine Technik zur Vermeidung von Blindgängern. Dieses Patent setzte sich schnell durch und wurde nicht nur bei Kienzle sondern auch in anderen Fabriken produziert. Für diese Erfindung wurde Jakob Kienzle 1917 mit dem Titel eines Geheimen Kommerzienrates ausgezeichnet.

Der Familie Kienzle brachte der Krieg viel Leid. Von den fünf Söhnen Kienzles starben zwei an unmittelbaren und mittelbaren Kriegsfolgen: Oskar (Jahrgang 1893) fiel 1915 in Frankreich und Erich (Jahrgang 1890) erkrankte 1920 tödlich an der Spanischen Grippe. Ebenfalls zu Tode kam Kienzles Schwiegersohn, der Korvettenkapitän Herbert Ehrlich (Jahrgang 1884), der 1921 infolge seiner im Krieg geschwächten Gesundheit verstarb.[7]

Mit Kriegsende wurde die Uhrenproduktion wieder aufgenommen. Das Unternehmen wurde in eine Kommanditgesellschaft umgewandelt, um die Kinder als Teilhaber aufnehmen zu können. Kienzles verbliebene drei Söhne, Christian, Herbert und Hellmut Kienzle traten in die Unternehmensführung ein und bestimmten von nun an den weiteren Aufstieg der Kienzle Uhrenfabriken. Bis zu seinem Tod im Jahr 1925 lag die Gesamtleitung bei dem ältesten Sohn Christian. Vor der Weltwirt-

---

5 Vgl. auch Chronik der Firma Kienzle Apparate GmbH, Villingen über die Firma Kienzle Uhrenfabriken AG, Schwenningen, Manuskript 10.1.1946, in: Privatarchiv Ackermann; Artikel Kienzle-Uhrenfabriken, in: Schmid (2005), S. 478–483, hier S. 479.
6 Hans-Heinrich Schmid: Lexikon der Deutschen Uhrenindustrie 1850 - 1980. Villingen-Schwenningen 2005, S. 479; Lebenslauf des Gründers der Kienzle Uhrenfabriken AG Jakob Kienzle, Manuskript 1928 (zum 69. Geburtstag verfasst), in: StA VS, Kienzle Apparate, 1098.
7 Lebenslauf des Gründers der Kienzle Uhrenfabriken AG Jakob Kienzle, Manuskript 1928 (zum 69. Geburtstag verfasst), in: StA VS, Kienzle Apparate, 1098; zu Jakob Kienzles Kindern vgl. Elise Becker: Die schwäbischen Familien Kienzle, Fellbach 1937/38, S.176f.

schaftskrise zählte das Unternehmen 2.500 Mitarbeiter und die Produktion konnte auf 4 Millionen Uhrwerke jährlich gesteigert werden.

Noch vor dem Weltkrieg hatte man mit der Firma C. Werner einen großen Uhrenhersteller in der Nachbarstadt Villingen aufgekauft und damit eine wesentliche Voraussetzung für die spätere Ausgründung der Kienzle Apparate geschaffen. Insofern scheint es sinnvoll und notwendig, die Geschichte dieser zweiten unternehmerischen Wurzel kurz zu skizzieren.

Die Firma C. Werner entstand in den 1850er Jahren als Gründung des aus Dunningen bei Rottweil stammenden Schmiedegesellen Carl Werner.[8] Werner heiratete in die Villinger Uhrenpackerei, Eisen- und Kolonialwarenhandlung Nock ein und begann mit der Fertigung von Schwarzwalduhren. In den 1870er und 1880er Jahren weitete er seine Uhrenfertigung aus und konnte damit etwa 140 Arbeiter beschäftigen. Als der Unternehmensgründer 1890 verstarb, übernahmen seine beiden Söhne Carl Hermann und Hermann die technische und die kaufmännische Leitung des väterlichen Unternehmens. Unter ihrer Führung konnte das Unternehmen weiter expandieren. In den Jahren 1891 bis 1895 entstand am Villinger Benediktinerring eine neue Fabrik. Die modernen Produktionsanlagen ermöglichten den Export von Uhren in die ganze Welt. Zweigwerke entstanden in London, Chicago und in Badevel in Frankreich (Region Franche Compté), nach der Jahrhundertwende kamen Warschau, Verona und zumindest zeitweise auch Innsbruck hinzu. Die Mitarbeiterzahl stieg bis zur Jahrhundertwende auf etwa 600 an.

Entscheidend für die spätere Apparate-Entwicklung in Villingen waren Werners Versuche zur Diversifizierung seines Produktionsprogramms. 1905 begann das Unternehmen mit der Entwicklung und Produktion von Fahrpreisanzeigern für Pferde- und später Kraftdroschken. Hier lagen die Anfänge des späteren Kienzle-Taxameters. Die Firma C. Werner schaffte es, hier eigene Geräte zu produzieren und v.a. im süddeutschen Raum zu verkaufen. Die deutschen Hauptproduzenten von Taxametern saßen in dieser Zeit in Berlin, so dass eine gewisse Abneigung gegen alles Preußische positiven Einfluss auf den Markteintritt eines badischen Unternehmens gehabt haben mag.

Fast gleichzeitig nahm C. Werner 1906 die Idee seines damaligen Innsbrucker Filialleiters Sacher auf und begann mit der Konstruktion einer Rechenmaschine, die den Namen „Adsumudi" erhielt. Die Entwicklung zog sich bis ins Jahr 1910 und C. Werner stellte hierfür über 40 Facharbeiter ein. Aufgrund technischer Schwierigkeiten wurde das Gerät aber nie in größerer Stückzahl produziert und das Projekt einer eigenen Büromaschine vom Unternehmen wieder aufgegeben.

Obwohl C. Werner im Jahr 1908 mit etwa 850 Mitarbeitern den Höhepunkt seiner Entwicklung erreichte und das Unternehmen damit zu den größten deutschen Uhren-

---

8   Zur Geschichte C. Werners vgl. Hans-Heinrich Schmid: Lexikon der Deutschen Uhrenindustrie 1850 - 1980. Villingen-Schwenningen 2005, S. 599–601; F. Honold: Ein Stück Villinger Wirtschaftsgeschichte . Zum Tode des Uhrenfabrikaten Carl Heinrich Werner, o.J., o.O., in: StA VS, 38; Daten aus der Geschichte der Firma Kienzle Apparate GmbH, Villingen, nach Mitteilungen von Meister Glatz aus der Kienzle Uhrenfabrik Villingen, 24.1.1950, in: Privatarchiv Ackermann.

1.1. Ein Kind der Schwarzwälder Uhrenindustrie

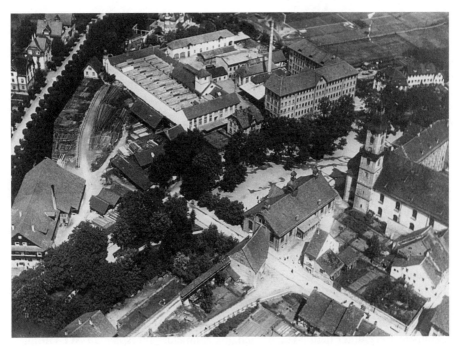

*Das frühere Fabrikgelände C. Werner entstand in den 1890er Jahren
am Villinger Benediktinerring.*

herstellern gehörte, fiel es den Werner-Brüdern schwer, die erheblichen Mehraufwendungen für die beiden Entwicklungsprojekte Taxameter und Rechenmaschine zu schultern. 1910 geriet das Unternehmen in finanzielle Schwierigkeiten, Kredite konnten nicht mehr zurückgezahlt werden, so dass die Unternehmensführung zeitweise von der Schaffhausener Bank übernommen wurde. Hinzu kommen ein allgemeiner Preisverfall in der Schwarzwälder Uhrenindustrie und ein großer Brand im Uhrenlager des Werkes im Jahr 1912. Außerdem ist überliefert, dass die beiden Unternehmerbrüder miteinander im Streit lagen und sich aus dem Weg gingen. Hier mag auch ein tieferer Grund für die wirtschaftlichen Schwierigkeiten des Unternehmens liegen.

1913 stand man schließlich endgültig vor der Zahlungsunfähigkeit und war gezwungen das komplette Unternehmen an die Kienzle Uhrenfabriken zu verkaufen. Während des Ersten Weltkrieges wurde auch die Produktion von Taxametern eingestellt. Der Name C. Werner wurde aber bis 1924 weitergeführt und erst dann durch den Namen Kienzle ersetzt. In dieser Zeit wurde die komplette Taxameterfertigung organisatorisch abgetrennt und in einem neu erworbenen Gebäude, dem zukünftigen Taxameterwerk der Kienzle Uhrenfabriken und späteren Standort der Kienzle Apparate, zusammengelegt. Dadurch wurde eine bessere Entwicklung und Produktion der Taxameter-Abteilung erreicht, als es im Rahmen der Massenfertigung von Uhren im Kienzle-Stammwerk möglich war. Hier zeichnete sich schon die bevorstehende Abtrennung des Apparategeschäfts von den Uhrenfabriken ab.

Die Projekte Taxameter und Rechenmaschine im Unternehmen C. Werner zeigten aber auch klar auf, mit welchem Mehraufwand und mit welchen Risiken derartige Neuentwicklungen selbst für größere Unternehmen verbunden waren. Insbesondere das Projekt einer Rechenmaschine verwies auf die Möglichkeit des Scheiterns. In Kombination mit weiteren Problemen in der Unternehmensorganisation sowie der allgemeinen Marktentwicklung bedeutete es das Ende der unternehmerischen Selbständigkeit von C. Werner.

1.2. Umbrüche in der Uhrenbranche

Nach Ende des Ersten Weltkriegs wurde in den Kienzle Uhrenfabriken die Friedensproduktion von Uhren wieder aufgenommen. Obwohl es in der Unternehmensführung auch Stimmen gab, die sich kritisch gegenüber der Sonderproduktion von Taxametern am Standort Villingen äußerten, wurde die Fertigung der in der Fabrik von C. Werner entwickelten Apparate weitergeführt. 1920 umfasste die Taxameter-Jahresproduktion etwa 500 Geräte, diese Zahl konnte aber bis 1928 auf über 7.000 Stück pro Jahr gesteigert werden.[9] Dieser Boom hing eng mit der allmählich vorankommenden Automobilisierung in Deutschland zusammen, die auch die Zahl der zugelassenen Kraftdroschken stetig ansteigen ließ. 1928 war dann das Jahr, in dem das Taxameterwerk unter dem Namen Kienzle Taxameter und Apparate AG Villingen zu einem eigenständigen Unternehmen ausgegründet wurde.

Das frühe Produktionsprogramm der Werkstätten von C. Werner und Kienzle wird weiter unten genauer vorgestellt werden. Für die Ausgründung der Kienzle Apparate waren andere – keine technischen – Gründe ausschlaggebend.

Dass es in dieser Zeit zu einer Verselbständigung der Taxameter-Abteilung kam, hing im Wesentlichen mit zwei Entwicklungen zusammen. Zum einen muss diese Entscheidung im Zusammenhang mit den verschiedenen Kooperationsversuchen und Fusionen in der deutschen Uhrenindustrie gesehen werden. Hier waren es also externe Faktoren, die diesen Prozess anschoben.

Kriegsfolgen, Inflationsjahre und eine erstarkende ausländische Konkurrenz waren die Rahmenbedingungen, unter denen die deutsche Uhrenindustrie in der Weimarer Zeit litt. Ab 1926 kam es deshalb zwischen den großen Anbietern der Branche zu Verhandlungen über eine engere Zusammenarbeit und Marktabsprachen. Trotz der schlechten wirtschaftlichen Rahmenbedingungen konnten die Kienzle Uhrenfabriken ihre Produktions- und Verkaufszahlen aus der Vorkriegszeit übertreffen. 1928 wurden etwa 2.500 Mitarbeiter beschäftigt, davon arbeiteten 250 im Villinger Taxameterwerk.[10] Das Unternehmen konnte also aus einer gesicherten ökonomischen Position in diese Gespräche gehen.

---

9   Stichwortartige Aufzeichnung der Entwicklungsgeschichte unserer Firma aus Anlass des 25jährigen Bestehens am 19.6.1953, Manuskript 18.6.1953, in: Privatarchiv Ackermann.
10 Vgl. Kurt Mehne: Geschichte der Schwenninger Uhrenindustrie, Diss. Tübingen 1944, S. 156–159.

Zum anderen sind aber sicherlich auch die Veränderungen in der Unternehmerfamilie zu nennen. Jakob Kienzle war mittlerweile über 60 Jahre alt und seine beiden verbliebenen Söhne Hellmut und Herbert drängten nach. Der Generationenwechsel in der Eigentümerfamilie stand somit vor einer endgültigen Regelung und damit das Unternehmen vor einer entscheidenden Weichenstellung seiner zukünftigen Entwicklung.

Der eigentliche Anlass für die Kooperationsverhandlungen lag im Zusammenbruch des bis dato gültigen Kartellabkommens. Aufgrund der Einführung der neuen stabilen Währung Rentenmark erhöhten sich die Herstellungskosten im internationalen Vergleich und in der Folge brachen Teile des sehr lukrativen Auslandsmarktes weg. Das Ende der Kartellabsprachen verstärkte den Wettbewerb aber auch im Inland, so dass sich für die Anbieterseite die Marktsituation weiter verschlechterte. Überall musste die Produktion reduziert und Arbeiter entlassen werden.[11] Schließlich sah man sah sich genötigt, neue Verhandlungen aufzunehmen.

Die großen Uhrenhersteller der Zeit waren auf den Schwarzwald und hier v.a. auf die beiden Zentren Schramberg und Schwenningen konzentriert. Hier arbeiteten 18.000 der insgesamt etwa 23.000 Beschäftigten der deutschen Uhrenindustrie. Die einzig anderen relevanten Produktionsstandorte waren Freiburg in Schlesien und Ruhla in Thüringen.[12] Am Standort Schramberg existierten neben dem größten deutschen Uhrenhersteller, der Gebrüder Junghans AG, die Hamburgisch-Amerikanische Uhrenfabrik (HAU) AG sowie die Vereinigte Freiburger Uhrenfabrik AG. In Schwenningen waren es neben den Kienzle Uhrenfabriken die Friedrich Mauthe GmbH und die Thomas Ernst Haller AG. Diese sechs Unternehmen beteiligten sich ab 1926 an den Kooperationsgesprächen. Letztlich hatten aber die Unternehmen zu unterschiedliche Interessen, so dass Überlegungen zu einem standortübergreifenden Zusammenschluss scheiterten. Junghans beharrte auf dem Sitz Schramberg für ein gemeinsames Unternehmen und Kienzle konnte es sich nicht vorstellen, auf den Marketingeffekt seines Standorts Schwenningen zu verzichten. So einigten sich die großen Sechs der Branche 1927 nur auf eine lose Preiskonvention, die Absprachen über Preise, Zahlungs-, Lieferungs- und Rabattbedingungen vorsah. Dem Vertrag traten in den Folgejahren auch die meisten kleineren deutschen Produzenten bei.[13]

Echte Unternehmensfusionen wurden nur zwischen den Herstellern an den jeweiligen Standorten selbst erreicht. 1927 beschlossen die Schramberger Unternehmen Junghans, HAU und Vereinigte Freiburger eine Fusion, die in mehreren Schritten bis 1930 vollzogen wurde. In Schwenningen zog sich Mauthe schnell komplett aus der Verhandlungsrunde zurück, während Kienzle und Haller sich 1928 über einen Zusammenschluss zur neuen Kienzle-Haller AG verständigten.[14] Kienzle brachte

---

11 Rudolf Helms: Die Gründe und Ergebnisse der Zusammenschlussbewegung in der deutschen Uhrenindustrie, Diss. Ohlau i. Schl. 1930, S. 52f.
12 Vgl. Ausschuß zur Untersuchung der Erzeugungs- und Absatzbedingungen der deutschen Wirtschaft (1930), S. 12.
13 Vgl. Mehne (1944), S. 156–159.
14 Vgl. Schmid (2005), S. 478.

darin etwa 2.500 und Haller etwa 1.500 Beschäftigte ein. Die Fusion wurde formell über eine Erhöhung des Aktienkapitals bei Kienzle und den Umtausch von Kienzle- gegen Haller-Aktien im Verhältnis eins zu eins vollzogen. Thomas Ernst Haller trat in den Vorstand und später in den Aufsichtsrat des fusionierten Unternehmens ein.[15]

Eine zweite Verhandlungsrunde begann im Herbst 1930, also mitten in der Weltwirtschaftskrise. Ziel war es, dieses Mal sogar zu einer internationalen Absprache zu kommen und einen Welt-Uhren-Trust zu gründen. Zwar wurden Gespräche sowohl mit der Mailänder Firma Borletti als auch mit französischen Produzenten geführt, aber auch in diesen Verhandlungen überwogen die Einzel- die Brancheninteressen. Junghans vertrat die Ansicht, dass einem europäischen Zusammenschluss die Fusion der großen deutschen Anbieter vorangehen müsste. Entsprechende Verhandlungen zwischen der Junghans-Gruppe, Kienzle-Haller und Mauthe zogen sich bis Ostern 1931, als sich Mauthe erneut zurückzog und das Projekt somit zum Scheitern verurteilt war.[16]

1.3. Lehr- und Wanderjahre des Gründers

Es ist sicherlich kein Zufall, dass das Jahr der Fusion von Kienzle und Haller mit dem Gründungsjahr einer eigenständigen Gesellschaft für das Villinger Taxameterwerk zusammenfiel. Dass es zu diesem Spin-Off kam, hing vor allem mit der damaligen Konstellation in der Unternehmerfamilie und insbesondere mit der Person Dr. Herbert Kienzles zusammen.

Geboren wurde Dr. Herbert Kienzle am 3. Juni 1887 als drittes der neun Kinder von Jakob Kienzle.[17] Von Anfang an fiel er seinen Eltern und Lehrern durch Fleiß und vielfältige Begabungen auf. Seine Eltern schickten ihn zuerst auf die Schwenninger Realschule, dann auf das Dillmann-Gymnasium in Stuttgart. Nach dem Abitur arbeitete er ein Jahr in der Werkstatt einer Stuttgarter Maschinenfabrik und nahm 1907 ein Studium an der Technischen Hochschule Stuttgart auf. Kienzle entschied sich dabei für die Fächer Maschinenbau und Elektrotechnik. Von der TH Stuttgart wechselte er für mehrere Semester an die Technische Universität Berlin. Für den Studienabschluss kehrte er aber wieder in die württembergische Landeshauptstadt zurück. Im Frühjahr 1911 legte Kienzle seine Diplomprüfung ab und erwarb das Ingenieur-Diplom im Fach Elektrotechnik. Zunächst blieb er an der Hochschule und schloss seine Promotion an. Die Doktorarbeit beschäftigte sich mit Automatisierungstechniken für Drehbänke. Dafür führte er Versuchsreihen

---

15 Vgl. Schmid (2005), S. 480; Mehne (1944), S. 156–159.
16 Vgl. Victor Luschka: Neue Fusionsbestrebungen, in: Kurz (1965), S. 242f.
17 Ein zehntes Kind (Christian Karl) war 1885 kurz nach der Geburt verstorben, vgl. Becker (1937/38), S. 176. Zur Biographie vgl. v.a. die Sondernummer der Werkszeitung die anlässlich seines Todes erschienen ist, hier den Artikel o.A.: „Dr.-Ing. Herbert Kienzle. Aus seinem Werk", in: Kienzle Blätter 2/1954, S. 10–23; sowie o.A. Dr.-Ing. Herbert Kienzle. Mensch und Werk, in: Kienzle Blätter 4/1952, S. 3–6.

1.3. Lehr- und Wanderjahre des Gründers

Jakob Kienzle (1859–1935), Dr. Herbert Kienzle (1887–1954) und Hellmut Kienzle (1900–1962).

durch, mit denen er nachwies, wie durch den Einsatz von Steueraggregaten die Maschinenleistung bezüglich Zeit und Qualität gesteigert werden konnte. Im Anschluss meldete er ein Patent auf einen durch einen Elektromotor betriebenen Spindelstock für Drehbänke an, dessen Prinzip sich als erfolgreich erwies und das von deutschen und ausländischen Werkzeugmaschinenherstellern in Lizenz übernommen wurde.[18]

Direkt im Anschluss an seine Promotion begann Dr. Kienzle einen längeren Studienaufenthalt in den USA. Dabei waren seine Erfahrungen mit der Neuen Welt von Widersprüchen geprägt. Zunächst vertiefte er sein betrieblich-technisches Interesse und sammelte im Mutterland des Taylorismus weitere Erfahrungen mit der Rationalisierungs- und Automatisierungstechnologie. Dafür besuchte er eine Reihe von amerikanischen Großbetrieben und arbeitete bei der amerikanischen Auslandsvertretung der Kienzle Uhrenfabriken in New York. Der Ausbruch des Ersten Weltkriegs hinderte ihn aber daran, wieder nach Europa zurückzukehren. Ihm wurde der Einsatz für deutsche Interessen vorgeworfen, weswegen er zu einer Gefängnisstrafe verurteilt wurde. Wahrscheinlich unterstellten ihm die US-Behörden, Industriespionage betrieben zu haben. Als 1917 die USA dem Deutschen Reich den Krieg erklärten, scheiterte Dr. Kienzle beim Versuch, wieder per Schiff nach Europa zurückzukehren. Sein Schiff befand sich schon in Sichtweite des Hafens von Southampton, als es zur Umkehr gezwungen wurde. Dr. Kienzle musste wieder zurück in die USA und wurde dort in ein Internierungslager eingewiesen. Hinter dem Stacheldraht traf er andere Deutsche, mit denen er, trotz der beschwerlichen Rahmenbedingungen, viel Zeit für anregende Gespräche und Diskussionen fand.

Erst nach Kriegsende konnte er wieder nach Europa und ins heimatliche Schwenningen zurückkehren, wo er zusammen mit seinem älteren Bruder Christian und

---

18 Ebd., S. 11–13; zu Kienzle Drehbankpatent vgl. auch Jürgen Ruby: Maschinen für die Massenfertigung. Die Entwicklung der Drehautomaten bis zum Ende des Ersten Weltkrieges, Stuttgart 1995.

„Adsumudi": Die erste Rechenmaschine aus Villingen.

seinem jüngeren Bruder Hellmut in die Leitung des Familienunternehmens eintrat. Zunächst übernahm er die technische Leitung und 1926, nach Christians Tod, sogar die Gesamtleitung des Unternehmens. Sein Vater Jakob zog sich auf die Position des Aufsichtsratsvorsitzenden zurück.

Dank ihres großen technischen und unternehmerischen Geschicks war es den Kienzle-Brüdern gelungen, die Uhrenfabriken zum in der Branche führenden Werk auszubauen. In der Fertigung setzte der Amerikaheimkehrer Dr. Kienzle eine weitgehende, an tayloristischen Prinzipien orientierte, Rationalisierung der Abläufe (Fließbandfertigung) und eine Straffung der Arbeitsorganisation um.[19] Auch im privaten Bereich trat Dr. Kienzle in einen neuen Lebensabschnitt ein, als er 1922 Charlotte Leistner heiratete. Sie war selbst Unternehmertochter aus Leipzig. Geboren 1896 und damit fast zehn Jahre jünger als ihr Ehemann hatte sie trotz ihres jungen Alters schon einige unternehmerischen Verantwortung im eigenen Familienbetrieb übernehmen müssen. Bezeichnend für das Selbstverständnis des Unternehmerpaares war, dass während ihrer Hochzeit das kleinere Familienfest bruchlos in ein größeres Betriebsfest überging. Familie und Unternehmen waren für das Ehepaar zwei untrennbare Facetten ihres Lebens. Zum Unternehmen gehörten dabei nicht nur die Eigentümer und Vorstandsmitglieder sondern auch die vielen Arbeiter und Angestellten der Uhrenfabriken.

---

19 o.A.: Dr.-Ing. Herbert Kienzle. Aus seinem Werk, in: Kienzle Blätter 2/1954, S. 10–23, S. 16f.

Sein Antritt als Vorstandsvorsitzender des Familienunternehmens fiel in die schon beschriebene Umbruchphase der deutschen Uhrenindustrie. Kienzle und die anderen Großunternehmen der Branche begannen Kooperations- und Fusionsverhandlungen. Dr. Kienzle zeigte sich hierbei skeptisch gegenüber allzu optimistischen Prognosen bzgl. eines überregionalen oder gar internationalen Trusts. Vielmehr vertrat er die Auffassung, dass es in einem sehr differenzierten Produktbereich wie der Uhrenindustrie entscheidend auf die persönliche Initiative und die Fachkenntnis der Unternehmensleitung ankäme und dass weitere Schritte hin zu einer anonymen Kapitallenkung die Entwicklung der einzelnen Unternehmer eher hemmen würden. Mit dieser Meinung traf er innerhalb seiner Familie offenbar nicht nur auf Zustimmung. Hinzu kam, dass sich das Verhältnis zu seinem um 13 Jahre jüngeren Bruder Hellmut nicht zum Besten entwickelt hatte. Ihnen wurde ein sehr unterschiedliches Naturell nachgesagt.[20]

Mit der Ausgründung des Villinger Taxameterwerks im Jahr 1928 wurde der entscheidende Schritt hin zu einer Aufspaltung des Familienunternehmens vollzogen. Dr. Herbert Kienzle blieb allerdings bis 1931 im Vorstand der Uhrenfabriken und schied erst im Zusammenhang mit den Fusionsverhandlungen 1930/31 aus, als er sich deutlich gegen eine Totalfusion aussprach. Das letztendliche Scheitern dieses Projektes konnte ihn offenbar nicht mehr zu einer Rückkehr in eine Position im väterlichen Unternehmen bewegen. Mittlerweile hatte er sich voll und ganz seinem neuen Engagement für das Taxameterwerk verschrieben.

Der Vorstand der Uhrenfabriken wurde ab diesem Zeitpunkt von seinem Bruder Hellmut und einem Vertreter der Familie Haller weitergeführt. Der Vater Jakob Kienzle verstarb am 25. Februar 1935 an einer Lungenentzündung. Neben seiner Ernennung zum Geheimen Kommerzienrat 1917 hatte er für seine Verdienste um seinen Heimatort Schwenningen 1927 die Ehrenbürgerwürde der Stadt erhalten und 1929 verlieh die TH Stuttgart ihrem Absolventen die Ehrendoktorwürde.[21] Mit seinem Tod endete auch die enge Verbindung der beiden Unternehmen Kienzle Apparate in Villingen und Kienzle Uhrenfabriken in Schwenningen.

1.4. Die Gründung der Kienzle Taxameter und Apparate AG

Die Zukunft der Kienzle Apparate lag in Villingen. Mit der Übernahme der dortigen Firma C. Werner 1913, der Weiterführung der Taxameterfertigung und der Zusammenfassung aller zugehörigen Abteilungen in einem eigenen Werk im Jahr 1924 waren die wichtigsten Voraussetzungen für die Verselbständigung dieses Standorts geschaffen worden. Die Gründungsversammlung der neuen Kienzle Taxameter und Apparate AG Villingen fand am 19. Juni 1928 statt. Das Unternehmen wurde noch lange Zeit als Kienzle Taxameterwerk oder umgangssprachlich auch kurz als „Taxameter" bezeichnet. Interessant in diesem Zusammenhang ist auch die seinerzeitige Telegramm-

---

20 Schmid (2005), S. 480.
21 Ebd.; Vgl. auch Beschluss des Gemeinderats Schwenningens vom 17.9.1927 zur Ehrenbürgerwürde für Jakob Kienzle, in: StA VS, 3.1-3, 152.

adresse „ARGOTAXA", die die enge Bindung des Unternehmens an das Geschäftsfeld Taxameter ebenso widerspiegelt wie dem international eingesetzten Name Argo an Stelle des in vielen Sprachen schwer aussprechbaren Namens Kienzle.

Das Grundkapital der Aktiengesellschaft betrug 400.000 RM. Hierzu steuerten Dr. Herbert Kienzle 104.000 RM, sein Bruder Hellmut 103.000 RM, seine Schwestern Marie Ammer und Martha Durrer je 50.000 RM, die dritte Schwester Alma Zschocke 43.000 RM sowie der Familienzweig Mall in Donaueschingen, der Ehemann und die Kinder aus der zweiten Ehe der schon verstorbenen Schwester Elsa, ebenfalls 50.000 RM bei.[22] Bezeichnenderweise blieben auf der Gründungsversammlung aber die Männer unter sich. Die Kienzle-Schwestern wurden durch ihre Ehemänner vertreten, die alle selbst unternehmerisch tätig waren. Ebenfalls anwesend war das Familienoberhaupt Jakob Kienzle. Als Ziel der neuen Gesellschaft wurde in der Satzung „die Herstellung und der gewerbsmäßige Vertrieb von feinmechanischen Apparaten aller Art, insbesondere von Taxameter-Uhren, sowie sonstigen Kontroll- und Mess-Apparaten"[23] festgeschrieben.

Die Aufgaben in der neuen Gesellschaft wurden wie folgt verteilt: Der Gründungsvorstand bestand aus dem Vorsitzenden Dr. Herbert Kienzle sowie dem stellvertretenden Vorsitzenden Friedrich König, einem Villinger Kaufmann und Studienfreund Kienzles, der zudem dem Familienzweig Schlenker entstammte. Die Gesellschafterrechte wurden im Aufsichtsrat durch Jakob Kienzle, Hellmut Kienzle sowie durch den Reutlinger Fabrikanten Ernst Ammer, Ehemann der Kienzle-Schwester Marie, vertreten. Den Vorsitz übernahm hier Jakob Kienzle.[24]

In einem Kaufvertrag zwischen den Kienzle Uhrenfabriken und der neuen Kienzle Taxameter und Apparate AG wurde das Gründungsvermögen geregelt.[25] Das neue Unternehmen übernahm die Betriebe in Villingen und Mönchweiler mit den Einrichtungen, dem angeschlossenen Handelsgeschäft sowie den zugehörigen Patenten und Schutzrechten zu einem Preis von 790.000 RM. Mit 500.000 RM wurde über die Hälfte des Preises in zwei gleichen Raten im März und Mai 1929 beglichen. Der Rest wurde als Kredit zu einem Zinssatz von acht Prozent gewährt und sollte in zehn Halbjahresraten abbezahlt werden. Als offizielles Trennungsdatum der beiden Gesellschaften wurde der 1. Januar 1929 festgelegt. Der Vertrag regelte außerdem die Rechte der Taxameterfabrik zur Nutzung des Namens Kienzle und der Firmenlogos. Schließlich wurden günstige Rohmaterialbelieferung durch die Uhrenfabriken und der Austausch von Erfahrungen und Personal zwischen beiden Unternehmen vereinbart.

---

22 Bericht über die Gründung der Firma Kienzle Taxameter und Apparate AG Villingen, 20.8.1928, in: Privatarchiv Ackermann.
23 Satzung der Kienzle Taxameter und Apparate AG Villingen/Schwarzwald, 21.6.1928, in: Archiv KATI.
24 Bericht über die Gründung der Firma Kienzle Taxameter und Apparate AG Villingen, 20.8.1928, in: Privatarchiv Ackermann.
25 Kaufvertrag zwischen Kienzle Uhrenfabriken AG Schwenningen und Kienzle Taxameter und Apparate AG Villingen, Schwenningen 24.6.1929, in: Privatarchiv Ackermann.

1.4. Die Gründung der Kienzle Taxameter und Apparate AG

Aufgrund von Verzögerungen bei der Zahlung der Kapitalverkehrssteuer wurde der offizielle Eintrag ins Villinger Handelsregister erst am 10. Januar 1929 vollzogen.[26] Das erste Geschäftsjahr des neuen Unternehmens brachte auch erste Veränderungen in der personellen Zusammensetzung des Vorstands. Gleich im Januar wurde mit Friedrich Richter, Kaufmann in Villingen, ein drittes Vorstandsmitglieder aufgenommen[27], und im Juni wurde der Vorstand sogar auf vier Personen erweitert: Mit Dr.-Ing. Karl Gehlen aus Villingen wurde ein weiteres stellvertretendes Vorstandsmitglied berufen.[28]

Wirtschaftlich war dieses Jahr noch weitgehend vom Boom der Kienzle-Taxameterfertigung in den 20er Jahren geprägt. Auch wenn der Taxameter-Verkaufsrekord von 1928 von 7.000 Geräten nicht mehr erreicht wurde, wies die Jahresbilanz 1929 einen deutlichen Überschuss aus, der in Form von sechs Prozent Dividende an die Anteilseigner ausgeschüttet wurde. Die große Weltwirtschaftskrise warf aber schon ihren Schatten voraus. Im Jahresabschlussbericht klagte der Vorstand über das Überangebot von Kraftdroschken in vielen Ländern und über das Entstehen von Konkurrenzfabrikaten infolge hoher Zollschranken. Der Export nach Nordamerika wäre deswegen faktisch zum Erliegen gekommen. In Reaktion hierauf arbeitete das Unternehmen an einer stärkeren Diversifizierung des Produktionsprogramms.[29] Neben dem Hauptprodukt Taxameter hatte man seit den 20er Jahren mit der Entwicklung und Fertigung von anderen Mess- und Kontrollgeräten begonnen.

Noch im Winter 1929/30 konnte sich Dr. Kienzle gegen die sich abzeichnende Krise stemmen und einen Großauftrag des Berliner Taxiunternehmens „Kraftag" über den neuen Drucktaxameter T 7 abschließen. Mit dem Betriebsrat mussten in dieser Phase Überstunden vereinbart und sogar Neueinstellungen vorgenommen werden. Die Belegschaft bestand zu diesem Zeitpunkt aus 211 Arbeitern und 40 Angestellten.[30]

Diese Situation änderte sich ab Frühjahr 1930 grundlegend, so dass wieder Kurzarbeit angeordnet wurde und im weiteren Laufe des Jahres etwa 60 Arbeiter entlassen werden mussten. Anfang 1931 kam es sogar so weit, dass die Unternehmensleitung bei den badischen Wirtschaftsbehörden die Schließung des Zweigwerkes in Mönchweiler beantragen musste. Mit nur noch 160 Taxameteraufträgen im Monat wäre die Auftragslage auf etwa ein Viertel der Zahlen von 1928 abgesunken, argumentierte die Unternehmensleitung. Die geringe Auslastung der Produktion

---

26 Vgl. Veröffentlichung des Eintrags in das Handelsregister vom 10.1.1929, in: Privatarchiv Ackermann.
27 Auszug aus dem Protokoll der außerordentlichen Aufsichtsratssitzung der Kienzle Taxameter und Apparate AG vom 8.1.1929, in: Archiv KATI.
28 Auszug aus dem Protokoll der Aufsichtsratssitzung Kienzle Taxameter und Apparate AG vom 23.6.1929, in: Archiv KATI.
29 Vgl. Kienzle Taxameter und Apparate AG, Jahresbilanz 31.12.1929, in: Privatarchiv Ackermann; Kienzle Taxameter und Apparate AG Geschäftsbericht 1929, in: Archiv KATI.
30 Brief Badisches Gewerbeaufsichtsamt Karlsruhe an Arbeitsamt Villingen, 14.3.1930, in: Generallandesarchiv Karlsruhe (kurz: GLA), Abt. 455, Zug 1991-49, Nr. 73; Brief Badisches Gewerbeaufsichtsamt Karlsruhe an Arbeitsamt Villingen, 14.3.1930, in: ebd.

machte eine Zusammenlegung der Standorte und eine Konzentration auf die Villinger Werke sinnvoll. Die Schließung des Mönchweiler Werkes mit seinen 34 Arbeitsplätzen wäre auch aus sozialen Gründen gerechtfertigt, weil die Mönchweiler Belegschaft zu einem erheblichen Teil noch im Nebenerwerb Landwirte wären und damit die Folgen der Arbeitslosigkeit abgefedert würden.[31]

1932 sah die Lage noch düsterer aus. Die Taxameterfertigung war bis auf Einzelaufträge fast völlig zum Erliegen gekommen. Selbst der Inlandsabsatz war mittlerweile so gering, dass die notwendigen Arbeiten an einem Wochentag durchgeführt werden konnten. Die Belegschaftszahl war im Laufe des Jahres 1931 schon auf gut 100 Arbeiter und 30 Angestellte verringert worden. Nun mussten ganze Abteilungen geschlossen werden, wodurch weitere 65 Mitarbeiter von der Kündigung betroffen waren. Die Restbelegschaft von 40 Arbeitern wurde auf eine Drei-Tage-Arbeitswoche gesetzt.[32]

Die Finanzlage des Unternehmens spiegelte diese Entwicklung wider. Immerhin konnte auch für 1930 noch eine Umsatzsteigerung und ein Gewinn in etwa der gleichen Höhe wie im Vorjahr ausgewiesen werden. Der Krise versuchte die Gesellschafterversammlung im Januar 1931 dadurch entgegenzuwirken, dass man das Aktienkapital um 100.000 RM auf 500.000 RM erhöht und damit die Eigenkapitalausstattung des Unternehmens stärkte.

Im Geschäftsjahr 1931 sank der Umsatz um etwa 25 Prozent und die Jahresbilanz konnte gerade noch verlustfrei ausgewiesen werden. 1932 und 1933 bedeuteten für Dr. Kienzle trotz der Entlassungen tiefrote Zahlen. 1932 brach der Absatz derart ein, dass Ausgaben von gut 450.000 RM nur Einnahmen von rund 350.000 RM gegenüberstanden. Die Verluste wurden durch eine Kapitalreduzierung ausgeglichen.[33] Das absolute Umsatztief wurde im Geschäftsjahr 1933 erreicht, aber durch die vorgenommenen Massenentlassungen entlastete man die Kostenseite soweit, dass der Verlust weiterhin unverändert bei 100.000 RM lag.

Wäre die Kienzle Taxameter und Apparate AG wirklich eine junge Neugründung gewesen – wie es das offizielle Gründungsdatum suggeriert –, dann wäre das Unternehmen spätestens hier vom Markt verschwunden und hätte Insolvenz anmelden müssen. Das Unternehmen verkörperte aber die unternehmerische Idee und die technologischen Visionen von Dr. Herbert Kienzle, an seiner Seite stand eine engagierte und unternehmerisch erfahrene Frau und beide waren offenbar bereit, diese Krise durchzustehen, um das Unternehmen infolge der erhofften gesamtwirtschaftlichen Erholung wieder zurück ins Geschäft zu bringen.

---

31 Bericht Badisches Gewerbeaufsichtsamt Karlsruhe an Landeskommissär Konstanz, 12.2.1931, in: ebd.
32 Bericht Badisches Gewerbeaufsichtsamt Karlsruhe an Landeskommissär Konstanz, 6.6.1932, in: ebd.
33 An anderer Stelle wird von einer finanziellen Zuwendung durch Jakob Kienzle in Höhe von 137.000 RM gesprochen, vgl. Stichwortartige Aufzeichnung der Entwicklungsgeschichte unserer Firma aus Anlass des 25jährigen Bestehens am 19.6.1953, Manuskript 18.6.1953, in: Privatarchiv Ackermann.

1.4. Die Gründung der Kienzle Taxameter und Apparate AG

War man 1933 noch gezwungen, weitere 40.000 RM aus dem Stammkapital zur Verlustdeckung zu verwenden und zusätzliche 100.000 RM über Bankkredite aufzunehmen, so zeichnete sich 1934 erstmals eine leichte Besserung der Situation ab.[34] War das Unternehmen bis dahin über Aktienanteile und über die personelle Zusammensetzung von Vorstand und Aufsichtsrat eng mit den verschiedenen Zweigen der Familie Kienzle und mit den Kienzle Uhrenfabriken verwoben, wurde nun eine klare Trennung beschlossen. Im September 1934 vereinbarten Dr. Kienzle und die anderen Eigentümer aus der Familie, dass alle Anteile an der Taxameterfabrik an Dr. Kienzle übergehen sollten. Diese wurden im Verhältnis drei zu vier gegen Aktien der Uhrenfabriken umgetauscht. Somit stiegen die Familienzweige Hellmut Kienzle, Ammer, Mall und Zschocke als Miteigentümer aus, die Anteile von Martha Durrer waren offenbar schon vorher verkauft bzw. getauscht worden.[35]

Letzte Anteile des Bruders Hellmut wurden mit Jahresbeginn 1935 übertragen, so dass von nun an von Familienseite nur noch Dr. Herbert Kienzle über Aktienanteile verfügt. Dass er nicht das komplette Aktienpaket besaß, lag daran, dass sein leitender Angestellter Paul Riegger zu diesem Zeitpunkt mit 24.300 RM in das Unternehmen einstieg, damit sein Vertrauen in die Zukunftsfähigkeit des Unternehmens bekundete und so seinem Arbeitgeber in einer finanziellen Notsituation zur Seite sprang.[36]

Die Trennung der beiden Kienzle-Familienunternehmen drückte sich auch in der Neuwahl des Aufsichtsrats aus: Schon 1930 war Kurt Bassermann in das Gremium eingetreten.[37] Bassermann war Direktor der Deutschen Bank und Disconto-Gesellschaft in den Filialen Mannheim (1919 bis 1932) und Freiburg (ab 1932).[38] Er übernahm nun 1934 den Vorsitz im Aufsichtsrat. Als Familienvertreter blieben zunächst noch Jakob Kienzle und Ernst Ammer vertreten. Hinzu kam der Teninger Fabrikant Emil Tscheulin, damals Präsident der Industrie- und Handelskammer Freiburg. Ausgetreten waren Hellmut Kienzle und Georg Mall.[39] Ein Jahr später, mit dem Tod Jakob Kienzles, wurde auch im Aufsichtsrat die endgültige Trennung der Familienzweige vollzogen: Ammer schied aus dem Gremium aus und auf seine Position rückte Oberbaurat Fritz Schmidt nach, ein Studienfreund von Dr. Herbert Kienzle und Vertreter der Daimler-Benz AG[40]; Tscheulin verließ den Aufsichtsrat ebenfalls wieder.

---

34 Bericht des Vorstandes Kienzle Taxameter und Apparate AG an die Generalversammlung, 28.7.1934, in Privatarchiv Ackermann.
35 Aktientauschvertrag zwischen Hellmut Kienzle u.a. und Dr. Herbert Kienzle, Villingen 21.9.1934, in: Privatarchiv Ackermann.
36 Stichwortartige Aufzeichnung der Entwicklungsgeschichte unserer Firma aus Anlass des 25jährigen Bestehens am 19.6.1953, Manuskript 18.6.1953, in: Privatarchiv Ackermann.
37 Beschluss der Gesellschafterversammlung Kienzle Taxameter und Apparate AG vom 10.7.1930, veröffentlicht am 16.7.1930 im Staatsanzeiger, in: Archiv Ackermann.
38 Zur Biografie Bassermanns vgl. Auskunft des Archivs der Deutschen Bank AG vom 18.5.2007.
39 Brief Kienzle Taxameter und Apparate AG an das Badische Amtsgericht Villingen, 21.9.1934, in: Archiv Ackermann.
40 Vgl. Auszug aus dem Protokoll Aufsichtsratsitzung Kienzle Taxameter und Apparate AG am 17.7.1936 in Freiburg, in: Privatarchiv Ackermann.

Zwischenzeitlich hatte sich auch der Vorstand wieder verkleinert: 1931 verließ Karl Gehlen das Unternehmen und im Krisenjahr 1933 schied auch Friedrich König als Verantwortlicher aus, so dass sich der Vorstand auf Dr. Kienzle und Friedrich Richter reduzierte. Und schließlich im Oktober 1936 verließ auch Richter die Firmenleitung und schied aus dem Unternehmen aus.[41] König blieb dem Unternehmen allerdings weiter als Leiter der Berliner Filiale verbunden, über die das Unternehmen seine wichtigen Behördenkontakte koordinierte.[42]

1.5. Die Geburtsstunde des Kienzle-Taxameters

Das erste Kienzle-Produkt war der Taxameter, der in Villingen noch in den Werkstätten von C. Werner entwickelt und vertrieben worden war. Mit der Übernahme dieser Firma wurden Taxameter auch Teil des Produktangebots der Kienzle Uhrenfabriken. C. Werner bzw. Kienzle waren keineswegs die Erfinder solcher Geräte, sondern sprangen auf eine Entwicklung auf, die schon länger boomte.

Der Taxameter war eine moderne Form eines kombinierten Weg- und Zeitmessgeräts zur Fahrpreisanzeige. Die Geschichte solcher Apparate reicht bis weit in die Antike zurück. Überliefert sind Erzählungen aus dem antiken Phönizien, Ägypten sowie aus China über Systeme zur Weg- oder Zeitanzeige. So berichtete der römische Architekt und Schriftsteller Vitruv in seinem Werk „De architectura" von Geräten zur Wegmessung, die über das Wagenrad angetrieben wurden und die so schon relativ genaue Angaben über zurückgelegte Strecken zuließen. Die Anwendung dieser Geräte lag v.a. im Bereich der Landvermessung und Kartographie.[43] Auch aus der Renaissancezeit sind ähnliche Berichte überliefert. So kennen wir entsprechende Erfindungen von Leonardo da Vinci und dem Nürnberger Kartographen und Ratsherren Paul Printzing. Um 1600 kamen in London die ersten Mietwagen zum Einsatz, so dass sich hier ein neues Einsatzgebiet für Wegstreckenmesser in Kombination mit Uhren auftat. Eine weitere Verbreitung ist für Europa seit dem 18. Jahrhundert bekannt. Aber erst im 19. Jahrhundert wurden Apparate gebaut, die eine kombinierte Weg- und Zeitmessung ermöglichen.

Das Droschkenkontrollgerät, das Marie Trenn 1847/48 in Berlin zum Patent angemeldet haben soll, war dann der erste moderne Taxameter. Ihr Wegmesser war ein Gerät mit einer Signalfahne, die hochgeklappt wurde, wenn der Taxameter nicht eingeschaltet war. Der Name geht auf den Berliner Musikprofessor W. F. Nedler zurück, der 1877 einen Droschkenfahrpreisanzeiger konstruierte, dem er den neuen Namen Taxameter gab. Das Gerät wurde als Patent eingetragen und ging an den

---

41 Vgl. Handelsregisterauszug Kienzle Taxameter und Apparate AG 1929–1938, in: StA Freiburg G 565/2, HRB, Bd. II.
42 Vgl. Traueranzeige Friedrich König, in: Kienzle Blätter 1/1954, S. 6.
43 Zur Vorgeschichte des Taxameters vgl. 50 Jahre Kienzle-Taxameter, Manuskript 1955, in: Werkarchiv Villingen (WA VS), Ordner 58; Kurt Saier: Entwurf Vortrag Taxameter, Manuskript 19.3.1965, hier S. 2–4, in: ebd.; Ulrich Kubisch: Taxi. Das mobilste Gewerbe der Welt, Berlin 1993, S. 218.

1.5. Die Geburtsstunde des Kienzle-Taxameters

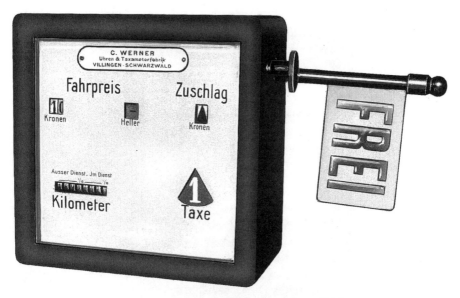

Der erste marktreife Argo-Taxameter T 2 von 1905.

Hamburger Uhrmacher F. Denker über, um von ihm noch verbessert zu werden. Denker schuf die Umschaltvorrichtung, durch die man den Fahrpreisanzeiger für verschiedene Taxen (Tarife) einstellen konnte.

In den 1880er Jahren konnte sich das Nedler-Denkersche Prinzip in der Praxis gegen die Konkurrenz anderer Entwicklungen durchsetzen. Wesentliche technische Merkmale der Konstruktion waren dabei folgende: erstens markierte nur ein einziger Zeiger den Fahrpreis, der aus Daten zu Weglänge und Zeit errechnet und angezeigt wurde; zweitens garantierte der Apparat den Besitzern erstmals eine genaue Kontrolle über die Einnahmen der Kutscher und war dem direkten Zugriff von Kutschern und Passagieren entzogen; drittens sprang die Anzeige nach jeder Fahrt automatisch auf Null und begann die Anzeige mit einem Mindestpreis. Führender Anbieter von Taxametern dieser Konstruktion war das Unternehmen Westendarp & Pieper, in dem 1890 Wilhelm G. Bruhn Geschäftsführer wurde und 1894 seinen Geschäftssitz von Hamburg nach Berlin verlegte. Die Taxameter der Firma kamen unter dem Markennamen „Original Bruhn" auf den Markt. Bruhn wurde auch als „Vater der Taxameteruhr" bezeichnet.[44]

Anfangs gab es keine gesetzliche Taxameterpflicht für Droschken. Das Publikum bevorzugte aber Wagen mit entsprechenden Geräten, die durch eine besondere Kennzeichnung erkennbar waren. In Berlin mussten die Kutscher beispielsweise weißlackierte Hüte und eine preußische Kokarde tragen. Unter diesen Bedingungen setzte sich die Verwendung der Fahrpreisanzeiger schnell durch.[45] Im Unterschied

---

44 Peter H. Agricola: Kienzle Apparate G.m.b.H, marktbeherrschend im Taxameterbau, Diplomarbeit Tübingen 1952, S. 13.
45 Kubisch (1993), S. 221f.

30   1. Wurzeln und Anfänge

Der Taxamter Argo T 3 wurde ab 1910 erfolgreich verkauft.

zur später weitgehend üblichen Geschäftspraxis handelte es sich noch um Leihgeräte, die für eine monatliche Gebühr an die Droschkenunternehmen abgegeben wurden.[46] Der Hersteller garantierte den technischen Service für die Geräte.

Abbildung 1: Vom Pferd zum Auto 1907–27: Ablösung Pferdedroschken (hell) durch Kraftdroschken (dunkel) in Berlin (Quelle: Kubisch (1993), S. 221f.)

46 Vgl. Agricola (1952), S. 13f.

1.5. Die Geburtsstunde des Kienzle-Taxameters

In den europäischen Großstädten war um die Jahrhundertwende das Droschkengewerbe voll entwickelt. Nach und nach wurde auch der Übergang von Pferdefuhrwerken zu Automobilen – den so genannten Kraftdroschken – vollzogen. Insofern war es auch eine günstige Zeit für den Markteintritt neuer Anbieter von Taxametern. Einer dieser Neuanbieter war die Villinger Uhrenfabrik C. Werner, die nach der Jahrhundertwende mit Versuchsreihen für ein erstes Modell Argo T 1 startete. Das Patent kam von einem Breslauer Monteur, der für Westendarp & Pieper gearbeitet hatte. Davon wurden aber nur sechs Exemplare gebaut, das Modell erwies sich als nicht praxistauglich. Erst das Modell T 2, das von einer Berliner Technikergruppe für C. Werner konstruiert wurde, konnte 1905 Marktreife erlangen und wurde zum Kauf angeboten.[47] In der Praxis zeigte sich aber, dass der T 2 relativ ungenau und reparaturanfällig war, so dass Kienzle damit nicht in ernsthafte Konkurrenz zu Westendarp & Pieper treten konnte. Andere wichtige Anbieter von Taxametern im deutschsprachigen Raum waren damals die Internationale Taxameter GmbH Berlin, die Firma Dünhölter & Schölzel und die Adam Schneider AG Berlin. Es gab aber auch ausländische Konkurrenz, beispielsweise einige Unternehmen aus Wien, die schwedische Firma Halda oder amerikanische Fabrikate.[48]

Die Taxameter von C. Werner wie die späteren Kienzle-Modelle wurden von Anfang an unter der Marke „Argo" angeboten. Vor 1928 wurde das Villinger Zweigwerk der Kienzle Uhrenfabriken deswegen häufig auch als „Argo Taxameterwerk" bezeichnet. Diesen Namen hatte man der altgriechischen Mythologie entlehnt und spielte auf die Sage von den Argonauten an. Die Argo war das sagenhaft schnelle Schiff des Jason und seiner 50 Gefährten, der Argonauten, die sich damit auf die Suche nach dem Goldenen Vlies machten. Die genaueren Geburtsumstände der Marke Argo sind nicht mehr überliefert. Aber insbesondere für den nicht-deutschsprachigen Markt für Taxameter schien der Name Argo besser als der Unternehmensname Kienzle geeignet. Da das Taxametergeschäft von Anfang an stark auf den Export ausgerichtet war, mag das ein nahe liegender Grund für die Markenwahl gewesen sein.

Um 1910 kam der verbesserte Argo-Taxameter des Modells T 3 auf den Markt.[49] Maßgebliche Anregungen und Konstruktionsarbeiten gingen dabei auf den bei Kienzle beschäftigten Feinmechaniker Andreas Lehmann zurück.[50] Das Modell T 3 kann somit als erste Villinger Eigenkonstruktion eines Argo-Taxameters bezeichnet werden. Bis zum Ausbruch des Ersten Weltkriegs konnten vom T 3 etwa 300 bis

---

47 Vgl. Beschreibungen der Modelle im Ordner „Taxameter – Eigen-Fabrikation Reg. Nr. 1 bis 120", in: Archiv Uhrenindustriemuseum Villingen-Schwenningen (UIM), ohne Signatur; Andreas Lehmann: Aus der Geschichte des Taxameters Argo, in: Kienzle Blätter 2/1957, S. 18–21.
48 Vgl. Ordner „Taxameter – Fremd-Fabrikation Reg. Nr. 1 bis 110", in: Archiv UIM, ohne Signatur.
49 In den späteren Kienzle-Dokumenten wird immer das Jahr 1913 als Startjahr für den T 3 genannt. In der Sammlung eigener Taxameter gibt es aber Exemplare des T 3, die auf das Jahr 1910 oder gar auf 1908/09 zurück reichen. Vgl. Ordner „Taxameter – Eigen-Fabrikation Reg. Nr. 1 bis 120", hier Reg. 3–21, in: Archiv UIM, ohne Signatur.
50 Vgl. Agricola (1952), S. 15.

400 Exemplare verkauft werden.[51] Wegen der Unterbrechung der Taxameterfertigung während des Kriegs begann der Vertrieb des T 3 in größerem Maßstab aber erst in den 20er Jahren. Der T 3 wurde im Unterschied zur traditionellen Nedler-Denkerschen Konstruktion mit einer biegsamen Welle angetrieben. Alle Preis- und Zuschlagsanzeigen erfolgten über Scheiben auf der Vorderseite, während auf der Rückseite des Geräts die Kontrollzähler (bzgl. Gesamtbetrag, Anzahl und Länge der Besetzt- sowie der Gesamtfahrtstrecke) angebracht waren und vom Fahrer nicht beeinflusst werden konnten.[52]

Eine weitere Neuentwicklung des Argo-Taxameters wurde 1926 in die Fertigung übernommen. Das neue Modell T 4 war deutlich kleiner als der Vorgänger. Insbesondere konnte das Gerät für vier verschiedene Taxen eingerichtet werden. Deren Berechnungen konnten nun auch präziser erfolgen, weil es gelang, den Umschaltvorgang vom Fahrtantrieb über die Wagenachse auf den Standantrieb durch ein Uhrwerk in den Griff zu bekommen. Seine Fertigung wurde schließlich rationeller organisiert, so dass die Montagezeit eines Geräts von ehemals 22 auf nur noch drei Stunden verkürzt werden konnte. Der T 4 wurde von 1926 bis Ende der 30er Jahre gebaut. Beide Modelle, T 3 und T 4, waren bei den Taxiunternehmen sehr erfolgreich. Vom T 3 wurden insgesamt knapp 40.000 und vom T 4 etwa 30.000 Exemplare verkauft.[53]

Ab Beginn der Eigenständigkeit des Kienzle-Taxameterwerks wurden weitere Entwicklungen im Taxameterbereich auf den Wege gebracht. Argo-Geräte der Modelle T 5 und T 6 wurden Ende der 20er Jahre konstruiert, kamen aber nicht als Kienzle-Produkte auf den Markt. Der T 5 war als ein Modell ohne Uhrwerk und damit ohne Wartezeitregistrierung entworfen worden, das sich aber nicht durchsetzte. Er wurde aber Vorgänger des später gebauten eichfähigen Wegstreckenzählers.[54] 1930 wurde mit dem Modell Argo T 7 ein Drucktaxameter auf den Markt gebracht, also ein Modell, dem ein Quittungsdrucker angeschlossen war. Fahrgästen konnte nun ein Bon über den bezahlten Fahrpreis ausgedruckt werden. Um die Fahrpreisziffern größer darstellen zu können, wurde die Fahrpreisanzeige des T 7 vom Scheibenprinzip auf einen Trommelmechanismus umgestellt. Zuschläge und Taxen wurden aber weiterhin auf Scheiben angezeigt. Ein erster Großkunde für die Kienzle-Drucktaxameter war das Berliner Taxiunternehmen „Kraftag", das über einen Fuhrpark von etwa 1.000 Fahrzeugen verfügte. Im Kienzle-Taxameterwerk mussten deswegen 1930 zahlreiche Überstunden gearbeitet werden. Die Kraftag profilierte sich durch die Einführung von Quittungen

---

51 Vgl. Agricola (1952), S. 18; Daten aus der Geschichte der Firma Kienzle Apparate GmbH, Villingen, nach Mitteilungen von Meister Glatz aus der Kienzle Uhrenfabrik Villingen, 24.1.1950, in: Privatarchiv Ackermann.
52 Vgl. 50 Jahre Kienzle-Taxameter, Manuskript 1955, S. 17, in: WA VS, Ordner 58.
53 Julius Wagner: Taxameterjubiläum, in: Kienzle Blätter 5/1960, S. 14.
54 Vgl. Julius Wagner: Vom Taxameter, in: Kienzle Blätter 1/1961, S. 15–17. Der T 6 wurde möglicherweise im Auftrag anderer Anbieter gefertigt. Im Archiv des Schwenninger Uhrenindustriemuseums finden sich einige Modelle des T 6, die für die Firma Westendarp & Pieper (Bruhn), Berlin, bzw. für Imperial Recording Instrument Comp., New York, hergestellt wurden.

1.5. Die Geburtsstunde des Kienzle-Taxameters

Argo-Taxameter der Weimarer Zeit: T 4 (links) und T 7 mit Quittungsdrucker.

und – darauf aufbauend – einem Rabatt-System, d.h. für gesammelte Quittungen im Wert von damals 20 RM wurde ein Freifahrtgutschein in Höhe von einer Reichsmark ausgegeben.[55]

Dieser vielversprechende Auftakt des neuen T 7 wurde aber schnell von den Auswirkungen der Weltwirtschaftskrise auf die Absatzmärkte überlagert, so dass ab Mitte 1930 nur noch ein Bruchteil der bisherigen Verkaufszahlen erreicht wurde. Vom Modell T 7 wurden insgesamt nicht mehr als 3.000 Stück verkauft.[56] Insbesondere die wichtigen Auslandsmärkte brachen für Kienzle aufgrund der Abschottungspolitik vieler Länder und der damit einhergehenden stark gestiegenen Einfuhrzölle weg. Im Vergleich zu anderen Anbietern stand Kienzle aber noch gut da. Schon die Inflationsjahre hatte die Branche vor große technischen Herausforderungen gestellt: Die Taxen konnten nur durch den Austausch entsprechender Zahnräder verändert werden, so dass der Aufwand für die Anbieter enorm angestiegen war. Die ökonomischen Schwierigkeiten infolge der Weltwirtschaftskrise sorgten dafür, dass weitere Unternehmen aus dem Markt ausschieden. Hinzu kam, dass die Kienzle-Geräte, v.a. seit der Einführung des T 4, der Konkurrenz technologisch klar überlegen waren. Der einstige Marktführer Westendarp & Pieper wurde 1936 aus dem Handelsregister gelöscht. Der Mitbewerber Dünhölter & Schölzel war schon zuvor von Westendarp & Pieper übernommen worden. Andere Unternehmen wie die Adam Schneider AG zogen sich vollständig aus dem Taxametergeschäft zurück oder be-

---

55 Kubisch (1993), S. 223.
56 Zu den Verkaufszahlen vgl. Julius Wagner: Taxameterjubiläum, in: Kienzle Blätter 5/1960, S. 14.

schränkten sich – wie die Internationale Taxameter GmbH Berlin – auf Reparatur- und Servicedienste.[57]

Mit dem Abflauen der Krise konnte Kienzle 1935 erneut ein verbessertes Modell vorstellen. Der Taxameter T 8 baute auf der Konstruktion des T 7 auf, wurde aber wieder ohne Drucker angeboten. Verändert wurde die Anordnung der Kontrollzähler, die erstmals auch auf der Vorderseite der Geräte angebracht waren, so dass das Gerät nicht mehr an der Außenseite des Fahrzeugs sondern im Innenraum angebracht werden konnte.[58] Der T 8 wurde bis Ende der 50er Jahre bei Kienzle gefertigt und konnte wieder an die Verkaufserfolge der Modelle T 3 und T 4 anknüpfen. Insgesamt fanden etwa 50.000 Geräte den Weg zu den Kunden.

1.6. Apparate zur Betriebs- und Fahrzeugkontrolle

Schon in seiner Gründungsphase war das Unternehmen kein reiner Taxameteranbieter. Ausgehend von den in der Uhrenproduktion und im Taxameterbau erworbenen Kenntnissen begann das Unternehmen nach dem Ersten Weltkrieg damit, auch andere feinmechanische Geräte zu konstruieren. Hierbei handelte es sich vor allem um Geräte zur Datenerfassung und Datenkontrolle in Fabriken und bei Fahrzeugen. Die Einführung solcher Geräte war eine Folge der aus den USA stammenden tayloristischen Rationalisierungsbewegung. Was in der amerikanischen Industrie schon vor dem Ersten Weltkrieg üblich war und Dr. Herbert Kienzle bei seinem Amerika-Aufenthalt in der Praxis studieren konnte, setzte sich in Europa und insbesondere in Deutschland erst langsam im Verlauf der 20er Jahre durch.

Im Bereich der Betriebsdatenerfassung übernahm Kienzle vom Bonner Prof. Dr. Walther Poppelreuter das Patent für eine Arbeitsschauuhr und begann Ende der 20er Jahre mit der Produktion entsprechender Geräte. Die Arbeitsschauuhr war ein Schlüsselgerät der wissenschaftlichen Betriebsführung. Sie kam als automatisches Zeiterfassungsgerät in diversen Produktionsprozessen zum Einsatz und erlaubte eine genaue und möglichst objektive Erfassung der Interaktion von Maschinen und Menschen am Arbeitsplatz.[59] Man versprach sich hiervon die Optimierung von Fertigungsprozessen, konnte die Geräte aber auch zur Dokumentation von Akkordarbeit und Leistungskontrolle einsetzen. Ein zeitgenössischer Kienzle-Werbeprospekt umschrieb das Einsatzgebiet folgendermaßen: „Für selbsttätige schaubildliche Aufzeichnung von Arbeitsvorgängen nach Dauer, Häufigkeit, Zeitpunkt, Regelmäßigkeit, Stillständen sowie Gleichzeitigkeit zusammengehöriger Arbeitsprozesse."[60]

Die Grundprinzipien der Arbeitsschauuhr wurden von Kienzle bei der Konstruktion verschiedener anderer Geräte variiert und verändert. Im Angebot des Unterneh-

---

57 Vgl. Agricola (1952), S. 14.
58 Vgl. 50 Jahre Kienzle-Taxameter, Manuskript 1955, S. 21, in: WA VS, Ordner 58.
59 Karl Vögtlin: Entwicklungen und Fertigungen der Firma Kienzle Apparate GmbH Villingen bis 1945, Manuskript 1982, S. 1 u. Anhang Nr. 3, in: Archiv KATI.
60 Ebd., Anhang Nr. 5.

1.6. Apparate zur Betriebs- und Fahrzeugkontrolle

Der Autograf war technischer Vorläufer des Kienzle-Fahrtschreibers.

mens fanden sich so genannte „Zeitverlustuhren" oder „Zählschreiber", die die Produktionszahlen einer Maschine registrierten und auf einem Papierband festhielten. Auch diese Maschinen waren nicht nur nüchterne Zählmaschinen, sondern sie erlaubten auch Rückschlüsse auf Schwächen oder Probleme im Produktionsablauf.

Des Weiteren lieferte Kienzle so genannte Rekorder und Autografen, also Geräte, die Arbeitszeiten und Fertigungszahlen von Maschinen auf runden Diagrammscheiben erfassten.[61] Der Rekorder wurde anfangs auch als „Taxi-Fahrten-Wächter" (TFW) bezeichnet, was auf die technologische Traditionslinie zum Fahrzeugbereich verwies. Da das Hauptgeschäft der Kienzle-Apparatefertigung weiterhin im Automobilbereich lag, war es naheliegend, all die genannten Kontrollgeräte auch auf den Fahrzeugbereich anzuwenden. Hier sind insbesondere die „Autorex-Uhr" und der „Autograf" zu nennen, die schon Anfang der 20er Jahre entstanden und die das

---

61 Vgl. ebd., Anhänge Nr. 4 u. 8.

Ein Lkw mit eingebautem Kienzle-Autograf.

Grundprinzip der Kontrollgeräte für Fahrzeuge zur Anwendung brachten. Die Geräte wurden mit einem runden Gehäuse gefertigt und waren für den Einbau in das Armaturenbrett geeignet. Ein Rüttelpendel, also ein gefederter Schreibstift, schrieb die Fahr- und Haltezeiten des Fahrzeuges in Abhängigkeit von der Zeit auf. Die Aufzeichnung fand auf einer runden Diagrammscheibe statt. Eine stabilere Weiterentwicklung z.B. für den belastenden Einsatz im Baugewerbe, wurde von Kienzle als „Rüttelrekorder" angeboten.[62] Zwar machten die beschriebenen Apparate zur Betriebs- und Fahrzeugüberwachung nie einen größeren Teil des Unternehmensumsatzes aus, in ihnen werden aber die entscheidenden technischen Übergänge hin zur Entwicklung des Kienzle-Fahrtschreibers erkennbar.

Abgerundet wurde das Angebot der frühen Jahre durch Drehzahlmesser, Synchronmotoren und frühe Modelle von Tankzählern. Tankzähler waren Geräte, die an den Zapfsäulen der Tankstellen die abgegebene Benzinmenge und den Preis hierfür anzeigten oder ausdruckten.[63] Drehzahlmesser dienten einer vereinfachten Voreinstellung und Kontrolle der Drehzahlen bei Spindeln, Drehbänken oder ähnlichen Maschinen und damit einer besseren Auslastung des Maschinenparks in den Fabriken. Synchronmotoren schließlich setzten den genauen Takt des Wechselstromnetzes in den jeweils gewünschten Takt für feinmechanische Geräte wie Zeitschaltgeräte oder Zeitschreiber um.[64]

1.7. Die Anfänge des Fahrtschreibers

Aufbauend auf Entwicklungen wie der Autorex-Uhr und dem Autografen ging Kienzle einen Schritt weiter und entschloss sich zur Entwicklung eines Apparates, der nicht nur Fahrt- und Haltezeiten sondern auch die Geschwindigkeit eines Fahrzeugs messen und aufzeichnen konnte. Dieses Gerät ist heute allgemein als „Fahrtschreiber", „Fahrtenschreiber" oder „Tachograph" bekannt.[65]

Technisch bestand der Fahrtschreiber aus einigen Grundelementen, die sich im Grundsatz bei den mechanischen Modellen bis in die 70er Jahre erhalten haben. Dazu gehören ein Antrieb, ein Uhrwerk, verschiedene unabhängige Meßsysteme und eine Diagrammscheibe.[66] Der Fahrtschreiber wurde über eine biegsame Welle direkt vom Fahrzeugantrieb aus angetrieben. Unterschiedliche Systeme ermittelten die Geschwindigkeit, die Fahrt- und Haltezeiten und die gefahrene Wegstrecke. Für die Geschwindigkeitsmessung wurde in den Modellen bis in die 50er Jahre das so

---

62 Vgl. ebd., S. 1f. und Anhänge Nr. 6 u. 7; vgl. auch Vertriebsleitung Ausland: Geschichtliche Entwicklung des Kienzle-Fahrtschreibers, Manuskript 31.1.1973, in: Archiv KATI.
63 Karl Vögtlin: Entwicklungen und Fertigungen der Firma Kienzle Apparate GmbH Villingen bis 1945, Manuskript 1982, Anhang 9, in: Archiv KATI.
64 Ebd., S. 3f. u. Anhänge 11 u. 12.
65 Vgl. A. Becker, K. Vögtlin: Über die Entwicklung des Fahrtschreibers, in: Automobiltechnische Zeitschrift 2/1956, S. 1–8, hier S. 2.
66 Zur grundlegenden Technologie des mechanischen Fahrtschreibers vgl. z.B. o.A.: Der Fahrtschreiber. Die Bedeutung und die technischen Möglichkeiten für die Aufklärung von Verkehrsunfällen, in: Information. Fachblatt für Kraftfahrzeug-Sachverständige 15/1965.

genannte Fliehpendelprinzip benutzt. Dessen Wirkungsweise beruht im Wesentlichen darauf, dass bei Drehbewegungen die Pendelmassen eine der Drehzahl entsprechende Lage einnehmen. Da das System frei von Temperatureinflüssen und ohne Reibungsverluste arbeitete, konnte es relativ einfach für die Festlegung von Skalen und Diagrammeinteilungen verwendet werden. Die Präzision des Kienzle-Fahrtschreibers war wesentlich von einem gut funktionierenden und einfach ablesbaren Aufschreibesystem abhängig. Hierfür verwendete Kienzle eine runde Diagrammscheibe, die auf einem weitgehend dehnungsarmen und zerreißfesten Papier aufbaute, auf das eine Beschichtung aufgetragen wurde. Beschrieben wird die Scheibe mit Saphirspitzen, die die Beschichtung eindrückten und dadurch die Farbe des Grundpapiers durchscheinen ließen. Schließlich war ein Uhrwerk für einen präzisen Transport der Scheibe verantwortlich und garantierte somit ein kontinuierliches Zeit-Geschwindigkeits- bzw. Zeit-Wegstrecken-Diagramm.

Das erste Kienzle-Modell der Fahrtschreiber-Familie TCO (für Tachograph) wurde 1927 konstruiert. Den Anstoß hierfür soll die polnische Polizei gegeben haben, die nach einem Gerät Ausschau hielt, mit dem bei Fahrzeugen die Überschreitung der gesetzlich vorgeschriebenen Höchstgeschwindigkeit nach außen per Lichtsignal angezeigt wurde.[67] Bis auf den Wegstreckenaufschrieb wurden im TCO 1 alle genannten Grundelemente des mechanischen Fahrtschreibers umgesetzt. Im Deckel des Geräts war eine gut sichtbare Anzeige der Tagesuhrzeit eingebaut. Eine aktuelle und ablesbare Geschwindigkeitsanzeige war erst im Folgemodell, dem TCO 1a, integriert, auf dessen Diagrammscheibe dann auch die zurückgelegte Wegstrecke notiert wurde.[68]

Der TCO 1 wurde ab 1927 und der TCO 1a ab 1928 in noch sehr kleiner Stückzahl gebaut. Sie waren auch keineswegs die ersten Geräte ihrer Art, die angeboten wurden. Tatsächlich lässt sich die Geschichte von kombinierten Geschwindigkeits-Mess- und Aufschreibe-Apparaten bis zum Beginn des motorisierten Verkehrs zurückverfolgen. Im Eisenbahnbereich kamen um die Mitte des 19. Jahrhunderts erste Apparate auf, die das Grundprinzip des Fliehpendels zur Messung und Registrierung von Geschwindigkeit nutzten. Um 1900 gab es funktionsfähige Geräte beispielsweise von der Schramberger Uhrenfabrik Junghans und Haller oder vom Berliner Unternehmen Westendarp & Pieper, das ja auch Taxameter herstellte. Neben einer runden Diagrammscheibe wurden in der Anfangszeit auch bandförmige Aufzeichnungen verwendet.[69] Das technisch Neue am Kienzle-Apparat war die Weiterentwicklung des Aufschreibesystems durch die Kienzle-Diagrammscheibe sowie die Zusammenführung der unterschiedlichen Daten aus Geschwindigkeit, Fahr- und Ruhezeiten sowie Fahrstrecke, was den Bedürfnissen des Transportgewerbes entsprach.

---

67 Vgl. Ansprache Dr. Kienzle zur Pressekonferenz 26.2.1953, Manuskript, in: Privatarchiv Zieglwalner; sowie Karl Vögtlin: 60 Jahre Kienzle Fahrtschreiber, Manuskript 1987, in: Archiv KATI.
68 Vgl. Vertriebsleitung Ausland (1973), S. 2.
69 Wolfgang Baudach: Die Vorläufer unseres Fahrtschreibers, in: Kienzle Blätter 6/1952, S. 2–5, hier S.4; sowie Becker/ Vögtlin (1956).

1.7. Die Anfänge des Fahrtschreibers

Kienzle-Werbefoto der 30er Jahre mit verschiedenen Apparate-Modellen.

Der eigentliche Vater des Kienzle-Fahrtschreibers war der Ingenieur Paul Riegger. Sein Name war jahrzehntelang untrennbar mit der Firma Kienzle Apparate und dem Fahrtschreiber verbunden. Noch heute redet man in Villingen voller Hochachtung von seiner Person und seinen Verdiensten um die Firma und ihre Produkte. Riegger war 1896 in Marbach bei Villingen geboren worden. Er absolvierte die Realschule in Villingen, danach ging er auf die Fachschule für Feinmechanik in Schwenningen. Beruflich begann er seine Karriere mit Anstellungen bei Siemens in Berlin und bei der Firma Isaria in Schwenningen. Bei Ausbruch des Ersten Weltkriegs kehrte er nach Villingen zurück und war als Soldat an der Westfront im Einsatz. 1918 legte er seine Ingenieursprüfung ab, auf die er sich in Abendkursen vorbereitet hatte. Die ersten drei Nachkriegsjahre arbeitete er für das Villinger Zweigwerk der Deutschen Hollerith-Gesellschaft, der späteren IBM Deutschland. 1922 bewarb er sich bei den Kienzle Uhrenfabriken und wurde eingestellt.[70]

Mit seinem Eintritt in die Kienzle-Taxameterabteilung wurde er 1923 Betriebs- und Konstruktionsleiter der Kienzle Uhrenfabriken und machte sich v.a. um die Weiterentwicklung des Taxameters in den Modellen T 3 und T 4 verdient. Er fiel durch seinen Sinn für praktische Anwendungen auf und war wesentlich für die Konstruktion des Kienzle-Fahrtschreibers verantwortlich. Neben seine technische Begabung trat aber auch sein Sinn für Marketing: Er schaffte es, die Kunden vom Nutzen und den vielfältigen Anwendungen der Kienzle-Geräte zu überzeugen. Von

---

70 Artikel „Paul Riegger macht den Fahrtschreiber populär", in: Kienzle Blätter 3/1961, S. 14f.

Anfang an entwickelte er eine enge Bindung an das Unternehmen, das er schnell als sein eigenes empfand, und blieb ihm in den schweren Gründungsjahren immer treu verbunden. Es wurde schon berichtet, dass Riegger 1934 dem Unternehmer Dr. Kienzle zur Seite stand und sich am Unternehmen durch eigene Einlagen beteiligte. Den Zeitgenossen erschien er als rechte Hand des Gründers und Eigentümers Dr. Kienzle. Von der Gründung des Unternehmens an war er für die Konstruktion, die Entwicklung und den Vertrieb des Kienzle Apparate-Bereichs verantwortlich. In der Nachkriegszeit widmete er seine Energie v.a. der Leitung des inländischen Apparate-Vertriebs. Wegen seiner Verdienste um den Aufstieg des Unternehmens wurde er später auch als „Graf Tacho" bezeichnet.[71]

Dass sich der TCO zu dem Erfolgsapparat entwickeln sollte, zu dem er später wurde, war 1928/29 keineswegs absehbar. Die extreme Verschlechterung der ökonomischen Rahmenbedingungen infolge der Weltwirtschaftskrise wurde schon beschrieben. Außerdem war der Grundgedanke, den Betrieb von Kraftfahrzeugen mit Hilfe eines Apparates zu überwachen und dabei wesentliche Informationen zur gefahrenen Strecke, Geschwindigkeit und Fahrt-/Haltezeiten zu registrieren, den Fahrzeughaltern keineswegs sofort einsichtig. Das Unternehmen musste die Zeitgenossen vom Nutzen ihres Gerätes erst mühsam überzeugen. Riegger und Dr. Kienzle mussten sich den Markt für ihre Erfindung oft genug in persönlichen Gesprächen erschließen. Überliefert ist die Geschichte von den ersten verkauften Fahrtschreibern an die Fürstenberg-Brauerei im benachbarten Donaueschingen. Der Besuch wurde von Riegger und Dr. Kienzle höchstpersönlich durchgeführt. Weil das Taxameterwerk über keine repräsentativen Firmenwagen verfügte, erschienen sie vor Ort zu Fuß. Der Leiter des dortigen Fuhrparks ließ sich zunächst nur schwer von der Bedeutung des Fahrtschreibers überzeugen. Immerhin gelang es den beiden Kienzle-Vertretern, zwei Geräte zur Erprobung zu hinterlegen, und tatsächlich vollzog die Brauerei dadurch eine völlige Kehrtwende in der Einschätzung des Fahrtschreibers. Die beiden geliehenen Geräte hatten nicht nur zur Folge, dass die Brauerei den kompletten Fuhrpark mit Kienzle-Geräten ausrüstete, sondern die Geschäftsverbindung zur Brauerei Fürstenberg war auch eine wertvolle erste Werbemaßnahme für das Unternehmen gegenüber weiteren Interessenten.[72]

Der Fahrtschreiber erfuhr 1933 im Modell TCO 2 weitere Verbesserungen. Dieser war nun mit einer eigenen Wegstreckenaufzeichnung ausgestattet, die als Tageskilometerzähler auf dem Deckel angebracht und im Inneren des Geräts als Zähler für die Gesamtwegstrecke untergebracht war. Darüber hinaus hatten die Kienzle-Konstrukteure um Riegger eine verbesserte Schreiberführung umgesetzt und auch die Geschwindigkeitsmessung optimiert. Bei den Aufschreibesystemen der Serien TCO 1/1a waren noch Stahlschreiber zum Einsatz gekommen. Diese

---

71 Vgl. auch die Artikel „Paul Riegger mit Ehren überschüttet", in: Schwarzwälder Bote, 8.1.1963; Artikel „Abteilungsdirektor Paul Riegger 40 Jahre bei Kienzle Apparate", in: Südkurier, 8.1.1963; Artikel „Experte und Kilometer-Millionär", in: Badische Zeitung, 5.1.1963; Nachruf Paul Riegger (1896–1987), in: StA VS, Kienzle Apparate, 1063.
72 o.A.: „Dr.-Ing. Herbert Kienzle. Aus seinem Werk", in: Kienzle Blätter 2/1954, S. 10–23, hier S. 18f.

1.7. Die Anfänge des Fahrtschreibers

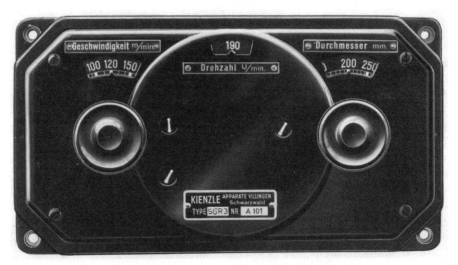

Der Kienzle-Drehzahlmesser wurde bei Industriemaschinen eingesetzt.

waren nun gegen weitgehend verschleißfreie Saphirstifte ausgetauscht worden. Der TCO 2 war der erste eichfähige Kienzle-Fahrtschreiber.[73]

Bis zum Ausbruch des Zweiten Weltkriegs wurden noch weitere Fahrtschreibermodelle vorgestellt: 1936 und 1937 wurde die Entwicklung an den Modellen TCO 6 und 7 abgeschlossen, die eine vollständig runde Form hatten und die als Einbaugerät für die Instrumententafel in den Fahrzeugen verwendet werden konnten. Noch der TCO 2 war außen am Instrumentenbrett angebracht worden. Neu war auch die Geschwindigkeitsanzeige rund um die Zeituhr auf dem Deckel. Das Modell TCO 7 hatte zusätzlich einen von außen sichtbaren Wegstreckenzähler. Gefertigt wurde der TCO 6 ab 1937 und der TCO 7 ab 1942 in größerer Stückzahl.[74]

Parallel zur Taxameter- und Fahrtschreiberentwicklung entstanden bei Kienzle Apparate auch reine Wegstreckenzähler vom Typ EKZ (Eichfähiger Kilometerzähler). Technisch waren sie aus dem Taxameter heraus unter Weglassung von Uhrwerken entstanden. Im Unterschied zu den anderen Gerätegruppen zeichneten Wegstreckenzähler nur die Länge der zurückgelegten Strecke auf. Hierfür wurden je nach Bedarf EKZ-Geräte mit zwei, drei oder vier Zählwerken verwendet, so dass neben der Gesamtkilometerzahl die Länge der aktuellen Fahrt, die Zahl sowie die Gesamtkilometerzahl der Besetztfahrten aufgezeichnet werden konnten.

---

73 Vgl. Vertriebsleitung Ausland (1973), S. 2f.; Vögtlin (1987), S. 2f.
74 Versuchsweise wurde auch schon die Möglichkeit einer Siebentagesregistrierung sowie einer Fahrerwechselregistrierung vorgesehen. Vgl. Vögtlin (1987), S. 4; Gerhard Hirt: Unser Werksmuseum, in: Kienzle Blätter 3/1964, S. 32–35.

1.8. Der wirtschaftliche Aufstieg im Nationalsozialismus

Die deutsche Automobilindustrie hatte besonders unter den Auswirkungen der Weltwirtschaftskrise gelitten. 1931 wies Deutschland als einziges Industrieland sogar eine rückläufige Bestandsentwicklung bei Pkws auf. Ab 1932 trat aber eine merkliche Erholung ein, die sich als eine dynamische Boomentwicklung in den Jahren des Nationalsozialismus fortsetzte. Adolf Hitler hatte die Bedeutung des Fahrzeug- und Motorenbaus für die militärische Aufrüstung und eine moderne Kriegsführung schon früh erkannt und leitete nach der Machtübernahme 1933 gesetzliche Maßnahmen zu einer aktiven Motorisierungspolitik im Zeichen von Wiederbewaffnung und Aufrüstung ein. Dazu gehörten im gewerblichen Bereich auch Änderungen der Einkommens- und Körperschaftssteuergesetze, die den Kauf und die Abschreibung von Kraftfahrzeugen gegenüber den geltenden Regelungen verbesserten. Von den Entwicklungen profitierten die Hersteller von Pkws und Nutzfahrzeugen in gleichem Maß. Während 1932 nur gut 10.000 Nutzfahrzeuge in Deutschland produziert wurden, stieg diese Zahl 1936 schon auf über 72.000 Wagen an.[75] Die Beschäftigtenzahl in der Kraftfahrzeugindustrie verdreifachte sich in der Zeit zwischen 1932 und 1936.

Kienzle-Wegstreckenzähler des Modells EKZ 4 aus dem Jahr 1935.

---

75 Vgl. H.C. Graf von Seherr-Thoss: Die deutsche Automobilindustrie. Eine Dokumentation von 1886 bis heute, Stuttgart 1974, S. 557.

1.8. Der wirtschaftliche Aufstieg im Nationalsozialismus

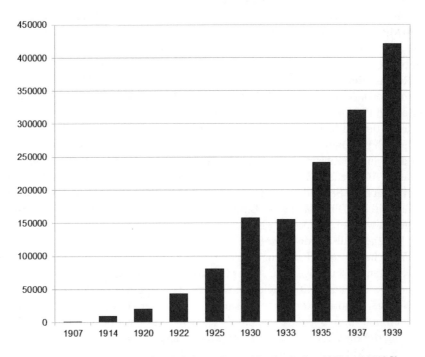

Abbildung 2: Anstieg des Lkw-Verkehrs in Deutschland zwischen 1907 und 1939.[76]

In dieser Phase der Konsolidierung versuchte sich das aus der Uhrenindustrie entwachsende Unternehmen Kienzle Apparate als Zulieferer der Automobilindustrie zu positionieren. Nicht selten deuten technische Veränderungen auf eine veränderte Absatzsituation hin. So verweist Im Fall Kienzles die Umkonstruktion des TCO 6 hin zu einem in die Instrumententafel integrierten Fahrtschreiber auf den zunehmenden Austausch zwischen Autofabriken und Zulieferbetrieb. Zwischen der Einführung der Fahrtschreiber-Modelle TCO 2 und TCO 6 lagen somit die ersten Erfolge des Fahrtschreibers am Markt. Insbesondere bei den wichtigsten Kunden, den großen Autofabriken und Fuhrparkbetreibern, konnte erstes Interesse und Verständnis für den wirtschaftlichen Nutzen dieses Gerätes geweckt werden. Insofern hatte die unermüdliche Arbeit Rieggers und Dr. Kienzles nach Jahren der unternehmerischen Krise endlich Früchte getragen. Es zahlte sich aus, dass Dr. Kienzle von Anfang an vergleichsweise viel Personal im Bereich Entwicklung und Konstruktion beschäftigte und selbst in den Jahren mit tiefroten Bilanzzahlen weiter an neuen bzw. der Verbesserung der bestehenden Produkte arbeitete.

---

76 Reiner Filk: Von Ford lernen? Automobilbau und Motorisierung in Deutschland bis 1933, Köln und Weimar 2001, S. 280.

1934 betrug die Kienzle-Jahresproduktion von Fahrtschreibern noch bescheidene 500 Geräte.[77] Der erste Großkunde, der vom Nutzen des Fahrtschreibers für den gewerblichen Transportverkehr überzeugt werden konnte, war die Deutsche Reichsbahn. Mit der Übernahme des Logistikunternehmens Schenker war die Bahn im Jahr 1931 auch einer der größten Betreiber einer Lkw-Flotte geworden. Da Vorläufer des Fahrtschreibers schon seit Jahrzehnten im Eisenbahnverkehr im Einsatz waren, war die Reichsbahndirektion dem Thema vergleichsweise aufgeschlossen. In einem ersten Großauftrag bestellte die Bahn im Jahr 1935 2.000 Fahrtschreiber, was der vierfachen Produktionsmenge des Vorjahrs entsprach.[78]

Erste direkte Kontakte zur Automobilindustrie konnten in den Jahren 1934/35 erfolgreich bei Daimler-Benz in Stuttgart geknüpft werden. Dieser Kontakt schlug sich auch in der Zusammensetzung des Aufsichtsrats der Kienzle Taxameter und Apparate AG nieder. Mit dem Ausscheiden der letzten Familienmitglieder wurde Oberbaurat Fritz Schmidt in das Gremium gewählt. Schmidt war Jahrgang 1891 und als Technischer Direktor für das Daimler-Werk im badischen Gaggenau zuständig. Gaggenau war der Standort der Nutzfahrzeugproduktion von Daimler-Benz. In den 30er Jahren wurde er von Daimler-Benz zunehmend als Vertreter bei Behörden, in der Wirtschaftsgruppe Fahrzeugindustrie oder beim Generalbevollmächtigten für das Kraftfahrwesen eingesetzt. Außerdem war er Vorsitzender der Automobiltechnischen Gesellschaft. Mit Dr. Kienzle war er seit dem gemeinsamen Studium an der TH Stuttgart und seit ihrer gemeinsamen Zeit in der studentischen Verbindung „Sonderbund" befreundet. Nach dem Zweiten Weltkrieg wurde Schmidt nach Stuttgart-Untertürkheim geholt und dort in den Vorstand der Daimler Benz AG als stellvertretendes Mitglied berufen.[79]

Schon während einer Aufsichtsratssitzung im Sommer 1936 zeigten sich die Kienzle-Verantwortlichen zuversichtlich, dass die ersten Automobilhersteller bald mit dem serienmäßigen Einbau von Fahrtschreibern beginnen würden. Damit war das Tor offen für das Geschäft mit der Erstausstattung und die Krise des Unternehmens war endgültig überwunden.

Der Einstieg in die Erstausstattung bei Nutzfahrzeugen fiel in eine Zeit, in der auch die Gesetzgebung zum Transportgewerbe in Bewegung geriet. Die veränderten politischen Zielsetzungen und die merklich zunehmende Motorisierung machten erste Schritte einer gesamtstaatlichen Regulierung notwendig. 1934/35 wurde ein neues „Gesetz über den Güterfernverkehr mit Kraftfahrzeugen"[80] diskutiert und verabschiedet, das sich im Kern mit der Rolle von privaten Transportunternehmen beschäftigte und deren Verhältnis zur Reichsbahn festlegte. Besonders umstritten

---

77 Zu den frühen Produktionszahlen vgl. Stichwortartige Aufzeichnung der Entwicklungsgeschichte unserer Firma aus Anlass des 25jährigen Bestehens am 19.6.1953, Manuskript 18.6.1953, in: Privatarchiv Ackermann.
78 Vgl. hierzu den Artikel „Paul Riegger macht den Fahrtschreiber populär", in: Kienzle-Blätter 3/1961, S. 14f.
79 Vgl. Biografie Oberbaurat Fritz Schmidt, 31.8.1976, in: Unternehmensarchiv DaimlerChrysler; Artikel „Was gibt's Neues, in: Industrieblatt Stuttgart-Berlin, H. 9, 26.3.1941.
80 Gesetz über den Güterfernverkehr mit Kraftfahrzeugen, 26.6.1936, in: RGBl, Jg. 1935, Teil I, S. 788–793.

war der Bereich des Güterfernverkehrs, in dem sich eine direkte Konkurrenz zur Eisenbahn abzeichnete, während der so genannte Werkverkehr, also der Transport innerhalb von Unternehmen, sowie der Güternahverkehr bis 50 km Entfernung zunächst frei von Einschränkungen blieb. Seit 1931 galt für den Güterfernverkehr eine Notverordnung, die aber die beabsichtigte Wirkung, nämlich die Einschränkung des Wettbewerbs, verfehlt hatte. Ansonsten existierten nur regionale Gesetze, die der wachsenden Bedeutung des Lkw-Verkehrs nicht mehr gewachsen waren.

Diskutiert wurden Maßnahmen, die eine faktische Einbindung der privaten Transportunternehmen in die Organisation der Reichsbahn bedeutet hätten.[81] Diese weitgehende Einschränkung der Logistikunternehmen konnte zwar verhindert werden, aber das Gesetz sah vor, dass Unternehmen in diesem Bereich staatlich zugelassen werden mussten. Außerdem wurde ein „Reichs-Kraftwagen-Betriebsverband" gegründet, dem alle Unternehmen angehören mussten. Der Verband wiederum unterstand direkt dem Reichsverkehrsminister und organisierte für diesen den Güterverkehr, insbesondere sorgte er für die Einhaltung der Transporttarife. Umfangreiche Sanktionsmaßnahmen inkl. der Möglichkeit des Konzessionsentzugs waren möglich. Dieses System entsprach der auch in anderen Politikfeldern üblichen nationalsozialistischen Ordnungspolitik, in dessen Machtzentrum zentralstaatliche Organe standen. Im Rahmen des Gesetzes wurden Transportunternehmer und Spediteure dazu verpflichtet, über ihre Fahrten und Beförderungsgeschäfte streng Buch zu führen.[82] Zur gleichen Zeit wurden auch Vorschriften über die Verwendungspflicht von eichfähigen Instrumenten im gewerblichen Kraftwagenverkehr von der Reichsregierung erlassen.[83] Hiervon betroffen waren alle Fahrzeuge, die ihre Leistungen nach Kilometern abrechneten: neben Taxis waren das sämtliche Mietwagen, Omnibusse im Linienverkehr und Lkws, soweit sie ihre Transportleistungen nach Streckentarifen verrechneten.

Schon in den Folgejahren wurden weitergehende staatliche Maßnahmen bezüglich der Aufzeichnungspflicht verordnet. Erstens wurde vom Reichsarbeitsministerium eine Arbeitszeitverordnung[84] verabschiedet, die das Führen eines Fahrtenbuchs zur Pflicht erklärte. Gleichzeitig konnte man dieser Pflicht auch durch einen im Fahrzeug eingebauten Fahrtschreiber gerecht werden. Dr. Kienzle nutzte diese Maßnahmen zur Werbung in eigener Sache und erläuterte den staatlichen Stellen die Vorzüge des Geräts, das nicht nur alle fahrtechnisch und arbeitszeitlich notwendigen Aufzeichnungen durchführte, sondern diese auch noch wesentlich genauer als ein

---

81 Zur Diskussion vgl. Heidi Rohde: Transportmodernisierung oder Verkehrsbewirtschaftung? Die verkehrspolitische Auseinandersetzung um die Expansion des Lkw-Verkehrs in den 30er-Jahren, in: Harry Niemann, Armin Hermann (Hg.): 100 Jahre LKW. Geschichte und Zukunft des Nutzfahrzeuges, Stuttgart 1997, S. 55–71, hier S. 64f.
82 Vgl. hierzu Georg Hein: Das Gesetz über den Güterfernverkehr mit Kraftfahrzeugen, in: Verkehrstechnik. Zentralblatt für den gesamten Landverkehr und Straßenbau 16 (1935), H. 14, S. 365–368, hier S. 367.
83 Vgl. Maß- und Gewichtsgesetz, 13.12.1935, § 9, in: RGBl., Teil I, Nr. 142, 19.12.1935.
84 Vgl. Ausführungsverordnung zur Arbeitszeitordnung, 12.12.1938, Punkt 50 und 54, in: RGBl., Teil I, Nr. 215, 16.12.1938.

von Hand geführtes Fahrtenbuch wäre.[85] Die zweite Regelung war die „Verordnung über den Betrieb von Kraftfahrzeugunternehmen im Personenverkehr", die so genannte BOKraft vom Februar 1939, die bis dahin gültige landesrechtliche Vorschriften bündelte. Die BOKraft schrieb für alle Busse im Gelegenheitsverkehr den Einbau von Fahrtschreibern vor.[86] Eine dritte Verordnung wurde schließlich nach Kriegsausbruch vom Reichsverkehrsministerium veröffentlicht: Ab Februar 1940 durften Kraftfahrzeuge ab einer entsprechenden Reifengröße bzw. Tragfähigkeit nur maximal 40 bzw. 28 km/h schnell fahren. Hierfür mussten Geräte zur Geschwindigkeitsbegrenzung eingebaut werden.[87] Als Alternative war offenbar auch der Einbau eines Fahrtschreibers zugelassen.

Der Durchbruch des Fahrtschreibers bei den Speditionsunternehmen und den Automobilherstellern bis 1936 ging mit einer grundlegenden Veränderung der politischen und wirtschaftlichen Rahmenbedingungen einher. 1936 verabschiedete das nationalsozialistische Regime den Vierjahresplan, mit dem die deutsche Wirtschaft schnellstmöglich kriegsbereit und damit auch autark von ausländischen Rohstoffquellen gemacht werden sollte. Die Automobilindustrie und ihre Zulieferer wurden spätestens zu diesem Zeitpunkt Teil der deutschen Aufrüstungspolitik. Die Automobilisierung dieser Jahre war untrennbar mit dem Aufbau der Wehrmacht und der Kriegswirtschaft verbunden. Deutschland war arm an kriegswichtigen Rohstoffen wie Erdöl und Kautschuk, so dass der sparsame und wirtschaftliche Umgang mit Treibstoffen und Reifengummi für die wachsende Fahrzeugflotte einen hohen politischen Stellenwert gewann. Der Kienzle-Fahrtschreiber versprach hier einen wesentlichen Beitrag für eine wirtschaftliche und v.a. kontrollierbare Fahrweise bei Lkws oder Omnibussen und wurde deswegen von den Autoherstellern und Flottenbetreibern begrüßt.

Kienzle konnte das richtige Gerät zur richtigen Zeit anbieten und bescherte seinem Unternehmen den angedeuteten Nachfrageboom. Im Jahr 1937 konnten über 6.000 Fahrtschreiber verkauft werden, 1938 verdoppelte sich diese Zahl noch einmal auf rund 13.000 Geräte der Modelle TCO 2 und TCO 6. Neben den Fahrtschreibern blühte in diesen Jahren infolge der Pflicht zu eichfähigen Aufzeichnungsgeräten auch das Geschäft mit Wegstreckenzählern, von denen 1937 und 1938 je 6.000 Geräte produziert wurden. Im Vorkriegsjahr 1938 lief sogar das Exportgeschäft, insbesondere mit Taxametern, wieder besser. Hauptabnehmerländer waren Großbritannien, Indien, Polen, Australien, Türkei, Ungarn und Belgien. Mit Kriegsbeginn wurde die deutsche Automobilproduktion weitgehend auf die Bedürfnisse der Wehrmacht umgestellt, d.h. die Zahl neuer Lkws wurde auf Kosten der Pkw-Fertigung gesteigert und die Wehrmacht trat immer mehr als wichtigster Direktkunde für Nutzfahrzeuge auf.[88]

---

85 Brief Kienzle Taxameter und Apparate AG an das Gewerbeaufsichtsamt, 14.7.1939, in: GLA, Abt. 455, Zug 1991-49, Nr. 73.
86 RGBl I, 20.2.1939, vgl. auch G. Wirbitzky: Fahrtschreiber als Datenträger für Sicherheit und Wirtschaftlichkeit beim Betrieb von Kraftfahrzeugen, Bad Godesberg 1973, S. 17.
87 Verordnung zur Änderung der Straßenverkehrszulassungsverordnung vom 22.2.1940, in: RGBl. Jg. 1940, Teil I, S. 402.
88 Edelmann (1989), S. 197.

1.8. Der wirtschaftliche Aufstieg im Nationalsozialismus 47

Der Fahrtschreiber TCO 2 war das erste eichfähige Gerät seiner Art.

Diese Entwicklung schlug sich auch in den Mitarbeiter- und Umsatzzahlen nieder. Hatte das Villinger Taxameterwerk die Zahl der Beschäftigten 1932 auf rund 70 reduzieren müssen, konnte 1937 die Ausgangsgröße von 250 Arbeitern und Angestellten wieder erreicht werden. Im Jahr 1938 konnten über 100 weitere Beschäftigte eingestellt werden und bis Kriegsausbruch 1939 stieg die Zahl weiter auf etwa 400 an.[89] Der plötzliche Bedarf an ausgebildeten Facharbeitern konnte in der Kürze der Zeit gar nicht über den regionalen Arbeitsmarkt abgedeckt werden, so dass regelmäßig Überstunden für Teile der Belegschaft beantragt werden mussten. Ab 1938 wurde die Arbeitszeit bei Kienzle dauerhaft auf 60 Wochenstunden verlängert. In den Begründungen wurde auf wichtige Aufträge für den Vierjahresplan bzw. aus dem Heer und aus dem Luftfahrtministerium verwiesen. 1938 gab es auch einen Großauftrag für eine Taxameterlieferung ins

---

89 Zu den Belegschaftszahlen 1937–40 vgl. Artikel „Dr.-Ing. Herbert Kienzle. Aus seinem Werk", in: Kienzle Blätter 2/1954, S. 10–23, hier S. 18f.; Stichwortartige Aufzeichnung der Entwicklungsgeschichte unserer Firma aus Anlass des 25jährigen Bestehens am 19.6.1953, Manuskript 18.6.1953, in: Privatarchiv Ackermann; Betriebsbeschreibung Kienzle Taxameter und Apparate AG, April 1938, in: GLA, Abt. 455, Zug 1991-49, Nr. 73.

indische Bombay.⁹⁰ Der Umsatz des Unternehmens stieg parallel dazu sprunghaft an. Betrug dieser 1935 noch etwa 500.000 RM, so führte insbesondere der Fahrtschreiberverkauf dazu, dass im Geschäftsjahr 1938 über 3 Mio. RM eingenommen werden konnten. Etwa drei Viertel dieses Umsatzes wurden mit dem Verkauf der Fahrtschreiber erzielt.⁹¹ Wegen dieser Ausdifferenzierung und der gleichzeitigen Veränderung des Produktionsprofils weg vom reinen Taxametergeschäft fand 1938 auch eine Umbenennung in Kienzle Apparate AG Villingen statt.⁹²

Der Aufstieg des Nationalsozialismus veränderte aber nicht nur die äußere Anreizsituation für Kienzle Apparate. Das neue System fand seinen Widerhall auch im Unternehmen. Exemplarisch wird dies deutlich, wenn man sich die Feierlichkeiten der Firma zur Fertigstellung des neuen Verwaltungsgebäudes im Boomjahr 1938 vergegenwärtigt. Die Unternehmensführung nutzte den Anlass, um die gesamte Belegschaft des Werks sowie die Vertreter der Vertriebsgesellschaften aus ganz Deutschland nach Villingen, in den großen Theatersaal, einzuladen. Dr. Herbert Kienzle gab in seiner Eigenschaft als Betriebsführer seiner Freude Ausdruck, dass „infolge des nationalsozialistischen Umbruchs und der intensiven Arbeit der gesamten Belegschaft die Erstellung des Neubaus ermöglicht wurde."⁹³ Er lobte die Ausstattung und Möglichkeiten des neuen Gebäudes und betonte dabei insbesondere die Besserung des „inneren Lebens des Betriebs": An die Stelle eines „misstrauischen" oder gar „feindlichen" Gegeneinanders von Arbeitnehmern und Arbeitgebern hätte sich „unter der nationalsozialistischen Regierung alles zum Besseren gewandelt und durch eine organische Betriebsgestaltung sei das gegenseitige Vertrauen wiedergekehrt." Dr. Kienzle schloss seine Ansprache mit dem Hinweis darauf, dass jeder Betrieb „heute im Rahmen des Vierjahresplanes seine großen Aufgaben zu erfüllen" hätte, „er muss über sich hinauswachsen und sein Bestes hergeben, damit alle Anforderungen erfüllt werden können. Wie das Kienzle-Taxameterwerk nach der Depression vor einem halben Dutzend Jahren mit dem Aufstieg des gesamten Vaterlandes sich wieder emporgearbeitet und sich die Gefolgschaft heute gegenüber damals vervielfacht hat, so wird der Geist, der das Vaterland wieder zur Höhe führte, auch im Betrieb stets lebendig bleiben."⁹⁴

Die Feier fand unter Anwesenheit hoher regionaler Vertreter staatlicher und nationalsozialistischer Institutionen statt und verdeutlichte, wie die Kienzle-Unternehmensführung Teil der NS-Funktionselite geworden war. Der Eigentümer und Betriebsführer Dr. Kienzle war seit Mai 1933 Mitglied der NSDAP, ebenso sein

---

90 Vgl. Briefe Kienzle Taxameter und Apparate AG an das Gewerbeaufsichtsamt vom 16.12.1937, 25.2.1938 und 3.11.1938, in: GLA, Abt. 455, Zug 1991-49, Nr. 73.
91 Vgl. Entwicklung der Firma Kienzle Apparate GmbH Villingen/Schwarzwald, Manuskript o.D. (ca. 1947/48), in: StA VS, Kienzle Apparate, 1098; Auszug aus dem Protokoll Aufsichtsratsitzung Kienzle Taxameter und Apparate AG am 17.7.1936 in Freiburg, in: Privatarchiv Ackermann.
92 Vgl. Chronik der Firma Kienzle Apparate GmbH Villingen über die Firma Kienzle Uhrenfabriken AG, Schwenningen, Manuskript 10.1.1946, in: Privatarchiv Ackermann.
93 Kienzle-Taxameterwerk Villingen im stetigen Aufstieg, in: Schwarzwälder Bote, 14.1.1938.
94 Ebd.

Stellvertreter Riegger, der im gleichen Monat der Partei beigetreten war und dem die Bereiche Konstruktion und Entwicklung unterstanden. Auch andere leitende Mitarbeiter Kienzles wie der technische Betriebsleiter Paul Vosseler sowie Prokurist Otto Beck bezeugten ihre Nähe zum Regime durch einen Eintritt in die Staatspartei.[95]

1.9. In der Kriegswirtschaft

Mit Kriegsbeginn 1939 erlebte der wirtschaftliche Aufstieg von Kienzle Apparate einen weiteren Schub. Die Einnahmen aus dem Fahrtschreibergeschäft konnten dazu genutzt werden, den Maschinenpark zu vergrößern und zu erneuern sowie Kontakte zu Forschungseinrichtungen und Hochschulen aufzunehmen bzw. zu vertiefen. Neben das schon beschriebene Tachografen-Hauptgeschäft und den Nebengeschäften mit Taxametern und anderen Apparaten konnte ein dritter Produktionsbereich etabliert werden. Neuer Auftraggeber der Kienzle Apparate wurde insbesondere das Reichsluftfahrtministerium. Seit Inkrafttreten des Vierjahresplans 1936 entfaltete das Unternehmen Aktivitäten als Zulieferer für die deutsche Luftfahrtindustrie. Die Zusammenarbeit begann mit der Auftragsfertigung von Reglern für Flugzeugmotoren der Brandenburgischen Motorenwerke, zunächst für den 1000 PS-Sternmotor „Bramo Fafnier".[96]

Weil das Unternehmen sich hier als zuverlässig erwies, bekam es weitere Aufträge für Flugmotorenregler. Hierbei handelte es sich um die Lizenzfertigung von Höhengemisch- und Ladedruckreglern für Motoren der Firmen Argus Motorengesellschaft Berlin, Klöckner Flugmotorenbau Hamburg, BMW München, Daimler-Benz Stuttgart und Junkers Motorenwerke Dessau. Damit war Kienzle Apparate als Zulieferer an zentralen Rüstungsprojekten der deutschen Luftwaffe beteiligt.[97]

Man bedenke hierbei die allgemeine Situation, in der für Unternehmen im Deutschen Reich fast ausschließlich Entwicklungspotentiale in der Rüstungs- und Kriegswirtschaft bestanden. Dafür sorgten positive Anreize wie die Vergabe von Fördermitteln und Entwicklungsaufträgen, aber sicherlich auch negative Restriktionen, also z.B. Drohungen, nicht kriegsrelevanten Betrieben wichtige Arbeitskräfte oder Rohstofflieferungen zu entziehen bzw. sie gar zwangsweise auf Rüstungsfertigung umzustellen.

Aber Dr. Kienzle wollte nicht nur die Lizenzfertigung von anderen Firmen übernehmen, sondern er wollte auch mit eigenen Konstruktionen erfolgreich sein. Insbesondere in der schon erfolgreich begonnenen Reglerfertigung wollte Kienzle mit eigenen Produkten in Konkurrenz zur marktbeherrschenden Stellung der Berliner Askaniawerke treten. Um in diese Richtung voranzukommen, verpflichtete Dr. Kienzle um 1940 den Ingenieur Dr. Werner Rixmann als zusätzlichen Entwicklungs-

---

95 Vgl. NSDAP-Mitgliedskarten Nr. 3109178 (Dr. Herbert Kienzle), Nr. 2528014 (Paul Riegger), Nr. 5059100 (Paul Vosseler), in: Bundesarchiv Berlin, BA (ehem. BDC) NSDAP-Gaukartei.
96 Vögtlin (1982), S. 5.
97 Zu den Reglern vgl. ebd., S. 5f., zur allgemeinen Einbettung der Projekte vgl. Lutz Budraß: Flugzeugindustrie und Luftrüstung in Deutschland 1981 – 1945, Düsseldorf 1998.

Wie die meisten Kienzle-Manager war Paul Riegger NSDAP-Mitglied.

leiter. Rixmann hatte in Berlin und Karlsruhe studiert und seine Doktorarbeit über Weiterentwicklungen bei Benzinmotoren verfasst. An der TU Berlin arbeitete er an Motoren, die mit einheimischen Kraftstoffen – u.a. mit Holzvergasung – betrieben werden konnten. Unter seiner Leitung wurden bei Kienzle insbesondere in der zweiten Kriegshälfte mehrere Entwicklungsprojekte gestartet.[98] Hierzu gehörten die Projekte eines Unterdruckmessers, eines Fahrtreglers, eines Kreislaufreglers und eines Getriebereglers.

Der Unterdruckmesser wurde erfolgreich fertig gestellt und auch in größeren Stückzahlen produziert. Er wurde in den Kriegs- und Nachkriegsjahren bei Lkws mit Holzvergasermotoren eingesetzt. Der Fahrtregler knüpfte an die Idee des Fahrtschreibers an und war als Gerät zur Geschwindigkeitsbegrenzung bei Fahrzeugen gedacht. Er wurde aber aufgrund technischer Schwierigkeiten nicht in die Fertigung genommen.

Das Projekt des Kreislaufreglers gehörte zur Entwicklung eines speziellen Dieselmotors für U-Boote und Torpedos, die mit reinem Sauerstoff statt der üblichen Pressluft betrieben werden sollten. Eine reine Sauerstoffverbrennung erzeugt als Verbrennungsprodukt nur wasserlösliches CO_2 und Wasser, so dass keine Blasen an die Oberfläche aufsteigen und die Fahrt des U-Bootes bzw. Torpedos unbemerkt bleibt. Die Entwicklung verlief in Kooperation mit dem Forschungsinstitut für Kraftfahrwesen und Fahrzeugmotoren an der TH Stuttgart unter der damaligen Leitung von Prof. Dr.-Ing. Wunibald Kamm und mit den Firmen Drägerwerke Berlin, Daimler-Benz AG Stuttgart und Uraniawerft AG Kiel. Angestoßen wurde das Pro-

---

98 Vgl. hierzu Vögtlin (1982), S. 6–10; Karl Vögtlin: Firma Kienzle 1938 bis 1945. Ein Rückblick, Manuskript ca. 1988, in: StA VS, 7535.

1.9. In der Kriegswirtschaft

*Daimler-Vorstandsmitglied Fritz Schmidt (1891–1967)
saß im Kienzle-Aufsichtsrat.*

jekt von Ideen Rixmanns, gearbeitet wurde in Versuchslaboren in Stuttgart-Untertürkheim, finanziert wurde das Projekt von Dräger.[99] Gegen Kriegsende waren die Motoren einsatzbereit und es lagen Aufträge für eine erste Serie vor. Diese konnte aber wegen der deutschen Kapitulation nicht mehr fertig gestellt werden.[100]

In Kooperation mit dem Unternehmen Zahnradfabrik (ZF) Friedrichshafen baute man bei Kienzle an einem Getrieberegler für das NSU-Kettenkraftrad und für den neuen Panzer der Tiger-Klasse. Dabei handelt es sich um die Entwicklung eines automatischen Getriebes, das auch deswegen interessant erschien, weil man dessen späteren Einsatz in der zivilen Autoindustrie schon vorhersah.

Einen weiteren Regler sollte Kienzle im Frühjahr 1944 für die neuen Düsentriebwerke der Luftwaffe entwickeln. Dafür wurden in Donaueschingen in einem ausgelagerten Kienzle-Betrieb Fachleute der Unternehmen BMW, Junkers, Daimler-Benz und der Deutschen Versuchsanstalt für Luftfahrt zusammengezogen, die einen neuen Einheitsregler für die damaligen Düsentriebwerke konstruieren sollten. Außerdem erhielt Kienzle noch im Herbst 1944 über seine Kontakte zum Stuttgarter Professor Kamm den Auftrag, einen Brennstoffregler für eine Weiterentwicklung

---

99 Vgl. Vögtlin (1988), Vögtlin (1982), S. 7f., Interview Vögtlin (2005), S. 28f.
100 In der Nachkriegszeit wurden solche Anlagen zeitweise in der französischen Marine verwendet und das Verfahren wurde später im zivilen Bereich wieder aufgegriffen und z.B. für Arbeits-U-Boote im off-shore-Bereich z.B. bei der Kontrolle von Unterwasserpipelines eingesetzt, vgl. ebd.

des V1-Rohrs zu konstruieren. Dieses Rohr belastete das Flugzeug weniger stark als der Vorgänger und sollte für einen billig zu fertigenden Jagdflieger verwendet werden.

Alle diese späten Entwicklungsprojekte wurden nicht mehr abgeschlossen. Sie zeigen aber, dass sich Kienzle Apparate erfolgreich als innovatives Entwicklungs- und Zuliefererunternehmen für die Auto- und Luftfahrtbranche positionieren konnte. Dabei stand man in engem Kontakt mit wichtigen staatlichen Stellen und Unternehmen der Rüstungsindustrie.

Der Boom im Bereich Fahrtschreiber- und Reglerfertigung bedeutete für das Unternehmen Kienzle Apparate stetig steigende Umsatz- und Beschäftigtenzahlen. Die Jahresproduktion an Fahrtschreibern stieg von 18.000 Stück (1939) auf 26.000 (1941) an, um schließlich 1944 einen Höhepunkt mit über 30.000 Geräten zu erreichen. Die Produktionskapazitäten des Werkes konnten dementsprechend bis Kriegsende auf monatlich 3.000 Fahrtschreiber, 4.000 Unterdruckmesser, 300 Taxameter und 600 Wegstreckenzähler im Bereich Fahrzeuggeräte, auf 1.700 Stück verschiedene Ladedruck- und Drehzahlregler sowie auf über 1.000 Betriebsgeräte wie Arbeitsschauuhren, Autografen, Betriebsstundenzähler, Rekorder und Drehwähler ausgebaut werden.[101] Der Umsatz des Unternehmens stieg in den Kriegsjahren von etwa 3 Mio. (1938) auf knapp 13 Mio. RM (1944) an.[102] Ein Teil der Gewinne wurde in die Erweiterung der Kapitalbasis des Unternehmens investiert. 1941 wurde das Stammkapital von 360.000 auf 500.000 RM und 1942 auf 1 Mio. RM erhöht.[103]

Die Zahl der Arbeiter und Angestellten stieg im gleichen Verhältnis an. Die Gesamtbelegschaft von Kienzle Apparate stieg von etwa 400 bei Kriegsausbruch auf 650 im Jahr 1941 und auf über 1.200 auf dem Höhepunkt der Kriegsproduktion im Jahr 1944 an. Diese Zahl setzte sich aus 220 Angestellten, 210 Facharbeitern, 215 Angelernten, 300 Hilfsarbeitern, 220 extra ausgewiesenen Arbeiterinnen und 60 Lehrlingen zusammen.[104] Dafür mussten die Fertigungskapazitäten in den Kriegsjahren erheblich erweitert werden. Neben das alte Taxameterwerk war 1938 ein neuer Verwaltungsbau getreten und während des Krieges wurde das Werk 1940/41 durch einen lang gestreckten, mehrgeschossigen Fabrikbau stark erweitert. Zusätzlich war seit Ende der Krisenjahre das frühere Zweigwerk in Mönchweiler wieder in Betrieb genommen worden und gegen Ende 1944 traten einige Standorte für ausgelagerte Betriebsteile hinzu.

Schon in der Vorkriegszeit war es für Kienzle Apparate schwer gewesen, qualifiziertes Fachpersonal in der notwendigen Zahl einzustellen. Mit Kriegsbeginn verschärfte sich die Personalnot weiter. Ebenso wie andere Betriebe musste Kienz-

---

101 Vgl. Anlage 6 (Betriebstätigkeit) zum Fragebogen Kienzle Apparate GmbH Villingen für die Schwarzwälder Handelskammer, 25.7.1945, in: Wirtschaftsarchiv Baden-Württemberg (WA BW), A2, 94.
102 Vgl. Kurzbericht Kienzle Apparate GmbH an die französische Militärverwaltung in Baden, 20.8.1945, in: WA BW, A2, 94.
103 Agricola (1952), S. 8.
104 Vgl. Betriebsbeschreibung Kienzle Apparate AG Villingen, ca. Februar 1941, in: Abt. 455, Zug 1991-49, Nr. 73; Anlage 7 (Gefolgschafts-Übersicht) zum Fragebogen Kienzle Apparate GmbH Villingen für die Schwarzwälder Handelskammer, 25.7.1945, in: WA BW, A2, 94.

1.9. In der Kriegswirtschaft

le den Einzug von Belegschaftsmitgliedern in die Wehrmacht kompensieren. Im ersten Kriegsjahr waren hiervon etwa 60 Kienzleaner betroffen. Das Unternehmen sandte deswegen dringende Hilfsgesuche an das Arbeitsamt und an das Rüstungskommando, die notwendige Zahl an Facharbeitern doch endlich bereit zu stellen.[105] Mit diesem Problem stand Kienzle Apparate nicht allein, vielmehr handelte es sich um ein grundlegendes Strukturproblem der deutschen Kriegswirtschaft. Immer mehr Männer wurden in die Wehrmacht eingezogen, gleichzeitig stieg der Druck auf die Betriebe, ihre Produktionskapazitäten auszuweiten. Die Antwort der NS-Regierung hierauf war der Einsatz von „Fremdarbeitern". Mit dem Begriff der so genannten „Fremdarbeiter" wurden alle Gruppen ausländischer Arbeiter umschrieben, die während des Weltkriegs in der deutschen Wirtschaft zum Einsatz kamen. Dazu gehörten zivile Arbeiter, die in den besetzten Gebieten angeworben wurden, aber auch explizit zwangsrekrutierte Zivilisten und eine große Zahl Kriegsgefangener, die man üblicherweise als Zwangsarbeiter bezeichnet. Mit Voranschreiten des Krieges trat beim Anwerben der zivilen „Fremdarbeiter" der Aspekt der Freiwilligkeit zunehmend in den Hintergrund. Im Laufe des Krieges kamen so etwa 9 Mio. Fremdarbeiter zum Einsatz, ihr Anteil in den Fabrikbelegschaften lag gegen Kriegsende im Durchschnitt bei etwa einem Drittel.[106]

Die Stadt Villingen war nicht zuletzt wegen Betrieben wie Kienzle Apparate oder SABA ein für die Kriegs- und Rüstungsproduktion bedeutender Standort. Hinzu kam, dass in der Stadt ein großes Lager für Kriegsgefangene errichtet worden war. Beide Faktoren führten dazu, dass spätestens 1942 eine größere Zahl an ausländischen Arbeitern und Kriegsgefangenen in der Villinger Industrie zum Einsatz kam.[107] Bis gegen Kriegsende stieg ihre Zahl von mindestens 500 auf etwa 3.500 an. Darunter waren etwa 1.500 Zivilarbeiter und 2.000 Kriegsgefangene, wodurch die Gruppe der „Fremdarbeiter" immerhin zusammen 20 Prozent der Villinger Stadtbevölkerung ausmachte. Für Kienzle Apparate ist die Zahl von 367 „Fremdarbeitern", also ein Anteil von 30 Prozent an der Belegschaft, überliefert. Die Kienzle-„Fremdarbeiter" setzten sich zum größeren Teil aus so genannten Westarbeitern, also Arbeitern aus Frankreich, Belgien, Italien und einigen Niederländern zusammen. Hinzu kamen etwa 40 Russen und einige andere Osteuropäer aus Polen, Tschechien

---

[105] Brief Kienzle Apparate AG an das Gewerbeaufsichtsamt, 13.1.1940, in: GLA, Abt. 455, Zug 1991-49, Nr. 73.

[106] In der aktuellen Forschung werden die beiden Begriffe „Fremdarbeiter" und Zwangsarbeiter" verwendet, im alltäglichen und politisch-gesellschaftlichen Umgang spricht man jedoch nur von Zwangsarbeitern. Beim Begriff „Fremdarbeiter" handelt es sich darüber hinaus um den zeitgenössischen Begriff im Nationalsozialismus, er umschreibt aber präziser alle hier gemeinten Gruppen, so dass er hier, immer in Anführungszeichen gesetzt, verwendet wird. Vgl. hierzu aktuelle Forschung zum Thema, insbesondere Ulrich Herbert: Fremdarbeiter. Politik und Praxis des „Ausländer-Einsatzes" in der Kriegswirtschaft des Dritten Reiches, Bonn 1999; Mark Spoerer: Zwangsarbeit unter dem Hakenkreuz. Ausländische Zivilarbeiter, Kriegsgefangene und Häftlinge im deutschen Reich und im besetzten Europa 1939–1945, Stuttgart u. München 2001, hier S. 11–20.

[107] Vgl. Stefan Alexander Aßfalg: Die Geschichte der Fremdarbeiter in Villingen während des zweiten Weltkrieges : Ein Beitrag zur Funktion und Bedeutung mündlich erzählter Erinnerung, Manuskript Villingen 1996, S. 21f.

und Rumänien. Eine genaue Unterscheidung in Zivilarbeiter und Kriegsgefangene ist aufgrund der Quellenlage leider nicht möglich.[108]

Während die Westarbeiter in der Regel den gleichen Lohn wie ihre deutschen Kollegen bekamen, erhielten die Osteuropäer eher die Hälfte davon oder noch weniger für ihre Arbeit. Für beide Gruppen aber galt, dass ihnen in Konfliktfällen am Arbeitsplatz der Rechtsweg verwehrt blieb.[109] Für Kienzle Apparate sind keine genauen Zahlen bezüglich der Entlohnung oder Versorgung bekannt. Die Villinger „Fremdarbeiter" waren nur zur Hälfte in geschlossenen Lagern im Stadtgebiet untergebracht, die andere Hälfte wohnte in Privatquartieren in der Stadt und in der Umgebung.[110] Das bedeutete auch, dass sie sich im Alltag frei in der Stadt bewegen konnten. Im Betriebsgeschehen gab es keine formale Trennung zwischen Deutschen und „Fremdarbeitern". Unter den gegebenen Umständen wurden die „Fremdarbeiter" im Betrieb Kienzle Apparate gut behandelt. Die Unternehmensleitung zeigte ihre Fürsorgepflicht nicht nur gegenüber den deutschen Beschäftigten sondern auch gegenüber den „Fremdarbeitern". Alle Mitarbeiter hatten ein Namensschild mit Eintrittsdatum und Nationalität an ihren Arbeitsplätzen. Überliefert sind Berichte über den Eigentümer Dr. Kienzle, dass er die Arbeiter aus Westeuropa in ihrer Muttersprache ansprach, also die Belgier auf Flämisch und die Franzosen auf Französisch, was gegen die offiziellen Vorschriften im Umgang mit „Fremdarbeitern" verstieß.[111]

Dass aber der soziale Raum des Unternehmens Kienzle Apparate auch nicht frei von Repression und nationalsozialistischer Unterdrückung war, belegen Berichte über einen eigenen Wachdienst im Betrieb, der von Zeitzeugen als Untergruppe der NSDAP charakterisiert wurde, dessen vorrangige Aufgabe die Sicherung des Unternehmens war, der aber auch Überwachungsaufgaben gegenüber den ausländischen Arbeitern ausübte.[112] Insgesamt stieg der Arbeitsdruck während der Kriegsjahre sowohl für die deutschen als auch für die ausländischen Arbeiter an. War zu Kriegsbeginn die Arbeitszeit generell auf 60 Wochenstunden und einen Zwei- zeitweise sogar auf einen Drei-Schicht-Betrieb umgestellt worden, kamen während der Kriegsjahre häufig Wochenendarbeit und im Jahr 1944 sogar eine generelle Erhöhung der Wochenarbeitszeit auf 72 Stunden hinzu.[113]

Die Darstellung und Einschätzung der NS-Jahre wird leider dadurch erschwert, dass aus dieser Zeit nur bruchstückhaft Dokumente überliefert sind und wesentliche Aussagen aus späteren, aus den Nachkriegsjahren stammenden Zeitzeugenberichten übernommen werden müssen. Kurz vor Einmarsch der alliierten Truppen in Villingen und im Unternehmen kam es wohl zu groß angelegten Aktenvernichtungen[114],

---

108 Ebd., S. 22.
109 Spoerer (2001), S. 14f.
110 Aßfalg (1996), S. 27.
111 Ebd., S. 80.
112 Ebd., S. 54.
113 Vgl. Brief Kienzle Apparate AG an das Gewerbeaufsichtsamt, 13.1.1940, in: GLA, Abt. 455, Zug 1991-49, Nr. 73; Telegramm Kienzle Apparate AG an Gewerbeaufsicht Strassburg, 27.4.1944, in: ebd.
114 Vgl. die Zeitzeugenberichte bei Aßfalg (1996), S. 65.

1.9. In der Kriegswirtschaft 55

Werksansicht um 1940 mit Hauptgebäude von 1924 und Verwaltungsbau von 1938.

was das weitgehende Fehlen von Geschäftsunterlagen aus dieser Zeit trotz fehlender Kriegszerstörungen erklärt.

Legt man rein ökonomische Maßstäbe an, so müssen die Jahre zwischen 1935 und 1945 für Kienzle Apparate und seine Eigentümer uneingeschränkt als erfolgreich bewertet werden. Der Umsatz stieg von unter 0,4 Mio. auf knapp 13 Mio. RM an. An die Stelle der tiefroten Zahlen in der Weltwirtschaftskrise traten vorzeigbare Gewinne, die in neue Gebäude, eine Ausweitung und Erneuerung des Maschinenparks, in die Entwicklung und Einführung neuer Produkte sowie in entsprechende Rücklagen für Unternehmen und Eigentümer, aber auch soziale Leistungen für die Belegschaft fließen konnten. Die Mitarbeiterzahl konnte von unter 100 auf über 1.200 erhöht werden. Noch vor Kriegsbeginn war dem Betrieb das „Gaudiplom für hervorragende Leistungen" in der Fertigung verliehen worden. 1943 wurde Kienzle Apparate zum „Kriegsmusterbetrieb" ernannt und Dr. Kienzle zunächst mit dem „Kriegsverdienstkreuz I. Klasse" und später mit dem Titel eines „Wehrwirtschaftsführers" geehrt. Während das Kriegsverdienstkreuz bei erfolgreichen Unternehmern durchaus üblich war, wurde der Titel eines Wehrwirtschaftsführers vom Reichswirtschaftsministeriums nur an Personen vergeben, die sich „um den materiellen Aufbau der Wehrmacht besondere Verdienste erworben haben und erwerben"[115]. Damit waren außerdem außerordentliche Rechte verbunden. In vielen arbeitsrechtlichen

---

115 So der Wortlaut der Ernennungsbestimmungen, vgl. Aßfalg (1996), S. 19.

Fragen und beim Einsatz von Arbeitern war der Unternehmer so von der Zustimmung des Arbeitsamts befreit.

Die nationalsozialistischen Ehrentitel für Unternehmen und Unternehmer verweisen darauf, dass eine Bewertung dieser Jahre nicht auf rein ökonomische Kenndaten verkürzt werden kann. Hierhin gehört auch eine Einschätzung zur Rolle der Kienzle-Unternehmensführung im NS-System und in der Kriegswirtschaft. Die deutsche Wirtschaft wurde seit der Machtergreifung der Nationalsozialisten immer stärker reguliert und wichtige mittelständische Industriebetriebe, wie es Kienzle Apparate ohne Zweifel war, wurden in Aufrüstung und Kriegsvorbereitungen integriert. Die gesamte elektrotechnische und feinmechanische Industrie Badens war in besonderem Maß als Zulieferer für die Luftwaffenfertigung engagiert.[116] Diese Integration geschah in der Regel nicht über direkte Repression oder gar Enteignungsmaßnahmen. Das Privateigentum am Unternehmen und die formellen Rechte der Unternehmer blieben unangetastet. Trotzdem war die Anreizstruktur derart verändert worden, dass aktives Unternehmertum in der Industrie fast zwangsweise zu Berührungen mit rüstungs- oder kriegswichtigen Projekten führte. Hier gab es eine steigende Nachfrage von staatlichen Stellen und Unternehmen, hier förderte der Staat Forschungs- und Entwicklungsprojekte, hier war er bereit, Ressourcen wie Kapital, Menschen oder Rohstoffe zu investieren oder deren Einsatz zu unterstützen. Unternehmern bot sich hier viel Entfaltungsspielraum.[117] Insbesondere die deutsche Automobilindustrie gilt als gutes Beispiel für eine Strategie der Gewinnmaximierung unter diesen Anreizbedingungen.[118]

Die verschiedenen Kienzle-Produkte konnten unter diesen Bedingungen unterschiedlich gut verkauft werden. Im Bereich der klassischen Apparate blieb der schon in der Weltwirtschaftskrise verlorene Exportmarkt für Taxameter relativ klein und wurde durch die Inlandnachfrage nur bedingt ausgeglichen. Die anderen Apparate, insbesondere die unterschiedlichen Kontrollgeräte für Fabriken und Fahrzeuge, entsprachen dem Bedarf der Zeit. Hier traf sich der Wunsch nach einer verstärkten und vertieften Rationalisierung und Kontrolle im Fertigungsprozess mit dem Ziel einer stärkeren Motorisierung im Transportverkehr sowie einer autarken deutschen Volkswirtschaft, in der mit wichtigen Rohstoffen wie Erdöl- oder Erdölersatzprodukten sparsam und wirtschaftlich umgegangen werden musste. Insbesondere der Fahrtschreiber verkörperte diese Zielvorgaben und versprach entsprechenden Nutzen. In dieser Phase war er sicherlich kein direktes Kriegsprodukt, die Rahmenbedingun-

---

116 Roland Peter: NS-Wirtschaft in einer Grenzregion. Die badische Rüstungsindustrie im Zweiten Weltkrieg, in: Cornelia Rauh-Kühne, Michael Ruck (Hg.): Regionale Eliten zwischen Diktatur und Demokratie. Baden und Württemberg 1930–1952, München 1993, S. 171–193, hier S. 176f.
117 Vgl. hierzu die jüngsten Einschätzungen bei Christoph Buchheim: Unternehmen in Deutschland und NS-Regime 1933–1945, in: Historische Zeitschrift 282 (2006), S. 351–390, hier S. 384–386; Jonas Scherer: Das Verhältnis zwischen NS-Regime und Industrieunternehmen – Zwang oder Kooperation?, in: Zeitschrift für Unternehmensgeschichte 51 (2006), H. 2, S. 166–190.
118 Vgl. Mark Spoerer: Die Automobilindustrie im Dritten Reich: Wachstum um jeden Preis?, in: Lothar Gall, Manfred Pohl (Hg.): Unternehmen im Nationalsozialismus, München 1998, S. 61–68.

1.9. In der Kriegswirtschaft 57

Der Taxameter Argo T 8 wurde 1935 entwickelt.

gen der Kriegswirtschaft begünstigten aber seinen Verkauf und ein erheblicher Teil der Kunden waren in der Kriegswirtschaft tätig oder waren gar die Wehrmachtsstellen selbst.

Im Vergleich zu anderen Unternehmen sticht Kienzle Apparate weder in positiver noch in besonders negativer Weise hervor.[119] Trotz der Parteimitgliedschaft und seiner Aktivitäten als Wehrwirtschaftsführer kam es im Fall Dr. Kienzles auf Grund fehlenden Belastungsmaterials im Prozess der Entnazifizierung zu einer weitgehenden Entlastung. Von einem Villinger Untersuchungsausschuss wurde er schließlich als Mitläufer eingestuft und zu einer Sühnezahlung von 10.000 RM

---

119 Zum Spektrum möglicher NS-Verstrickungen vgl. Petra Bräutigam, Andrea Schuster, Astrid Welck: Drei württembergische Unternehmer während des Nationalsozialismus: Rolf Boehringer, Ernst Stütz, Richard Schweizer, in: Cornelia Rauh-Kühne, Michael Ruck (Hg.): Regionale Eliten zwischen Diktatur und Demokratie. Baden und Württemberg 1930–1952, München 1993, S. 221–246.

verpflichtet.[120] Aus Familienkreisen ist aber auch überliefert, dass insbesondere Charlotte Kienzle Nazi-Gegnerin gewesen war und sich in Familienkreisen auch entsprechend geäußert hatte, beispielsweise anlässlich der Annahme des Titels eines Wehrwirtschaftsführers. In der zweiten Kriegshälfte soll außerdem Dr. Kienzle engere Kontakte mit dem Freiburger Ökonomen Prof. Adolf Lampe und dessen oppositionellen Freiburger Kreis gepflegt haben. Hierüber war er 1943/44 auch an Diskussionen über die deutsche Nachkriegsordnung beteiligt gewesen. Über Zeitzeugenberichte hinaus gibt es aber hierfür keine handfesten Belege.

Umgekehrt bleibt aber auch festzuhalten, dass Dr. Kienzle seit 1934/35 ein dicht gestricktes Netzwerk zu Staat und Wirtschaft aufbaute, das er insbesondere in den Kriegsjahren dazu nutzte, nicht nur Aufträge als Zulieferbetrieb zu bekommen, sondern Kienzle Apparate mit eigenen Entwicklungsaufträgen zu versorgen. Dass diese nicht mehr zur Fertigungsreife kamen, war nur dem Kriegsende 1945 anzulasten.

Wie stark Unternehmen in die Logik der Kriegswirtschaft eingebunden waren, zeigte das Beispiel Robert Boschs, der als einer der wenigen Unternehmer für seine liberale und oppositionelle Haltung bekannt war. Bosch unterstützte Widerstandskreise und begründete eine Gruppe, die Verbindungen ins Ausland pflegte und einen Sturz Hitlers anstrebte. Trotzdem profitierte auch Bosch von der Motorisierungspolitik der 30er Jahre und wurde als NS-Musterbetrieb ausgezeichnet. Schließlich war Bosch Lieferant für Luftwaffe und Wehrmacht und beschäftigte im Unternehmen Fremd- und Zwangsarbeiter. Insofern galt für Boschs unternehmerisches Handeln ähnliches wie für Dr. Kienzle. Letztlich muss ihr Verhalten über eine komplexe Mischung aus nationalsozialistischer Überzeugung, opportunistischem Handeln, drohender Repression, staatlicher Steuerung und ökonomischen Anreizen erklärt werden.

1.10. Die Kriegsfolgen: Demontage und Wiederaufbau

Obwohl in der Stadt in größerem Umfang kriegsrelevante Industriebetriebe konzentriert waren, blieb Villingen bis Ende 1944 von Bombenangriffen weitgehend verschont. Zu schwereren Angriffen auf die Stadt kam es Ende Februar und Mitte April 1945.[121] Dabei wurden v.a. Ziele am Bahnhof und auf dem Betriebsgelände der SABA getroffen. Durch die Bombardierung starben 20 Personen, darunter vier „Fremdarbeiter", und es wurden etwa 3–4 Prozent der städtischen Gebäude zerstört oder schwer beschädigt. Im Vergleich zu vielen anderen deutschen Städten kam Villingen damit relativ unbeschadet davon. Insbesondere die Gebäude von Kienzle Apparate blieben bei den Angriffen verschont.

---

120 Vgl. Brief Dr. Kienzle an den badischen Minister für Wirtschaft und Arbeit, Eckard Lais, 13.5.1948, in: Staatsarchiv (StA) Freiburg, C 37/1, 200, Bl. 21f.; sowie Brief Badisches Landesamt für Kontrollierte Vermögen (BLKV) Kreisstelle Villingen an BLKV Freiburg, 5.5.1948, in: StA Freiburg, F 202/2, 2536.
121 Hermann Riedel: Villingen 1945. Bericht aus einer schweren Zeit, Villingen 1968, hier S. 1–8.

1.10. Die Kriegsfolgen: Demontage und Wiederaufbau 59

Am 20. und 21. April erreichten französische Militärverbände Villingen und besetzten die Stadt, ohne auf größeren Widerstand zu stoßen. Wie Auflistungen aus dem Sommer 1945 belegen, war bei Kienzle Apparate bis zuletzt noch produziert worden. In den Hallen und Lagern stapelten sich fertige Geräte im Volumen einer kompletten Monatsproduktion sowie größere Mengen an Halbfertigprodukten und Rohstoffen. Unter den fertigen und halbfertigen Geräten befanden sich 3.500 Fahrtschreiber der Modelle TCO 2, 6 und 7, einige hundert Taxameter der Modelle Argo T 4 und 8, Unterdruckmesser, über 1.000 Motorenregler für die Luftwaffe, aber auch über 1.000 Betriebsdatenerfassungsgeräte. Über 75 Tonnen Stahl und über zehn Tonnen Buntmetalle warteten auf ihre Weiterverarbeitung.[122] Der Betrieb war zuletzt vor allem durch die unterbrochenen Verkehrs- und Absatzwege gestört worden. In den letzten Kriegswochen des Jahres 1945 hatte man begonnen, den Maschinenpark nach und nach aus Villingen heraus zu verlagern.[123] Hierfür waren mehrere Zweigbetriebe errichtet worden, auf die noch näher eingegangen wird. Außerdem nahmen Betriebsangehörige zum Schutz Teile der Werkzeuge und Büroeinrichtungen mit nach Hause.

Am 20. April 1945 hielt sich die Unternehmensführung weitgehend im Werk auf: Neben dem Inhaber Dr. Kienzle und seinem Stellvertreter Riegger waren dies zu diesem Zeitpunkt die Betriebs- und Fertigungsleiter Paul Vosseler und Julius Wagner sowie die Prokuristen Alfred Jauch, Otto Beck und der Verwaltungsleiter Hans-Georg von der Tann. Als man vom Vordringen der französischen Panzer auf Villingen hörte, befahl man, auf dem Werkshof Akten zu verbrennen und bei den Maschinen die vorgesehenen Lähmungsmaßnahmen durchzuführen. Am 21. April betrat eine erste französische Patrouille von acht Soldaten den Betrieb, drang aber nicht weiter als auf den Werkshof vor. In den Folgetagen kamen immer wieder französische Soldaten in den Betrieb, der Zutritt zu den Gebäuden wurde aber nicht grundsätzlich versperrt.

Aufgrund ihrer Funktion im Unternehmen während des Nationalsozialismus wurde am 25. April und an den Folgetagen die Kienzle-Unternehmensleitung verhaftet und interniert. Von diesen Maßnahmen waren neben dem Eigentümer die Herren Vosseler, Riegger, von der Tann und Hermann Rühl betroffen.[124] Die Lohn- und Gehaltszahlungen an alle Arbeiter und Angestellten des Unternehmens wurden mit dem Einmarsch der Franzosen eingestellt. Der Bericht zum Geschäftsjahr 1945 notierte für den Monat April nur noch die formelle Anstellung von zwei Angestellten und drei Arbeitern. Als etwa Mitte Juni 1945 einige Betriebsangehörige mit Aufräumarbeiten und der Wiederinbetriebnahme von Teilen der Produktion begannen, wurde der Wiederaufbau mit zunächst etwa 70 Mitarbeitern angegangen.[125]

---

122 Vgl. Kurzbericht Kienzle Apparate GmbH an die französische Militärverwaltung in Baden, 20.8.1945, in: WA BW, A2, 94.
123 Zum Kriegsende bei Kienzle Apparate vgl. Riedel (1968), S. 123–125.
124 Ebd., S. 124f.
125 Vorläufiger Bericht über das Geschäftsjahr 1945 [der Kienzle Apparate GmbH], 28.2.1946, in: Privatarchiv Ackerman.

Der Inhaber und Geschäftsführer Dr. Kienzle sowie andere leitende Mitarbeiter wurden schon im Sommer 1945 wieder aus der Internierung entlassen. Leider ist die Quellenlage auch hier dünn, so dass nur einige wesentlichen Schritte dieser Entwicklung rekonstruiert werden können. Nur von Dr. Kienzle ist überliefert, dass er sich einem Untersuchungsausschuss stellen musste und von diesem 1948 in die Gruppe der Mitläufer eingestuft wurde und er lediglich eine Geldstrafe von 10.000 RM leisten musste. Bei der zuständigen Sonderstaatsanwaltschaft in Ludwigsburg zu Entnazifizierungsverfahren sind keine Vorgänge zu Mitgliedern der Kienzle-Geschäftsleitung überliefert. Andere Unternehmer mussten an dieser Stelle langwierige und oft schwierige Prozesse über sich ergehen lassen.[126] Da sich die Demontagediskussion aber bis Sommer 1948 zog, waren die Verfügungsrechte der Eigentümer in ihrem Unternehmen noch längere Zeit eingeschränkt.

Im Villinger Hauptwerk war im Sommer Dipl.-Ing. Hermann Rühl zum Treuhänder eingesetzt worden. Rühl war als Leiter der Arbeitsvorbereitung tätig gewesen und galt darüber hinaus noch als enger Vertrauter der Familie, so dass ihm die Aufgabe übertragen wurde, die Wiederinbetriebnahme des Werks zu überwachen. Ihm zur Seite stand die Villinger Revisions- und Treuhandgesellschaft Egon Schrade, die ebenfalls im Vertrauensverhältnis zur Unternehmerfamilie stand. Dr. Kienzle selbst hielt sich in den Jahren bis 1948 außerhalb des Werkes auf. Ihm und anderen leitenden Mitarbeitern seines Unternehmens war ein befristetes Berufsverbot ausgesprochen worden. Er versuchte aber seine Kontakte zu Mitarbeitern und Geschäftspartnern aufrecht zu erhalten, nahm auf die Demontageverhandlungen Einfluss und bereitete die Nachkriegsentwicklung seines Unternehmens vor. Zentral für den Zusammenhalt von Familie und Unternehmen war in dieser Zeit seine Frau Charlotte Kienzle, die sich nicht nur um die Essensversorgung und die sozialen Nöte der Familien- und Betriebsangehörigen kümmerte, sondern auch alle wichtigen unternehmerischen Entscheidungen bezüglich wichtiger Personalien und neuer Produktbereiche mitbestimmte. Die Geschäftsführung lag in dieser Übergangsphase beim Kaufmännischen Leiter Gerwalt Polzin, der sich ebenfalls intensiv um neue unternehmerische Perspektiven bemühte. Als Anfang 1947 offiziell das Entnazifizierungsverfahren gegen Dr. Kienzle eröffnet und das Unternehmen wie Dr. Kienzles Privatvermögen unter Zwangsverwaltung gestellt wurden, verhinderte Polzin die Einsetzung eines betriebsfremden Treuhänders. Stattdessen wurde der politisch unbelastete Polzin selbst mit dieser Funktion betraut und sorgte somit für Kontinuität in dieser schwierigen Phase.[127]

Durch die Auslagerung von kriegswichtigen Teilen des Unternehmens in mehrere Zweigwerke befanden sich wichtige Personen, Unterlagen und Maschinen nicht mehr in Villingen. Als Zweigwerke bestanden Betriebe in Donaueschingen, in Un-

---

126 Vgl. die Beispiele in: Petra Bräutigam, Andrea Schuster, Astrid Welck: Drei württembergische Unternehmer während des Nationalsozialismus: Rolf Boehringer, ernst Stütz, Richard Schweizer, in: Cornelia Rauh-Kühne, Michael Ruck (Hg.): Regionale Eliten zwischen Diktatur und Demokratie. Baden und Württemberg 1930–1952, München 1993, S. 221–246.

127 Vgl. hierzu verschiedene Dokumente und Briefe des Badischen Landesamt für Kontrollierte Vermögen (1947–1949), in: StA Freiburg, F 202/2, 2536 u. 2537.

terlauchringen bei Tiengen, in Isny im Allgäu und in Ewatingen. Das Donauwerk in Donaueschingen war zunächst im Rahmen des schon erwähnten Entwicklungsprojekts für einen Einheitsregler für Düsentriebwerke eingerichtet worden. Bei Bombenangriffen auf Donaueschingen wurde dieser Betrieb erheblich beschädigt, so dass das Donauwerk noch im Januar 1945 in eine Steinzeugfabrik in Steinach in Thüringen verlegt wurde.[128] Der dortige Wiederaufbau konnte aber nicht mehr abgeschlossen werden.

Im ausgelagerten Werk in Unterlauchringen im Landkreis Waldshut wurden Ladedruckregler für die Berliner Firma Askania gebaut. Dort hatte man das Gebäude einer Spinnerei bezogen und produzierte zum Teil mit Mitgliedern der Villinger Stammbelegschaft und zum Teil mit angelernten Textilarbeitern.[129] Das Zweigwerk Isny war entstanden, als Ende 1944 die Kriegsmarine und das Reichsluftfahrtministerium anordneten, dass Kienzle seine wichtigsten Entwicklungsabteilungen ins Allgäu verlegen sollte. Verlagert wurden eine Fertigungsabteilung für Düsentriebregler sowie die Konstrukteursgruppe und der Musterbau zu den beiden oben schon genannten Projekten einer Reglertechnologie für U-Boot-Motoren sowie eines Brennstoffreglers für das Volksjagdflugzeug. Das Zweigwerk Isny wurde von Kienzle-Entwicklungschef Rixmann geleitet. Für die Konstruktionen war der junge Ingenieur Karl Vögtlin verantwortlich, für die Musterfertigung Meister Otto Säger und für die Fertigungsabteilung Meister Ernst Hartmann. Die Isny-Gruppe bestand insgesamt aus etwa 20 Kienzle-Mitarbeitern, darunter befanden sich auch acht belgische bzw. italienische „Fremdarbeiter". Falls das Stammwerk in Villingen kriegsbedingt zerstört werden würde, plante die Kienzle-Unternehmensführung den Wiederaufbau im Werk Isny. Der Betrieb wurde beim Amtsgericht Wangen als Kienzle Feinbau KG eingetragen. Die Maschinen wurden aber erst im März nach Isny gebracht, so dass die Arbeit auch hier nicht mehr aufgenommen werden konnte.[130]

In den ersten Monaten nach Kriegsende bemühte sich die Kienzle-Leitung um Sicherung und Rückführung der verlagerten Ausrüstungen und Maschinen. Wenig Erfolg hatte man in Donaueschingen und in Ewadingen. Dort wurden die Maschinen vom französischen Militär beschlagnahmt und nach Frankreich überführt. Ins thüringische Steinach reiste der Kienzle-Fertigungsleiter Julius Wagner und musste feststellen, dass die sowjetischen Militärs zwischenzeitlich die Maschinen an Handwerker in der Umgebung verteilt hatten. Glück hatte man, als man bei Coburg versteckte Maschinen aus der Donauwerkverlagerung wiederfand und zurück nach Stuttgart transportieren konnte.[131]

---

128 Julius Wagner: Vom Feinmechaniker zum Betriebsleiter, in: Kienzle Blätter 5/1961, S. 18–20, hier S. 19.
129 Ebd.
130 Karl Vögtlin: Zur Geschichte der Firma Kienzle Feinbau KG, Bonndorf, Manuskript ca. 1950er Jahre, in: Privatarchiv Ackermann.
131 Dort bildeten sie den Grundstock für die Fertigung in der späteren Firma Argo in Stuttgart bzw. Menzingen, vgl. hierzu die Erinnerung von Julius Wagner: Geschäftsjubiläum, Manuskript 17.6.1953, in: Archiv Ackermann.

Das Zweigwerk in Isny blieb erhalten.[132] Zwar wurden die Fertigungsmaschinen von den Franzosen abtransportiert, aber die dortige Gruppe von Kienzle-Mitarbeitern um den Entwicklungschef Rixmann versuchte, sich mit dem vorhandenen Material durchzuschlagen. Zunächst begann man mit Reparaturaufträgen für feinmechanische Geräte des örtlichen Gewerbes wie Uhren, Apparaturen für Zahnärzte oder Büromaschinen. Dann begann man langsam, an die abgebrochenen Entwicklungsprojekte anzuknüpfen. Anfangs arbeitete man weiter an Reglertechnologie, dieses Mal aber im Auftrag der Alliierten. Später nahm man die Kooperation mit ZF Friedrichshafen bzgl. eines Automatikgetriebes wieder auf. ZF hatte mittlerweile ein einfacheres Getriebe entwickelt und Kienzle konnte hierfür die Schaltautomatik entwickeln. Verhandlungen mit den Autofabriken Daimler-Benz und Volkswagen wurden geführt, kamen aber zu keinem positiven Ergebnis, so dass das Getriebe nie zur Marktreife weiterentwickelt wurde. Kienzle verkaufte seine Patente an ZF und gab 1951/52 das Projekt wieder auf.

Wichtigstes Entwicklungsprojekt in Isny war aber die Konstruktion von hydraulischen Krafthebern für Landmaschinen, wobei man an die Reglertechnologie für Flugmotoren anknüpfen konnte. Das Projekt wurde für den Landmaschinenhersteller Fahr in Gottmadingen am Bodensee umgesetzt. Die Produktion lief auch von 1949 bis 1952, dann entschied die Kienzle-Unternehmensführung, dass man sich verstärkt seinen anderen Produkten zuwenden wollte und die Fertigung damit ausgelastet war. Die Patente des Krafthebergeschäfts wurden an die Firma Teves in Frankfurt verkauft. Ab 1952 wurde das Werk Isny als reiner Fertigungsbetrieb weitergeführt. Rixmann verließ das Unternehmen und ging als Dozent für Kraftfahrwesen an die Ingenieurschule Esslingen. Später war er als Privatdozent an der TU Karlsruhe sowie als Publizist für auto- und motortechnische Fachzeitschriften tätig. 1956 wurde die Kienzle Feinbau KG von Isny nach Bonndorf im Südschwarzwald verlagert.

Währenddessen kam langsam die Wiederingangsetzung des Stammwerks in Villingen voran. Probleme bereitete nicht nur der Wegfall der Kriegsproduktion, sondern auch der Bereich der zivilen Produkte. Die Märkte für die klassischen Produkte Fahrtschreiber und Taxameter waren 1945 kaum vorhanden. Der Einkauf und der Vertrieb wurden durch die Zonengrenzen und eingeschränkte Exportmöglichkeiten stark behindert. Sämtliche Produktionsbereiche waren in dieser Zeit noch von der Genehmigung der Besatzungsbehörden abhängig. Von den alten Kienzle-Produkten wurden 1945 nur Fahrtschreiber im Wert von 40.000 RM und einige wenige Arbeitsschauuhren verkauft. Stattdessen begann man Geräte für den alltäglichen Haushaltsgebrauch herzustellen, die im kriegszerstörten Land am dringendsten benötigt wurden. Vor allem Kochplatten, Wasserarmaturen, Spülen, Feuerzeuge und Rasierapparate wurden in großen Stückzahlen gefertigt.[133] Diese Produktion wurde teilweise nicht mit Hoffnung auf größere Umsätze oder gar Gewinne sondern nur

---

132 Vgl. hierzu Karl Vögtlin: Zur Geschichte der Firma Kienzle Feinbau KG, Bonndorf, Manuskript ca. 1950er Jahre, in: Privatarchiv Ackermann.
133 Vgl. den vorläufigen Bericht über das Geschäftsjahr 1945 [der Kienzle Apparate GmbH], 28.2.1946, in: Privatarchiv Ackerman.

zur Maschinenbeschäftigung durchgeführt. Daneben konnten größere Reparaturaufträge für Geräte der Behörden, insbesondere der Reichsbahn eingeholt werden.

Gegen Jahresende 1945 hatte sich die Lage für Kienzle Apparate bis zu einem gewissen Grad wieder stabilisiert. Die Belegschaftszahl war wieder auf knapp 200 Mitarbeiter angewachsen. Die Produktion war teilweise wieder angelaufen und wurde mit der Herstellung der genannten Haushaltsgüter beschäftigt. Erste Aufträge für Reparaturen, Fahrtschreiber und Betriebsdatenerfassungsgeräte lagen vor und im Entwicklungsbetrieb Isny wurden neue Projekte angestoßen. Zwar hatte das Unternehmen seit Juni nur einen Umsatz von knapp 100.000 RM verbucht und die Arbeiter waren nur drei bis vier Tage pro Woche beschäftigt, aber für andere Unternehmen waren die Perspektiven weit schlechter. Über all dem schwebten weiterhin die Pläne der französischen Besatzer, in größerem Umfang in die Produktionsprozesse einzugreifen und Demontagen für Reparationsleistungen durchzuführen.

Eine erste Welle „wilder" Demontagen hatte in den besetzten Gebieten unmittelbar mit dem Einmarsch der französischen Armee begonnen. Hierbei wurden in der gesamten Besatzungszone über 15.000 Maschinen und Anlagen im Wert von wahrscheinlich über 60 Mio. RM nach Frankreich gebracht.[134] Die Besatzer gingen hier meist ohne Nachweis und Rücksicht auf die Betriebe vor. Diese Phase endete im Sommer 1946 und betraf auch Kienzle Apparate. Fast 200, v.a. der neueren, Maschinen im Wert von 1 Mio. RM wurden entnommen, was der Hälfte des Gesamtbestands entsprach. Hinzu kamen in der gesamten Besatzungszeit Produkte und Halbfertigfabrikate im Umfang von weiteren 1,8 Mio. RM.[135] Immerhin schaffte es Dr. Kienzle, dass sein Unternehmen nach dieser ersten Phase wieder von der Demontageliste entfernt wurde. Entscheidende Hilfe kam dabei von einer französischen Firma, mit der man im Krieg zusammengearbeitet hatte.[136]

Eine zweite Demontagewelle folgte mit Jahresbeginn 1947 und dauerte bis Juni 1948. Sie erfasste in der französischen Besatzungszone Maschinen im Wert von etwa 8 Mio. RM. In dieser Phase waren immerhin deutsche Stellen eingeschaltet, die die auszubauenden Maschinen vorschlugen. Im Vergleich zu den beiden anderen westalliierten Mächten gingen die Franzosen in ihrer Demontagepraxis sehr weit. Sie scheuten auch nicht davor zurück, noch nach Beginn der Marshallplan-Hilfe im Sommer 1948 weitere Demontagemaßnahmen anzukündigen. Auf der im November 1947 vorgelegten Demontageliste befanden sich insgesamt 236 Betriebe und unter den 62 badischen Industriebetrieben befand sich auch wieder Kienzle Apparate. Es drohte nun die Entnahme von 40 Prozent des aktuellen Maschinebestands. Nun folgten umfangreiche Interventionen des Unternehmens über befreundete Behörden

---

134 Vgl. Reinhardt Grohnert, Edgar Wolfrum: Demontagen, Kaufmonopol, Nahrungsmittelentnahmen. Französische Richtlinien zur Wirtschaftspolitik, in: dies., Peter Fässler: Krisenjahre und Aufbruchzeit. Alltag und Politik im französisch besetzten Baden, München 1996, S. 230–238.

135 Vgl. Aufstellung der Firma Kienzle Apparate GmbH Villingen zum Maschinenbestand und zu Umsätzen, ca. Mai 1948, in: StA Freiburg, C 37/1, 200, Bl. 14; sowie Stichwortartige Aufzeichnung der Entwicklungsgeschichte unserer Firma aus Anlass des 25jährigen Bestehens am 19.6.1953, Manuskript 18.6.1953, in: Privatarchiv Ackermann.

136 Vgl. Brief Dr. Kienzle an den badischen Minister für Wirtschaft und Arbeit Eckard Lais, 13.5.1948, in: StA Freiburg, C 37/1, 200, Bl. 21f.

und Firmen, die den zuständigen Stellen die Bedeutung der Kienzle Apparate für die Friedenswirtschaft versicherten.[137] Letztlich war man mit dieser Strategie erfolgreich. Am 13. August 1948 teilte die französische Regierung mit, dass Kienzle Apparate von der Demontageliste gestrichen wurde.[138]

Im Vergleich zu anderen Betrieben in Villingen war Kienzle Apparate noch relativ schonend behandelt worden. Die Uhrenfabrik Fichter & Hackenjos mit ihren 350 Beschäftigten wurde beispielsweise noch 1948 vollständig demontiert und konnte sich davon nicht mehr erholen, so dass das Unternehmen 1951 endgültig liquidiert werden musste. Wie viele andere Uhrenfabriken war Fichter & Hackenjos während des Krieges auf die Fertigung von Zündern und von Teilen für die Luftfahrtindustrie umgestellt worden.[139]

Mit der Formierung der Bundesrepublik und der wirtschaftlichen Normalisierung nach der Währungsreform und Marktöffnung stabilisierte sich auch die Situation für das Unternehmen Kienzle Apparate. Die Geschäfte mit den eingeführten Apparaten – insbesondere Taxameter und Fahrtschreiber – konnten wieder aufgenommen werden und sollten sich infolge des Durchbruchs der Automobilisierung sowohl in Deutschland wie in ganz Europa zu einem bisher nicht gekannten Volumen entwickeln. Die Geschichte dieser goldenen Jahre des Kienzle Apparategeschäfts wird in Kapitel 3 nachgezeichnet. Hinzu traten aber weitere Geschäftsfelder, von denen insbesondere die Fertigung und der Vertrieb von Büromaschinen eine erstaunliche Dynamik entwickelten und ab den 60er Jahren sogar den Umfang des kompletten Apparate-Bereiches überstiegen. Der Aufstieg, die wechselvolle Geschichte und der Niedergang des Kienzle-Büromaschinen- und Computerbereichs ist eine eigenständige Entwicklung. Sie begann mit der Neuordnung der deutschen Büromaschinenindustrie endete in den 90er Jahren mit dem Verkauf der Kienzle-Computersparte an den US-Konzern DEC und dem Scheitern der Firma Digital-Kienzle. Ihren Stationen ist das komplette Folgekapitel gewidmet.

---

137 Überliefert sind Schreiben der Physikalisch-Technischen Reichsanstalt, der Schwarzwälder Industrie- und Handelskammer Villingen, der Daimler-Benz AG, der Deutschen Reichsbahn und der Deutschen Shell AG, in: StA Freiburg, C 37/1, 200.
138 Brief Abteilung Demontage des Badischen Ministeriums für Wirtschaft und Arbeit an Kienzle Apparate GmbH Villingen, 19.8.1948, in: StA Freiburg, C 37/1, 200, Bl. 4.
139 Vgl. Riedel (1968), S. 121–123; Peter (1993), S. 176.

2. BÜROSYSTEME UND COMPUTER AUS VILLINGEN

2.1. Situation der Büromaschinenindustrie 1945

Zum zweiten großen Standbein der Kienzle Apparate GmbH entwickelte sich das Geschäft mit Büromaschinen und Computern. Dessen Geschichte war Teil eines spannenden Abschnitts der deutsch-deutschen Wirtschaftsgeschichte. Ihren Ausgang nahm sie zwischen Kriegsende 1945, Wiederaufbau sowie politischer und wirtschaftlicher Neuordnung Deutschlands und sie begann zunächst fern von Villingen in der mittelsächsischen Industriestadt Chemnitz.

Bis 1945 hatte sich Chemnitz zu einem der ganz großen Zentren der deutschen Büromaschinenindustrie entwickelt. Insgesamt war die deutsche Entwicklung auf dem Gebiet der Büromaschine eine nachholende gewesen. Der Einstieg deutscher Hersteller in den Markt hatte sich in der Spätphase des Kaiserreichs und in der Zwischenkriegszeit vollzogen, also zu einer Zeit, in der die Branche im internationalen Vergleich schon ihr Reifestadium erreicht hatte. Zwar hatte es schon in der vorindustriellen Zeit Erfindungen auf dem Gebiet der Büromaschine gegeben. So fanden sich „Schreib-Roboter" oder Rechenmaschinen schon im Europa des 17. und 18. Jahrhunderts. Erinnert sei beispielsweise an den deutschen Astronom und Mathematiker Wilhelm Schickhardt (1592–1635), der 1623 eine allererste Rechenmaschine baute, oder an den französischen Gelehrten Blaise Pascal (1623–1662), der 1649 eine Maschine vorstellte, die ebenfalls addieren und subtrahieren konnte. Diese frühen Erfindungen fanden im Kontext des damaligen Aufstiegs der Naturwissenschaften statt. Sie waren in das Denken und die Praxis eines merkantilistischen Staates eingebunden. Ihnen fehlte aber die entscheidende Verbindung von Erfinder, Produzenten und Kunden, so dass sie letztlich exotische Randerscheinungen blieben.[1]

Der eigentliche Aufstieg der modernen Büromaschine geht auf die USA in der zweiten Hälfte des 20. Jahrhunderts zurück und war eine Folge der kapitalistischen Dynamik dieser Zeit. Mit dem Auftreten moderner, arbeitsteilig organisierter Unternehmen und Behörden setzte auch eine Nachfrage nach präzisen, zuverlässig und rationell arbeitenden Hilfsgeräten für Verwaltungen und Büros ein. Die erste Schlüsselinnovation war hier die Schreibmaschine. Der erste „Typewriter" wurde 1868 in St. Louis in Gebrauch genommen, die erste Massenfertigung nahm die damalige Gewehrfabrik Remington 1873/74 auf.[2] Ein Jahrzehnt später konstruierte der Buchhalter William Steward Burroughs eine druckende Volltext-Addiermaschine und nahm deren Herstellung 1886 mit dem neu gegründeten Unternehmen American

---

1 Vgl. Theo Pirker: Büro und Maschine. Zur Geschichte und Soziologie der Mechanisierung der Büroarbeit, der Mechanisierung des Büros und der Büroautomation, Tübingen 1962, hier S. 18–30 u. 57–62.
2 Ebd., S. 31–33.

Arithmometer Corporation, der späteren Burroughs Adding Machine Company, in St. Louis auf. Weitere relevante Namen in der entstehenden Büromaschinenindustrie waren die Ingenieure und Konstrukteure James L. Dalton, Oscar J. Sundstrand, John H. Patterson und nicht zuletzt der Deutsch-Amerikaner Hermann Hollerith.

Dalton begann in seiner Addiermaschinen-Gesellschaft ab der Jahrhundertwende mit der Konstruktion und dem Verkauf eigener Modelle. Nach seinem Tod wurde sein Unternehmen vom Schreibmaschinenhersteller Remington übernommen. Sundstrands Firma fusionierte mit Remingtons größtem Konkurrenten, dem Schreibmaschinenhersteller Underwood. John H. Patterson und seine National Cash Register Company (NCR) standen für ein weiteres wichtiges Einsatzgebiet von Büromaschinen, nämlich für die Modernisierung im Einzelhandel und die damit einhergehende Verdrängung geschulter Fachkräfte durch ungeschulte Verkäufer, die nur mit Hilfe mechanischer Registrierkassen gelingen konnte. Die berühmteste Person dieses Kreises war sicherlich Hollerith, der um 1900 die Lochkartentechnik erfand und dessen Unternehmen mit dem Eintritt von Thomas John Watson und unter dem neuen Namen International Business Machines Corporation (IBM) den bekannten Aufstieg zum Weltunternehmen durchlief.[3]

Mit der Schreibmaschine, der Addier- bzw. Rechenmaschine, der Registrierkasse und der Lochkartenmaschine sind auch schon die Grundtypen der mechanischen Büromaschine benannt. Die Schreib- und die Rechenmaschine bzw. die Registrierkasse wurden in weiteren Schritten zu verschieden Typen von Buchungsmaschinen kombiniert, also zu Maschinen, die zur gleichzeitigen Bearbeitung von Zahlen und Texten fähig waren. Der komplexeste Typ einer Buchungsmaschine war die so genannte Fakturiermaschine, die es schaffte, für die Automatisierung der Rechnungsstellung verschiedene Arbeitsgänge wie das Schreiben vollständiger Texte, das Quer- und Senkrechtaddieren, die selbständige Multiplikation und die automatische Niederschrift der Ergebnisse zu kombinieren. Erste Fakturiermaschinen kamen in den 1930er Jahren auf den Markt.[4]

Der Ruf der Chemnitzer Büromaschinenindustrie war wesentlich mit den Namen zweier Unternehmen verbunden, dem der Wanderer-Werke und dem der Astrawerke. Die Wanderer-Werke AG hatte im 19. Jahrhundert mit der Herstellung von Fahrrädern und Werkzeugmaschinen begonnen. Ab 1904 bot das Unternehmen unter dem Markennamen Continental erste Schreibmaschinen an, wofür im Chemnitzer Stadtteil Schönau ein großes und modernes Produktionswerk errichtet wurde. Während des Ersten Weltkriegs dehnte Wanderer sein Büromaschinenprogramm auch auf das Angebot von Addiermaschinen und in den Weimarer Jahren auf Buchungsmaschinen aus.[5] Das Unternehmen konnte sich so schnell als einer der

---

3 Vgl. James W. Cortada: Before the Computer. IBM, NCR, Burroughs, and Remington Rand and the Industry they created, 1865–1956, Princeton 1993.
4 Pirker (1962), S. 76f.
5 Vgl. Günther Jornitz, Friedrich Naumann: Über ein halbes Jahrhundert Continental-Büromaschinen, in: Jörg Feldkamp, Achim Dresler (Hg.): 120 Jahre Wanderer 1885–2005. Ein Unternehmen aus Chemnitz und seine Geschichte in der aktuellen Forschung, Chemnitz 2005, S. 110–119.

2.1. Situation der Büromaschinenindustrie 1945

führenden deutschen Hersteller in der Branche etablieren. 1919 verließ der Wanderer-Konstrukteur John E. Greve das Unternehmen und gründete 1921 mit der Astrawerke AG eine eigene Firma, die die sich auf den Bau von Addiermaschinen und später Buchungsmaschinen konzentrierte.[6] Greve bot seinem einstigen Arbeitgeber erfolgreich Konkurrenz. Sein Schlüssel zum Erfolg war eine Konzentration auf das Segment von Addier- und Buchungsmaschinen und die Etablierung einer rationellen Serienfertigung. Während Wanderer auch international tätig war und sich dort gegen die etablierten amerikanischen Hersteller behaupten konnte, war Astra weitgehend nur auf dem deutschen Markt aktiv.

Neben den beiden Chemnitzer Firmen hatte sich vor 1945 eine Reihe weiterer deutscher Hersteller etabliert.[7] Die meisten Anbieter gab es auf dem Gebiet der Schreibmaschinenproduktion. Hier hatten sich im Laufe der Jahre mehr als 50 Firmen mit der Fertigung beschäftigt.[8] Bei Additions- und Buchungsmaschinen existierten folgende Produzenten: die Brunsviga-Maschinenwerke in Braunschweig (Marke Odhner), die Mercedes-Büromaschinenwerke AG im thüringischen Zella-Mehlis, die Rechenmaschinenfabrik Carl Walther am gleichen Ort, die Rheinmetall-Borsig AG in Sömmerda (Thüringen), das Goertzwerk der Zeiss Ikon AG in Berlin, die Deutsche Telefonwerke & Kabelindustrie AG Berlin (Marke Hamann), die Triumphator-Werke in Leipzig-Mölkau und die Rechenmaschinenfabrik Reinhold Pöthig in Glashütte (Marke Archimedes). Auch im deutschen Südwesten gab es mit der Mathias Bäuerle GmbH in St. Georgen (Marke Badenia), der Thales-Werke GmbH in Rastatt und dem Waffenhersteller Mauser-Werke AG im schwäbischen Oberndorf kleinere Rechenmaschinenproduzenten.[9] Auf die Mauser-Werke wird noch zurückzukommen sein.

Wie diese Aufzählung zeigt, waren die Standorte geographisch sehr ungleichmäßig verteilt. Schwerpunkte lagen in Thüringen, Sachsen und in Berlin. Vergegenwärtigt man sich die Umsatzzahlen, dann wird dies noch deutlicher. Im Jahr 1938 betrug der Gesamtumsatz der deutschen Büromaschinenindustrie 203 Mio. RM. Davon entfielen auf die Gebiete der späteren sowjetischen Besatzungszone 60 Prozent und weitere 23 Prozent auf die Stadt Berlin; nur insgesamt 17 Prozent wurden von Unternehmen in den späteren drei Westzonen umgesetzt, davon wiederum ent-

---

6   Vgl. Michael C. Schneider: Unternehmensstrategien zwischen Weltwirtschaftskrise und Kriegswirtschaft. Chemnitzer Maschinenbauindustrie in der NS-Zeit 1933–1945, Essen 2005, S. 160–187.
7   Zur deutschen Entwicklung vor 1945 vgl. Hartmut Petzold: Moderne Rechenkünstler. Die Industrialisierung der Rechentechnik in Deutschland, München 1992.
8   Vgl. Übersicht über die deutschen Produzenten in einem Brief Huegs an die DWK, Industrie-Sekretariat Selbmann, Berlin 28.5.1948, in: StAC, Büromaschinenwerk Wanderer Continental, rot 416.
9   Vgl. Heinz Bauer: Die Entwicklung der deutschen Büromaschinen-Industrie seit 1945, Diss. Nürnberg 1951, hier S. 5f.; dort unerwähnt bleiben die Mauserwerke. Hierzu vgl. Friedrich Haßler, Adolf Bihl: Geschichte der Mauser-Werke, Berlin 1938, S. 112f. u. 130–133; Wolfgang Seel: Mauser. Von der Waffenschmiede zum Weltunternehmen, Dietlikon-Zürich 1986, S. 82–85.

fiel nur ein Prozent auf die französische Zone.¹⁰ Bedenkt man zusätzlich die erheblichen Verluste durch Kriegsschäden und Demontagen in den meisten Industriewerken, so ergab sich aus dieser Ausgangssituation nach 1945 fast zwangsläufig eine komplette Neuordnung der gesamten Branche.

Die beginnende Auseinanderentwicklung des west- und des ostdeutschen Wirtschaftraums und nicht zuletzt Enteignungen und Verstaatlichungen in der sowjetischen Zone und der DDR verschärften die Situation zusätzlich. Die Grenzziehung zwischen den Besatzungszonen brachte für die ostdeutschen Hersteller das Problem mit sich, dass sie von ihren traditionell in West- und Südwestdeutschland liegenden Rohstoff- und Werkzeuglieferanten abgeschnitten waren. Getrennt waren die Büromaschinenfabriken auch von weiten Teilen des westdeutschen Händler- und Vertriebsnetzes.¹¹ Wie sich diese Probleme in ihrer Geschäftspraxis niederschlagen, werden wir gleich am Beispiel Wanderer sehen. Für die westdeutsche Seite ergab sich aus den Zonengründungen eine strukturelle Unterversorgung mit Büromaschinen, so dass der Markt auch für Neuanbieter offen stand. Einer dieser Neuanbieter sollte die Kienzle Apparate GmbH werden. Wie dieser Markteintritt gelingen konnte und welche Verbindungen zwischen Villingen und Chemnitz bestanden, wird im Folgenden aufzuzeigen sein.

2.2. Von Chemnitz nach Villingen

Die verbindenden Glieder zwischen den Städten Chemnitz und Villingen waren die beiden Personen Lorenz Maier und Karl Hueg. Maier arbeitete bis Kriegsende als Konstrukteur für Additions- und Buchungsmaschinen bei den Astrawerken und Hueg war Verkaufsdirektor des Wanderer Continental Büromaschinenwerks. In ihren Lebensläufen werden die Faktoren der Neuordnung der deutschen Büromaschinenindustrie ab 1945 deutlich.

Wenden wir uns zunächst Maiers Werdegang zu. Er wurde im März 1906 im schwäbischen Dorf Betra, einem heutigen Stadtteil von Horb am Neckar, geboren.¹² Nach einer Mechanikerlehre in Sulz am Neckar begann er seine berufliche Laufbahn 1926 im Alter von 20 Jahren bei der Firma Müller & Nemececk in Frankfurt a.M., wo er auch erstmals mit der Reparatur von Büromaschinen betraut war. Infolge der Weltwirtschaftskrise verlor er seine Arbeit und zog 1931 auf Arbeitssuche nach Thüringen, wo er zunächst in Suhl und dann 1933 bei der Firma Carl Walther im

---

10   Bauer (1951), S. 14; vgl. auch Ludwig Traeger: Zur Situation der deutschen und der europäischen Büromaschinenindustrie, Manuskript [Hannover] 1952, S. 8f.
11   Bauer (1951), S. 13f.
12   Zu Maiers Biografie vgl. Martin Reese: Lorenz Maier (1906–1977) – erfolgreicher Rechenmaschinenentwickler. Er entwarf als Erster einen „Printing Calculator" für ASTRA – und den „KIENZLE Buchungsautomaten", in: Historische Bürowelt 75 (2007), S. 16–20; seine eigenen Aufzeichnungen Lorenz Maier: Die Geschichte der Kienzle Addier- und Buchungsmaschinen, Manuskript 1971, in: Privatarchiv Ackermann; NSDAP-Mitgliedskarte Nr. 7331108 (Lorenz Maier), in: BA (ehem. BDC) NSDAP-Gaukartei.

Karl Hueg (1889–1967) leitete den Kienzle-Büromaschinenverkauf.

thüringischen Zentrum für Waffen- und Büromaschinenbau Zella-Mehlis als Mechaniker und Konstrukteur Beschäftigung fand.

Weil die Firma aber kein Interesse an seinen Neuentwicklungen einer Vierspezies-Rechenmaschine mit Druckwerk hatte, zog er im Juni 1934 vom thüringischen ins sächsische Branchenzentrum, nach Chemnitz, und begann als Konstrukteur für Addier- und Buchungsmaschinen bei den Astrawerken. Astra-Chef Greve zeigte Interesse an Maiers Entwürfen und stellte ihm Zeit und Ressourcen zur Verfügung, um seine Arbeit mit Prototypen der Vierspezies-Buchungsmaschine fortzusetzen. In den Kriegsjahren stockte aber das Projekt, so dass die Maschine nie in Serienfertigung gehen konnte, Maier wurde stattdessen vom Unternehmen mit anderen Sonderprojekten beschäftigt. So war er 1941 mit der Konstruktion einer Lochkarteneinrichtung für die Wehrmacht beschäftigt und 1943 arbeitete er als Ingenieur bei der Entwicklung von Höhenreglern und Rudermaschinen für das V1-Projekt. Schließlich wurde er Anfang 1944 als Betriebsleiter für die Fertigung von Flugzeugteilen in einem Betrieb in Leisning eingesetzt. Seine Nähe zum NS-Regime brachte er am 20. September 1939 durch seinen Beitritt zur NSDAP zum Ausdruck. Mit Kriegsende trat er seinen Dienst in Chemnitz gar nicht wieder an, sondern floh vor den heranrückenden sowjetischen Truppen und folgte seiner Familie in seine alte Heimat im deutschen Südwesten.

Maiers Flucht führte ihn zurück nach Württemberg in die Gegend seines Geburtsorts, in die Neckarstadt Oberndorf, wo er bei den Mauser-Werken um eine neue Beschäftigung anklopfte. Der bekannte Waffenhersteller hatte in den Weimarer Jahren mit der Fertigung von Büromaschinen begonnen. Wie die oben erwähnten Fälle der ersten US-Büromaschinenfabrik Remington oder das deutsche Unternehmen Carl Walther sowie das gut dokumentierte Beispiel von Rheinmetall-Borsig im thüringischen Sömmerda[13] zeigen, war diese Nähe von Waffen- und Büromaschinenfertigung nicht untypisch. Beide Branchen bauten auf dem Grundwissen des feinmechanischen Gewerbes auf.

Die Mauser-Werke hatten unter Aufsicht der französischen Besatzer im August 1945 ihre Produktion wieder aufgenommen. Lorenz Maier war mit dem Verkaufsleiter bekannt gewesen und konnte so seine Einstellung als Konstrukteur erreichen. Mit drei anderen Technikern an seiner Seite – davon zwei Kollegen von Astra und Wanderer – begann er mit Entwürfen für eine Addier- und eine Addierbuchungsmaschine.[14] Maiers Zeit bei Mauser währte aber nur bis in den Sommer des Folgejahres. Auf Druck der Alliierten wurde die Waffenproduktion endgültig eingestellt und auch die anderen Abteilungen wurden der Demontageanweisung unterworfen.[15]

Für Maier bedeutete diese Entwicklung, dass er sich erneut nach einer Alternative umschauen musste. Schon im Frühjahr 1946 hatte der ehemalige Astra-Verkaufsdirektor Hans Bringer[16] Maier in Oberndorf besucht und ihm angeboten, sich beim Wiederaufbau eines Astrawerkes in den Westzonen zu beteiligen. Diese neue Firma wurde zunächst in Münster v.a. unter Beteiligung der westlichen Astra-Vertriebsgesellschaften als Exacta GmbH gegründet. Noch im Jahr 1946 begann man in Köln auf dem Gelände eines ausgebombten Fabrikgebäudes der Vereinigten Stahlwerke mit dem Aufbau eines neuen Standortes. Für Maier schien ein Wechsel nach Köln zunächst durchaus attraktiv, war die weitere Zukunft bei Mauser in Oberndorf doch mehr als fraglich. Nicht zuletzt wurde er durch ein Angebot Bringers gelockt, in dem ihm die Position des Technischen Leiters der neuen Exacta-Werke unterbreitet worden war.

---

13 Vgl. Annegret Schüle: BWS Sömmerda. Die wechselvolle Geschichte eines Industriestandortes in Thüringen 1816–1995, Erfurt 1995.
14 Maier (1971), S. 4.
15 Vgl. Seel (1986), S. 122f.
16 Zu Bringers Biografie vgl. Artikel „Wir gratulieren" in: Büromarkt 6/1969, S. 44.

2.2. Von Chemnitz nach Villingen

Der Aufbau der Exacta verlief aber nicht nach Maiers Vorstellungen. Statt mit der Konstruktion neuer Maschinen war er nur mit dem Wiederaufbau der Gebäude und der mühseligen Beschaffung von Maschinen beschäftigt. Außerdem fand er in Köln keine Wohnung für seine Familie, so dass er seine Mitarbeit bei Exacta zum Jahreswechsel 1947/48 wieder beendete und nach Schwaben zurückkehrte.[17]

Auf der Suche nach einer neuen beruflichen Perspektive nahm Maier von Oberndorf aus Kontakte zu mehreren Firmen im süddeutschen Raum auf. In der Tasche hatte er Konstruktionspläne für neue Addier- und Buchungsmaschinen, die er potentiellen Interessenten zur Entwicklung und Fertigung anbot. Seine Partnersuche führte ihn auch zu Kienzle Apparate nach Villingen. Am 17. Februar 1948 kam es zu einer ersten Begegnung zwischen Maier, Dr. Kienzle und dem amtierenden Kienzle-Geschäftsführer Dipl.-Ing. Gerwalt Polzin, die sich als schicksalhaft für die weitere Erntwicklung erweisen sollte.[18] Es folgten weitere intensive Gespräche, bei denen die Optionen und Modalitäten für Maiers Einstieg bei Kienzle und für den Aufbau eines eigenen Kienzle-Büromaschinenprogramms erörtert wurden. Das Ehepaar Kienzle und Geschäftsführer Polzin waren offen für neue Produktideen, mit denen das Unternehmen wieder auf die Beine kommen könnte. Im Entwicklungsbetrieb in Isny liefen zu dieser Zeit mehrere Projekte, mit denen Produkte aus der Kriegswirtschaft für den zivilen Einsatz umkonstruiert worden waren. Die Firma litt immer noch unter den allgemeinen Kriegsfolgen und der instabilen Wirtschaftslage. Für das klassische Apparate-Programm mangelte es an Aufträgen und die Materialbeschaffung war erschwert. Schließlich war das Demontageverfahren der französischen Besatzer noch nicht abgeschlossen, so dass die weitere Entwicklung des Unternehmens nicht gesichert war. Obwohl Maier mehrere Angebote anderer Firmen vorlagen, u.a. von den nach München geflohenen Eigentümern der Wanderer-Werke, entschied er sich für Kienzle Apparate und begann im Frühjahr mit der Umsetzung seiner Entwürfe.[19] Maiers Flucht vor der Roten Armee hatte ihn über die Zwischenstationen Oberndorf und Köln nach Villingen geführt und hatte letztlich fast drei Jahre gedauert. Für Kienzle hatte sich damit die neue Option eines Einstiegs in das Geschäft mit Büromaschinen ergeben.

Der Aufbau der kaufmännischen Seite der Unternehmung sollte sich über die Person des Wanderer Continental-Verkaufsdirektors Karl Hueg klären. Dessen Lebensweg hatte 1889 im niedersächsischen Northeim begonnen.[20] Nach dem Besuch des Gymnasiums und der Höheren Handelsschule begann er 1905 in der Büromaschinenbranche zu arbeiten. Zunächst war er in der Braunschweiger Firma Gustav Störig angestellt, in der er schnell zum Verkaufsleiter befördert wurde. Im Ersten Weltkrieg war er als Frontsoldat eingesetzt. Drei Jahre nach Kriegsende wechselte

---

17 Maier (1971), S. 5.
18 Vgl. hierzu Gerwalt Polzin: Der Blick in die Vergangenheit, in: Kienzle Blätter 5/1960, S. 8–11, hier S. 9.
19 Maier (1971), S. 1.
20 Vgl. Karl Hueg trat in den Ruhestand, in: Burghagens Zeitschrift für Bürobedarf 27.11.1961; Lebenslauf Verkaufsdirektor i.R. Karl Hueg, wahrscheinlich zu seinem Tod 18.7.1967 von Kienzle Apparate GmbH veröffentlicht, in: Privatarchiv Ackermann.

er zu den Rot-Werken nach Königslutter, bei denen er zunächst als Reiseleiter und zuletzt als Vorstandsmitglied tätig war.

Zu Jahresbeginn 1932 wechselte er schließlich nach Chemnitz und begann seine Tätigkeit als Verkaufsdirektor des Wanderer Continental-Büromaschinenwerks. Wanderer produzierte neben dem Bereich Büromaschinen auch in großem Umfang Werkzeugmaschinen sowie Fahr- und Motorräder. Die Automobilabteilung der Firma war 1934 in das Gemeinschaftsunternehmen Auto-Union eingebracht worden.[21] In den schwierigen Folgejahren zur Weltwirtschaftskrise gelang es Hueg, seine Geschäftsbereiche Schreib-, Rechen- und Buchungsmaschinen wieder in die Gewinnzone und zu wachsendem Absatz zu führen.[22] Hier zeigte sich Hueg auch zu weitgehenden Eingriffen in das angestammte Händlernetz bereit und führte eine Modernisierung der Verkaufs- und Absatzmethoden bei den Wanderer-Handelsvertretungen durch. Das schrumpfende Auslandsgeschäft musste darüber hinaus durch einen stärkeren Inlandsverkauf kompensiert werden.[23] Die stetig steigenden Umsatzzahlen der Wanderer-Werke insbesondere im Büromaschinenbereich bis zum Kriegsbeginn belegen Huegs Erfolg. Auch er war bereit, sich in das nationalsozialistische Herrschaftssystem zu integrieren, was er im Juni 1937 mit seinem Beitritt zur NSDAP zum Ausdruck brachte. Neben seiner Parteimitgliedschaft sind Belege für eine – zumindest zeitweise – Aktivität im örtlichen SA-Sturm vorhanden.[24] Weitere Aussagen Huegs zum Nationalsozialismus sind nicht überliefert, so dass eine Einschätzung seiner Motive für diese Entscheidungen nicht möglich ist.

Im Unterschied zu Maier verblieb Hueg nach Kriegsende und mit der Besetzung durch die sowjetischen Truppen in Chemnitz. Dabei war die Zukunft seines dortigen Arbeitsplatzes alles andere als sicher. Kriegsschäden, Demontagen und Regulierung des Handels belasteten die Wanderer-Werke. Schäden hatten die Betriebe v.a. während des unmittelbaren Beschusses durch alliierte Truppen erhalten. Im Sommer und im Herbst 1945 folgte eine erste Welle von Demontagen. Teile der Unternehmensführung wurden abgelöst bzw. flohen nach Westen. Wichtige Mitglieder des Vorstandes und des Aufsichtsrats begannen in München mit dem Aufbau einer eigenständigen Wanderer-Werke AG. Die Leitungspositionen in Chemnitz wurden währenddessen in die Hände erfahrener Vertreter aus dem Betriebsrat und der zweiten Managementebene gelegt. Im Rahmen dessen wurde auch Karl Hueg im Oktober 1945 wieder offiziell als Leiter der Verkaufsabteilung Büromaschinen und Bedarfsartikel eingesetzt.[25] Langsam lief die Produktion im Werk wieder an. Im Bereich

---

21 Vgl. Jörg Feldkamp, Achim Dresler (Hg.): 120 Jahre Wanderer 1885–2005. Ein Unternehmen aus Chemnitz und seine Geschichte in der aktuellen Forschung, Chemnitz 2005.
22 Vgl. zu den Zahlen Schneider (2005), S. 502–504.
23 Vgl. z.B. Karl Hueg: Tätigkeitsbericht für das Jahr 1933, Manuskript 6.1.1934, in: StAC, Wanderer Werke, 1233.
24 Zur Parteimitgliedschaft vgl. NSDAP-Mitgliedskarte Nr. 4330928 (Karl Hueg), in: BA (ehem. BDC) NSDAP-Gaukartei; zu seiner SA-Verbindung vgl. einen Antrag des SA-Sturms 3/R104 Trupp 1 an die Wanderer-Werke, 5.5.1936, in dem um Urlaub für Hueg gebeten wird, der dem Sturm angehöre, vgl. Personalakte Karl Hueg, in: StAC, Wanderer-Werke, 1233.
25 Wanderer-Werke AG: Bericht über das Geschäftsjahr 1945, Manuskript 16.6.1947, hier S. 10, in: StAC, Wanderer Werke, 256.

Büromaschinen begann man erst mit Reparaturaufträgen, um dann die Fertigung verschiedener Continental-Schreibmaschinenmodelle und auch einer kleinen Stückzahl von Addier- und Buchungsmaschinen wieder aufzunehmen. Eine serienmäßige Produktion war zunächst nicht möglich.

Die eigentumsrechtliche Situation des Unternehmens blieb bis 1948 ungeklärt. Formal blieb es unter Beschlagnahme und wurde treuhänderisch von der deutschen Betriebsleitung verwaltet. Faktisch waren deren Handlungsspielräume sehr groß, ohne dass ihnen wirklich eine dauerhafte Perspektive angeboten wurde. Erst im Frühjahr 1948 beschlossen die Behörden in der SBZ die endgültige Verstaatlichung der Wanderer-Werke und die Aufteilung der Betriebe auf drei Industrievereinigungen. Das Autowerk in Siegmar wurde der Vereinigung Volkseigener Betriebe (VVB) Fahrzeugbau zugeordnet, der Werkzeugmaschinenbetrieb der VVB Werkzeugmaschinen und Werkzeuge unterstellt und das Büromaschinenwerk in Schönau wurde in einen Volkseigenen Betrieb unter dem Dach der VVB Mechanik umgewandelt.[26] In der VVB Mechanik waren alle relevanten Büromaschinenproduzenten Ostdeutschlands zusammengefasst. Die VVB-Leitung lag beim ehemaligen Unternehmen Clemens Müller in Dresden.

Schon ab 1947 hatte die Verkaufsabteilung unter Huegs Leitung begonnen, die weit verzweigten Handelskontakte ins Ausland wieder zu beleben. 1947 war die Leipziger Messe unter Beteiligung von Wanderer wieder eröffnet worden und sie zeigte den Wanderer-Vertretern, dass ein breites Interesse an ihren Continental-Maschinen bestand.[27] Mit dem Verstaatlichungsbeschluss im Jahr 1948 wurde Hueg aktiv und wandte sich an den späteren DDR-Industrieminister Fritz Selbmann, um ihn auf das große Exportpotential der ostdeutschen Büromaschinenindustrie hinzuweisen. Den zukünftigen Knackpunkt sprach Hueg dabei in aller Deutlichkeit an: Der Vertrieb der hochwertigen Maschinen könne nur durch einen ausgesuchten Fachhandel durchgeführt werden, so Hueg, und gleichzeitig würde damit der notwendige Kundendienst sichergestellt.[28] Seine Sorge um die eigene Position auf den ausländischen Märkten war berechtigt, denn das zentralistische Modell der DDR-Planwirtschaft sah vor, dass alle Verkaufs- und Handelsfunktionen Schritt für Schritt von den Einzelbetrieben weg und hin zu zentralen Handelsagenturen verlagert wurden. Im Ergebnis schädigte man damit die traditionellen Handels- und Vertriebsstrukturen nachhaltig und frustrierte die Mitarbeiter in den betrieblichen Vertriebsabteilungen. Von technischer Seite her hatte der VEB Wanderer durchaus attraktive Produkte vorzuweisen. Die altbewährten Modelle waren weiterhin internatonal konkurrenzfähig und man war durchaus zu innovativen Weiterentwicklungen fähig, wie es beispielsweise die Entwicklung der neuen Buchungsmaschine Klasse 900 zu Beginn der 50er Jahre unter Beweis stellte.

---

26 Vgl. Wanderer-Werke AG: Schlussbericht der treuhänderischen Verwaltung, Manuskript 15.9.1948, in: StAC, Wanderer Werke, 256.
27 VEB Wanderer: Der Wiederaufbau der Wanderer-Werke nach 1945, Manuskript 11.7.1948, S. 4, in: StAC, Wanderer Werke, blau 162.
28 Brief Hueg an die DWK, Industrie-Sekretariat Selbmann, Berlin 28.5.1948, in: StAC, Büromaschinenwerk Wanderer Continental, rot 416.

Huegs großes Engagement für den Verkauf von Wanderer-Maschinen bis Jahresende 1949 kann in den Akten aus der damaligen Zeit nachgelesen werden. Die zunehmenden Verschlechterungen seiner Arbeitsbedingungen durch die DDR-Behörden ließen ihn aber an einer längerfristigen Perspektive in Chemnitz zweifeln. Offensichtlich begann er, sich nach Alternativen in Westdeutschland umzuschauen und kam dabei in Kontakt mit Kienzle Apparate in Villingen, wo man gerade die Produktion der Maierschen Büromaschinen aufnehmen wollte und deshalb kompetente und erfahrene Vertriebsmitarbeiter suchte. Die genauen Umstände von Huegs Ausscheiden in Chemnitz sind nicht mehr überliefert. Fest steht, dass er im Dezember 1949 Sachsen endgültig verließ und in Villingen einen Vertrag als Verkaufsleiter für das entstehende Kienzle-Büromaschinenprogramm unterschrieb.

Währenddessen hatte Maier auf der Grundlage seiner Konstruktionspläne mit dem Bau erster Mustermaschinen begonnen. Die Arbeit wurde im Februar 1949 abgeschlossen und der Kienzle-Geschäftsführung und dem Aufsichtsrat vorgeführt. Wenige Wochen später gab es ein befriedigendes Gutachten über die Funktionstüchtigkeit der Modelle. Zusätzlich wurde im April eine Marktstudie zur Zukunft der Büromaschine in Auftrag gegeben, auf deren positive Ergebnisse hin Geschäftsführer Polzin beschloss, eine erste Kleinserie in Auftrag zu geben. Noch relativ bescheidene Finanzmittel in Höhe von 10.000 bis 20.000 Mark wurden für neue Werkzeuge genehmigt.[29] Dafür wurde die Abteilung Büromaschinen mit größeren Räumen und zusätzlichem Personal ausgestattet. In die Abteilung traten neben Kienzle-Ingenieuren weitere Konstrukteure aus Chemnitz und Oberndorf ein. Von Astra kam Franz Hübl, von Wanderer Herr Ehring und aus der aufgelösten Büromaschinenabteilung von Mauser konnte man die Herren Benzing und Dr. Harnisch einstellen.[30]

Die kaufmännische Seite des Projektes einer Kienzle-Büromaschine hatte mit der Anstellung Huegs den entscheidenden Impuls erhalten. Er brachte Kienzle Apparate ein über Jahrzehnte gewachsenes Wissen über Marktteilnehmer, Kundenwünsche und um die Besonderheiten der Branche ein. Außerdem stellte er weitere Kontakte zu wechselbereiten Fachleuten aus dem Wanderer-Umfeld her, so dass Kienzle innerhalb kürzester Zeit ein funktionierendes Händler- und Vertriebsnetz aufbauen konnte. Neben Hueg begannen die Wanderer-Verkäufer der Bereiche Inland, Export und Banken in Villingen und eine große Anzahl an ehemaligen Wanderer-Händler stellten die zukünftigen Kienzle-Generalvertretungen in der Bundesrepublik. Noch vor Huegs Übertritt hatte Kienzle einen erfahrenen Verkaufsorganisator von Mercedes Büromaschinen, Zella-Mehlis, abwerben können. Nach Huegs Eintritt führte dieser die Kienzle-Vertretung in Augsburg.[31]

Erster Kunde der Kienzle-Büromaschinenabteilung war die Bundespost, der im März 1950 Maschinen der Klasse 100 E geliefert wurden. Die Post hatte damals schon lange Erfahrungen mit Büromaschinen. Insofern war es für Kienzle eine Auszeichnung, hier Aufträge zugesprochen zu bekommen. Mit der Bundespost sollte

---

29 Gerwalt Polzin: Der Blick in die Vergangenheit, in: Kienzle Blätter 5/1960, S. 8–11, hier S. 9.
30 Maier (1971), S. 12f.
31 Ebd., S. 14.

man für die kommenden Jahre einen kritischen und anspruchsvollen, letztlich aber wertvollen und umsatzstarken Kunden gewinnen. In die breitere Branchenöffentlichkeit trat die Firma mit der Hannover-Messe im Mai 1950. Bis zuletzt hatte man in Villingen mit Hochdruck an den Modellen für die Messe arbeiten müssen. Dank einiger Nachtschichten wurde man rechtzeitig fertig und konnte den Vertretern von Behörden, Banken und Sparkassen das Grundprogramm an Kienzle-Saldiermaschinen der Klasse 100 präsentieren.[32] Die Vorführmaschinen arbeiteten besser als von manchen Skeptikern befürchtet, die Resonanz war sehr positiv und die Auftragsbücher von Kienzle Apparate füllten sich. Der Errichtung des zweiten Standbeins und der damit verbundene Einstieg in die Branche waren geschafft.

2.3. Die späte Blüte der mechanischen Büromaschine

Die erste Generation der Kienzle-Büromaschinen war als Baukastensystem verschiedener Addier- und einfacher Buchungsmaschinen konzipiert. Grundmodell der Maschinen nach den Plänen Lorenz Maiers war eine Addiermaschine, die zu einer Addierbuchungsmaschine ausgebaut werden konnte. Im Unterschied zu den damals in der Branche dominierenden Buchungsmaschinen mit Volltastatur hatten alle Kienzle-Modelle eine Einfachtastatur, die auf eine Erfindung von Sundstrand von 1910 zurückging und die charakteristisch v.a. für das Programm der Astrawerke gewesen war. So war es sicherlich kein Zufall, dass dieses Prinzip über den Astra-Mann Maier auch Eingang in die Kienzle Apparate gefunden hatte. Weitere Charakteristika der Kienzle-Modelle waren das – für Maschinen mit Einfachtastatur typische – Rechnen über einen so genannten „Stellstiftwagen" und ein von Maier neu konstruiertes Druckwerk. Gegenüber den Astra-Maschinen wurde eine neue Anordnung der Saldier- und Speicherwerke gewählt. Grundsätzlich beherrschten die Kienzle-Maschinen die Rechenarten Addition und Subtraktion und im Vergleich zur Konkurrenz fiel auch ihr geringes Gewicht auf.[33]

Das Basismodell einer Kienzle-Schnellsaldiermaschine war die Klasse 100 E. Sie konnte auch als Klasse 100 W mit einem 24 oder 32 cm breiten, von Hand zu bewegenden Wagen ausgestattet werden. Damit war sie besonders gut für die Eingabe von Aufstellungen geeignet. Weitere Varianten waren die Klassen 100 S und 100 SW, die mit einem Schüttel- bzw. einem Springwagen ausgestattet waren, die ebenfalls in den beiden genannten Breiten geliefert wurden.

Im Jahr 1951 stellte Kienzle erstmals auch eine einfache Buchungsmaschine vor. Die Klasse 100 WBu hatte Saldierwerke und mehrere Zusatzfunktionen, vor allem verfügte sie über eine Vorsteckeinrichtung für Kontokarten. Wichtigste Einschränkung war das Fehlen einer Volltextschreibmaschine neben der Zahlentastatur.[34]

---

32 Ebd., S. 15.
33 Ebd., S. 7.
34 Vgl. z.B. Karl Hueg: Unser Büromaschinenprogramm, in: Kienzle Blätter 5/1954, S. 16f.; Karl Hueg: Deutsche Industriemesse Hannover 1955. Markt der Millionen, in: Kienzle Blätter 3/1955, S. 6f.

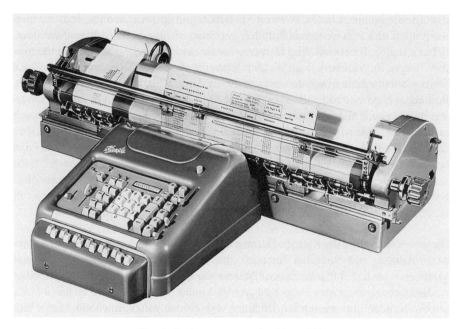

Kienzle-Buchungsautomat der Klasse 200.

Besonders erfolgreich war der Buchungsautomat der Klasse 200, der mit bis zu 12 Addier- und einem Saldierwerken ausgestattet werden konnte, die entsprechend den jeweiligen Kundenwünschen angeordnet wurden. Die Klasse 200 wurde erstmals auf der Hannover-Messe 1951 vorgestellt und in größerem Umfang ab 1952 produziert. Ergänzt wurde das Buchungsmaschinenprogramm um Duplex- und Triplex-Modelle. Damit waren Apparate mit zwei Saldier- oder zwei Addierwerken plus einem Saldierwerk gemeint. Dank seiner technischen Flexibilität konnte sich das Kienzle-Büromaschinenprogramm innerhalb weniger Jahre erfolgreich gegen die bestehende Konkurrenz etablieren und einen ansehnlichen Marktanteil erobern. Wichtigste Kunden waren staatliche Behörden, Banken, Sparkassen und in kleinerem Umfang Handels- und Industriebetriebe.

Kienzles Markteinstieg fand im Kontext einer dynamischen Neustrukturierung der deutschen Büromaschinenindustrie statt. Wichtige Produzenten waren durch Demontagen geschwächt oder ganz vom Markt verschwunden. Bestes Beispiel hierfür war die Mauser-Werke AG, die aus der Branche vollkommen austrat. Andere Anbieter wurden durch die Verstaatlichungen in der SBZ/DDR und durch die deutsch-deutsche Teilung von den westlichen Märkten abgeschnitten. Viele der ostdeutschen Unternehmen erlebten deshalb in den Westzonen Neugründungen durch die ehemaligen Eigentümer oder führenden Manager. Bekannte Beispiele sind die Olympia-Werke GmbH in Wilhelmshaven oder die schon erwähnte Exacta Büromaschinen GmbH in Köln, hinter der Vertreter von Astra und Wanderer standen. Exacta verkaufte ab 1951 eine Schreibbuchungsmaschine Klasse 5000 und konnte nach längerer Aufbauzeit sowie nach einer finanziellen Beteiligung durch die in

München wiedergegründete Wanderer-Werke AG einen völlig neuartigen Buchungsautomaten Klasse 6000 vorstellen. Parallel betätigte man sich als inländische Handelsvertretung für französische Bull-Lochkartensysteme und amerikanische Rechenmaschinen. In Wilhelmshaven wurden zunächst nur die aus Erfurt übernommenen Olympia-Schreibmaschinen produziert. Nach kurzer Zeit wurden aber auch Addier- und Buchungsmaschinen angeboten. Es gab aber auch traditionelle Anbieter von Buchungsmaschinen wie die Deutsche Telefonwerke & Kabelwerke AG mit ihren Hamann-Rechenmaschinen und die in der VVB Mechanik zusammengeschlossenen DDR-Betriebe. Insbesondere die beiden VEB Astra und Wanderer hatten weiterhin konkurrenzfähige Produkte im Angebot. Abgerundet wurde das Feld der Büromaschinenanbieter von weiteren Neueinsteigern wie der Siegener Maschinenbau (Siemag) AG, dem Nürnberg-Fürther-Industriewerk oder dem ASA-Büromaschinenwerk in Essen.[35]

Neben diesen deutschen Unternehmen gab es natürlich weiterhin starke Konkurrenz aus dem Ausland, insbesondere aus den USA, von wo aus solch namhafte Marken wie Remington Rand, Burroughs, NCR oder Underwood antraten. Insgesamt zeichnete sich der Büromaschinenmarkt durch eine dynamische Rekonstruktions- und Expansionsbewegung aus. War der Gesamtumsatz 1947 auf 18 Mio. Mark abgesunken, konnte in den Jahren 1952 und 1953 mit 328 bzw. 380 Mio. Mark wieder das Volumen der Vorkriegszeit erreicht werden. 1957 waren dann schon 726 Mio. Mark Branchenumsatz verbucht und damit eine Steigerung um 150 Prozent seit 1950 erreicht. Das war ein etwa doppelt so schnelles Wachstum wie es der Schnitt des bundesdeutschen Maschinenbaus erreichte.[36]

Dass die Entwicklung in den anderen Ländern aber nicht stehen geblieben war, wird deutlich, wenn man sieht, dass Deutschland im Bereich Export vom zweiten Rang (1938) auf den fünften Rang (1950) zurückgefallen war. Damit lag man zeitweise nicht nur hinter den USA, sondern auch hinter England, Italien und der Schweiz.[37] Einschränkend muss erwähnt werden, dass davon nur ein kleinerer Teil auf Rechenmaschinen zurückgeht, insbesondere leistungsstarke Buchungsmaschinen wurden von den Firmen erst nach und nach wieder angeboten. Die Beispiele Exacta, Kienzle oder auch Wanderer/Chemnitz zeigen aber auch, dass dieses Defizit bis Mitte der 50er Jahre schon erheblich abgebaut war. Überdurchschnittliche Wachstumsraten wurden in der Folge gerade mit Addier- und Buchungsmaschinen erzielt. Während bei Schreibmaschinen zwischen 1951 und 1957 ein Umsatzzuwachs von insgesamt 100 bis 150 Prozent erreicht wurde, waren es bei Addiermaschinen über 450 und bei Buchungsmaschinen über 500 Prozent.[38]

---

35 Vgl. Bauer (1951), S. 42–54.
36 Vgl. Standorte und Umfang der deutschen Büromaschinenindustrie, in: Kienzle Blätter 5/1954, S. 18f.; J. Schierz: Die westdeutsche Büromaschinenindustrie – Dynamik und strukturelle Wandlung, in: Mitteilungen des Rheinisch-Westfälischen Instituts für Wirtschaftsforschung 9 (1958), H. 6, S. 105–126, hier S. 108f.
37 Vgl. Traeger (1952), S. 12f.
38 Schierz (1958), S. 110.

Innerhalb weniger Jahre war die Kienzle-Büromaschinenproduktion neben der Apparate-Produktion zu einem gleichwertigen zweiten Standbein des Unternehmens herangewachsen. Unternehmensintern wurde der komplette Büromaschinenbereich – in Abgrenzung zum Apparate-Geschäft – als B-Bereich bezeichnet. Umsatz und Beschäftigtenzahlen stiegen rasant an. So wurden 1952 insgesamt schon 1.400 Mitarbeiter im Gesamtunternehmen beschäftigt, womit das bisherige Maximum aus dem Kriegsjahr 1944 überschritten wurde. In der Folge stand das Unternehmen vor weiteren Herausforderungen. Zum einen wurde mit Hochdruck an neuen Gebäuden geplant und gebaut, zum anderen verlangte die Situation eine stärkere Ausdifferenzierung der inneren Organisation. Für den Büromaschinenbereich insgesamt war hauptsächlich Geschäftsführer Polzin verantwortlich. Ihm standen Dr. Harnisch als Technischer Leiter und Hueg als Verkaufsleiter zur Seite. Die Konstruktion leitete Maier und auch weitere Positionen der zweiten Leitungsebene waren mit Personen besetzt, die über die Chemnitzer Verbindungen oder aus der ehemaligen Mauser-Büromaschinenproduktion in Oberndorf abgeworben bzw. übernommen worden waren.

Zwischen 1951 und 1953 lag die Technische Leitung von Kienzle Apparate in den Händen von Harnisch, der ein neues System der Qualitätskontrolle einbrachte und wöchentliche Sitzungen aller Abteilungsleiter und betroffenen Sachbearbeiter durchführen ließ. In den Sitzungen wurden aktuelle Probleme begutachtet und daraus Verbesserungen für den Fertigungsprozess abgeleitet.[39] Insgesamt muss man sich aber vor Augen führen, dass die Büromaschinenproduktion dieser Zeit noch weitgehend auf dem Prinzip der Einzelfertigung beruhte und damit einen stark handwerklichen Charakter hatte.

Ende 1953 wurde Harnisch zusammen mit dem amtierenden Montageleiter Schenk entlassen.[40] Möglicherweise scheiterte Harnisch an seinem zu impulsiven Wesen. Auf seiner Position wurde Dr.-Ing. Kurt Georg eingestellt. Georg war in Frankfurt/M. geboren, er hatte eine Lehre als Feinmechaniker absolviert und dann an den Technischen Hochschulen in Darmstadt und Berlin studiert. Seine Diplomprüfung hatte er bei Dr. Kienzle absolviert, die Promotion wurde an der TU Berlin angenommen. Anschließend war er bei den Askania-Werken in Berlin, dann bei den Mauser-Werken in Oberndorf und zuletzt 8,5 Jahre bei der Firma Ernst Leitz, Optische Werke, in Wetzlar beschäftigt gewesen, wo er die Messgerätefertigung aufbaute.[41] Die Leitung über die Büromaschinenmontage übernahm der bisherige Leiter der Qualitätskontrolle Willi Storz.[42]

Nach dem Tod von Unternehmensgründer Dr. Kienzle 1954 war es notwendig geworden, die technische Seite innerhalb der Firmenleitung umzubauen und weiter zu stärken. In die Geschäftsführung trat neben Polzin und dem jungen Jochen Kienzle ein drittes Mitglied, das den gesamten technischen Bereich koordinieren sollte. Eingestellt wurde hierfür zum 1. Mai 1957 Dr. Richard Ernst, ein Ingenieur, der

---

39 Maier (1971), S. 12f.
40 Vgl. Kienzle Blätter 7/1953, S. 23.
41 Vgl. Technische Leitung neu besetzt, in: Kienzle Blätter 1/1954, S.21.
42 Herbert Kienzle: W. Storz und E. Vosseler im Ruhestand, in: Kienzle Blätter 4/1979, S. 18f.

2.3. Die späte Blüte der mechanischen Büromaschine 79

Kienzle-Stand auf der Hannover-Messe 1954.

seine Erfahrungen v.a. im Bereich Maschinenbau und Kfz-Zubehör gesammelt hatte.[43] In den B-Bereich musste er sich erst einarbeiten. Er zeigte aber auch hier viel Engagement und prägte das Unternehmen insbesondere in der Zeit des Übergangs von mechanischen auf elektronische Modelle in den 60er Jahren.

An die Seite des Chefkonstrukteurs Maier trat im März 1957 Hermann Kittel. Ohne klare Absprache mit Maier über die Zusammenarbeit oder eine Arbeitsteilung wurde er formal zum Technischen Leiter des B-Bereichs ernannt. Georg widmete sich nun hauptsächlich dem Apparate-Bereich. Damit wurde im technischen Bereich B von Anfang an ein Verhältnis von Konkurrenz und Missgunst erzeugt, das sich im weiteren Verlauf als sehr ungünstig für das Unternehmen auswirken sollte. Kittel kam von Wanderer und Burroughs. Vor dem Krieg hatte er als Mechaniker und Schulungsleiter von Burroughs in Deutschland gearbeitet, während des Krieges kam er zu Wanderer nach Chemnitz und nach dem Krieg war er dort kurze Zeit Technischer Leiter bis er 1947 in die Westzonen übersiedelte. Bis zu seiner Anstellung bei Kienzle arbeitete er wieder für Burroughs in Offenbach.[44]

In diesen Jahren stand das Kienzle-Büromaschinenprogramm vor der Herausforderung, die Produktpalette weiter auszubauen. Lorenz Maier hatte als letzte Stufe seines Baukastensystems die Kombination eines Multiplex-Buchungsautomaten mit einem Lockkartenstanzer marktfähig gemacht. Er wurde als Nonplusultra der Mechanik bezeichnet. Parallel dazu wollte Kienzle so genannte Vierspezies-Geräte auf den Markt bringen, also Maschinen, die neben Addition und Subtraktion auch die beiden Rechenarten Multiplikation und Division beherrschten. Die Vierspeziesrechenmaschine galt als höchste Herausforderung des mechanischen Büro-

---

43 Vgl. Dr.-Ing. Richard Ernst 60 Jahre alt, in: Kienzle Blätter 1/1960, S. 14f.
44 Vgl. Maier (1971), S. 28.

Blick in eine Montageabteilung für Kienzle-Büromaschinen.

maschinenbaus. Die Kienzle-Konstrukteure arbeiten jahrelang an entsprechenden Entwürfen, konnten aber keine funktionierenden Lösungen vorstellen. Erste Versuche scheiterten unter Harnisch und Schenk. Auch Kittel schaffte es nicht, die in ihn gesetzten Hoffnungen zu erfüllen. Sein Projekt einer Klasse 51 sollte sich an einem großen Buchungsautomat der Firma Exacta mit mechanischer Multiplikation orientieren. 1958 wurde das Projekt von der Geschäftsführung zurückgestuft, weitere Anläufe scheiterten in den Folgejahren, aber erst 1962 wurde die Konstruktion endgültig gestoppt.[45] In dieser Zeit leistete sich Kienzle Apparate faktisch zwei, in vielen Punkten konkurrierende Konstruktionsabteilungen unter Leitung von Maier und Kittel.

2.4. Einstieg in die Elektronik

Mehr Erfolg versprachen die ersten Versuche, die anstehenden Herausforderungen nicht mehr mit rein mechanischen Methoden anzugehen, sondern Lösungen über den langsamen Einstieg in die Elektronik zu finden. Die Unternehmensführung war sich schon früh bewusst, dass die Tage des mechanischen Zeitalters in der Büroma-

---

45 Vgl. Maier (1971), S.29f.; Richard Ernst: Die Entwicklung der Fa. Kienzle Apparate GmbH in den Jahren 1957 bis 1969 aus der Sicht des Technischen Geschäftsführers, Manuskript Dezember 1970, S. 13.

schinenindustrie gezählt waren und dass spätestens in den 60er Jahren ein Übergang zu elektronischen Rechenmaschinen stattfinden würde. Der Blick richtete sich hier nicht zum ersten Mal in der Unternehmensgeschichte auf die Entwicklungen in den USA.

1953 beteiligte sich Geschäftsführer Polzin zusammen mit seinem Technischen Leiter und seinem Chefkonstrukteur an einer Studienfahrt der westdeutschen Büromaschinenindustrie durch die Vereinigten Staaten. Dabei wurden die Fabriken der großen Branchenanbieter wie NCR, Burroughs, Remington Rand und nicht zuletzt IBM besucht. In den überlieferten Reiseberichten wird deutlich, dass man mit einem differenzierten Eindruck nach Hause kam.[46] Einerseits bestand in den USA ein ungleich größerer Absatzmarkt, insbesondere in der freien Wirtschaft. Die größeren Stückzahlen erlaubten eine entsprechende Rationalisierung sowohl der Fertigung als auch der ganzen Unternehmensorganisation von der Entwicklung bis zum Verkauf. Gleichzeitig fand man aber auch weniger moderne Betriebe, die teilweise über Jahrzehnte auf ein relativ unverändertes Produktangebot setzen. Schließlich nahm man auch einen ersten Eindruck davon mit, wie die (kommerzielle) Zukunft der elektronischen Rechner aussehen könnte. Remington Rand und IBM hatten gerade begonnen, die ersten Schritte hin zu kommerziellen Anwendungen für Computer zu gehen. Die eigentliche Nachfrage nach solchen Geräten und damit auch die notwendigen Ressourcen wurden aber – das sollte man hier nie vergessen – von staatlicher Seite, insbesondere vom Militär, zur Verfügung gestellt.[47] Ohne deren Aufträge und Subventionen hätten die US-Unternehmen nicht den Vorsprung erringen können, der sie schon in den 50er Jahren auszeichnete.

Ein Jahr später ergriff Polzin die Initiative und begann mit dem Aufbau einer ersten Entwicklergruppe für elektronische Anwendungen. Die ersten Entwicklungen für eine elektronische Rechenmaschine wurden unter der Leitung des Physikers Dr. Martin Kassel in Berlin-Zehlendorf begonnen. Wenig später zog die Arbeitsgruppe nach München um und gründete dort das Ingenieurbüro München der Kienzle Apparate GmbH, das in den Folgejahren die Elektronikentwicklung im Unternehmen wesentlich prägen sollte.[48] Das Büro beschäftigte anfangs etwa 20 Personen und hatte sich im Münchner Vorort Pasing angesiedelt, also im näheren und weiteren Umfeld wichtiger Industrien und Forschungseinrichtungen der Branche. In den ersten Jahren entstanden zunächst v.a. so genannte „Abfallprodukte", die kommerziell verwertet werden konnten. Dazu gehörten ein Oszillograph, das Strahlungszählgerät Z 100, das digitale Vorwahlzählgerät VZ 200 für die Werkzeugmaschinensteuerung und das elektronische Druckwerk D1.[49] Insbesondere letzteres kann als wichtige Brückeninnovation von der mechanischen zur elektronischen Büromaschine angesehen werden und wurde auch bei der Entwicklung des späteren Druckerprogramms

---

46 Vgl. Streiflichter aus USA, in: Kienzle Blätter 3/1953, S. 6–8; Lorenz Maier: Interessantes aus der amerikanischen Büromaschinenindustrie, in: Kienzle Blätter 7/1953, S. 4–7.
47 Vgl. z.B. Paul E. Ceruzzi: A History of Modern Computing, Cambridge/London 1998, S. 13–46.
48 Zu den Anfängen vgl. Maier (1971), S. 28; zur weiteren Ausrichtung vgl. Ernst (1970), S. 9f.
49 Martin Kassel: Elektronik, Automation, Atomtechnik, in: Kienzle Blätter 2/1958, S. 22–24.

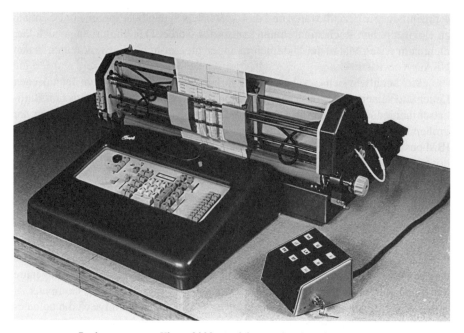

Buchungsautomat Klasse 2000 mit elektronischer Speicherperipherie.

im Bereich Digitale Messtechnik verwendet. Diese Geräte präsentierte Kienzle Apparate auf der Hannover-Messe 1958, als das Unternehmen erstmals mit einem zusätzlichen Stand in der Elektronikhalle vertreten war.

Die traditionellen Ingenieure, die die mechanischen Modelle eingeführt hatten, standen den Elektronikentwicklungen übrigens mit großer Skepsis gegenüber. Vielleicht nicht repräsentativ aber durchaus kein Außenseiter war hier Lorenz Maier. Der Konstrukteur rechtfertigte sich 1957 offiziell mit einer Eingabe bei der Kienzle-Führung, dass man lieber die etablierten Klassen bauen und verkaufen sollte als auf Neuentwicklungen zu setzen. Insbesondere wandte er sich gegen die „irrige Meinung", „dass unsere Büromaschinen mechanischer Art und in den mittleren Größen durch elektronische Maschinen und ähnliche Großanlagen abgelöst werden"[50]. Die Kienzle-Geschäftsführung und Maier lebten sich in den Folgejahren immer weiter auseinander. Es kam zu juristischen Auseinandersetzungen um Maiers finanzielle Beteiligungen an den Verkäufen des B-Bereichs. Ende 1958 schloss man mit Maier einen Beratervertrag ab und ließ ihn weitgehend selbständig an eigenen Entwicklungsprojekten arbeiten. Damit nahm man ihn aus der regulären Unternehmenshierarchie heraus und beendete den direkten Dualismus zu Kittel. Obwohl Maiers Arbeit in dieser Zeit für Kienzle nicht mehr viel brachte, kündigte ihm das Unternehmen erst 1967.[51]

Wichtige Zwischenschritte weg vom rein mechanischen Rechner waren Ende der 50er Jahre ein elektronischer „Multiplikationskörper" und ein so genannter

50 Brief Maier an die Kienzle-Geschäftsführung 1957, in: Privatarchiv Ackermann.
51 Vgl. Ernst (1970), S. 73–75.

elektronischer „Saldovortrag", also eine elektronische Speicherperipherie, die dann an die mechanische Grundmaschine angeschlossen oder integriert werden sollte. Deren Entwicklung wurde in München unter großen Schwierigkeiten und immer wieder von Rückschlägen begleitet vorangetrieben. Verkompliziert wurden die Projekte durch oft wechselnde und widersprüchliche Anweisungen von der Villinger Geschäftsführung und von Vertretern des Vertriebs. Umgesetzt wurde der Multiplikationskörper schließlich im Buchungsautomat der Klasse 300 – auch M 300 genannt –, der weiterhin auf einer mechanischen Grundmaschine aufbaute, der aber seine Rechenoperationen in einem elektronischen Zusatzaggregat durchführte. Die Daten konnten zusätzlich über einen Kartenlocher in Lochkartenform ausgegeben werden.[52] Die Neuerung wurde erstmals 1959 auf der Hannover-Messe präsentiert. Es sollte aber bis 1962 dauern, bis die Schwierigkeiten in der Fertigung beherrscht wurden. Der Saldovortrag wurde in Form des Buchungsautomats Klasse 2000 verwirklicht, der Kontokarten mit Magnetstreifen lesen und beschreiben konnte.[53] Hier gab es ähnliche Einführungskrankheiten wie bei der Klasse 300. Mit der Kombination von Saldovortrag und Multiplikationskörper erhielt die Klasse die Nummer 3000. Von den beiden Automaten, den Klassen 300/3000 und 2000, konnten über die Jahre hinweg immerhin 1.300 Geräte verkauft werden.[54]

1960 ging man noch einen Schritt weiter und beschloss die Entwicklung einer eigenen Fakturiermaschine, die dann die Bezeichnung FM 36 trug.[55] Mit den elektronischen Zusatzelementen war man in der Lage, eine Maschine zu bauen, die die Rechnungserstellung inkl. entsprechender Speicheraufgaben mit einer angemessenen Geschwindigkeit durchführte und zu einem vergleichsweise günstigen Preis angeboten werden konnte. Die Kienzle FM 36 bestand zunächst aus einer elektrischen Schreibmaschine aus Fremdproduktion, die mit einer Funktions- und Zehnertastatur eigener Bauart kombiniert wurde. Die Elektronik der Anlage setzte sich aus bis zu sechs Matrixspeichern, einer Steuerplatte und einem Branchenprogramm zusammen. Der Matrixspeicher bestand aus Ferritkernen (kleine Eisenröllchen), die auf Kupferdrähte gefädelt wurden. Durch Stromimpulse werden die Ferritkerne magnetisiert und können so Zahlenwerte speichern. Die Steuerplatte wiederum enthielt für die Schreibmaschine spezielle, an den Kundenwünschen orientierte, Daten bzw. Befehle. In Branchenprogrammen waren schließlich alle Informationen über den gewünschten Kundebereich enthalten. Diese wurden von Kienzle Apparate in einer allgemeinen Programmbibliothek zur Verfügung gestellt oder als Sonderprogramme entworfen. Die FM 36 wurde ab 1963 bei der Firma Elektron in Weikersheim produziert und sie erwies sich im Verkauf als großer Erfolg. Bis 1969 konnten über 3.000 Maschinen abgesetzt werden.[56]

---

52 Vgl. Martin Kassel: Der Kienzle-Buchungsautomat der Klasse M 300, in: Kienzle Blätter 5/1959, S. 32–37.
53 Vgl. Prospekt Kienzle 3D-System, Stand 1.4.1963.
54 Ernst (1970), S. 13.
55 Richard Ernst: Der Fakturierautomat Kienzle FM 36, in: Kienzle Blätter 4/1964, S. 26–28.
56 Ernst (1970), S: 25.

Kienzle konzentrierte die Elektronikentwicklung aber nicht nur im eigenen Haus, sondern ging auch mit anderen Unternehmen Kooperationen ein. So wurden 1957 Verhandlungen mit der Firma Standard Elektrik Lorenz (SEL) Stuttgart aufgenommen, die damals im Bereich Nachrichten- und Computertechnik eine wichtige Adresse war und zum amerikanischen Konzern ITT gehörte. Geplant war die Übernahme einer Fertigungslizenz auf den dort in fortgeschrittener Entwicklung befindlichen elektronischen Rechner ER 56, der auf einer Halbleitertechnologie mit Trommelspeichern aufbaute. Die Datenein- und -ausgabe sollten über Kienzle Buchungsmaschinen und Lochstreifen funktionieren.[57] Bei der Firma Elektron in Weikersheim wurden für Kienzle drei Rechner der Bauart hergestellt. Sie erwiesen sich als zuverlässig und gut programmierbar, aber letztlich schienen die Fertigungskosten zu hoch, die Unterstützung durch SEL war ungesichert und auch bei Kienzle war man noch nicht reif für das elektronische Denken, so dass man sich gegen das Projekt entschied und den Vertrag mit SEL 1963 wieder löste.

An dieser Stelle scheint ein Blick auf den Stand der allgemeinen Computerentwicklung sinnvoll. SEL war Ende der 50er Jahre eines der wichtigsten deutschen Unternehmen auf dem Markt für frühe Rechner. Obwohl es mit Konrad Zuse schon frühe deutsche Entwicklungen gegebenen hatte, war die erste Generation elektronischer Rechenanlagen fast ein rein US-amerikanisches Phänomen gewesen. Die ersten Computeranlagen von Remington Rand (UNIVAC) und IBM waren schrankgroß, für ihren Betrieb brauchten sie den Strom aus ganzen Kleinkraftwerken und ein Heer an betreuenden Fachwissenschaftlern. Technisch bauten sie noch auf der Vakuumröhrentechnik auf, ihre Speicherfähigkeiten waren eher unbefriedigend und außerdem rechneten sie nicht wirklich schneller als die damals neueste Generation von lochkartenbasierten Rechnern.[58] Die zweite Generation baute auf der Einführung der Transistortechnologie um 1955 auf, was einen geringeren Strom- und Raumbedarf bedeutete. Außerdem arbeiteten die neuen Rechner deutlich schneller und zuverlässiger und versprachen damit auch breitere kommerzielle Anwendungen, die über den engen Bereich des staatlich-militärischen Komplexes hinaus gingen. In Deutschland wagten deshalb drei Großunternehmen den Einstieg in die Entwicklung: Neben SEL waren das Siemens & Halske München und die AEG-Telefunken AG am Standort Backnang. Daneben existierten noch die Zuse KG mit ihren Relaisrechnern auf der Basis von Vakuumröhren sowie mehrere Unternehmen der Büromaschinenindustrie, die ähnlich wie Kienzle Apparate mit elektronischen Erweiterungen für ihre mechanischen Modelle experimentierten.[59]

Diese ersten deutschen Computerhersteller trugen im Keim das in sich, was die heimische Entwicklung zehn Jahre später bestimmen sollte. Insgesamt herrschte eine große Aufbruchstimmung in der Branche, auch wenn die meisten Visionen der Zeit

---

57 Vgl. Ernst (1970), S. 10.
58 Ceruzzi (1998), S. 44f.
59 Vgl. Wilfried de Beauclair: Die Flegeljahre der Computerentwicklung in Deutschland um 1958, in: Hans-Rainer Schuchmann, Heinz Zemanek (Hg.): Computertechnik im Profil. Ein Vierteljahrhundert deutscher Informationsverarbeitung, München 1984, S. 68–81, hier S. 73–75; vgl. auch Petzold (1992), 254–276.

Die Kienzle M 300 verfügte im Schreibtisch über einen elektronischen Multiplikator.

über Einsatzgebiet und Computerentwicklungen noch stark von der Praxis der Großrechenanlagen bestimmt war. Mitte 1960 ließ sich die Zahl ausgelieferter Anlagen von Siemens, SEL oder Telefunken noch an den Fingern einer Hand abzählen, inklusive der installierten Rechner amerikanischer Firmen waren es bundesweit gerade einmal 110 Anlagen.[60] Die wenigsten Branchenkenner hielten Ende der 50er Jahre einen Markt für dezentral einsetzbare klein- und mittelgroße Computeranlagen für vorstellbar oder gar für wahrscheinlich. Unternehmen wie Digital Equipment Corporation (DEC) in den USA oder Nixdorf in Deutschland waren gerade erst gegründet bzw. arbeiteten als kleine Zulieferer von Systemtechnik für die etablierten Unternehmen der Branche. Unter den Schlagwörtern der späten 60er Jahre wie „Minicomputer" oder „Mittlere Datentechnik" konnte sich noch keiner etwas vorstellen.

2.5. Die Entwicklungskrise 1962

Zu dieser Zeit schritt die Modernisierung des Kienzle-Büromaschinenbereichs weiter voran. Dabei hatte das Unternehmen aber im Übergang vom mechanischen zum

---

60 Beauclair (1984), S. 75.

Werbung für den Kienzle-Buchungsautomat 3000.

elektronischen Rechner mit nicht unerheblichen Problemen zu kämpfen. Diese spitzten sich 1962 zu einer handfesten Krise zu, in deren Mittelpunkt eine überraschende Reklamationswelle stand, deren Ursachen aber tiefer lagen.

Das Jahr begann mit einer einschneidenden Veränderung an der Spitze des Büromaschinenverkaufs. Mit Verkaufsdirektor Hueg ging eine der Schlüsselfiguren des Einstiegs Kienzles in sein zweites Standbein in den wohlverdienten Ruhestand.[61] Mittlerweile war er schon 72 Jahre alt, so dass sich ein Wechsel auf dieser Position der Geschäftsleitung schon länger abzeichnete. Kienzle hatte Hueg viel zu verdanken. Ohne ihn, seine Kontakte und Erfahrungen als einer der führenden Männer der deutschen Büromaschinenindustrie wäre der Einstieg 1950 schwerer gefallen. Der schnelle Aufbau eines Vertriebsnetzes verschaffte Kienzle eine gute Wettbewerbsposition bei mechanischen Addier- und Buchungsmaschinen, die das Unternehmen bis Ende des Jahrzehnts ausbauen konnte. Mit dem absehbaren Ende des mechanischen Zeitalters setzte auch der Wechsel an der Vertriebsspitze ein Zeichen. Eine neue Generation an Ingenieuren und Verkäufern musste das Unternehmen nun führen.

Huegs Position wurde dem 41jährigen Martin Manjock übertragen, der zuvor ein Jahr lang die Leitung der Inlands-Verkaufsabteilung B ausübte und davor fünf Jahre das Kienzle-Verkaufsbüro in Bielefeld geleitet hatte. Bei seinem Antritt betonte Manjock, die überragende Bedeutung von Qualität für die Kienzle-Produkte.[62] Das Unternehmen profitierte davon, so Manjock, dass „Schwarzwälder Präzision" weiterhin ein positiv besetzter Begriff wäre und bei den Kunden für Verlässlichkeit und ein minimales Risiko stünde. Das müsste insbesondere auch für die neuen Entwicklungen gelten. Hier könnte man nicht mehr von den Früchten der Vergangenheit zehren, sondern müsste sich dem Wettbewerb stellen. Die Konkurrenz wäre größer geworden. Nicht nur viele inländische Firmen, sondern auch zahlreiche ausländische Marken drängten sich auf den deutschen Märkten.

Wie wichtig und gleichzeitig wie kritisch dieser Punkt war, erlebte Manjock gleich in seinem ersten Jahr als Vertriebschef. Das Kienzle-Programm bestand 1960 aus 21 grundverschiedenen Systemen, die auf die verschiedenen Konstruktionsgruppenleiter zurückgingen.[63] Diese historisch gewachsene Struktur war unsystematisch, unübersichtlich und ineffektiv, so dass hier dringend eine Vereinheitlichung angegangen werden musste. Weiterhin lag das Verhältnis von Fertigung und Vertrieb im Argen. Koordination und Abstimmung fanden nur ungenügend statt, so dass es 1961 dazu gekommen war, dass sich in Villingen große Lagerbestände an verschiedenen Maschinenmodellen angehäuft hatten. Verkaufsleiter Hueg ging das Problem dadurch an, dass er die Bestände einfach gleichmäßig auf die Vertriebsgesellschaften aufteilte und somit das Problem in deren Verantwortungsbereich verlagerte. Da die Händler ein verständliches Interesse hatten, zunächst die vorrätigen Maschinen zu verkaufen, trat im Folgejahr 1962 – nicht unerwartet – der Effekt auf, dass die Bestellungen für Neumaschinen merklich zurückgingen.[64]

Diese Situation wäre sicherlich zu bewältigen gewesen, wäre die Absatzkrise nicht durch weitere, gravierende Probleme verschärft worden. Kienzle stellte 1962

---

61 Herbert Ackermann: Verkaufsdirektor Karl Hueg trat in den Ruhestand, in: Kienzle Blätter 5/1961, S. 6f.
62 Vgl. o.A.: Karl Hueg trat in den Ruhestand, in: Burghagens Zeitschrift für Bürobedarf 27.11.1961; Martin Manjock: „Ja" sagen zum Wettbewerb, in: Kienzle Blätter 1/962, S. 2–4.
63 Ernst (1970), S. 23f.
64 Ebd., S. 29.

sein komplettes Büromaschinenprogramm auf eine neue, optisch ansprechende und funktional optimierte Form um. Die alte Klasse 200 wurde nun zur neuen Klasse 700 und die bisherigen Duplex- und Triplex-Modelle erhielten die Klassennummer 600. Auch in der neuen Form waren wahlweise Maschinen mit einer Volltext-Schreibmaschine zur Ergänzung der Kurztextsymbole lieferbar.[65] In der Überleitungsphase kam es aber infolge von Konstruktionsfehlern zu wochenlangen Lieferausfällen. Parallel kämpfte Kienzle mit den Produktionsanläufen der neuen, halbelektronischen Maschinen, den Klassen 300 und 2000.[66] Insbesondere Fehler bei der Klasse 2000 führten zu einer Welle von Reklamationen, die sich im Herbst 1962 dramatisch zuspitzten und sich plötzlich auch auf die meisten anderen Klassen bezogen.

Am 12. Oktober 1962 musste deswegen eine Dringlichkeitssitzung von Geschäftsführung und Aufsichtsrat einberufen werden, in der die Lage analysiert wurde.[67] Es zeigte sich, dass es sich nicht um ein einmaliges Problem bei der Einführung eines neuen Produktes handelte, sondern dass grundsätzliche Veränderungen zum einen in der Unternehmensorganisation und zum anderen bei der Besetzung wichtiger Leitungspositionen unabdingbar geworden waren.

Personell bedeutete die Krise das Ende des Vertrauens der Geschäftsführung in den Technischen Leiter Kittel. Sein Aufgabengebiet wurde zunächst auf reine Konstruktionsaufgaben beschränkt, sein Entwicklungsprojekt einer Vierspeziesmaschine endgültig beendet und 1964 wurde er endgültig aus dem Unternehmen entlassen.[68] Die Montage wurde vollständig in die Hände von Willi Storz gelegt und Kienzle machte sich auf die Suche nach einem Elektronik-Experten als Technischem Leiter. Letztendlich wurde die Krise auch Anlass für das Ausscheiden des langjährigen Geschäftsführers Polzin, der seit 1945 an der Spitze des Unternehmens gestanden hatte und der die Geschicke des Unternehmens Kienzle Apparate im Übergang von Gründer Dr. Kienzle auf seine Söhne Jochen und Herbert wesentlich bestimmt hatte. In der Krise wurde er von den Gesellschaftern und dem Aufsichtsrat als Teil des Problems wahrgenommen, so dass er aufgrund des fehlenden Vertrauens in seine Person als Geschäftsführer ausschied. Bis zu seinem überraschenden Tod im April 1965 arbeitete er als Vorsitzender der Geschäftsführung der Adrema-Werke GmbH in Berlin und Frankfurt-Heppenheim, ebenfalls ein wichtiger Büromaschinenhersteller.[69]

Auf technischem Gebiet systematisierte der Kundendienst alle Reklamationen und setzte diese nach und nach in konstruktive Änderungen bei den Modellen um. Generell wurde die Koordination von Vertrieb, Kundendienst, Konstruktion, Ferti-

---

65 Vgl. o.A.: Im Stilgefühl der Zeit, in: Kienzle Blätter 4/1962, S. 30f.; Prospekt Kienzle 3D-System, Stand 1.4.1963.
66 Ernst (1970), S. 31.
67 Vgl. ebd., S. 76–79.
68 Ebd., S. 37 u. 41.
69 Offiziell schied Polzin zum 1.4.1963 aus der Kienzle-Geschäftsführung aus, vgl. Handelsregisterauszug HRB 82 Amtsgericht Villingen-Schwenningen; zur Biografie Polzins vgl. StA VS, Kienzle Apparate, 1214.

2.5. Die Entwicklungskrise 1962

Martin Manjock leitete ab 1962 den Büromaschinenvertrieb.

gungsvorbereitung und Montage verbessert. Ein genauer Terminplan sowie regelmäßige Treffen zwischen den Bereichen sollten die Kommunikation verbessern. Zusätzlich wurde in der Fertigung ein Prüffeld für Büromaschinen eingerichtet.

Schließlich wurde auch die mittel- und langfristige Produktplanung neu organisiert. Bis dahin herrschte die Meinung vor, dass die Konstrukteure neue Ideen aus sich selbst heraus entwickeln würden. Die Krise zeigte aber, dass dies nur in enger Kooperation zwischen den technischen Abteilungen im Werk und den Vertriebsvertretern mit ihren Erfahrungen aus den Kundenkontakten funktionieren konnte. Dies geschah zukünftig in einem neu eingerichteten Entwicklungsausschuss B, kurz EAB, der Technik, Entwicklung und Vertrieb gleichberechtigt an einen Tisch brachte und aus dem später sehr erfolgreiche Produktstrategien entstanden. Seine Mitglieder waren Heinz Beyer von der Produktplanung, die Entwicklungsleiter Bernhard Hettich, Willy Kohmann und Günter Martens sowie Werner Meisenheimer aus dem Büromaschinenvertrieb. Die Verantwortlichen der Kienzle Apparate GmbH hatten nun endgültig erkannt, dass es keine Alternative zu einem konsequenten Einstieg in die Elektronik gab. So war der EAB wesentlich an der Entwicklung der Magnetkontencomputer Klasse 6000 beteiligt.[70] Erstmals trat der Ausschuss im September 1963 zusammen.

Letztlich ging Kienzle Apparate gestärkt aus der Krise hervor. Auch wenn der Anlass für die Strukturkrise 1962 hausgemacht schien, wies sie doch auf den umfassenden Wandel von der Mechanik hin zur Elektronik hin, der die ganze Branche erfasste und der andere Unternehmen in vergleichsweise oder gar tiefere Krisen stürzte. Neue Wettbewerber stiegen auf, alt gediente Büromaschinenanbieter kamen ins Hintertreffen oder verschwanden vom Markt. Ein sehr gutes Beispiel hierfür ist

---

70 Ernst (1970), S. 79f.; vgl. auch Herbert Ackermann: Zehn Jahre EAB – erfolgreiche Zukunftsplanung, in: Kienzle Blätter 1/1973, S. 2–4.

der Aufstieg von Heinz Nixdorf: eine Geschichte, die zeitweise eng mit der Entwicklung der Kienzle Apparate GmbH verwoben war.

2.6. Kienzle, Nixdorf und die Mittlere Datentechnik

Bis heute ist der Name von Heinz Nixdorf sicherlich der bekannteste, wenn man von Computern aus Deutschland spricht. Auch wenn sein unternehmerisches Erbe – früher als es von ihm erhofft und von seinen Zeitgenossen prophezeit worden war – Ende der 80er Jahre nach und nach zerbrach[71], kommt man an seinem Werdegang nicht vorbei, wenn man sich mit der Geschichte der Datenverarbeitung in Deutschland beschäftigt.

Nixdorf wurde 1925 im ostwestfälischen Paderborn geboren. In den Nachkriegsjahren begann er ein Studium der Physik, aber schon vor seinem Abschluss wandte er sich der anwendungsorientierten Seite des Faches zu und begann einen erstaunlichen Aufstieg als Unternehmer. 1952 begründete er sein Labor für Impulstechnik. Als Glücksfall sollte sich seine Kooperation mit dem in Köln wiedergegründeten Büromaschinenhersteller Exacta erweisen. In den ersten Jahren war er mit der Auftragsentwicklung des Elektronensaldierers ES 12 und des Elektronenmultipliziers EM 20 erfolgreich. Die Geräte wurden für Tabelliermaschinen des französischen Unternehmens Bull eingesetzt, dessen Produkte in Deutschland über Exacta vertrieben wurden.[72]

Wesentliche Persönlichkeiten der Chemnitzer Astrawerke um den ehemaligen Verkaufsdirektor Hans Bringer versuchten im Westen mit der Exacta einen Neubeginn. An der Firma beteiligten sich im Laufe der 50er Jahre immer stärker die Wanderer-Werke AG München: 1959 wurde der Wanderer-Anteil am Stammkapital auf 50 Prozent aufgestockt und 1961 ging das Unternehmen schließlich zu 100 Prozent in den Besitz von Wanderer über. Die Firma wurde dann auch in Wanderer Büromaschinen GmbH umbenannt und die letzen Führungskräfte aus den ehemaligen Astra-Kreisen aus dem Unternehmen gedrängt.[73] Bis zu diesem Zeitpunkt hatte Nixdorf eine große Förderung durch Exacta/Wanderer erfahren. Von der Zusammenarbeit hatten letztlich beide Seiten profitiert. Nixdorf erhielt notwendige, aber auch reizvolle Entwicklungsaufträge, um sein Unternehmen aufzubauen, und Exacta konnte moderne, leistungsfähige Maschinen verkaufen.[74] 1958/59 konstruierte Nixdorf einen Multiplikationskörper auf Transistorbasis für den Wanderer-

---

71 Vgl. hierzu den Schlusstenor seiner Biografie, die 1986 kurz nach seinem Tod fertig gestellt wurde, Klaus Kemper: Heinz Nixdorf – Eine deutsche Karriere, Landsberg a. Lech 2001, S. 229–247.
72 Ebd., S. 38–41.
73 Ebd., S. 66–68.
74 Zu den einzelnen Stationen vgl. auch K. Mierzowski: Von der Kellerwerkstatt zum Großunternehmen. 31 Jahre Nixdorf-Computer, in: Hans-Rainer Schuchmann, Heinz Zemanek (Hg): Computertechnik im Profil. Ein Vierteljahrhundert deutscher Informationsverarbeitung, München 1984, S. 100–104.

2.6. Kienzle, Nixdorf und die Mittlere Datentechnik

Der Computerpionier Heinz Nixdorf und sein erster Erfolgsrechner Wanderer Logatronic.

Buchungsautomat Multitronic 6000, was europaweit das erste derartige Gerät darstellte. Kienzles Klasse 300 kam erst deutlich später auf den Markt.

Infolge des vollständigen Einstiegs Wanderers bei Exacta und damit einhergehenden rückläufigen Aufträgen für Nixdorf wurde ihm 1963 schmerzlich seine Abhängigkeit von einem einzigen Kunden bewusst. Nixdorf musste sich dringend nach Alternativen umschauen. Auf der Hannover-Messe 1963 kam es so zu ersten Kontakten zwischen Kienzle und Nixdorf.[75] Weitere Gespräche fanden im November des gleichen Jahres in Villingen statt, bei denen Nixdorf seine Bereitschaft erklärte, mit und für Kienzle zu arbeiten. Das Datum dieses Gespräch – der 22. November 1963 – blieb allen Beteiligten auch deshalb im Gedächtnis, weil es der Tag des Mordes an John F. Kennedy war.

Im Januar 1964 wurde vereinbart, dass sich die Zusammenarbeit zunächst auf das bei Kienzle geplante neue System 800, einem vollelektronischen Buchungs- und Abrechnungsautomaten, beziehen sollte. Nixdorf erhielt den Auftrag, hierfür einen elektronischen „Saldovortrag", also ein Speichersystem auf der Basis der Magnetkontentechnik, zu entwickeln. Ein Prototyp sollte bis Sommer fertig sein und ab 1965 sollten jeweils 300 Elektroniken pro Jahr geliefert werden. Das System 800 war im Kern der erste frei programmierbare Kleincomputer der Mittleren Datentechnik von Kienzle. Als Modell 3800 war er ein vollelektronischer Vielzweckautomat, der alle Rechenarten beherrschte und der mit Hilfe von beliebig vielen Hauptprogrammen gesteuert werden konnte. In der Vollversion des Modells 4800 kam

---

75 Zu den Kontakten zwischen Kienzle Apparate und Nixdorf 1963 bis 1967 vgl. Ernst (1970), S. 81–95.

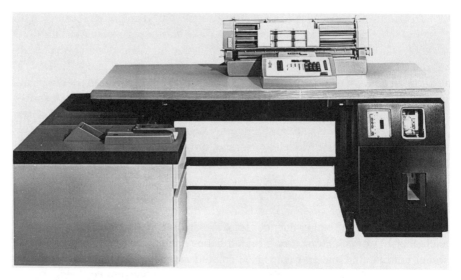

Das System 800 war der erste frei programmierbare Magnetkontencomputer von Kienzle.

noch die Möglichkeit der Magnetkontenverarbeitung hinzu. In einer sehr abgespeckten Version wurde auch ein Modell 2800 angeboten, das aber über keine Multiplikations- und Divisionsfunktionen verfügte.[76]

Auf der Hannover-Messe 1964 ging Nixdorf noch einen Schritt weiter und bot der Firma Kienzle Apparate sein Unternehmen zum Kauf an. Als es aber im Juni zu konkreten Vertragsverhandlungen kommen sollte, schränkte er sein Angebot insoweit wieder ein, dass er nur noch eine Beteiligung Kienzles wünschte. Außerdem musste er zugeben, dass er nicht hauptsächlich an dem Kienzle-Auftrag sondern an einer Fakturiermaschine für die Firma Ruf in Karlsruhe und an der identischen Elektronik für die Wanderer Logatronic arbeitete. 1964 wurde außerdem ein weiteres Kooperationsprojekt besprochen: Kienzle plante eine höherwertige Form der eigenen Fakturiermaschine. Hier bot Nixdorf die Zusammenarbeit an. Der Prototyp für das System 800 wurde nun für Spätherbst 1964 versprochen, weitere Verzögerungen zeichneten sich aber schon im Spätsommer ab. Der Kienzle-Geschäftsführung wurde klar, dass es Nixdorf im Kern v.a. um eine Zusammenarbeit auf dem Vertriebsgebiet ging. Auf einem Treffen im September schlug Nixdorf eine gemeinsame „Elektronik-Vertriebs GmbH" vor. Mit dieser Idee stieß er aber bei Kienzle auf große Skepsis, woraufhin Nixdorf sich gekränkt zeigte und gleichzeitig offenbarte, dass er bei der Fakturiermaschine nur mit Wanderer und Ruf zusammenarbeiten wollte. Bei der Einschätzung der beiden Verhandlungspartner Nixdorf und Kienzle muss man sich vor Augen halten, dass Nixdorfs Labor für Impulstechnik zu dieser Zeit keine 100 Mitarbeiter zählte, während Kienzle Apparate ein Unternehmen mit etwa 3.500 Beschäftigten war, von denen etwa die Hälfte für den B-Bereich arbeiteten.

---

76 Vgl. Herbert Ackermann: Von Wien nach Hannover, in: Kienzle Blätter 2/1966, S. 2–14.

Trotz dieses Rückschlags akzeptierte Kienzle die Verzögerung bezüglich des Systems 800, bestellte eine erste Serie und leistete hierfür sogar eine Anzahlung von 450.000 Mark. Außerdem näherte man sich in der Idee des Zusammenschlusses wieder an. Auf dem Tisch lag ein Vertrag, der vorsah, dass Kienzle sich mit 49 Prozent an Nixdorfs Labor für Impulstechnik und Nixdorf sich mit 49 Prozent an einer gemeinsamen Vertriebsgesellschaft beteiligen würde. Aber auf der Hannover-Messe 1965 nahm die Geschichte eine weitere Wende: Wanderer konnte mit seinem Modell Logatronic, einem mikroprogrammgesteuerten Kleincomputer, und Ruf mit seiner Fakturiermaschine Modell Praetor die Aufmerksamkeit der Fachöffentlichkeit auf sich ziehen[77], während von der Kienzle 800 noch nichts zu sehen war. Nixdorf verlangte nun, dass er sich mit 15 Prozent an der gesamten Kienzle Apparate GmbH beteiligen dürfte. Im Ergebnis liefen sich die Verhandlungen hierüber tot und endeten in allgemeiner Verstimmung auf beiden Seiten.

Die Zusammenarbeit bei der Klasse 800 sollte aber weitergeführt werden und auch über Nixdorfs Unterstützung bei der neuen Kienzle Fakturiermaschine wurde weiter verhandelt. Es überraschte nicht, dass Nixdorf auch im weiteren Verlauf des Jahres 1965 seine Bauteile für das System 800 über einen Prototyp für das Modell 3800 (lediglich mit Multiplikationskörper) hinaus nicht liefern konnte. Erst im Frühjahr 1966 lief die Lieferung von 3800er-Geräten an und auf der Hannover-Messe konnte ein unvollständiger Prototyp der Vollversion 4800 (mit Magnetkontensystem) ausgestellt werden. Mittlerweile beschloss Kienzle Apparate, die neue Fakturiermaschine in Eigenregie zu entwickeln. Das Modell der EA 40 konnte auf der nächsten Hannover-Messe 1967 präsentiert werden. Da es aber weiterhin große Probleme mit dem Zulieferer Telefunken gab, ließ die Auslieferung noch bis zum Folgejahr auf sich warten.

1967 war die intensive Zeit der Zusammenarbeit zwischen den beiden Unternehmen weitgehend beendet und beschränkte sich auf die laufenden Projekte. Trotz der beschriebenen Schwierigkeiten hatten beide Seiten voneinander gelernt. Kienzle hatte von Nixdorf sicherlich einiges über den guten Aufbau von elektronischen Schaltkreisen gelernt, während Nixdorf bei Kienzle das Wesen und den wirtschaftlichen Einsatz der Buchungsmaschine kennen lernen konnte. Den technischen Vorsprung verdankte Nixdorf nicht seinem eigenen Erfindergeist, sondern seiner Fähigkeit, zum richtigen Zeitpunkt mit den richtigen Leuten zusammengearbeitet zu haben. Hier muss v.a. der Name des Konstrukteurs Otto Müller erwähnt werden, der im September 1964 bei Nixdorf angefangen hatte und der aus seiner Zeit bei Telefunken ein wegweisendes Modell eines Kleincomputers mit im Gepäck hatte. Erst mit Otto Müllers Hilfe konnte Nixdorf die Elektroniken für die Wanderer Logatronic und für den Ruf-Fakturierautomat Praetor sowie das Magnetkontensystem für Kienzle entwickeln.[78]

---

77 Vgl. auch Kemper (2001), S. 77–79.
78 Zu Otto Müller und seinem Einstieg bei Nixdorf vgl. die Autobiografie seiner Frau Ilse Müller: Glanz und Elend der deutschen Computerindustrie. Meine Erfahrungen als High-Tech-Unternehmerin, Frankfurt/New York 1995, hier S. 105–119.

In den Jahren 1967/68 geriet das große Unternehmen Wanderer in erhebliche finanzielle Schwierigkeiten. Nixdorf erkannte seine Chance, kaufte mit seinem bislang in der Mittleren Datentechnik verdienten Geld das ganze Unternehmen auf und fusionierte es mit seinem Labor für Impulstechnik zur Nixdorf Computer AG.[79] Der David übernahm einen Goliath der Branche. Damit hatte er nicht nur die großen Fertigungskapazitäten Wanderers in Köln sondern auch deren weit verzweigtes Vertriebsnetz unter seiner Kontrolle. Was Heinz Nixdorf bei Kienzle nicht gelungen war, hatte er jetzt über den Kauf von Wanderer erreicht, er stand an der Spitze des größten deutschen Computerunternehmens.

Auch für Kienzle Apparate waren die Jahre Ende der 60er Jahre eine Boomzeit und bedeuteten den Durchbruch zum Geschäft mit Computern mittlerer Größe. Dass dahinter enorme Anstrengungen standen und auch eine Reihe von Rückschlägen überwunden werden musste, sollte klar geworden sein. Zusätzlich sollte man sich vergegenwärtigen, wie der Entwicklungsaufwand im Übergang von den mechanischen auf die elektronischen Systeme angewachsen war. Ohne dabei die Arbeit des Ingenieurbüros in München zu berücksichtigen, stieg der Jahresaufwand für Kienzle in Villingen von 66.000 Entwicklerstunden im Jahr 1957 auf 147.000 Stunden 1960 und 162.000 Stunden 1961, um im Jahr 1968 bei 240.000 Stunden angekommen zu sein, was einer Steigerung auf 360 Prozent des ursprünglichen Zeitaufwands entsprach.[80] Währenddessen hatte man auch begonnen, die Elektronikentwicklung vom Münchner Ingenieurbüro vollständig nach Villingen zu verlagern. Infolge der Krise 1962 waren die Bedenken der Geschäftsführung gegenüber dem Büroleiter Kassel laut geworden. Er wurde schließlich zum Jahresende 1964 entlassen, die Leitung des Münchner Büros an Günter Martens übertragen und mit der Verlagerung begonnen.[81]

In Villingen wurden 1964 die Weichen für den endgültigen Durchbruch als Computerhersteller gestellt. Der Entwicklungsausschuss B empfahl den Bau einer neuen Klasse 6000 und erreichte einen Grundsatzbeschluss von Geschäftsführung und Aufsichtsrat hierüber. Die Villinger Konstruktionsgruppen kamen zügig voran, so dass schon im Dezember des gleichen Jahres ein erster Prototyp vorgeführt werden konnte. Noch lag aber ein gehöriges Stück Arbeit vor den Kienzle-Mitarbeitern. Als Zieldatum wurde schon relativ früh die Hannover-Messe 1968 ausgegeben.

Die Hannover-Messe war die weltgrößte Leistungsschau für Industrieprodukte. Kienzle Apparate war seit dem Einstieg in die Büromaschinenbranche 1950 mit einem eigenen Messestand vertreten. Neben zwei kleineren Auftritten in den Bereichen Betriebsdatenerfassung und digitale Messschreiber war man insbesondere in der Halle 17 der Büroindustrie, dem „Internationalen Büro-Centrum", präsent. Hier zeigten über 600 Aussteller aus Europa und Übersee ihre jeweils neuesten Produkte.[82] Kienzle hatte vor, 1968 auf dem neuen Markt der Kleincomputer eigene Akzente zu setzen. 1965 war man noch von den Nixdorf-Elektroniken auf den Ständen

---

79 Kemper (2001), S. 80–83.
80 Ernst (1970), S. 26.
81 Ebd., S. 37 u. 41.
82 Martin Fahnauer: Vor der großen Messe, in: Kienzle Blätter 1/1967, S. 2–5.

2.6. Kienzle, Nixdorf und die Mittlere Datentechnik   95

Kienzle Fakturierautomat FA 40 von 1967.

von Ruf und Wanderer in den Schatten gestellt worden. 1966 hatte man mit dem System 800 immerhin eine erste Duftnote setzen können.

Im Vorfeld der Messe 1968 formulierte Vertriebschef Manjock in einem Interview mit der Betriebszeitung den eigenen Anspruch in nüchternen Worten: „Der Strukturwandel auf dem Gebiet des maschinellen Abrechnungswesens wird von Kienzle nicht nur mitvollzogen, sondern es kommt darauf an, der Entwicklung eigene Akzente zu verleihen. Wir haben begründete Hoffnung dafür, dass uns das auf dieser kommenden Messe gelingen wird."[83] Der Name der neuen Klasse 6000 fiel dabei mit keinem Wort.

Die Werbedramaturgie war voll auf den Messeauftritt ausgerichtet. Der Kienzle-Stand war in einer neuen, nach drei Seiten offenen Form gestaltet. Allein schon darin spiegelte sich das neue Selbstbewusstsein des Unternehmens: Kommt an unseren Stand – Kienzle Apparate hat was im Angebot. Tatsächlich rückte die neue Kienzle-Klasse 6000 schnell ins Interesse der Fachöffentlichkeit, der Stand wurde vom Publikum bestürmt und die Medien berichteten breit über den frei programmierbaren Magnetkontencomputer aus dem Schwarzwald. Das Handelsblatt schrieb von der „bedeutendsten Neuheit auf dem Gebiet der mittleren Datentechnik" und

---

83 Martin Manjock: Messechancen 1968 (Interview), in: Kienzle Blätter 1/1968, S. 4–7, hier S. 5f.

die beiden deutschen Fernsehkanäle nahmen das Modell in ihre Messeberichterstattung auf.

Schon rein äußerlich stellte die 6000 etwas Neues dar. War das System 800 noch weitgehend der Form der mechanischen Modelle 600 und 700 nachempfunden, glänzte die 6000 in einem völlig neuen Design. Neben einer kontaktfrei arbeitenden Volltastatur als Eingabeeinheit bestand die Klasse 6000 aus einer Magnetkontenverarbeitung und hatte einen frei programmierbaren elektronischen Zentralrechner auf Chip-Basis von der US-Firma Texas Instruments mit einem Speichervolumen von 1 bis zu 16 KB. Überraschend waren in den Vorjahren radikale Preissenkungen für integrierte Schaltkreise angekündigt worden, so dass Kienzle das neue Modell auf die neue Technologie umstellen konnte. Abgerundet wurde der Computer mit einem selbst entwickelten, alphanumerischen, nach dem Prinzip des „fliegendes Drucks" arbeitenden Blockdrucker. Das System 6000 war als Baukasten konzipiert und konnte mit verschiedenen Speicherkapazitäten und Peripheriegeräten ausgestattet werden. Eine kleine Schwester der Anlage, die ohne Magnetkontenverarbeitung und stattdessen mit einer elektrischen Schreibmaschine konzipiert war, wurde als Klasse 5000 angeboten.[84]

Für die Kienzle-Werbung gab es jedoch einen Wermutstropfen, denn die Berichterstattung über die Kienzle-Neuerung wurde in vielen Medien von der sensationellen Meldung über die Wanderer-Übernahme durch Nixdorf überlagert.[85] Nun konnte Nixdorf die Elektronik Otto Müllers unter eigenem Namen als Nixdorf 820 anbieten. Die Anlage sollte die Grundlage für den weiteren Aufstieg der Nixdorf Computer AG bilden. Kienzles Einstieg in das Computergeschäft infolge der Entwicklung der Klasse 6000 sollte sich aber fast ebenso rasant vollziehen. Beide Namen standen damals für den großen Boom dessen, was man als Mittlere Datentechnik zu bezeichnen begann.

Mit dem Begriff der Mittleren Datentechnik (MDT) begann man ab Mitte der 60er Jahre die Neuentwicklungen auf dem Datenverarbeitungsmarkt zu beschreiben, die über die traditionelle Unterscheidung zwischen klassisch-mechanischer Büromaschinentechnik und elektronischem (Groß-) Computer nicht mehr adäquat zu fassen waren. Die Systeme Mittlerer Datentechnik entstanden nach und nach bei den traditionellen Anbietern von Büromaschinen. Bei den Produzenten von elektronischen Großcomputern – in Deutschland v.a. AEG-Telefunken, Siemens und SEL – herrschte die Ansicht vor, dass für derartige Kleincomputer keine Nachfrage bestünde, insofern blieben sie bei dieser Entwicklung weitgehend außen vor.

---

84 Herbert Ackermann: Ein Kienzle-Computer macht Schlagzeilen, in: Kienzle Blätter 2/1968, S. 4–11; vgl. auch Ernst (1970), S. 53 u. 61. Zur technischen Beschreibung vgl. auch Lutz J. Heinrich: Mittlere Datentechnik. Datenverarbeitung zwischen Büromaschine und Computer, Köln 1968, S. 48–50.
85 Vgl. Kemper (2001), S. 85–91.

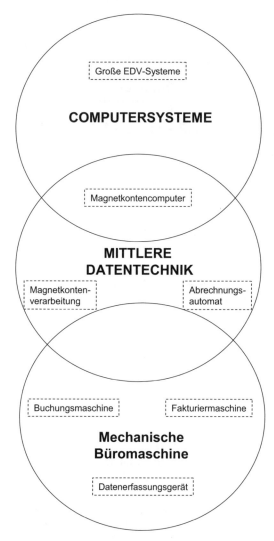

Abbildung 3: Die Mittlere Datentechnik füllte die Lücke zwischen klassisch-mechanischen Büromaschinen und Großcomputern (Grafik: Herbert Ackermann).

Der Kundenkreis der Büromaschinenindustrie konfrontierte die Geräteanbieter zunehmend mit höheren Ansprüchen. In vielen Industrie- und Handelsunternehmen, Behörden und Kreditinstituten mussten wachsende und komplexer werdende Verwaltungs- und Organisationsaufgaben bewältigt werden. Hier stießen die klassischen Anlagen an ihre Grenzen. Hinzu kamen sicherlich die steigende Attraktivität und Notwendigkeit von Automatisierung bzw. Rationalisierung und insbesondere das

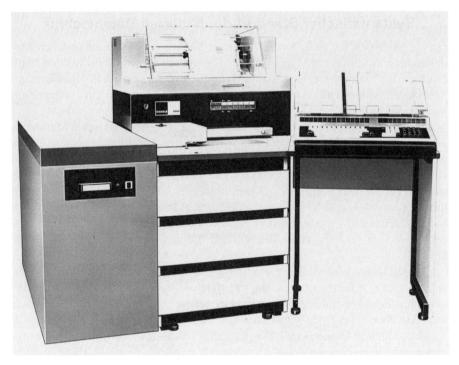

Kienzle- Magnetkontencomputer der Klasse 6000.

fehlende Fachpersonal in den Jahren der Vollbeschäftigung.[86] Über den Einstieg in elektronische Komponenten konnten Anbieter von Büromaschinen hier zunehmend verbesserte technische Möglichkeiten präsentieren. Gerade dort wo die Produktentwicklung nicht in abgeschotteten Entwicklerabteilungen oder Forschungsinstituten stattfand sondern im Austausch zwischen Anbieterfirmen, Kunden und Anwendern, konnte die neue Idee einer Mittleren Datentechnik gedeihen. Der Entwicklungsausschuss B bei Kienzle Apparate bietet hier sicherlich ein gelungenes Beispiel für eine derartige Struktur, die Kundenwünsche und technisches Know-how an einen Tisch brachte.

Die Anlagen der MDT erleichterten den Einstieg vieler Kunden in die elektronische Datenverarbeitung. Zuvor hatte eine große Kluft zwischen klassischen Buchungsautomaten und hochwertigen EDV-Lösungen bestanden. In konkreten Zahlen hieß das, dass ein klassisch-mechanisches System wie eine Kienzle Klasse 700 zwischen 4.000 und 5.000 Mark zum Kauf angeboten wurde. Ein elektronisch aufgerüsteter Abrechnungs- und Fakturierautomat wie die Kienzle FA 40 schlug mit etwa 30.000 Mark zu Buche. Wollte man einen Magnetkontencomputer, bei Kienzle die Klassen 4800 oder 6000, erwerben, dann lag der Preis je nach Ausstattung zwischen 50.000 und 100.000 Mark. Kleinere Computer wie etwa

---

86 Vgl. Herbert Ackermann: Standort der Mittleren Datentechnik, in: Bürotechnik + Organisation. Monatszeitschrift für wirtschaftliche Verwaltung 7/1967, S. 588–592.

ein Zuse Z 23, ein UNIVAC 9200 von Remington oder ein kleines Modell von IBM (360/20) kosteten etwa 250.000 Mark, noch leistungsfähigere Anlagen waren ab 500.000 Mark zu haben.[87] Der große Sprung von den mechanischen Modellen für einige Tausend Mark zu echten Computern für eine halbe Million Mark erschien für die meisten Kunden wirtschaftlich nicht vertretbar. Die kleineren Schritte zu Anlagen für einige 10.000 Mark waren hingegen eine sichere und machbare Strategie.

Das hieß übrigens nicht, dass die Nachfrage nach den mechanischen Maschinen völlig einbrach. Es gab weiterhin Unternehmen, deren Anforderungen diese Geräte weiter gerecht wurden. So verkaufte Kienzle bis 1970 vom Buchungsautomaten Klasse 700 (alt 200) insgesamt 35.000 Geräte, wovon über die Hälfte nach der Umstellung auf die neue Form 1962/63 zum Anwender ging. Ähnliche Zahlen wurden mit der Klasse 600 erzielt.[88] Mechanische Büromaschinen wurden bei Kienzle noch bis Jahresende 1978 produziert. Die letzte Maschine war der 75.190 Kienzle-Buchungsautomat der Produktfamilien 600 und 700 und wurde nach Thailand ausgeliefert.[89]

Versucht man eine genaue Definition des Begriffes der MDT, so kommt man zu keiner ganz scharfen Abgrenzung. Der Kienzle-Pressesprecher Herbert Ackermann hat diese Unschärfe ganz gut in einer Grafik visualisiert, in der er drei, sich teilweise überschneidende Kreise annimmt. Die MDT liegt in ihren verschiedenen Ausprägungen zwischen den Großanlagen mit Computer- und Lochkartentechnik und dem unteren Bereich der klassischen Büromaschinentechnik. Ende der 60er Jahre ordnete man der MDT komplexere Abrechnungsmaschinen und v.a. die neuen Magnetkonten-Computer zu. Als Abrechnungsautomat sollte ein Gerät der MDT alle Arbeiten des Rechnungswesens beherrschen und damit die Eigenschaften einer Fakturier- und einer Buchungsmaschine in sich vereinen. Er sollte über alle Rechenarten verfügen, eine manuelle und automatische Dateneingabe (Volltexteinheit), Druckersysteme sowie die Möglichkeit für automatische Programmabläufe haben.[90] Über die Fähigkeit zur Magnetkontenverarbeitung unterschieden sich einfachere von höherwertigen Systemen. Ihre Stärke lag sicherlich in ihrer Flexibilität, ihrem Baukastensystem und damit der Möglichkeit zur Anpassung an einzelne Kundenwünsche. Mittelgroßen Unternehmen oder Abteilungen bot sich die Möglichkeit zu Automatisierung und Rationalisierung zu vertretbaren Investitionskosten.

---

87 Heinrich (1968), S. 26.
88 Ernst (1970), S. 96.
89 Herbert Ackermann: Die letzte von 75.190 Buchungsmaschinen, in: Kienzle Blätter 1/1979, S. 32.
90 Heinrich (1968), S. 22f., 28; vgl. auch Lutz Heinrich: Mittlere Datentechnik. Hardware, Software und Anwendung tastenorientierter Computer, Köln 1970, S. 23–25.

2.7. Kienzle Datensysteme in den 70er Jahren

Die Entwicklungen der Mittleren Datentechnik fanden noch weitgehend im Schatten des internationalen Computermarktes statt. Dieser wurde seit den 50er Jahren weitgehend unbedrängt von IBM dominiert. Nicht nur in den USA sondern auch auf allen europäischen Märkten stellte diese eine Firma mehr als 50 Prozent der installierten Computeranlagen. Auch auf den weiteren Plätzen fand sich von den 50er bis in die 80er Jahre hinein eine relativ stabile Gruppe von fünf US-Unternehmen: Burroughs, UNIVAC (Remington Rand bzw. Sperry Rand), NCR, Control Data und Honeywell. Wegen der Anfangsbuchstaben ihrer Namen wurden diese auch als „The Bunch", übersetzt als „der Bund" oder „der Strauß", bezeichnet.[91] Auf einzelnen nationalen Märkten wurde diese Gruppe von einheimischen Mitbewerbern ergänzt. So hatte in Frankreich die Firma Bull eine relativ starke Position und in Großbritannien konnte sich International Computers Ltd. (ICL) lange Zeit auf gleicher Augenhöhe zu IBM halten.[92] Letztlich aber war IBM das Leitunternehmen in allen westlich-industrialisierten Ländern.

In einer Überblicksstudie der OECD zum Stand der Computerentwicklung von 1969 kam das Phänomen der MDT faktisch noch nicht vor. Für Deutschland wurden für 1967 knapp 3.000 installierte Computersysteme angezeigt, von denen 55 Prozent von IBM stammten (nach Wert der Anlagen waren es sogar 68 Prozent), 9,2 Prozent von Bull, 7,6 Prozent von Zuse, 4,3 Prozent von Siemens. Anbieter aus der Mittleren Datentechnik findet man in dieser Statistik nicht.[93]

Allein Kienzle Apparate konnte mit seinen Magnetkontencomputern der Klassen 800 und 6000 bis Ende 1972 ebenfalls auf eine Zahl von 3.000 installierten Anlagen verweisen.[94] Dies zeigt, wie rasant die Umbrüche gerade im mittleren und unteren Segment der Computerbranche um 1970 vonstatten gingen. Neben Kienzle und den schon eingeführten Firmen Wanderer/Nixdorf sowie Ruf Buchhaltung in Karlsruhe waren in dieser Zeit weitere Unternehmen mit Systemen der MDT vertreten: Schon 1968 boten die US-Traditionsfirma Burroughs, NCR und IBM entsprechende Kleincomputer an; aus Deutschland waren in dieser frühen Phase der Registrierkassenhersteller Anker aus Bielefeld und Siemag aus Siegen vertreten.[95] Wenige Jahre später waren weitere Zusatzanbieter in den MDT-Markt eingestiegen: dazu gehörten die damals zum Grundig-Konzern gehörende Triumph-Adler AG, die italienische Olivetti – beide Unternehmen waren aus der klassischen Schreibmaschinenbranche entwachsen –, der niederländische Elektrokonzern Philips, der auch die deutsche Siemag AG übernommen hatte, der amerikanische Nähmaschinenhersteller Singer und weitere inländische Anbieter wie Olympia, Akkord und der Musikgeräteher-

---

91 Ceruzzi (1999), S. 143.
92 Vgl. Statistik in: OECD (ed.): Gaps in Technology. Electronic Computers, Paris 1969, S. 157–178.
93 Ebd., S. 163f.
94 Ernst (1970), S. 96.
95 Vgl. Heinrich (1968), S. 41–55.

Im Arbeitskreis Mittlere Datentechnik organisierten sich die deutschen Computerhersteller.

steller Hohner.[96] Hohner führte sein Unternehmen im schwäbischen Trossingen, das nicht allzu weit von Villingen ebenfalls am Rande des Schwarzwalds liegt.[97] Innerhalb dieses Bewerberfelds konnte sich Kienzle Apparate hinter dem Branchenprimus Nixdorf als Nummer Zwei positionieren. So kamen 1974 von den insgesamt 55.000 in der Bundesrepublik installierten Rechnern der MDT 25 Prozent von Nixdorf und gut 15 Prozent von Kienzle. Knapp dahinter lagen Philips und Triumph-Adler.[98]

Gemeinsam waren den meisten Quer- und Neueinsteigern die Herkunft aus der feinmechanischen Industrie. Es gab aber auch Neugründungen wie beispielsweise

---

96 Vgl. Heinrich (1970).
97 Vgl. Hartmut Berghoff: Zwischen Kleinstadt und Weltmarkt. Hohner und die Harmonika 1857–1961. Unternehmensgeschichte als Gesellschaftsgeschichte, Paderborn 1997.
98 Andreas Rösner: Die Wettbewerbsverhältnisse auf dem Markt für elektronische Datenverarbeitungsanlagen in der Bundesrepublik Deutschland, Berlin 1978, S. 64.

Computersystem Kienzle 6100 mit Peripheriegeräten von 1972.

die Konstanzer Firma Computer Technik Müller GmbH (CTM), die vom Nixdorf-Konstrukteur Otto Müller und dessen umtriebiger Unternehmerfrau Ilse gegründet worden war, als Heinz Nixdorf die Umsetzung der neuesten Computerentwicklung aus Müllers Konstruktionsbüro ablehnte und auch andere Anbieter das System nicht bauen wollten.[99]

In dieser Zeit der MDT versäumten es die führenden deutschen Anbieter auch nicht, ihr Thema entsprechend im öffentlichen und (verbands-) politischen Raum zu platzieren. Innerhalb des Verbandes Deutscher Maschinen- und Anlagenbauer (VDMA) existierte schon seit den Nachkriegsjahren eine Fachgemeinschaft Büromaschinen (später Büro- und Informationstechnik und Arbeitskreis Mittlere Datentechnik) in deren Verbandsleitung auch immer führende Vertreter der Kienzle Apparate GmbH wie Verkaufsdirektor Hueg und Geschäftsführer Polzin eine einflussreiche Rolle gespielt hatten. In den 60er Jahren verständigten sich die führenden Unternehmen der Branche, also die Firmen Anker, Kienzle Apparate, Siemag, Wanderer und Olympia, auf die Einrichtung eines gemeinsamen Ausschusses Öffentlichkeitsarbeit, mit dem die Möglichkeiten der Mittleren Datentechnik einem breiten Publikum vorgestellt wurden. Jahrelang wurden die Deidesheimer Informationstagungen veranstaltet, die als Schnittstelle von Wirtschaft, Wissenschaft und Fachpresse konzipiert waren. Ungezählte Veröffentlichungen und Aufsätze wurden in den Medien platziert und angeregt. Anfang 1970 wurde an der TU Karlsruhe auch

---

99 Vgl. Müller (1995), S. 153–169.

ein Stiftungslehrstuhl für „Organisationstheorie und Datenverarbeitung (Mittlere Datentechnik)" eingerichtet. Als gemeinsame Stifter traten die Firmen Akkord, Hohner, Kienzle Apparate, Ruf Buchhaltung und Philips/Siemag auf.[100]

Mit der Klasse 6000 war Kienzle zwar ein sehr guter Einstieg in das Computergeschäft gelungen, aber das Unternehmen musste weitere Neuentwicklungen nachschieben, um im Feld der Wettbewerber nicht ins Hintertreffen zu geraten. Die nächste Weiterentwicklung konnte im November 1971 der Öffentlichkeit präsentiert werden: Es war das Terminalsystem 3000, das speziell für die Bedürfnisse des wichtigen Kundenkreises der Geldinstitute konzipiert war. Nach dem Auslaufen der alten Klasse 3000 konnte nun auch in diesem Sektor ein vollelektronisches System angeboten werden, mit dem auch Online-Arbeit und damit eine Kopplung dezentral arbeitender Geräte mit einer Zentrale möglich wurde. Zum Terminalsystem 3000 gehörten auch numerische Datenerfassungsgeräte der Klasse 100 DT, an denen die Belege manuell eingegeben wurden. Somit waren verschiedene Möglichkeiten der dezentralen Datenerfassung, Speicherung bzw. Weiterverarbeitung gegeben.[101]

Auf der folgenden Hannover-Messe 1972 konnte eine weitere wichtige Neuerung vorgestellt werden. Mit dem EDV-System 6100 hatte man die Leistungsdaten der Basisanlage 6000 weiter ausgebaut. Jetzt konnten bis zu 16 Peripheriegeräte wie Lese- oder Lochgeräte, Drucker, Tastaturen oder Speicher angeschlossen werden. Die Speicherkapazität war gegenüber der 6000 noch einmal verdoppelt worden und ein neuer Digitaldrucker D 300 wurde angeboten, der die Druckgeschwindigkeit gegenüber dem Vorgängermodell versechsfachte. Wichtigste Neuerungen aber waren der anschließbare Magnetplattenspeicher und damit die Bereitstellung eines mit 16 MB für die damalige Zeit sehr leistungsstarken externen Speichermediums, sowie die Kompatibilität der Anlage zu anderen Computern.[102] Dieser gehobene Computer der Mittleren Datentechnik rundete das Kienzle-Angebot an Datensystemen am oberen Rand ab und sollte sich bis Ende der 70er Jahre als ein zuverlässiges und gern gekauftes System erweisen.

Infolge der Ölkrise 1973, der nachlassenden Konjunktur in den meisten Industrieländern und gesättigten Märkten für Datenverarbeitungsgeräte zeichneten sich aber für Kienzle und andere MDT-Anbieter schon bald deutlich schwierigere Zeiten ab. 1974 kam es erstmals seit Mitte der 60er Jahre wieder zu Umsatzrückgängen im B-Bereich des Unternehmens. Lag der Gewinn des Gesamtunternehmens im Geschäftsjahr 1972/73 noch bei 14,2 Mio. Mark, reduzierte sich dieses Ergebnis im Geschäftsjahr 1974/75 auf nur noch 2,8 Mio. Mark.[103] Wären die Einbrüche im B-Bereich nicht durch die anhaltend gute Situation im Apparate-Bereich, v.a. durch den Verkaufsboom von Fahrtschreibern in ganz Europa, kompensiert worden, so

---

100 Herbert Ackermann: Mit bit kam die Epoche der MDT, in: bit 12/1989, S. 22–27; Wissenschaftliche „Durchforstung" der Mittleren Datentechnik, in: Südkurier 1.4.1970.
101 Herbert Ackermann: Kienzle-Terminals in Bremen. Erfolgreicher Start des Systems 3000, in: Kienzle Blätter 1/1972, S. 16f.
102 Herbert Ackermann: Hannover Messe 1972, in: Kienzle Blätter 2/1972, S. 10–16.
103 Vgl. Reden Tonhausen, Betriebsratsvorsitzender Kienzle Apparate GmbH, auf Betriebsversammlungen 30.9./1.10.1974 und 29./30.11.1977, in: Archiv Betriebsrat VS.

hätte die Kienzle Apparate GmbH rote Zahlen ausweisen müssen und existenziellere Fragen wären viel früher auf den Tisch gekommen.

Wie schwierig die Lage geworden war, erlebten die Kienzle-Mitarbeiter direkt vor ihren Werktoren. Die deutsche Uhrenindustrie war mittlerweile von einer tiefgreifenden Strukturkrise erfasst worden, die auch vor großen Namen wie Kaiser-Uhren, Kienzle Uhrenfabriken und Mauthe in der traditionellen Uhrenregion Villingen-Schwenningen nicht halt machte. Mehrfach sah sich Kienzle Apparate gezwungen, öffentlich klarzustellen, dass man weder rechtlich, personell noch organisatorisch etwas mit der gleichnamigen Uhrenfabrik zu tun hätte. Man fürchtete einen Imageschaden durch die schlechte Presse des ehemaligen Mutterunternehmens.

Andere Anbieter der MDT wurden von den verschärften Wettbewerbsbedingungen soweit überfordert, dass sie nach starken Kooperationspartnern Ausschau halten oder sogar vollständig aus dem Markt ausscheiden mussten. Davon betroffen waren z.B. die Unternehmen Singer, Anker und Hohner. Die Bielefelder Anker-Werke gingen in Konkurs, Singer verkaufte seine Aktivitäten – in Europa an ICL – und Hohner gab seine Datenverarbeitungstochter an Nixdorf ab.[104] Selbst große Konzerne wie der US-Elektronikanbieter RCA oder General Electric stiegen in dieser Zeit wieder aus ihren Computerprojekten aus. Bei den größeren europäischen Anbietern scheiterte zwischen 1973 und 1976 mit dem Projekt „Unidata" ein ehrgeiziger Versuch der drei Unternehmen Siemens/Deutschland, Philips/Niederlande und CII/Frankreich, ein gemeinsames EDV-Geschäft auf die Beine zu bringen. Mit der Unidata sollte eine gemeinsame Computerfamilie auf den Markt gebracht werden, deren kleinere Modelle von Philips, die mittleren von Siemens und die großen Systeme von CII entwickelt werden sollten.[105]

Die tieferen Ursachen der Branchenkrise lagen sicherlich in der enormen Dynamik des Marktes. Eine Vielzahl von Anbietern versuchte sich im Geschäft zu behaupten und die Branchengesetze erforderten, dass man eigentlich jährlich Neuentwicklungen vorstellen musste, um wettbewerbsfähig zu bleiben. Dies erforderte extrem hohe Aufwendungen für Forschung und Entwicklung und konnte letztendlich nur mit einem entsprechenden Kapitalgeber im Rücken gestemmt werden. Viele europäische Regierungen versuchten deshalb, ihren einheimischen Industrien entsprechend unter die Arme zu greifen, entweder über direkte staatliche Beteiligungen, wie es etwa in Frankreich mit Bull geschehen war, oder über groß angelegte öffentliche Förderprogramme. In Deutschland wurden gleich mehrere Datenverarbeitungsförderprogramme aufgelegt, deren Förderschwerpunkt aber bei Großprojekten lag und deshalb v.a. wenigen Unternehmen zu Gute kam. Bis Ende der 70er Jahre gingen allein 50 Prozent der DV-Programmmittel an Siemens und weitere 35 Prozent an die AEG-Telefunken.[106]

---

104 Rösner (1978), S. 157; vgl. auch Artikel „Misserfolg ist teuer", in: Computerwoche, 17.12.1976.
105 Vgl. Artikel „Unidata endgültig gestorben", in: Computerwoche, 9.1.1976.
106 Rösner (1978), S. 184f.

Das Elektronische Abrechnungs- und Fakturiersystem EFAS 2000 von 1975.

Die Problematik bestand auch für die Computerentwicklung bei Kienzle Apparate. Die Entwicklungskosten des B-Bereichs stiegen von 7,3 Mio. Mark (1968) auf 13,1 Mio. Mark (1971) und auf 20,3 Mio. Mark (1974). Dabei konnte man stabil etwa 15 bis 20 Prozent über die Bundesförderung abdecken, wobei der Großteil der Gelder aber nicht als Zuschuss sondern als Darlehen gewährt wurde.[107] Zum Vergleich: Die Entwicklungskosten für das System 6000 betrugen in den Jahren 1964 bis 1968 etwa 4 Mio. Mark und waren vom Unternehmen noch ganz ohne Bundeszuschüsse aufgebracht worden.

Trotz dieser ungünstigen Rahmenbedingungen konnte Kienzle auf der Hannover-Messe 1975 das Elektronische Abrechnungs- und Fakturiersystem EFAS 2000 ausstellen. Mit der EFAS 2000 zielte man nun auf die untere Grenze der MDT-Systeme. Ziel war es, das Gerät als Ersatz für die weiterhin genutzten mechanischen Buchungsmaschinen anzubieten. Die Werbeabteilung hatte das Motto ausgegeben: „200.000 Betriebe warten auf ihr Computersystem – hier ist es." Tatsächlich stellte die EFAS 2000 eine echte Marktneuerung dar, mit der die Marktstellung von Kienzle für die kommenden Jahre stabilisiert werden konnte. Der Kleincomputer bestand aus einer kompakten elektronischen Zentraleinheit mit einem Mikroprozessor von Intel, einer Konsole, einem schnellen Nadeldrucker und einem Programmkassettengerät. In der Ausbaustufe konnte ein Magnetkontenverarbeitungssystem angeschlos-

---

107 Heinz Beyer: Bonn fördert unsere Computer-Entwicklung, in: Kienzle Blätter 3/1975, S. 7f.

sen werden.[108] Die Verkaufszahlen der Folgejahre und die positive Reaktionen der Fachpresse bestätigten die Strategie, die bestehende Lücke zwischen Abrechnungsautomat und Kleincomputer auszufüllen.[109]

Den neuen Herausforderungen der Zeit versuchte Kienzle mit einer mittelfristig angelegten Strategie gerecht zu werden, die das Angebot der Kienzle-Datenverarbeitung in einer komplett neuen Systemgeneration bündeln sollte. Als Ziel wurde schon 1972 das Schlagwort vom Modularen Computer-System (MCS) ausgegeben, das bis Anfang der 80er Jahre umzusetzen wäre. Die zukünftige Kienzle-Rechnergeneration sollte stärker als bisher auf bildschirm- und magnetplattenorientierten Anlagen aufbauen. Dafür wurde schrittweise eine personelle und strukturelle Neuordnung des gesamten Bereichs Datensysteme angegangen.

In einem ersten Schritt in diese Richtung wurde 1976 die Computerentwicklung in einer neuen Matrixstruktur organisiert. Die Entwicklungsstruktur sollte weniger nach einzelnen Produktklassen sondern stärker in funktionalen Aufgabengebieten wie z.B. Rechnerverbund oder Speichertechnologie aufgebaut werden.[110] Seit Ende 1975 war auch mit Dr.-Ing. Rolf Wagner ein neuer Technischer Direktor bei Kienzle Apparate eingestellt worden, zu dessen Aufgabe es gehörte, insbesondere die Neuentwicklungen des B-Bereichs voran zu bringen. Wagner hatte zuvor in der Computersparte von Philips gearbeitet und davor Erfahrungen an einer amerikanischen Forschungseinrichtung gesammelt.[111]

Der zweite Schritt betraf die Zusammensetzung der Kienzle-Geschäftsführung. Dort war bislang kein ausgewiesener Computer-Fachmann vertreten, so dass man sich 1978 dazu entschloss, mit Dr. Gert Bindels ein weiteres Mitglied in die Geschäftsführung aufzunehmen. Bindels war Jahrgang 1935 und hatte ein Ingenieurstudium in München sowie an der TU Clausthal absolviert. Dabei hatte er aber früh ein starkes betriebswirtschaftliches Profil ausgeprägt. Von 1965 bis 1978 war er in der deutschen Niederlassung des französisch-amerikanischen Computerkonzerns Honeywell-Bull beschäftigt, zunächst als Mitarbeiter im Vertrieb und später als Generalbevollmächtigter für Marketing und Vertrieb.[112] Sein Ressort als neuer Kienzle-Geschäftsführer umfasste die Bereiche Marketing, Vertrieb und Unternehmensplanung und zielte explizit auf die Einführung der neuen MCS-Generation von Kienzle-Computern ab. Damit löste er auch Verkaufsdirektor Manjock als Hauptverantwortlichen für den B-Vertrieb ab. Manjock blieb zwar formell weiter Verkaufsdirektor, er wurde aber nach Frankfurt versetzt und sollte sich hauptsächlich von der dortigen Kienzle-Vertriebsgesellschaft aus um den Markt bei Wirtschaftsverbänden, großen Unternehmensverwaltungen und bei Bonner

---

108 Herbert Ackermann: Hannover 1975: eine Messe unter besonderen Vorzeichen, in: Kienzle Blätter 1/1975, S. 20–24.
109 Vgl. z.B. Artikel „2000mal EFAS 2000", in: Computerwoche, 7.1.1977.
110 Bernhard Hettich, Günter Martens: Neuorganisation der Entwicklung, in: Kienzle Blätter 2/1976, S. 11–13.
111 Vgl. Kienzle Blätter 4/1975, S. 16.
112 Gert Bindels: Erweiterung der Geschäftsführung. Dr.-Ing. Gert Bindels stellt sich vor, in: Kienzle Blätter 3/1978, S. 1f.

Behörden kümmern. Anfang 1981 wurde Manjock in den Ruhestand verabschiedet.[113]

Bindels erste Maßnahme betraf eine Neustrukturierung des kompletten Computervertriebs. Schon 1965 hatte Kienzle hier die traditionelle Struktur von selbständigen Generalvertretungen, wie sie in der Büromaschinenindustrie bis dato üblich gewesen waren, durch ein Netz von Geschäftsstellen ergänzt. Die Vertriebsstellen waren immer stärker nicht nur als Verkäufer der Geräte sondern auch als Berater und Entwickler von Software- und Organisationslösungen gefordert. 1969 waren deshalb alle Vertriebskompetenzen, von der Werbung über Organisation und Programmierung bis zum technischen Service in Vertriebsgesellschaften zusammengelegt worden.[114]

Bindels ging noch einen Schritt weiter und setzte eine Ausrichtung des Kienzle-Vertriebs auf spezielle Zielmärkte durch. Damit trug er der Entwicklung Rechnung, dass Kienzle Datensysteme mit den MDT-Systemen keinen umfassenden und übergreifenden Anbieter von Computern sondern einen Teilmarkt-Anbieter darstellte.[115] Seit den Zeiten der mechanischen Buchungsmaschinen hatte man das Geschäft v.a. auf Kreditinstitute, zentrale und kommunale Behörden ausgerichtet. Auf diesen Teilmärkten hatte man auch mit den MDT-Computern die höchsten Marktanteile. Dementsprechend definierte Bindels fünf Zielmärkte: erstens Kleinanlagen für kleinere und mittlere Unternehmen, zweitens Kleinanlagen für kleine, insbesondere kommunale Behörden, drittens Terminalsysteme für branchenorientierte Rechenzentralen v.a. im Kreditbereich, viertens Anlagen der kommenden MCS-Familie für Großkunden in der Wirtschaft und fünftens MCS-Anlagen für Großbehörden.[116]

Der Übergang in der Produktpalette zur MCS-Familie wurde 1977 mit der Vorstellung des Mehrplatzsystems 6100/8 sowie 1978 mit einer Weiterentwicklung des EFAS-Systems gestaltet. Die Klasse 6100/8 baute auf dem älteren Modell 6100 auf, war aber mit bis zu acht Bildschirmarbeitsplätzen und Magnetplattenspeichern ausgestattet und entsprach somit grundsätzlich den geplanten technischen Grunddaten der MCS-Familie. In ihrem Innern arbeiteten Chips von Texas Instruments. Insofern muss sie als ein erstes Pilotprodukt der kommenden Computer-Generation angesehen werden. Die neue EFAS 2200 war gegenüber dem erfolgreichen Vorgänger mit einem Floppy-Diskettensystem ausgestattet.[117]

Langsam wurde die Branche ungeduldig, verzögerte sich der lange angekündigte Generationenwechsel bei Kienzle doch offensichtlich immer weiter. Das erste Modell der MCS-Familie 9000 – wie sie dann später heißen sollte – konnte erst 1979 den Kunden präsentiert werden: Es war die Mehrplatzanlage Klasse 9066, die in

---

113 Neue Aufgaben für Verkaufsdirektor Manjock, in: Kienzle Blätter 3/1978, S. 3; Herbert Ackermann: Verkaufsdirektor Martin Manjock: Zwei Jahrzehnte als Computer-Vertriebschef, in: Kienzle Blätter 1/1981, S. 27.
114 G. Schindele: Umstrukturierung der Kienzle-Büromaschinen Vertriebsorganisation, in: Kienzle Blätter 2/1969, S. 13f.
115 Zu dieser Einteilung vgl. Rösner (1978), S. 49.
116 Umstrukturierung im Vertriebsbereich B, in: Kienzle Blätter 2/1979, S. 11–14.
117 Artikel „Kienzle legt sich neues Datenprofil zu", in: Computerwoche, 19.10.1977; Heinz Beyer: Die Hannover Messe 1978 steht vor der Tür, in: Kienzle Blätter 1/1978, S. 1–5.

ihrer Ausstattung und den Leistungsdaten an die 6100-Systeme anknüpfte. Sie bestand aber weiterhin zu einem erheblichen Teil aus komplett zugekauften Modulen der Firma Texas Instruments, so dass ein großer Teil der Wertschöpfung nicht bei Kienzle sondern bei dem Modullieferanten stattfand.

Der verzögerte Einstieg in die MCS-Systeme schlug sich auch in einem rückläufigen Marktanteil von Kienzle nieder: Innerhalb von fünf Jahren war man im Segment der Mittleren Datentechnik von 15 auf unter 10 Prozent in der Bundesrepublik und damit auch vom zweiten auf den vierten Platz abgerutscht. 1980 lag man bei den installierten Geräten mit 9,3 Prozent hinter Nixdorf (26,4 Prozent), Olivetti (14,8 Prozent) und Triumph-Adler (13,1 Prozent). Bezogen auf den kompletten Computerbestand in der Bundesrepublik lag die Kienzle Computersysteme mit 2,5 Prozent auf Platz 7 hinter IBM, Siemens, Nixdorf, Sperry-Univac, Honeywell-Bull und Olivetti. Die installierten Kienzle-Geräte entsprachen damit einem Gesamtwert von fast 1,1 Mrd. Mark.[118]

2.8. Computer der neuen Generation 9000

Der eigentliche Durchbruch für Kienzles neue Computergeneration sollte Anfang 1980 mit dem so genannten ABC-Computer der Klasse 9055 stattfinden. Das System sollte für einen Sprung in der Umsatzentwicklung sorgen, so dass die Geschäftsführung längere Zeit sogar ernsthaft den Bau eines komplett neuen Computerwerks betrieben hatte. In der ersten Ausgabe der Werkszeitung 1979 war den Beschäftigten schon ein fertiger Plan für dieses neue Werk C vorgestellt worden. Es sollte auf dem Gelände des A-Werks auf der Sommertshauser Halde bis 1981 entstehen. Auf zwei Etagen mit ca. 7.000 qm sollten dort fast alle Kienzle-Computerklassen montiert und damit wesentliche Betriebsteile aus dem innerstädtischen B-Werk heraus verlagert werden.[119] Im letzten Moment kamen der Geschäftsführung aber doch noch Zweifel, inwieweit der Neubau notwendig und sinnvoll war. Insbesondere die Verwendung der dann frei werdenden Räumlichkeiten im alten B-Werk war bis zuletzt unklar geblieben. Kurz vor Markteinführung des ABC-Computers wurde deshalb eine stark abgespeckte Variante der Baumaßnahme vorgestellt. An die Stelle des freistehenden Neubaus war nun ein Anbau an das bestehende A-Werk getreten. Statt 7.000 war in der neuen Planung auch nur noch eine Größe von 1.800 qm vorgesehen.[120] Aber zur Auslastung dieser Flächen musste zunächst der Verkauf des neuen Computers angeschoben werden.

Mit großem Werbeaufwand rief Kienzle Apparate deshalb am 7. Februar 1980 die interessierte Öffentlichkeit in das Frankfurter Hotel Interkontinental. Vor rund

---

118 Vgl. Konvolut Umsatzzahlen Kienzle Apparate 1980, in: WA VS, Ordner 110; sowie Manuskript „Unternehmensbereich Datensysteme", 1.4.1981, in: ebd.
119 H.-J. Föhrenbach: Letzte Meldung: Auf der Sommertshauser Halde entsteht Werk C, in: Kienzle Blätter 1/1979, S. 42.
120 H.-J. Föhrenbach: Geplante bauliche Erweiterung im Werk A, in: Kienzle Blätter 1/1980,. S. 23.

2.8. Computer der neuen Generation 9000

Der ABC-Computer der Klasse 9055.

70 Fachjournalisten stellten die Verantwortlichen des Kienzle-Computerbereichs unter Leitung von Geschäftsführer Bindels das neue System vor und erklärten die Unternehmensstrategien für das anbrechende Jahrzehnt. Am Folgetag wurde die Präsentation vor 320 Mitarbeitern der Kienzle-Vertriebsgesellschaften wiederholt. Die Klasse 9055 war ein Einplatzsystem mit Bildschirmarbeitsplatz und Magnetplattenspeicher, das mit dem Kienzle-eigenen Betriebssystem POBS ausgestattet war.[121] Bisherige Kienzle-Rechner arbeiteten mit dem Betriebssystem MTOS, einer von Texas Instruments übernommenen Entwicklung.

Die praktische Umsetzung konnte aber nicht halten, was das professionelle Werbekonzept versprochen hatte. Offenbar war der Kienzle-Rechner immer noch nicht völlig ausgereift. Als problematisch erwies sich die fehlende Kompatibilität, auch zum eigenen Mehrplatzsystem 9066, die zu geringe Kapazität des Hauptspeichers sowie das mit Fehlern behaftete Betriebssystem POBS. Diese Schwächen schlugen voll auf den Absatz der 9055 durch, so dass im Einführungsjahr statt der erhofften 1.000 Geräte nur 200 verkauft wurden. 1981 – als die Mängel der Klasse allgemein bekannt waren – wurden sogar nur 50 weitere Geräte verkauft. Das Scheitern des ABC-Computers war offensichtlich geworden. Viele Kienzle-Vertriebsgesellschaften griffen zu diesem Zeitpunkt lieber auf das ältere System 9066 zurück,

---

121 Herbert Ackermann: Der ABC-Computer hatte Premiere, in: Kienzle Blätter 1/1980, S. 1–3.

so dass man in Villingen zu diesem Zeitpunkt auf 2.000 fertigen Anlagen der Klasse 9055 sitzen blieb.[122]

Angesichts dieses Fiaskos war wohl mancher in der Kienzle-Geschäftsführung darüber erleichtert, dass man die Planungen für das neue C-Werk im letzten Moment gestoppt hatte. Jetzt wurden auch die Planungen für die abgespeckte Variante still und leise beerdigt. Was angesichts der angespannten Marktsituation für die Kienzle Datensysteme als eine Art Befreiungsschlag zur Sicherung der unternehmerischen Selbständigkeit des Familienunternehmens geplant war, hatte sich als Bumerang erwiesen. Die Situation war nun noch angespannter als zuvor.

Seit spätestens Mitte der 70er Jahre erzielten die Kienzle Datensysteme keine schwarzen Zahlen mehr und wurden v.a. durch die guten Umsatz- und Gewinnzahlen aus dem Apparatebereich quersubventioniert. Es wurde schon mehrfach auf den sich weiter verschärfenden Wettbewerb im Computergeschäft verwiesen. Mittlerweile hatte der Bereich der Mittleren Datentechnik auch seine Nischenfunktion zwischen der alten Büroautomation und den großen Computersystemen verloren. Mehr und mehr drängten die Anbieter klassischer Computersysteme wie IBM in den mittleren Bereich und auch im unteren Bereich sollte mit dem Aufkommen des Personalcomputers starke Konkurrenz erwachsen. Im Geschäftsjahr 1980/81 erwirtschaftete der Kienzle-Computerbereich ein Minus von rund 80 Mio. Mark und 1981/82 sollte man einen absoluten Tiefpunkt von über 110 Mio. Mark Defizit erreichen.[123] Dies war auch nicht mehr mit den Gewinnen aus dem Apparate-Geschäft abdeckbar, insbesondere weil das Geschäft mit Fahrtschreibern, Taxametern und Tanksystemen in dieser Phase ebenfalls nicht rund lief.

Insofern war es für Kienzle Apparate höchste Zeit, einen kapitalstarken Partner mit ins Boot zu holen. Schon länger hatte man mit verschiedenen Akteuren der Branche verhandelt, nun trat man wieder auf die Mannesmann AG zu und bot ihnen eine Beteiligung am Unternehmen an. Diese wurde letztlich im Februar 1981 und im Februar 1982 in zwei Schritten vollzogen. Die näheren Umstände des Übergangs vom Familienunternehmen zur Konzerntochter werden im vierten Kapital beschrieben. Für die Entwicklung der Kienzle Datensysteme war wichtig, dass der Mannesmann-Einstieg zwar mit erheblichen Einschnitten und Sanierungsmaßnahmen verbunden war. Grundsätzlich war Mannesmann aber dazu bereit, die notwendigen Finanzmittel zu investieren, damit der Computerbereich wieder wettbewerbsfähig werden konnte.

Dieses Ziel konnte nur über eine beschleunigte Einführung der Systemfamilie 9000 erreicht werden. Schon das Familienunternehmen Kienzle hatte in den vier Geschäftsjahren seit 1978 jährlich 50 Mio. Mark in Entwicklung, Vertrieb und Fertigungsvorbereitung investiert. Davon waren etwa ein Viertel aus den Mitteln der Bundesförderung im Rahmen der Datenverarbeitungsprogramme gedeckt worden. Drei Viertel hatte man aus dem laufenden Geschäft finanzieren müssen. Interne

---

122 Vgl. Artikel „Kienzle: MDT-Relikte eröffnen Novitäten-Parade", in: Computerwoche, 19.2.1982.
123 Übersicht Geschäftszahlen Kienzle Apparate GmbH, 23.6.1982, in: Mannesmann Archiv, M 17.723, Bd. 1.

Berichte von 1981 gingen davon aus, dass hier weitere 130 Mio. Mark investiert werden müssten, um eine Konsolidierung der Kienzle-Marktposition zu erreichen.[124] Dies musste gegen die mittlerweile in der Fachpresse verbreitete Ansicht erreicht werden, dass Kienzle-Systeme veraltet und leistungsschwach wären. Zu lange hätte sich der Einstieg in Plattenspeichergeräte mit Bildschirmen hingezogen. „Viel mehr als der gute Namen ist von Kienzles Computern inzwischen nicht mehr übrig"[125], fasste das Manager Magazin die verbreitete Skepsis im Februar 1982 zusammen.

Die Geschichte der Mannesmann Tally

Die Geschichte der Mannesmann Tally GmbH war eine Zeit lang aufs engste mit der Entwicklung der Kienzle Apparate GmbH verknüpft. Im ersten Jahrzehnt der Mannesmann-Jahre war sie Teil der Kienzle-Gruppe, sie ergänzte mit ihrem Druckergeschäft gut den Bereich Computersysteme von Kienzle und machte einen nicht unerheblichen Teil des Umsatzes der Unternehmensgruppe aus.

Dabei geht die Verbindung der Mannesmann AG mit dem Standort Ulm/Elchingen auf Anfang der 70er Jahre zurück. 1972 erwarb der Mannesmann-Konzern im Rahmen seiner Diversifizierungsstrategie die dortige Firma Constantin Rauch KG. Aus dieser ging die Mannesmann Präzisionstechnik GmbH Elchingen hervor, die sich seit 1973 mit der Entwicklung serieller Matrixdrucker befasste. Der Bereich erlebte in der zweiten Hälfte der 70er Jahre einen rasanten Aufstieg; der Umsatz des Unternehmens mit Druckern stieg von 1 auf 53 Mio. Mark im Jahr 1979.

Anfang 1979 erwarb Mannesmann die Tally Corp. mit Sitz in Kent im US-Bundesstaat Washington, den damals größten Hersteller von Matrixdruckern. Beide Unternehmen wurden zur neuen Mannesmann Tally GmbH mit Sitz in Elchingen und Kent verschmolzen. Zusammen beschäftigten sie zu diesem Zeitpunkt weltweit rund 1.500 Mitarbeiter, davon 500 in Deutschland, und erzielten einen Umsatz von über 140 Mio. Mark in Europa. Zum Produktangebot von Mannesmann Tally gehörten verschiedene Modelle serieller Matrix- und Kontoauszugsdrucker.

Als Mannesmann 1981 bei Kienzle Apparate einstieg, brachte der Konzern den Druckerhersteller Mannesmann Tally in die Kienzle-Gruppe mit ein. Man ging davon aus, dass sich beide Produktbereiche gut ergänzen würden. Dabei blieb das Unternehmen als eigenständige GmbH erhalten, wurde aber über die Kienzle-Geschäftsführung gesteuert. In den 80er Jahren konnte Tally dynamisch expandieren und steigerte den eigenen Umsatz bis 1989 auf über 300 Mio. Mark. Die Zahl der Beschäftigten stieg im gleichen Zeitraum auf über 900 in Deutschland an. Zusammen mit den US-Standorten erreichte man sogar einen Weltumsatz von über 500 Mio. Mark und eine Beschäftigtenzahl von 1.600. In diesem Zeitraum konnte man seine internationale Marktposition als wichtiger Anbieter von Nadeldruckersystemen weiter festigen. Ende der 80er Jahre stagnierte aber die Entwicklung bei Mannesmann Tally und man hatte mehr und mehr mit Konkurrenten aus Fernost zu kämpfen.

---

124 Manuskript „Unternehmensbereich Datensysteme", 1.4.1981, in: WA VS, Ordner 110.
125 Artikel „Rote Zahlen und große Sprüche", in: Manager Magazin 2/1982.

1990 kam es zu einer Vereinbarung zwischen Mannesmann und Siemens über eine Zusammenarbeit im Druckergeschäft. Beide Konzernspitzen vereinbarten, dass Siemens seine kompletten Aktivitäten im Bereich Drucker in die Mannesmann Tally GmbH einbrachte und eine Minderheitsbeteiligung von 49 Prozent an der Gesellschaft übernahm. Der Siemens-Bereich umfasste an den Standorten Berlin und München 750 Beschäftigte und ein Umsatzvolumen von 250 Mio. Mark. Dadurch sollte das Nadeldruckergeschäft von Tally mit dem Siemens-Programm an Tintenstrahl- und Thermotransferdruckern zusammengebracht werden und damit eine verbesserte Wettbewerbsposition gegenüber den starken japanischen Anbietern erreicht werden.

Die an die Fusion gestellten Hoffnungen sollten sich aber nicht erfüllen. Das Unternehmen schrieb weiterhin rote Zahlen, so dass die Zusammenarbeit 1992 wieder beendet und die Siemens-Teile wieder aus der Mannesmann Tally GmbH ausgegliedert wurden. Das Berliner Siemens-Werk wurde zunächst an das Unternehmen Eastman Kodak weitergegeben, bevor es im Herbst 1993 komplett geschlossen werden musste. Auch bei Mannesmann Tally mussten 1993/94 in großem Umfang Stellen gestrichen werden. Bis Ende 1994 wurden rund 300 der 1.500 Arbeitsplätze abgebaut. Im Rahmen dieser Konsolidierungsmaßnahmen wurde auch das Zweigwerk Oberndorf geschlossen, das man von Kienzle übernommen hatte.

Im Rahmen der Ausrichtung des Mannesmann-Konzerns auf den Bereich Telekommunikation trennte sich die Düsseldorfer Zentrale 1996 von Tally und verkaufte das Unternehmen per Management-Buy-Out an die damalige Geschäftsführung, was über die Beteiligungs- und Investment-Fonds-Gesellschaft LGV-Candover GmbH finanziert wurde. Das Produktangebot verlagerte sich in dieser Zeit weg von den traditionellen Nadeldruckern hin zur neuen Familie der Farbthermo- und später auch der Laserdrucker.

Nach mehreren schwierigen Jahren fusionierte die Tally GmbH 2003 mit dem US-Hersteller Genicom zur Firma Tally-Genicom Computerdrucker GmbH. Das Unternehmen ging dabei in das Eigentum der Beteiligungsgesellschaft Arsenal Capital Partners über. Vom Standort Ulm/Elchingen aus wurde der europaweite Vertrieb des Unternehmens koordiniert, während die Produktion des Gesamtunternehmens auf Standorte in Mexiko und China konzentriert wurde. In Deutschland wurden keine Tally-Drucker mehr hergestellt.

Das bislang letzte Kapitel der Tally-Geschichte wurde 2009 geschrieben, als das US-Mutterunternehmen insolvent ging und vom US-Druckerkonzern Printronix aufgekauft wurde. Im Rahmen dieser Neustrukturierung drohten die europäischen Standorte der Tally-Genicom abgehängt zu werden. Rettung kam in dieser Situation von der chinesischen IT-Firma Dascom, die bereit war, die europäischen Anteile an Markenrechten, Vertrieb und Service zu übernehmen.[126] Heute vertreibt Dascom vom Ulmer Firmensitz aus Nadeldruckertechnologie unter dem alten Markennamen Tally, während Printronix weltweit Zeilen- und Laserdrucker der Marke Tally Genicom vermarktet. Mit dem Dascom-Einstieg konnten vier Fünftel der 350 europä-

---

126 Vgl. Frank König: Insolvenzverwalter rettet Tally-Drucker, in: Südwest-Presse, 17.6.2009; Frank König: Pluta schreibt Wirtschaftskrimi, in: Südwest-Presse, 29.6.2009.

ischen Tally-Genicom-Arbeitsplätze erhalten werden. In Ulm verblieben rund 50 von vormals 80 Beschäftigten.

Gerade das Übergangsjahr zwischen Frühjahr 1981 und Frühjahr 1982 gestaltete sich weiter schwierig. Mannesmann war noch nicht richtig in Villingen angekommen und die Kienzle-Geschäftsführung setzte ein wenig zu sehr auf Hilfe aus Düsseldorf. Außerdem versuchte Vertriebschef Bindels noch in der Krise die Flucht nach vorne und kündigte auf der Hannover Messe 1981 der Öffentlichkeit 40 neue Kienzle-Produkte an. Im Rückblick von 1984 kommentierte Betriebsratsvorsitzender Norbert Tonhausen diese PR-Kampagne mit den Worten: „Einige gibt es heute wirklich, einige sind fertig und manche funktionieren."[127] Faktisch bereinigte man die Produktpalette und konzentrierte sich auf die Einführung der lange angekündigten Familie 9000 als eine in Hard- und Software modular aufgebaute, aufwärtskompatible Systemgruppe. Bis zum Abschluss der Konsolidierung 1984 musste Kienzle auf andere neue Produkte verzichten. Darüber hinaus verordnete Mannesmann ein erstes Sanierungsprogramm, das einen Personalabbau von über 300 Beschäftigten v.a. im Vertriebsbereich, eine Umstrukturierung in der Entwicklung und den Abbau von Materialvorräten vorsah. So konnten bis 1982 schon 20 Mio. Mark eingespart werden.[128]

Die Systemfamilie 9000 bestand aus verschiedengroßen Modellen, die in Teilen an den bestehenden Produktlinien anknüpften. Kleinste Klasse war das Einplatzsystem 9022, das als Datenerfassungsterminal angeboten wurde. In der Schreibtischgröße verfügte Kienzle über die Klassen 9033 und 9044, die Nachfolgemodelle für die auslaufende EFAS 2000/2200 darstellten. Mit den Klassen 9055, 9066 und 9077 verkaufte man verschiedene Mehrplatzdialogsysteme mit bis zu 32 Arbeitsplätzen. Zur Familie gehörte auch die weiterentwickelte Variante des Bankenterminalsystems Klasse 9077. Beim Betriebssystem war man wieder einheitlich auf das alte MTOS-System umgeschwenkt und bot als Zusatz umfangreiche Software-Pakete zur Datenverwaltung, Datenverarbeitung, Betriebsdatenerfassung an. Dank eines Netzwerksystems KINET waren die Kienzle-Anlagen auch mit Fremdsystemen bzw. anderen Modellen der 9000er-Familie kompatibel. Die Bildschirme 9007 waren eine weitere Kienzle-Eigenfertigung.[129]

Zunächst hatte Kienzle auch versucht, mit einem Kienzle-Tischcomputer Klasse 9010 in das PC-Segment einzusteigen. Der Markt wurde hier von amerikanischen Anbietern (Commodore und Radio Shack/Tandy) beherrscht und aus Japan kamen Signale, dass die dortigen Anbieter ebenfalls einsteigen würden. Das Gerät, das Kienzle auf der Messe 1981 präsentierte, war aber mangels eigener

---

127 Vgl. Rede Tonhausen, Betriebsratsvorsitzender Kienzle Apparate GmbH, auf Betriebsversammlung 14.3.1984, in: Archiv Betriebsrat VS.
128 Maßnahmen im ersten Jahr seit Übernahme der ersten 50% (1.4.1981 bis 31.3.1982), Manuskript Düsseldorf 22.6.1982, in: Mannesmann Archiv, M 17.723, Bd. 1.
129 Artikel „Kienzle baut auf Ausbaufähigkeit", in: Computerwoche, 22.10.1982; Gerd R. Brauch: Produktfamilie 9000, in: Kienzle Blätter 1–2/1982, S. 16–18; H. Wiest: Ein neues Kienzle Produkt: Der Bildschirm 9007, in: Kienzle Blätter 3–4/1982, S. 8f.

Der Kienzle-Tischcomputer 9010 war ein Nachbau des PC von Kontron.

Investitionskraft ein komplett von der Firma Kontron fremd gefertigtes Produkt, das dort selbst unter dem Namen Mikro Psi 80 vertrieben wurde.[130] Letztlich wurde dieses PC-Modell aber nicht in die 9000er-Familie übernommen.

Im Vertrieb setzte Kienzle weiter auf Zielmarktstrategien. Wichtigste Kundengruppen waren weiterhin Kreditinstitute, Bundes- und Kommunalbehörden sowie mittelständische Unternehmen. Die bisherigen Segmente sollten um Funktionen der Text- und Grafikverarbeitung und der besonderen Konzentration auf das Geschäft mit Großkunden erweitert werden.[131] In der zweiten Phase der Sanierung unter Francesco Tatò als Vorsitzendem der Geschäftsführung wurden die bisher selbständigen Vertriebs-GmbHs auf ein System von direkten Niederlassungen umgestellt. Außerdem setzte Tatò in vielen Bereichen auf eine Annäherung und Kooperation der bislang klar getrennten Apparate- und Computerbereiche des Unternehmens. Zusammengelegt wurde so der Technische Kundendienst unter der neuen Leitung des bisherigen Olivetti-Manns Dieter Poleska und die beiden Entwicklungsabteilungen standen unter der gemeinsamen Leitung von Rolf-Dieter Bieck, der von Siemens kam. Neben der noch genauer zu beschreibenden Neuordnung der Geschäftsführung

---

130 Vgl. Artikel „Lücke zwischen Mikros und Bürorechnern", in: Computerwoche, 6.11.1981.
131 Manuskript „Ziele 1982–85", in: Mannesmann Archiv, M 17.723, Bd. 1.

2.8. Computer der neuen Generation 9000

Kienzle-Datensysteme der Produktfamilie 9000.

verließen die bisherigen Leiter der beiden Entwicklungsabteilungen Rolf Wagner und Peter Kuhn, der Vertriebsleiter des Computerbereichs Winfried Hoffmann und der oberste Produktplaner Georg Hänsel das Unternehmen.[132] In der Fertigung kam es unter dem neuen Geschäftsführer Herbert Kleiser ebenfalls zu Umstellungen.[133] So wurden spezialisierte Werkstätten wie die Stanzereien oder der Druckguss an jeweils einem einzigen Standort zusammengefasst.

Tatsächlich gelang Kienzle mit der Systemfamilie 9000 die Konsolidierung auf den bisherigen Kernmärkten. Auch im Geschäft mit Großkunden konnte man einige Zuschläge gegen starke Mitwettbewerber erreichen. 1985 konnte somit das 10.000. System der Familie 9000 installiert werden, 1989 waren es dann schon über 20.000 verkaufte Anlagen.[134] Im Vergleich zur MDT-Konkurrenz konnte Mannesmann Kienzle zwischen 1985 und 1987 im unteren Preissegment (25.000 bis 100.000 Mark) einen Marktanteil von 16 Prozent und damit – gleichauf mit Nixdorf – den Platz hinter Olivetti halten. Im Segment der mittelgroßen Computersysteme (100.000

---

132 Artikel „Die Erben steigen aus", in: Manager Magazin 9/1982; Rede Tonhausen, Betriebsratsvorsitzender Kienzle Apparate GmbH, auf Betriebsversammlung 6.12.1982, in: Archiv Betriebsrat VS.
133 Vgl. Reden Tonhausen, Betriebsratsvorsitzender Kienzle Apparate GmbH, auf Betriebsversammlungen 6.12.1982 u. 28.5.1982, in: Archiv Betriebsrat VS.
134 Herbert Ackermann: Meilensteine in der DK-Geschichte (1981–1993), Manuskript ca. 1993, in: Privatarchiv Ackermann.

bis 500.000 Mark) war man hinter IBM und Nixdorf die Nummer 3 und hielt einen Anteil von etwa 8 Prozent.[135] Die Zahlen beziehen sich jeweils auf den bundesdeutschen Markt, auf den europäischen Märkten oder gar in Übersee spielte Kienzle nur eine sehr untergeordnete Rolle.

In der zweiten Hälfte der 80er Jahre wurde zwischen der Kienzle-Geschäftsführung und der Mannesmann-Zentrale eine neue Perspektivdiskussion angestoßen. Mit der Familie 9000 hatte man zwar eine komplette und wettbewerbsfähige Systemreihe auf dem Markt, aber die nächste Generation musste spätestens Ende des Jahrzehnts eingeführt werden. Einig war man sich darüber, dass die Weiterentwicklung der Computersysteme auf der Basis des Betriebssystems Unix passieren müsste. Mit MTOS verwendete man ein Kienzle-spezifisches Betriebssystem, das einer problemlosen Kombination mit Geräten anderer Marken im Wege stand. Außerdem sollte neben den bisherigen Zielmärkten auch der Bereich der Fertigungs- und Grundstoffindustrie verstärkt umworben werden.[136]

Die Phase der Neuorientierung begann im Mai 1986 mit dem Antritt von Prof. Dr. Norbert Szyperski als neuem Vorsitzenden der Kienzle-Geschäftsführung. Szyperski war kein Mann der Industrie sondern er hatte vorwiegend eine akademische Karriere durchlaufen, in der er immer wieder in engem Kontakt mit der Wirtschaft gestanden hatte.[137] Er war Jahrgang 1931 und hatte BWL an der FU Berlin studiert. In den 60er Jahren absolvierte er Promotion und Habilitation. Im Anschluss daran war er in verschiedenen universitären Forschungsinstituten tätig. Ab 1970 wurde Szyperski zum ordentlichen Professor für Betriebswirtschaftslehre an die Universität zu Köln berufen und war Direktor des Betriebswirtschaftlichen Instituts für Organisation und Automation (BIFOA), einer Einrichtung, die eng mit den Praktikern in der Büro- und Computerindustrie verbunden war. Seit Mai 1981 war Szyperski Vorsitzender der Gesellschaft für Mathematik und Datenverarbeitung mbH (GMD) und Vorsitzender des Verwaltungsrats des Deutschen Forschungsnetzes (DFN). In zahlreichen Publikationen setzte er sich mit den Entwicklungen im Büro- und Datenverarbeitungsbereich auseinander. Mit seiner Berufung an die Spitze von Mannesmann Kienzle erhielt er die Gelegenheit, seine Konzepte in die unternehmerische Praxis umzusetzen.

Unter der Leitung von Szyperski wurde versucht, den skizzierten Weg zur Weiterentwicklung der Kienzle-Geräte und der Gewinnung neuer Kundenkreise anzugehen. Zunächst ging man den Weg über den Zukauf von kleineren Unternehmen, um sich deren Know-how mit ins Haus zu holen. So erwarb man die Mehrheit an der Münchner Firma PCS GmbH, die etwa 250 Mitarbeiter beschäftigte und sich einen Namen mit Unix-Rechner und Betriebsdatenerfassungsgeräten gemacht hatte. Dann kaufte man die alfa System Partner GmbH im hessischen Rodgau, die mit ihren 40 Mitarbeitern auf EDV-Systeme für die Grafik-, Druck- und Medienindustrie spezialisiert war. 1987 schließlich schloss man die Zukäufe durch den Erwerb der

---

135 Vgl. Walter Hillebrand: Operation in der Schwarzwald-Klinik, in: Manager Magazin 9/1987.
136 Protokoll Sitzung Aufsichtsrat Mannesmann Kienzle 16.10.1985, in: Mannesmann Archiv, M 17.722.
137 Kurzlebenslauf Szyperski, in: StA VS, Kienzle Apparate, 561.

2.8. Computer der neuen Generation 9000

kleinen Procad GmbH in Karlsruhe ab, die mit ihren 30 Angestellten Kompetenzen im Bereich der Konstruktionssysteme, also CAD/CAM-Anwendungen, einbrachte. Die Firmen, so die Überlegung von Mannesmann und Kienzle, sollten ihre Selbständigkeit soweit wie möglich beibehalten, damit ihre Innovationsfähigkeit erhalten bliebe.[138]

Außerdem wurde die Geschäftsführung vervollständigt bzw. neu besetzt. Besonders auffällig war die Berufung von Prof. Dr. Georg Färber zum Technischen Geschäftsführer mit Schwerpunkt im Computerbereich. Färber war Jahrgang 1940 und kam von der TU München. Dort hatte er einen Lehrstuhl für Prozessrechner inne. 1970 hatte er das Unternehmen PCS GmbH mit gegründet und war dort drei Jahre in der Geschäftsführung tätig gewesen.[139] Mit Szyperski und Färber waren zwei ausgewiesene Akademiker mit Erfahrung an der Schnittstelle von Theorie und Praxis in die Geschäftsführung berufen worden. Dies unterstrich ein weiteres Element der aktuellen Unternehmensstrategie. Mannesmann Kienzle sollte insbesondere im Computerbereich in einen intensiven Austausch mit Forschungsinstitutionen geführt werden.

Mit Hilfe der Unix-Kompetenzen der PCS konnte 1989 eine neue Generation von Kienzle-Rechnern vorgestellt werden, die man wieder mit der Sammelnummer 2000 bezeichnete und die im Einführungsjahr mit den Modellen 2700 und 2800 auf der Computermesse CeBIT und auf der Münchner Messe SYSTEMS präsentiert wurden. Zusätzlich konnte Mannesmann Kienzle mit einem eigenen Unix-basierten Bürokommunikationsprodukt mit dem Namen KIOFFICE-UNIX aufwarten. Die Unix-Software von Kienzle hieß Omega.[140]

Insgesamt hielt aber die Geschäftsführung unter Szypersi nicht das, was sich Mannesmann von ihr versprochen hatte. Zwar konnte man weitere Umsatzzuwächse erzielen und insgesamt hielt Mannesmann Kienzle seine Position zumindest auf den inländischen Computermärkten, aber der ganz große Innovationsschub blieb aus. Szyperski schaffte es nicht, seine konzeptionellen Überlegungen in eine reale Produkt- und Marktstrategie umzusetzen. Da der Wettbewerb auf den internationalen Märkten weiter zunahm, neue Wettbewerber aus den USA und v.a. Japan den europäischen Computerherstellern immer mehr zusetzten, führte diese Situation 1989 nicht nur zum Ausscheiden Szyperskis sondern auch zu neuen Überlegungen im Mannesmann-Vorstand. Die notwendige Mindestmasse für das Geschäftsfeld Datensysteme sollte nun durch Zukäufe erreicht werden.

---

138 Walter Hillebrand: Operation in der Schwarzwald-Klinik, in: Manager Magazin 9/1987.
139 Lebenslauf Georg Färber, in Anhang zum Protokoll Sitzung Aufsichtsrat Mannesmann Kienzle, 20.11.1987, in: Mannesmann-Archiv, M 17.722.
140 Vgl. Herbert Ackermann: Meilensteine in der DK-Geschichte (1981–1993), Manuskript ca. 1993, in: Privatarchiv Ackermann; vgl. auch Artikel „Eine neue Produktlinie", in: Südkurier, 8.3.1989.

2.9. Trennung vom Computergeschäft

Im Softwarebereich waren die 80er Jahre das Jahrzehnt von Unix, und im Hardwarebereich waren es PCs und die so genannten Workstations, die den Weg wiesen. Während Anbieter wie Mannesmann Kienzle weiter auf klassische Mehrplatzsysteme orientiert waren, setzte sich von den USA aus mit den Workstations eine neue Generation von leistungsstarken Einplatzsystemen durch, die über schnelle Netzwerkverbindungen mit Peripheriegeräten und externen Systemen verbunden waren. Da sie schon im Preissegment ab 40.000 US-Dollar, damals also ca. 100.000 Mark, angeboten wurden, standen sie in direkter Konkurrenz zu den Mehrplatzsystemen des MDT-Marktsegments.[141]

Auf den europäischen Märkten tummelten sich v.a. Anbieter wie DEC, SUN Mikrosystems und Hewlett Packard (HP); HP hatte 1989 den innovativen Workstations-Anbieter Apollo Computer Inc. übernommen. Auf dem deutschen Markt für MDT waren HP mit 11 Prozent und DEC mit 8 Prozent vertreten, während Mannesmann Kienzle bei etwa 11 und Nixdorf als Marktführer noch bei 27 Prozent geführt wurden. Dabei war der Stern vom einstigen Spitzenunternehmen Nixdorf mittlerweile am Erlöschen.[142] Außerdem wurde im gleichen Jahr bekannt, dass nun auch IBM mit neuen Geräten in den weltweiten Markt für Workstations einsteigen wollte. Der Gesamtumsatz der Branche stagnierte währenddessen bzw. war sogar rückläufig. Die Preise für die Geräte sanken stetig. In keiner anderen Branche ging es in dieser Zeit turbulenter zu als im Computergeschäft.[143]

In der Bundesrepublik sollte 1989 mit Nixdorf gerade der größte der Wettbewerber ins Straucheln kommen. 1986 war der Gründer Heinz Nixdorf überraschend an einem Herzinfarkt verstorben und die Position des Vorstandsvorsitzenden war an den langjährigen Vertriebschef des Unternehmens Klaus Luft übertragen worden, der übrigens vor seiner Karriere bei Nixdorf für die Kienzle Apparate GmbH gearbeitet hatte. Die noch im gleichen Jahr veröffentlichte Nixdorf-Biografie beschrieb die Gegenwart und Zukunft der Nixdorf Computer AG nur in hellsten Farben. Im Gegensatz zu vielen Mitbewerbern wäre das Unternehmen auf ungebremstem Wachstumskurs und in einer glänzenden Ausgangsposition.[144] Aber schon drei Jahre später sollten sich diese Vorhersagen weitgehend als Wunschdenken erweisen. Nixdorf wurde von einer heftigen Entwicklungskrise erschüttert und die Eigentümer waren gezwungen, einen kapitalstarken Partner mit ins Boot zu holen.

Einer der Interessenten war auch die Mannesmann AG. Mit dem Zukauf von Nixdorf und der Zusammenführung mit Mannesmann Kienzle hätte aus Sicht der Mannesmann-Führung eine Chance bestanden, zwei relativ ähnlich strukturierte Anbieter von kleineren und mittelgroßen Computern für spezielle Zielmärkte zu einem großen Ganzen zusammenzuführen. Damit wäre eine – mittlerweile für den

---

141 Vgl. Ceruzzi (1999), S. 281–306.
142 Vgl. Artikel „Kienzle-Datentechnik: Allianz wird zu einer Überlebensfrage", in: Computerwoche, 9.2.1990.
143 Gunhild Lütge: Jeder jagt jeden, in: Die Zeit, 16.3.1990.
144 Vgl. Kemper (2001), S. 229–247.

2.9. Trennung vom Computergeschäft

Wettbewerb notwendig gewordene – kritische Masse erreicht worden, um aus eigener Kraft Neuentwicklungen anzustoßen und zu finanzieren. Außerdem wäre die harte Konkurrenz beider Anbieter beendet worden und für Kienzle eine bessere Präsenz auf den internationalen Märkten möglich geworden. Hier war Nixdorf schon seit Anfang der 70er Jahre deutlich besser positioniert als die Konkurrenten aus dem Schwarzwald.[145]

Mancher in Villingen mag schon vom großen deutschen Computerkonzern geträumt haben. Erinnerungen an die 60er Jahre und die Anfangsjahre der Mittleren Datentechnik wurden wach. Damals hatte man über längere Zeit und letztlich ergebnislos verschiedene Modelle der Kooperation zwischen dem Büromaschinenhersteller aus Villingen und Nixdorfs kleinem aber sehr innovativen Labor für Impulstechnik in Paderborn erörtert. Im Umfeld der Hannover-Messe 1989 wurden auch entsprechende Gerüchte über einen Einstieg Mannesmanns bei Nixdorf in der Presse laut, die aber von der Mannesmann-Zentrale umgehend dementiert wurden.[146]

Zum Zug kam letztlich nicht Mannesmann sondern die Siemens AG. Gegen Ende 1989 vereinbarte man zwischen München und Paderborn, dass der Siemens-Konzern zum Kaufpreis von einer knappen halben Milliarde Mark bei Nixdorf einstieg und seinen Unternehmensbereich Informationstechnik einbrachte. Somit hielt Siemens an der neuen Firma Siemens-Nixdorf Informationssysteme AG 75 Prozent der Anteile.[147]

Noch bevor die Entscheidung für Siemens feststand, war in Villingen Szyperski ausgeschieden und Dr.-Ing. Roland Mecklinger zum neuen Vorsitzenden der Geschäftsführung ernannt worden. Mecklinger war Jahrgang 1937, er hatte in Stuttgart ein Studium der Elektrotechnik absolviert und mit Promotion abgeschlossen. Zwischen 1972 und 1986 war er im Stuttgarter Kommunikationskonzern SEL tätig; in den 80er Jahren war er im Vorstand für Nachrichtentechnik zuständig. Nach einem dreijährigen Intermezzo als stellvertretender Vorsitzender der Messerschmidt-Bölkow-Blohm GmbH (MBB) berief ihn der Mannesmann-Vorstand zum 1. November 1989 zum Vorsitzenden der Geschäftsführung bei Mannesmann Kienzle.[148] Zu diesem Zeitpunkt hoffte Mecklinger, mit dieser Berufung bald dem führenden deutschen Computerkonzern Kienzle-Nixdorf vorzustehen. Als der Zuschlag aber an Siemens ging, musste er seine Rolle an der Spitze der Villinger Mannesmann-Tochter neu überdenken.

Dass das Computergeschäft auch in der Mannesmann-Konzernspitze um Vorstandschef Werner H. Dieter keine Priorität mehr genoss, lag auch daran, dass ein Konsortium unter Mannesmann-Führung 1989 den Zuschlag für den Aufbau des ersten privaten Mobilfunknetzes D2 bekommen hatte. Das strategische Wachstumsziel für Mannesmann wurde nun im Bereich Telekommunikation und nicht mehr in

---

145 Zu diesen Überlegungen vgl. Manfred Fischer u.a.: Das Dieter-Prinzip, in: Wirtschaftswoche, 15.12.1990.
146 Artikel „Kein Gespräch mit Nixdorf", in: Main-Echo, 8.4.1989.
147 Horst Buchwald u.a.: Vom Duell zum Duett, in: Wirtschaftswoche 19.1.1990.
148 Zur Biografie vgl. den Eintrag „Roland Mecklinger", in: Munzinger. Internationales Biographisches Archiv 04/1998 vom 12. Januar 1998.

der Computerindustrie gesehen. Für Kienzle war diese Neuorientierung nicht frei von Ironie, hatte man in Villingen doch einen nicht unerheblichen Anteil am Erfolg in der D2-Ausschreibung. Deren Geschichte wird im sechsten Kapitel skizziert.

1990 sollte ein langes Jahr der Ungewissheit um die Zukunft des Kienzle-Computerbereichs werden. Erste Gerüchte über ein Interesse des französischen Computerherstellers Bull machten schon im Februar die Runde. Bull hatte offenbar ebenfalls beim Nixdorf-Verkauf mit geboten und war nun auch an der kleineren Alternative Kienzle interessiert.[149] Vor der Sommerpause 1990 kamen weitere Presseberichte über ein Zusammengehen mit Olivetti und Philips hinzu. Der Name Bull wurde in dieser Phase aber weiter als Favorit gehandelt.[150] Auch wenn Mannesmann-Chef Dieter offen über einen möglichen Verkauf redete, wurden in Villingen alle Berichte über eine Aufteilung des Unternehmens in die Automobil- und Computergeschäftsbereiche als „reine Spekulation" dementiert.[151]

Währenddessen entwickelte sich die Situation für Mannesmann Kienzle nicht zum Besten. Absatzprobleme im Computerbereich veranlassten die Geschäftsführung, zeitweise 900 Mitarbeiter in Kurzarbeit zu schicken.[152] Außerdem war das Management in Bewegung geraten. Gleich mehrere Geschäftsführer orientierten sich weg von Villingen. Zunächst war der für das Autogeschäft zuständige Peter Mihatsch nach der erfolgreichen Mobilfunk-Bewerbung nach Düsseldorf gewechselt. Dann wurde bekannt, dass auch Geschäftsführer Gerd Stahl, der für den Computervertrieb zuständig war, nicht mit Mecklinger harmonierte und deshalb das Unternehmen verließ. Schließlich wurde auch die Position des für die Computerentwicklung verantwortlichen Geschäftsführers zur Disposition gestellt. Georg Färber kehrte auf seinen Lehrstuhl an der TU München zurück. Die Entwicklungsaufgaben wurden an Jürgen Habermaier übertragen, den bisherigen Entwicklungsleiter von PCS München.[153]

Nach Ende der Sommerpause 1990 wurde vom Nachrichtenmagazin „Der Spiegel" neues Öl ins Feuer gegossen. In einem Septemberheft wurde über Mannesmanns Verkaufsabsichten berichtet und eine Reihe neuer Namen mit ins Spiel gebracht. Neben dem amerikanischen Nachrichtenkonzern AT&T, der britischen ICL, der japanischen Fujitsu Ltd. wäre auch der Name der Siemens AG in der Diskussion, wollte das Nachrichtenmagazin wissen.[154] Daraufhin war die Geschichte selbst der BILD-Zeitung eine Schlagzeile wert. Zugespitzt formulierte die Boulevard-Zeitung: „Villingen: Wird Kienzle verkauft? 4000 bangen jetzt um ihren Job"[155], und gab damit der Sorge der Kienzle-Mitarbeiter und ihrer Angehörigen neue Nahrung. Die

---

149 Hubert Hirschwil, Bruno Seifert: Pläne durchkreuzt, in: Wirtschaftswoche, 23.2.1990.
150 Artikel „Mannesmann Kienzle: Noch keine Weichenstellungen", in: Badische Zeitung, 20.6.1990; Artikel „Mannesmann Kienzle: Villinger Salamitaktik", in: Manager Magazin, Juli 1990.
151 Artikel „Alles nur reine Spekulation", in: Südkurier, 27.6.1990.
152 Vgl. Artikel „Mannesmann Kienzle muß Kurzarbeit einführen", in: Badische Zeitung, 21.6.1990.
153 Artikel „Mannesmann Kienzle: Hinter den Bergen", in: Manager Magazin, Mai 1990.
154 Artikel „Mannesmann-Konzern sucht Computer-Käufer", in: Der Spiegel, 24.9.1990.
155 Dietmar Hönninger: Villingen: Wird Kienzle verkauft? 4000 bangen jetzt um ihren Job, in: BILD, 24.9.1990.

2.9. Trennung vom Computergeschäft

Unix-basierte Workstations Kienzle 2700 und 2800.

Regionalzeitung Südkurier wollte zu diesem Zeitpunkt auch erfahren haben, dass die organisatorische Auftrennung der beiden Geschäftsbereiche schon voll im Gang wäre.[156]

Im Oktober schien alles auf den japanischen Interessenten Fujitsu zuzulaufen. Das Branchenblatt „HighTech" meldete, dass die entsprechenden Verträge schon „unterschriftsreif" wären. Erst wenige Wochen zuvor hatte Fujitsu mit der Übernahme des britischen Rechnerproduzenten ICL ein starkes Interesse am europäischen Markt bekannt gegeben. Das Computergeschäft von Kienzle war hierzu eine passende Ergänzung auf dem Kontinent. Fujitsu war nach dem Erwerb von ICL der zweitgrößte Computerhersteller der Welt. Das Unternehmen hatte 115.000 Beschäftigte und erzielte einen Jahresumsatz von knapp 38 Mrd. Mark. Der Jahresgewinn des Unternehmens lag bei 2,5 Mrd. Mark, das war ungefähr die Summe des ICL-Kaufs.[157] Im Unterschied zu anderen japanischen Anbietern mangelte es Fujitsu an einem eigenen Vertriebsnetz in Europa, so dass man gerne die Produkte und den Kundenstamm der MDT-Produzenten aus Villingen nutzen wollte.[158] Das deutsche Standbein schien auch deshalb attraktiv, weil mittlerweile der Eiserne Vorhang gefallen war und viele das sich abzeichnende Geschäft in Mittel- und Osteuropa vor

---

156 Friedhelm Schulz: Steigt Mannesmann-Kienzle bei Computern aus?, in: Südkurier: 24.9.1990.
157 Franz Dannecker: Kienzle: Würfel scheinen jetzt gefallen zu sein, in: Badische Zeitung, 9.11.1990.
158 Artikel „Kommunikationsindustrie: Fujitsu greift nach Kienzle", in: HighTech, Oktober 1990.

Augen hatten. Ein starker deutscher Standort würde die Erschließung der neuen Märkte erleichtern.

Die Fujitsu-Entscheidung schien im November nach weiteren Berichten im Spiegel und in überregionalen Tageszeitungen immer wahrscheinlicher zu werden. Die Berichte waren auch keineswegs haltlos, tatsächlich waren die Verhandlungen schon ziemlich weit gediehen. Kienzle-Chef Mecklingers Hoffnung war, für die Kienzle-Computer einen guten Preis zu erzielen und sich so für einen attraktiven Führungsposten beim Mannesmann-Unternehmen Fichtel & Sachs zu empfehlen – so wurde jedenfalls in der Presse spekuliert. Bei dem Schweinfurter Autozulieferer würde Mitte 1991 die Position des Vorstandsvorsitzenden frei werden.[159]

Erst in dieser Schlussphase schaltete sich die Mannesmann-Zentrale direkt in die Verhandlungen ein. Vorstandschef Dieter gab den Wert der Kienzle Datensysteme mit rund 600 Mio. Mark an und strebte eine weiter bestehende Beteiligung Mannesmanns am zukünftigen Kienzle-Computerunternehmen an. Die endgültige Entscheidung wurde am 19. Dezember 1990 nach einer Aufsichtsratssitzung der Mannesmann AG auf einer Pressekonferenz in Düsseldorf bekannt gegeben. Das Ergebnis war für die meisten Beobachter mehr als überraschend. Nicht Fujitsu sondern der zweitgrößte US-Computerhersteller DEC wurde als Partner für das Kienzle-Computergeschäft vorgestellt. Unbemerkt von der Öffentlichkeit waren vom Mannesmann-Vorstand parallel zu den Gesprächen mit Fujitsu auch Verhandlungen mit dem amerikanischen Unternehmen geführt worden. Entscheidend waren offenbar Überlegungen in Richtung einer gemeinsamen amerikanisch-europäischen „Abwehrfront" gegen das weitere Vordringen der japanischen Computerindustrie. Dieses Projekt überzeugte schließlich die Mannesmann-Spitze in Düsseldorf wie die Villinger Geschäftsführung um Mecklinger und erleichterte den Vertragsabschluss.[160]

Die Digital Equipment Corporation (DEC) mit Sitz in Maynard im US-Bundesstaat Massachusetts war ein Pionierunternehmen der Computerbranche in der zweiten Generation, das eng mit Forschungsinstituten am renommierten MIT verbunden war. Unter der Führung des Gründers Kenneth H. Olson war DEC in den 60er Jahren mit der Konstruktion von Minicomputern groß geworden und hatte in den 80er Jahren, im Zeitalter der Workstations, den Höhepunkt der Unternehmensentwicklung erreicht. Zum Zeitpunkt des Kienzle-Kaufs war man mit einem Weltumsatz von knapp 13 Mrd. Dollar und 120.000 Mitarbeitern hinter IBM der zeitgrößte Computerkonzern der USA.[161] In der Bundesrepublik war DEC bislang mit zwei Unternehmen präsent. Zum einen gab es die Digital Equipment International GmbH in Kaufbeuren mit 650 Mitarbeitern, das das europäische Technologie- und Fertigungszentrum des Konzerns für hochwertige Datenspeicher- und Datenbank-

---

159 Artikel „Mecklinger bald Chef bei Fichtel & Sachs", in: Industriemagazin 12/1990.
160 Vgl. Artikel „Mannesmann Kienzle: Macht jetzt DEC das Rennen?", in: Handelsblatt, 19.12.1990; Ulf J. Froitzheim: Wir haben das Go-Spiel gelernt (Interview mit Jörg Rieder), in: HighTech, März 1991.
161 Zur DEC-Geschichte vgl. Ceruzzi (1999), S. 127–141; Edgar H. Schein: DEC is dead, long live DEC. The Lasting Legacy of Digital Equipment Corporation, San Franciso 2003.

systeme darstellte. Zum anderen besaß man in München die Digital Equipment GmbH, die seit 1963 als DEC-Vertriebstochter arbeitete und etwa 4.500 Mitarbeiter beschäftigte.[162]

Die Vereinbarung zwischen DEC und Mannesmann sah vor, dass zum 1. Januar 1991 ein neues Unternehmen mit dem Namen Digital-Kienzle GmbH & Co. KG gegründet wurde und Mannesmann-Kienzle sein komplettes Computergeschäft sowie die Firmen PCS, Procad und Kienzle Miete GmbH, das Schulungszentrum in Donaueschingen sowie Vertriebs- und Serviceunternehmen in verschiedenen europäischen Ländern einbrachte. 65 Prozent der Anteile sollten von DEC und 35 Prozent der Anteile von Mannesmann gehalten werden. Der Gesamtwert der neuen Firma wurde mit 525 Mio. Mark angegeben und lag damit knapp unter Dieters Ansatz. Der Kaufpreis lag für die DEC-Anteile damit bei rund 340 Mio. Mark. Das Stammkapital der KG lag bei 40 Mio. Mark. Das neue Unternehmen Digital-Kienzle startete mit einem Umatzvolumen von etwa einer Milliarde Mark und 2.500 Mitarbeitern in der Kernfirma bzw. knapp 4.000 unter Einbeziehung der angeschlossenen Firmen und Vertriebsgesellschaften. DEC sicherte sich eine Vorkaufsoption für die bei Mannesmann verbliebenen Anteile und bekam vertraglich die operative Führung im Unternehmen zugesichert. Alle Geschäftsführer wurden von DEC-Seite benannt und vier der sechs Gesellschaftervertreter im Aufsichtsrat sollten ebenfalls von DEC kommen.[163]

2.10. Die kurze Geschichte der Digital-Kienzle

Als der Verkauf im Februar 1991 von der europäischen Kartellbehörde genehmigt worden war[164], wurde die Unternehmensführung eingesetzt. Vorsitzender der Geschäftsführung von Digital-Kienzle wurde der 50jährige Diplomingenieur Hans Wolfgang Dirkmann. Dirkmann kam von DEC und hatte seit 1972 auf verschiedenen Managementpositionen in USA und Deutschland gearbeitet. Zuletzt war er Vizepräsident der DEC-Europazentrale in Genf gewesen. Von Mannesmann Kienzle-Seite war eigentlich Hanns-Joachim Erhardt für diese Position favorisiert worden. Erhardt hatte seit 1968 für Kienzle Datensysteme gearbeitet, zunächst als Programmierer, dann als Dozent der Kienzle-Fachschule für Datenverarbeitung sowie Vertriebsleiter in verschiedenen Niederlassungen. Nach dem Abgang von Geschäftsführer Stahl war er im September 1990 zum Vertriebsdirektor der Kienzle Datensysteme ernannt worden. Nun war er bei Digital-Kienzle hinter Dirkmann als Geschäftsführer für die Bereiche Marketing und Vertrieb zuständig.[165]

---

162 Artikel „DEC – ein Riese mit ersten Blessuren", in: Börsen-Zeitung, 20.12.1990.
163 Grundsatzvereinbarung DEC und Mannesmann AG/Mannesmann Kienzle GmbH über Gründung Digital-Kienzle, 19.12.1990, in: Privatarchiv Zieglwalner.
164 Vgl. Regulation (EEC) No 4064/89, Merger Procedure, Case No IV/M.057 Digital/ Kienzle, 22.2.1991.
165 Vgl. Namen und Notizen, in: Südkurier, 5.9.1990; Chef kommt direkt vom neuen Hausherren, in: Südkurier, 7.3.1991.

Geschäftsführer Dr.-Ing. Roland Mecklinger, Wolfgang Dirkmann und Hanns-Joachim Erhardt.

Im unternehmerischen Bereich versprachen sich beide Seiten mit der neuen Firma Synergieeffekte im Wettbewerb auf dem Computermarkt. DEC war bislang hauptsächlich auf Großkunden im Bereich Fertigung, Wissenschaft und Forschung konzentriert gewesen, während das Kienzle-Computergeschäft traditionell auf die mittelständische Wirtschaft, Banken und Öffentliche Verwaltungen ausgerichtet war.[166] Hinzu kam, dass DEC sein Europageschäft im Herbst 1991 mit dem Zukauf einiger Computerabteilungen aus dem Philips-Konzern komplettierte. DEC übernahm das Geschäft mit mittelgroßen Anlagen, während Philips das PC-Geschäft selbst weiterführte.[167] Gegenüber der Presse betonte Jörg Rieder, Chef der deutschen DEC-Tochter, aber auch, dass DEC es bislang abgelehnt hatte, über Fusionen und Zukäufe am Markt voran zu kommen: „So etwas kann nur gut gehen, wenn sich die Unternehmenskulturen nicht allzu sehr unterscheiden und wenn es sich auch nicht um direkte Konkurrenz handelt, die über Jahre hinweg gegenseitige Feindbilder aufgebaut hat, sondern um Unternehmen, die sich im Produkt- und Marktumfeld ergänzen. Eine Mixtur gegensätzlicher Firmenkulturen führt fast zwangsläufig zum Tod eines Mergers."[168] Mit dieser skeptischen Grundhaltung gegenüber einem längerfristigen Erfolg von Fusionen sollte Rieder leider auch im konkreten Fall der Digital-Kienzle Recht behalten. Das Villinger Unternehmen sollte schon bald spüren, was es hieß, nur ein peripherer Spielball im strategischen Geschäft eines internationalen Großkonzerns zu sein.

Mannesmann zog sich relativ schnell aus der Digital-Kienzle zurück. Schon im Januar 1992 wurde öffentlich, dass DEC alle Anteile an Digital-Kienzle übernommen hat.[169] Der Wunsch für den Ausstieg war von DEC gekommen, das bei der weiteren

---

166 Vgl. Walter Ludsteck: Mit Kienzle den Fuß in den Mittelstand, in: Süddeutsche Zeitung, 13.3.1991.
167 Vgl. Jens Eckhardt: Kampf um die beste Position in Europa, in: Handelsblatt, 25.7.1991; Ingo Nowak: Vor allem die Größe zählt, in: Stuttgarter Zeitung, 26.7.1991; Artikel „Digital übernimmt endgültig Philips-Informationssysteme", in: Die Welt, 12.11.1991.
168 Ulf J. Froitzheim: Wir haben das Go-Spiel gelernt (Interview mit Jörg Rieder), in: HighTech, März 1991.
169 Artikel „Digital Equipment übernimmt Kienzle ganz", in: FAZ, 21.1.1992.

Entwicklung des Unternehmens freie Hand haben wollte.[170] Insofern war der Kienzle-Computerbereich jetzt vollständig auf den US-Mutterkonzern angewiesen. Gerade dieser geriet aber ab 1990/91 in eine tiefe unternehmerische Krise und musste über mehrere Jahre hin Verluste in Milliardenhöhe verkraften. Der DEC-Aufsichtsrat zog 1992 die Notbremse, setzte den Vorstandsvorsitzenden und Gründer Olsen ab und berief Robert Palmer als Nachfolger. Palmer verordnete dem Konzern mehrere Restrukturierungsprogramme, die insbesondere den Abbau und Verkauf von Abteilungen und Bereichen außerhalb des Kerngeschäfts vorsahen. Davon waren auch die deutschen Tochterunternehmen betroffen. Beschäftigte DEC im Februar 1992 in Deutschland noch insgesamt 7.600 Mitarbeiter, sollten es im Juli 1994 noch 4.500 und Ende 1994 sogar nur noch 2.000 sein. Schon im Verlauf des Jahres 1993 wurde immer deutlicher, dass DEC kein Interesse mehr an eigenständigen deutschen Produktionsstandorten hatte. Der gesamte Vertrieb sollte sich auf die neuen DEC-Alpha-Plattformen konzentrieren. Diese Strategie musste über kurz oder lang zur Schließung der inländischen Entwicklungs- und Fertigungsstandorte führen. Das Ende für die Produktionsstätte in Kaufbeuren wurde im September 1993 bekannt gegeben.[171] Ein ähnliches Schicksal war für Villingen absehbar.

Dramatische Appelle der Gewerkschaftsvertreter und regionaler Vertreter aus Politik und Gesellschaft, die das „Ausbluten des Industriestandorts" beklagten, verhallten ungehört. Die Interessen des Villinger Standorts galten innerhalb des DEC-Managements nicht mehr viel. Das zeigte sich auch, als im Mai 1993 der mittlerweile zum Vorstandsvorsitzenden aufgestiegene Hanns-Joachim Ehrhardt wieder von Dirkmann abgelöst wurde. Dirkmann war zwischenzeitlich zum DEC-Deutschland-Chef aufgestiegen und leitete nun auch Digital-Kienzle in Personalunion.[172] Im Sommer 1994 standen nur noch 600 Beschäftigte auf den Lohn- und Gehaltslisten der Digital-Kienzle, im Spätsommer verkaufte DEC den Mittelstandsbereich Öffentliche Verwaltung an die Münchner Firma Alldata GmbH und besiegelte damit endgültig das Schicksal des Standorts Villingen.[173]

Ein letzter Hoffnungsschimmer für die deutschen DEC-Mitarbeiter zeichnete sich im Oktober 1994 ab, als sich 1.500 Beschäftigte dazu entschlossen, ihre Abfindungen in einer Gesamthöhe von 180 Mio. Mark in eine gemeinsame Mitarbeitergesellschaft einzubringen. Darunter befanden sich auch etwa 500 Mitarbeiter der Digital-Kienzle. Das Modell hierfür wurde von Betriebsrat, IG Metall und der deutschen DEC-Geschäftsführung ausgehandelt.[174] Arbeitsgebiete der neuen Gesellschaft

---

170 Dem Wunsch wurde von Mannesmann Kienzle zugestimmt. Bis zu diesem Zeitpunkt war das Unternehmen mit der Entwicklung bei Digital-Kienzle zufrieden, vgl. Protokoll Aufsichtsratssitzung Mannesmann Kienzle GmbH, 15.11.1991, in: Archiv Betriebsrat VS, Ordner Aufsichtsrat 1991–1992.
171 Christina Nack: Bei Digital Kienzle wird Belegschaft reduziert, in: Badische Zeitung 21.9.1993; Artikel „Digital-Kienzle: Der Anfang vom Ende", in: Südwest Presse, 21.9.1993.
172 Vgl. Dietmar Schindler: Digital-Kienzle steht auf der Kippe, in: Schwarzwälder Bote, 21.9.1993; Frank Volk: Was bleibt übrig von Digital-Kienzle?, in: Südkurier, 21.9.1993.
173 Artikel „Ist DEC das Opfer einer strukturellen Krise?", in: Computerwoche, 7.10.1994.
174 Vgl. Jobs für 1500 Digital-Beschäftigte noch gesichert. Neues Modell soll Mitarbeiter vor Arbeitslosigkeit bewahren, in: Computerwoche, 28.10.1994; Mitarbeitergesellschaft nutzt Firmen-

sollten der Direktvertrieb von DEC-Produkten, das Angebot der ehemaligen Kienzle-Software zur Bilanzbuchhaltung, Schulungen und Hardware-Anpassungen sein. Das Unternehmen trug den Namen DITEC Informationstechnologie GmbH & Co. KG und nutzte hierfür die rechtliche Hülle der Digital-Kienzle. Die Abkürzung DITEC stand für „Deutsche Informationstechnologie". Bis 1996 sollte die Mitarbeitergesellschaft die Gewinnzone erreichen. Drei Viertel des Umsatzes sollte dabei mit Software erzielt werden. Zwischenzeitlich wurde die Mitarbeitergesellschaft DITEC von der Fachpresse als vorbildliches Unternehmensmodell gelobt. In ihr wäre das Gegeneinander von Arbeitnehmer und Arbeitgeber aufgehoben, die DITEC-Mitarbeiter wären selbst zu Eigentümern und Kapitalisten aufgestiegen.[175]

Die ehrgeizigen Pläne sollten aber nicht in Erfüllung gehen. Das Geschäftsjahr 1996/97 schloss bei einem Umsatz von 140 Mio. Mark mit einem Verlust von 7,8 Mio. Mark ab.[176] Von den Beschäftigten waren schon 1996 über 100 entlassen und weitere 260 durch Ausgründungen in anderen Unternehmen überführt worden. Insgesamt stand die Entwicklung der DITEC unter keinem günstigen Vorzeichen. Letztlich konnte der Niedergang des Unternehmens nur verzögert aber nicht aufgehalten werden. Weitere Ausgründungen und Teilverkäufe folgten und 2001 mussten die übrig gebliebenen Teile der DITEC endgültig Insolvenz anmelden.[177] Zu diesem Zeitpunkt war die Belegschaft auf einen Stamm von 155 Personen zusammengeschrumpft.

Damit war eine 50 Jahre dauernde Geschichte von Büromaschinen und Computern aus Villingen an ihr Ende gekommen. Der letzte Betriebsratsvorsitzende der DITEC, Siegfried Schwarz, relativierte diesen Niedergang insoweit, dass er auf die Firmengründungen und zahlreichen Arbeitsplätze in anderen Bereichen und Orten verwies. Damit wären ein großer Teil der ehemaligen Mitarbeiter weiter in Lohn und Brot geblieben.[178]

Der ehemalige Mutterkonzern DEC hatte schon 1998 die Segel streichen müssen. Trotz mehrerer Entlassungsschübe und dem Verkauf von Abteilungen und Unternehmensteilen hatte man nach der Krise keinen nachhaltigen Neuanfang mehr geschafft. Die Datenbanksparte wurde an den Softwarekonzern Oracle verkauft, die Prozessor-Sparte an Intel und die Netzwerkabteilung an Cabletron Systems. Das Kernunternehmen DEC mit seinen letztlich „nur noch" 54.000 Mitarbeitern wurde an das Unternehmen Compaq verkauft.[179] Damit war es damals immer noch die größte Firmenübernahme der Computergeschichte mit einem Wert von 10 Mrd. US-Dollar. Diese wurde wiederum 2001 bei der Übernahme von Compaq durch HP übertroffen. Compaq wurde für einen Wert von 25 Mrd. US-Dollar verkauft.

---

mantel von Digital-Kienzle. Digital-Tochter DITEC soll von Altkunden profitieren, in: Computerwoche, 16.12.1994.
175 Vgl. Reinhold Böhmer: Kraft des Marktes, in: Wirtschaftswoche, 5.12.1996.
176 DITEC peilt die schwarze Null an, in: Computerwoche 5.12.1997; DITEC erwartet 1997/98 Gewinn, in: Computerwoche 1.5.1998.
177 DITEC stellt vor dem Amtsgericht München Insolvenzantrag, in: Computerwoche, 27.3.2001.
178 Eberhard Stadler: „Ein Großteil der Arbeitsplätze existiert noch", in: Südkurier, 18.11.2000.
179 Artikel „Für die Übernahme gesundgeschrumpft", in: Computerwoche, 30.1.1998.

3. DIE GOLDENEN JAHRE

3.1. Feinmechanik in höchster Präzision

Mit dem Ende der Notmaßnahmen in den Besatzungszonen, dem voranschreitenden Wiederaufbau und einer Konsolidierung der wirtschaftlichen Situation in der jungen Bundesrepublik Deutschland setzte auch für Kienzle Apparate die Wende zum Besseren ein. Neben der Übergangsproduktion von Gebrauchsgegenständen des Alltags und Krafthebern für Landmaschinen hatte man wieder mit der Fertigung des angestammten Apparateprogramms begonnen. Zunächst wurden wieder Fahrtschreiber, Betriebsdatenüberwachungsgeräte wie Autografen oder Arbeitsschauuhren, Synchronmotoren, eichfähige Kilometerzähler, Unterdruckmesser und auch Taxameter verkauft. Aufträge aus Indien, Australien, Nordamerika, Argentinien, England und der Schweiz erreichten das Unternehmen und signalisierten den wiedererwachten Bedarf des Auslands. Der Zweite Weltkrieg und die seit der Weltwirtschaftskrise gestörten Handelsbeziehungen hatten dafür gesorgt, dass die Exportmärkte enorm aufnahmefähig waren für Kienzle-Produkte.[1]

Parallel dazu hatte Kienzle mit der Suche nach neuen Geschäftsfeldern begonnen. Diese fand das Unternehmen einerseits in einer weiteren Ausdifferenzierung des Apparate-Angebots und andererseits im Einstieg in die Konstruktion und den Vertrieb von Büromaschinen. Die Geschichte der Kienzle-Büromaschine wurde schon erzählt, so dass wir uns nun dem Apparate-Bereich und dessen Entwicklung in den Goldenen Jahren bis zum Verkauf an die Mannesmann AG zuwenden können.

Durch die neu eröffneten Exportmöglichten rückte mit dem Taxameter wieder das ursprüngliche Kienzle-Produkt in den Fokus der Weiterentwicklung. Während des Krieges hatte das Geschäft weitgehend darnieder gelegen. Aber schon in den Besatzungsjahren gelang es dem Unternehmen, die alten Geschäftsbeziehungen zu reaktivieren, so dass die Taxameterproduktion wieder angefahren wurde. Zunächst musste man im Auftrag der französischen Besatzungsbehörden eine größere Anzahl an Geräten für eine französische Konkurrenzfirma fertigen, aber ab 1947 wurden auch wieder Kienzle-Argo-Taxameter für den eigenen Verkauf gebaut. Dank der guten Kontakte zum britischen Vertriebspartner, dem Unternehmen Geecen Ltd. und dessen Geschäftsführer John E.T. Welland, und dank dessen Einsatz bei den Besatzungsbehörden konnte zunächst eine kleinere Stückzahl des älteren Erfolgsmodells Argo T 4 nach England geliefert werden. Dem folgten 1947 die Wiederaufnahme der Serienproduktion und die Lieferung von Geräten des

---

1   Vgl. Entwicklung der Firma Kienzle Apparate GmbH Villingen/Schwarzwald, Manuskript o.D. (ca. 1947/48), in: StA VS, Kienzle Apparate, 1098.

Der Taxameter Argo T 12 wurde erstmals 1957 verkauft.

modernsten Modells T 8. Dieses war seit Mitte der 30er Jahre serienreif entwickelt worden.[2]

Das Modell T 8 erlebte aber erst in der anbrechenden Nachkriegszeit seinen eigentlichen Boom und wurde vom Unternehmen in dieser Zeit gegenüber der Vorkriegsversion weiter verbessert. Insbesondere die in Großbritannien geltenden strengeren Eichvorschriften führten dazu, dass die Präzision weiter gesteigert werden musste. Während in Deutschland die Physikalisch-Technische Bundesanstalt eine Fehlertoleranz von +/- 3 Prozent zuließ, erlaubte die britische Eichbehörde nur eine Toleranz von - 2 Prozent. Das bedeutete, dass die Anzeige der Apparate bei einer tatsächlichen Strecke von 1.000 Metern Länge nach den britischen Eichvorschriften nur zwischen 980 und 1.000 Metern liegen durfte. In Deutschland waren hingegen Anzeigen zwischen 970 und 1030 Metern erlaubt. Das entsprach einem Toleranzbereich von 60 Metern in Deutschland gegenüber nur 20 Metern in Großbritannien.[3]

Im Jahr 1948 konnte Kienzle immerhin schon 1.000 Geräte des T 8 produzieren und im Folgejahr waren es 3.350 Stück, wovon über die Hälfte in die Exportmärkte ging. 1949 waren England und Frankreich die wichtigsten Abnehmerländer, sie machten allein 80 Prozent der Auslandsbestellungen aus. Die übrigen 20 Prozent gingen in die Türkei und nach Indien.[4] 1950 war der Nachholbedarf in diesen Ländern weitgehend befriedigt. An ihre Stelle traten v.a. mit Polen und Ungarn neue

---

2   Vgl. Frage und Antwort rund um den Taxameter (Interview mit Wilhelm Münzer), in: Kienzle Blätter 1/1961, S. 18f.
3   Vgl. Jochen Kienzle: Besuch in England, in: Kienzle Blätter 1/1953, S. 11f.
4   Vgl. Agricola (1952), S. 21.

Abnehmerländer in Mittelosteuropa und auch nach Übersee konnte der Export verstärkt werden. So erhielt Kienzle 1949/50 einen Großauftrag aus Santiago de Chile und konnte hier allein 1.000 Geräte absetzen. 1951 deckte der Übersemarkt dann etwa 75 Prozent des gesamten Taxameterexports ab, denn die osteuropäischen Länder fielen durch den dichter werdenden Eisernen Vorhang und die damit verbundenen Handelsbeschränkungen wieder weg. Insgesamt fertigte das Unternehmen 1950 2.750 Taxameter und 1951 waren es 3.600 Geräte. Der Exportanteil an der Gesamtproduktion stieg auf über 80 Prozent an und der Exportumsatz überstieg die Marke von 1 Million Mark.

In dieser Zeit existierten etwa 25 Wettbewerber auf den internationalen Märkten. Dabei kamen die größten Konkurrenten zu den Kienzle-Argo-Modellen aus den USA, aus Frankreich und aus Schweden. Besonders schwer hatte es Kienzle auf dem US-amerikanischen Markt. Hier existierten sehr hohe Zollmauern, die verhinderten, dass Kienzle seine Taxameter zu ähnlichen Preisen wie beispielsweise die führende US-Firma Ohmer New York anbieten konnte. Da die Industrielöhne damals in den USA deutlich höher lagen und die feinmechanischen Taxameter sehr lohnintensive Produkte darstellten, hätte Kienzle hier durchaus günstiger anbieten können.[5] Im Inland stand Kienzle Apparate seit dem Ausscheiden des Wettbewerbers Westendarp & Pieper in den 30er Jahren als Monopolist da und konnte deshalb auch deutlich höhere Verkaufspreise als auf den internationalen Wettbewerbsmärkten erzielen. In der Bundesrepublik lag der Preis für ein Gerät des Modells T 8 Anfang der 50er Jahre bei knapp 600 Mark, während mit dem gleichen Gerät im Ausland durchschnittlich nur 350 bis 370 Mark erzielt wurden.

Schon der T 8 stellte gegenüber seinen Vorgängern aus den ersten Jahrzehnten eine enorme technische Weiterentwicklung dar. Das Gerät selbst war in Bezug auf seine Präzision, seine Zuverlässigkeit und die Vielfalt der Funktionen immer weiter verbessert worden. In der Fertigung hatte man den Übergang von einer handwerklichen Praxis der 20er Jahre zu einem industriell-arbeitsteiligen Verfahren bewältigt. Doch die Möglichkeiten der Feinmechanik waren immer noch nicht ausgereizt. Anfang der 50er Jahre beauftragte Dr. Kienzle den Ingenieur Wilhelm Haupt mit der Konstruktion eines neuen Taxametermodells, dem späteren T 12. Haupt arbeitete seit 1949 für das Unternehmen. Aufgrund seiner Lehre an der Feintechnikschule in Schwenningen, seinem weiteren Ausbildung an der Ingenieurschule Konstanz sowie seiner beruflichen Praxis bei Bosch und der Deutschen Versuchsanstalt für Luftfahrt brachte Haupt umfangreiche Erfahrungen aus den Anwendungsgebieten der Feinmechanik mit nach Villingen. Er war der geeignete Mann, um eine neue, letzte Generation des mechanischen Kienzle-Taxameters zu entwickeln.[6] Bevor er von der Geschäftsführung auf den T 12 angesetzt wurde, war er im Unternehmen zunächst mit Verbesserungen im Aufbau des T 8, am Rekorder und an den aktuellen Fahrtschreibermodellen beschäftigt gewesen.[7] Haupt

---

5 Agricola (1952), S. 23; Zum Großauftrag nach Santiago de Chile vgl. o.A.: Auf den Märkten der Welt (Interview mit Alfred Jauch), in: Kienzle Blätter 3/1966, S. 10–13.
6 Vgl. Herbert Kienzle: W. Haupt im Ruhestand, in: Kienzle Blätter 3/1978, S. 14f.
7 Die Modelle T 10 und 11 waren nur bis zum Stadium der Versuchsmuster entwickelt worden.

war von Dr. Kienzle bewusst in Konkurrenz zur bestehenden Abteilung Taxameterkonstruktion unter der damaligen Leitung von Leo Kern und Karl Meer eingesetzt worden. Neben Haupt war an der Neukonstruktion v.a. der junge Techniker Heinz Kelch beteiligt gewesen.

Der Aufwand war für alle Abteilungen beträchtlich. Bei ersten Testserien kamen erhebliche Mängel zum Vorschein, die in der Fertigung Schritt um Schritt nachgebessert werden mussten. Insgesamt bestand das neue Modell aus 1.500 verschiedenen Einzelteilen, die während der kritischen Einführungsphase fast alle optimiert werden mussten.[8]

Mit dem T 12 konnten aber letztlich gleich mehrere Forderungen aus dem Taxigewerbe erfüllt werden. Zum einen wurde der Wunsch nach einem wesentlich verkleinerten Gerät erfüllt. Der T 12 hatte eine Höhe von nur noch 87 mm, eine Breite von 118 mm und eine Tiefe von 118 mm und konnte damit in alle Fächer eines üblichen Armaturenbretts eingebaut werden. Der Taxameter passte nun ins Handschuhfach oder auch ins Radioabteil. Sein Gesamtgewicht lag nur noch bei knapp 2,5 kg. Damit stellte er alle seinerzeit auf dem Markt befindlichen Konkurrenzmodelle in den Schatten. Drittens war der T 12 mit einem elektrischen und nicht mehr mit einem mechanischen Uhrwerk ausgestattet. Bei allen Vorgängermodellen war noch das Aufziehen der Geräte per Hand notwendig gewesen. Dieser Vorgang entfiel nun. Viertens war es ein sehr flexibles Modell. Der Apparat konnte je nach Wunsch von drei auf vier Taxen umgestellt und damit auf die in den jeweiligen Einsatzländern geltenden Zulassungs- und Tarifbestimmungen angepasst werden. Schließlich wurde eine neue Form eines elektrisch gesteuerten optischen Freizeichens angeboten, das entweder auf der Rückseite des Taxameters oder getrennt an der Windschutzscheibe angebracht werden konnte.[9]

Eine Variation des T 12 wurde im Modell T 14 verwirklicht, das alle Vorzüge des T 12 vereinte. Darüber hinaus war noch eine bequeme Druckknopfbedienung integriert. Auf ein Modell mit der Nummer T 13 hatte man aus marketingtechnischen Gründen verzichtet.

Der T 12 wurde zum ersten Mal auf der Internationalen Automobilausstellung (IAA) 1957 in Frankfurt am Main vorgestellt. Das neue Modell wurde der Fachöffentlichkeit stolz als kleinster Taxameter der Welt präsentiert. Dass man mit dem Gerät die Bedürfnisse der Zeit getroffen hatte, zeigte sich schnell am großen Interesse und den einsetzenden Bestellungen. Taxiunternehmen aus der ganzen Welt orderten den neuen Taxameter aus Villingen, so dass das Unternehmen in der Anfangszeit kaum die Nachfrage befriedigen konnte. Auf den Märkten löste er innerhalb von zwei Jahren das Modell T 8 ab, dessen letzte Exemplare 1960 gefertigt wurden. Insgesamt hatte damit die stolze Menge von 52.000 Geräten des Argo T 8 den Weg von Villingen zu den Kunden gefunden. Sein Erfolg sollte aber wiederum von den Verkaufszahlen des T 12 und seiner Variation T 14 in den Schatten gestellt werden. Bis Ende der 60er Jahre konnten die Kienzle-Vertriebsgesellschaften hiervon welt-

---

8   Ernst (1970), S. 7.
9   Vgl. E. Veil: Unser neues Taxametermodell Argo T 12, in: Kienzle Blätter 1/1958, S. 13–15.

Der mechanische Taxamter T 12 bestand aus 1.500 Einzelteilen.

weit über 100.000 Exemplare absetzen.[10] Er sollte bis zur Einführung des ersten elektronischen Kienzle-Taxameters 1140 Mitte der 70er Jahre im Verkauf bleiben.

Für den Ingenieur Haupt begründeten die Erfolge mit dem T 12 seinen weiteren Aufstieg im Unternehmen. 1957 wurden ihm weitere Konstruktionsgruppen anvertraut, in denen neue Modelle des Bereichs Zähl- und Rechentechnik, ein eigenes Kienzle-Modell einer Parkuhr und neue Messschreiber entstanden. Schließlich wurde Haupt 1962 die Leitung der kompletten Apparate-Konstruktion anvertraut und 1969 wurde er in Anerkennung seiner Arbeit zum Abteilungsdirektor und damit zu einem Mitglied der Geschäftsleitung ernannt. Unter seiner Führung entstanden wichtige Produkte im Übergang von den mechanischen zu den elektronischen Apparategenerationen wie der EWG-Fahrtschreiber, die automatische Fahrtschreiberauswertung, der elektronische Taxameter und die Vorgänger des elektronischen Preisrechners. Haupt wurde 1978 in den Ruhestand verabschiedet.[11]

3.2. Der Siegeszug des Fahrtschreibers in der frühen Bundesrepublik

Die Nachkriegsentwicklung der Kienzle Apparate wurde v.a. vom Fahrtschreiber bestimmt. Dieser hatte zwar schon seinen Durchbruch in den 30er und 40er Jahren

---

10 Zu den Zahlen vgl. Ernst (1970), S. 96.
11 Herbert Kienzle: W. Haupt im Ruhestand, in: Kienzle Blätter 3/1978, S. 14f.

geschafft, sein eigentlicher Siegeszug war aber erst unter den Bedingungen einer massenmotorisierten Gesellschaft möglich. Vergleicht man die Produktionszahlen der deutschen Automobilindustrie, so kann man erkennen, dass sowohl im Pkw- als auch im Nutzfahrzeugebereich das Vorkriegsniveau etwa 1950 wieder erreicht war: Die bundesdeutschen Autofabriken stellten wieder mehr als 200.000 Pkws und über 80.000 Lkws und Busse her. Damit stand man aber erst am Anfang der wirklichen Massenmotorisierung. Allein im Nutzfahrzeugebereich, also bei Lkws und Bussen, nahm die bundesdeutsche Jahresproduktion bis 1955 um 75 Prozent, bis 1960 um 180 Prozent und bis 1964, dem letzten Jahr vor der ersten größeren Konjunkturkrise, um 190 Prozent zu. Die Vergleichszahlen aus der Pkw-Produktion zeigen sogar noch steiler aufwärts. Hier wurde die Jahresproduktion bis 1955 um 225 Prozent, bis 1960 um 550 Prozent und bis zum Ausklingen der Wirtschaftswunderjahre 1964 um fast 1.000 Prozent erhöht.[12] Besitz und Gebrauch von Autos setzte sich in dieser Zeit in breiten Schichten der Bevölkerung durch. Im Transportgewerbe ließ das Automobil die konkurrierenden Verkehrsmittel Eisenbahn und Schiff weit hinter sich. Trotz einer starken internationalen Konkurrenz und eines voranschreitenden Konzentrationsprozesses waren es die Boomjahre der Autobranche.

Schon im Abschnitt zur Vorkriegsentwicklung wurde die Bedeutung gesetzlicher Maßnahmen für die Einführung des Fahrtschreibers betont. Zwar ließen sich viele Fuhrparkunternehmen und Autofabriken auch unabhängig von einer staatlichen Regulierung von dem Nutzen des Geräteeinbaus überzeugen, der wirklich entscheidende Schritt zur Massennutzung des Geräts kam aber mit der voranschreitenden Gesetzgebung. Schon in den ersten Jahren der Bundesrepublik zeichnete sich ab, dass sich der Straßenverkehr in noch viel stärkerem Maß als in der Vorkriegszeit zu einer politischen und gesellschaftlichen Herausforderung entwickeln würde. Im Jahr 1951 begann deshalb der Deutsche Bundestag mit der Beratung einer umfassenden Änderung der bis dato gültigen Straßenverkehrszulassungsordnung (StVZO), die im Rahmen eines Gesetzespakets zur „Sicherung des Straßenverkehrs" diskutiert wurde. In Entwürfen trug das Reformpaket noch den Titel „Gesetz zur Bekämpfung von Unfällen im Straßenverkehr" und verwies damit auf das drängende Problem sehr hoher Unfall- und Opferzahlen. In seiner Rede vor dem Bundestag verwies der damalige Bundesverkehrsminister Hans-Christoph Seebohm darauf, dass auf den deutschen Straßen schon damals alle drei Minuten ein Verkehrsunfall registriert, alle fünf Minuten ein Mensch verletzt und im Schnitt täglich 21 Menschen getötet wurden. Hochgerechnet waren das über 7.500 Verkehrstote im Jahr. Bei der Einführung der offiziellen Unfallstatistik 1953 wurden schon 11.500 Tode im Straßenverkehr gezählt.[13] Diese Zahl lag mehr als 40 Prozent über der heutigen Zahl und das bei einem ungleich höheren Verkehrsaufkommen verglichen mit dem Jahr 1951.

---

12 H.C. Graf von Seherr-Thoss: Die deutsche Automobilindustrie. Eine Dokumentation von 1886 bis heute, Stuttgart 1974, S. 558.
13 Vgl. Verkehr in Zahlen (1972), S. C 103.

3.2. Der Siegeszug des Fahrtschreibers in der frühen Bundesrepublik   133

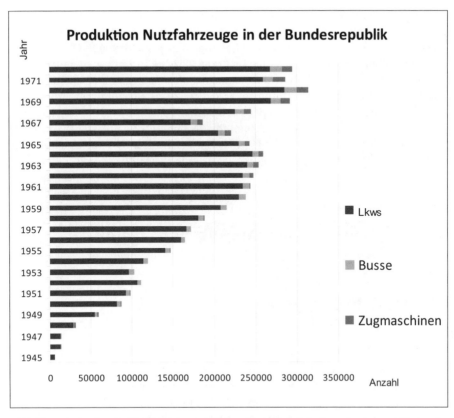

Abbildung 4: Anstieg der Nutzfahrzeugsproduktion durch die bundesdeutsche Automobilindustrie in den Goldenen Jahren (Quelle: von Seherr-Thoss 1974, S. 558)

Der Minister führte diesen erschreckenden Anstieg der Unfallkurve auf drei Ursachen zurück: „Einmal liegt sie in dem Zustand unserer Straßen, dann in den technischen Mängeln der Fahrzeuge, insbesondere der überalterten Fahrzeuge, und drittens und sehr wesentlich in der Disziplinlosigkeit der deutschen Verkehrsteilnehmer [begründet]."[14] Insofern wurde von Regierungsseite eine Reihe von Maßnahmen vorgeschlagen, um die Sicherheit der Straßen zu verbessern und die Autofahrer zu disziplinieren. In der Debatte verwies der Vertreter der CDU darauf, dass die meisten Unfälle auf menschliches Versagen zurückzuführen seien. Als größtes Übel wurden der „Überholteufel", die „Pest der Raserei" und der Drang zum Kurvenschneiden genannt. Besonders in der Kritik standen die Lastwagenfahrer, die „Kapitäne der Landstraße", die an besonders vielen Unfällen beteiligt waren. Dies lag auch daran, dass ihre Fahrzeuge oft überladen oder die Fahrer zu lange hinterm Steuer saßen und dadurch unkonzentriert und übermüdet waren. Der SPD-Vertreter sah darin eine

---

14 Rede Seebohm, in: Stenografischer Bericht 171. Sitzung des Deutschen Bundestags, Band 9, 25.10.1951, S. 7045.

Die ADAC-Straßenwacht fuhr flächendeckend mit Kienzle-Fahrtschreibern.

Verachtung gegenüber Menschenleben, die man bekämpfen müsse, „aber nicht mit kleinlichen Polizeischikanen, sondern mit modernen sachlichen Mitteln."[15]

Umstritten waren an dem Gesetzesvorhaben v.a. die Regelungen zur Geschwindigkeitsbegrenzung für Lkws und zur zugelassenen Länge von Lastzügen, hier insbesondere das Verbot mehrteiliger Lastzüge. Einig hingegen waren sich die Vertreter aller Parteien darin, dass die Einführung einer Fahrtschreiberpflicht für bestimmte Fahrzeuggruppen eine wirkungsvolle Maßnahme für die Sicherheit auf den Straßen darstellte. Minister Seebohm begründete dies damit, dass dieses Gerät sich schon im Krieg bewährt hätte. Was damals mit Blick auf eine Ersparnis von Material und Treibstoffen notwendig war, könnte nun vorrangig zur Arbeitszeitkontrolle und Unfallverhütung verwendet werden: „[Die Fahrtschreiber] sind eine ständige Kontrolle des Fahrers und können bei eintretenden Unfällen sehr gut zur Aufklärung der Ursachen des Unfalls dienen. Sie werden natürlich von den Fahrern gerade deshalb nicht gern benutzt. Aber sie sind meiner Meinung nach gerade deshalb stärker erforderlich, um die Fahrer zu stärkerer Disziplin zu erziehen."[16]

Folglich verabschiedete der Bundestag eine Änderung der StVZO. Im neuen Paragraphen 57a wurde geregelt, dass sowohl Lkws ab einem zulässigen Gesamt-

---

15 Rede Baur, in: Stenografischer Bericht 243. Sitzung des Deutschen Bundestags, Band 14, 10.12.1952, S. 11567.
16 Rede Seebohm, in: Stenografischer Bericht 171. Sitzung des Deutschen Bundestags, Band 9, 25.10.1951, S. 7047.

gewicht von 7,5 Tonnen, Zugmaschinen mit einer Leistung von mindestens 25 PS und Omnibusse ab einer Zahl von 14 Sitz- und Stehplätzen mit einem eichfähigen Fahrtschreiber auszurüsten sind. Kraftfahrzeuge mit einer bauartbedingten Höchstgeschwindigkeit von 40 km/h waren davon ausgenommen, genauso Omnibusse im regionalen Linienverkehr. Tatsächlich waren die hier angegebenen Fahrzeuggruppen im Laufe des parlamentarischen Verfahrens noch ausgeweitet worden. In ersten Entwürfen war noch von Lkws ab 9 Tonnen und Bussen ab 20 Plätzen die Rede, aber auf Initiative des Verkehrs- und des Rechtsausschusses des Bundestags waren die Regelungen verschärft worden.

Zur praktischen Handhabung wurde im Gesetz ausgeführt, dass der Fahrtschreiber „vom Beginn bis zum Ende jeder Fahrt ununterbrochen in Betrieb sein [muss]. Die Schaublätter sind mit dem Namen der Fahrzeugführer, dem Ausgangspunkt sowie dem Datum der Fahrt zu bezeichnen, ferner ist der Stand des Wegstreckenmessers am Beginn und Ende der Fahrt vom Kraftfahrzeughalter oder dessen Beauftragten einzutragen. Die Schaublätter sind zuständigen Beamten auf Verlangen vorzuzeigen, der Kraftfahrzeughalter hat sie ein Jahr lang aufzubewahren."[17] Die Fahrtschreiberpflicht trat für Neuzulassungen am 23. März 1953 und für alle älteren Fahrzeuge am 23. Dezember 1953 in Kraft.

Für das Fahrtschreibergeschäft der Kienzle Apparate GmbH hatte dieses Gesetz weit reichende Auswirkungen. Mit dem Beschluss des Bundestags war eine klare Botschaft verbunden. Aus Sicht des Gesetzgebers hielt der Fahrtschreiber das, was der Hersteller versprach und war eine wirkungsvolle Maßnahme zur Unfallverhütung und zur Disziplinierung der Lkw- und Busfahrer. Alle Autofabriken, Spediteure und Busunternehmen waren nun gezwungen, für einen erheblichen Teil ihrer Fahrzeuge Fahrtschreiber einzubauen.

Neben den Kienzle-Geräten wurden in den 50er Jahren in der Bundesrepublik noch Fahrtschreiber der HICO Feinmechanischen Werkstätten Berlin, der Firma Hildebrandt, Beil & Co. Berlin sowie zeitweise auch von der VDO Adolf Schindling GmbH mit Sitz in Frankfurt am Main angeboten. Ausländische Konkurrenten waren die US-Firma Sangamo Electric Co. mit Sitz in Springfield im Bundesstaat Illinois, die aus der Uhrenbranche kam und seit den 30er Jahren auch ein großes Tochterunternehmen in Großbritannien besaß, des weiteren zwei französische Firmen und die österreichische Firma Bauer.[18]

In Villingen wurden bis zu diesem Zeitpunkt weiterhin die schon vor dem Krieg eingeführten Kienzle-Modelle TCO 6 und 7 produziert und vertrieben. Aber mit Blick auf die bevorstehende Einbaupflicht konnte das Unternehmen 1952 ein neues, weiter verbessertes Modell präsentieren. So wurde beim neuen Fahrtschreiber TCO 8 die Geschwindigkeitsskala wesentlich vergrößert und damit übersichtlicher gestaltet. Das neue Modell war auch in mehreren Variationen TCO 8-2, TCO 8-4 und TCO 8-5 lieferbar, bei denen die Pendellagerung oder die Gerätebeleuchtung verändert war.

---

17 Vgl. Gesetz über die Sicherung des Straßenverkehrs, in: Bundesgesetzblatt 1952, Teil I, 19.12.1952, S. 832–836.
18 A. Becker, K. Vögtlin: Über die Entwicklung des Fahrtschreibers, in: Automobiltechnische Zeitschrift 2/1956, S. 1–8, hier S. 3f.

Alle diese Modelle wurden von Kienzle auch als 7-Tage-Geräte, mit einer Fahrerwechselregistrierung und mit einem Wechselzähler geliefert. Eine einzelne Diagrammscheibe des Fahrtschreibers zeichnete einen Zeitraum von 24 Stunden auf. Oft kam es aber vor, dass Fahrzeuge nicht nur einen Tag sondern eine komplette Woche unterwegs waren. In diesem Fall wollten viele Fuhrparkbetreiber das tägliche Wechseln der Diagrammscheibe nicht ihren Fahrern überlassen, sondern griffen auf die Kienzle-Konstruktion eines automatischen 7-Tage-Geräts zurück, die es erlaubte, sieben Scheiben hintereinander im Gerät zu platzieren. Die Scheiben besaßen einen sektorförmigen Ausschnitt und waren miteinander verbunden. Nach Ablauf der ersten Scheibe wurde ein Verbindungsstreifen durchtrennt und die Scheibe wird durch einen Anschlag gehalten. Die Schreiber konnten nun durch den sektorförmigen Ausschnitt die nächste Scheibe beschreiben. Dieser Vorgang wiederholte sich bis zur siebten Scheibe.[19] Die Fahrerwechselregistrierung ermöglichte es, durch die Ausgabe von zwei Schlüsseln für die Einstellung des Rüttelpendels, dass hier bis zu drei voneinander abweichende Markierungen erzeugt wurden und somit eine klare Zuordnung des Diagramms zum Schlüsselbesitzer möglich wurde. Mit dieser Neuerung reagierte Kienzle auf die Betonung des Arguments der Arbeitszeitkontrolle mit Hilfe des Fahrtschreibers und auf das Problem, dass Fahrzeuge oft am gleichen Tag von verschiedenen Fahrern genutzt wurden.[20] Die dritte Sondereinrichtung, der Wechselzähler, ging auf eine Konstruktion des Firmengründers Dr. Kienzle aus den 30er Jahren zurück und stellte eine Art Kennziffer für die Gleichmäßigkeit und damit indirekt für die Wirtschaftlichkeit der individuellen Fahrweise dar. Das Gerät zählte alle Geschwindigkeitswechsel in Schritten von 10 km/h: Eine geringere Zahl von Wechseln bedeutete bei gleicher Fahrtstrecke eine bessere Fahrweise.[21] In der Variante TCO 8-6, die ab 1956 verkauft wurde, wurde eine neue, wesentlich flachere Deckelkonstruktion des Fahrtschreibers verwirklicht. Damit fügte sich das Gerät besser in das Instrumentenbrett der Fahrzeuge ein.[22]

Alle bisherigen Modelle einschließlich des TCO 8 bauten bei der Geschwindigkeitsmessung auf dem Fliehpendelprinzip auf. Dieses hatte aber einige Nachteile: Die Geräte arbeiteten relativ laut, sie erforderten einen hohen mechanischen Aufwand in der Fertigung und sie konnten nur mit einem beschränkten Messbereich betrieben werden. Alternativ kam das so genannte Wirbelstromprinzip auf. Im alten System wurden die Fliehkräfte eines Pendelsystems benutzt, während das neue Messsystem die Kraft eines Magnetfeldes ausnutzte. Das Magnetfeld zog eine Messwerttrommel nach unten und als Gegenkraft wurde eine Spiralfeder eingebaut. So definierte die Stärke des Magnetfeldes den Ausschlag des Schreibers. Da die Leitfähigkeit des Magnets wie der Messtrommel temperaturabhängig war, musste ein Kompensationsmaterial eingebaut werden, das diese Effekte ausglich. Letztlich war die Qualität des Wirbelstromsystems von der Qualität und dem Preis der Magnetwerkstoffe abhängig. Erste Versuche mit Wirbelstromsystemen auf der Basis

---

19 Vgl. o.A.: Unser Fahrtschreiber, in: Kienzle Blätter 4/1956, S. 6–15, hier S. 15.
20 Ebd., S. 14f.
21 Ebd., S. 14.
22 Vgl. Becker/Vögtlin (1956), S. 7.

Fahrtschreiber der Generation TCO 11 in einem Armaturenbrett.

neuer Alnico-Permanentmagnete wurden 1939 bei Kienzle Apparate erfolgreich durchgeführt, die Weiterentwicklung war aber im Krieg unterbrochen worden. Anfang der 50er Jahre griff die Kienzle-Geschäftsführung dieses Projekt wieder auf und begann mit der Konstruktion einer Fahrtschreibergeneration auf Basis des Wirbelstromprinzips.[23]

Das Vorhaben erhielt weiteren Schub, als Vertriebsdirektor Riegger eine zusätzliche Drehzahlregistrierung für die Kienzle-Fahrtschreiber forderte. Es stellte sich heraus, dass dieses zusätzliche Diagramm am besten auf der Rückseite der bisherigen Diagrammscheibe aufgezeichnet werden konnte. Dafür wäre aber der Einbau eines zweiten Fliehpendelsystems notwendig geworden und dafür stand wiederum nicht genügend Platz im Einbauraum des TCO 8 zur Verfügung. Einem größeren Gerät versperrten sich die Autofabriken und forderten eine kleinere Kompaktlösung. Die Lösung für dieses Problem schien der Einsatz des Wirbelstrommesssystems.

Als weitere Konstruktionsprobleme gelöst waren und das System als brauchbar, preislich und fertigungstechnisch als günstiger bewertet wurde, entschied Dr. Kienzle 1953 aufgrund der Wettbewerbersituation, dass zunächst ein Wirbelstromgerät als Standardmodell des Fahrtschreibers umgesetzt werden sollte. 1954 lagen die Entwürfe und Zeichnungen vor und in den beiden Folgejahren wurde eine Kleinserie gefertigt sowie ein ausführlicher Probebetrieb mit dem neuen Modell TCO 11

---

23 Karl Vögtlin: Entwicklung der Fahrtschreiber seit 1952, Manuskript 1956, hier S. 1–3, in; Privatarchiv Müller; Xaver Blessing: TCO 11-4, in: Kienzle Blätter 4/1960, S. 41–43.

durchgeführt.[24] In dieser Zeit wurde mit dem Modell TCO 14 auch ein Fahrtschreiber mit zusätzlicher Drehzahlregistrierung auf Basis der Wirbelstromtechnologie umgesetzt. Dieser erreichte 1957 Marktreife und wurde in einer kleineren Stückzahl von etwa 1.000 Stück pro Jahr vertrieben.[25] Die Drehzahl des Motors war damals noch wichtiger für eine wirtschaftliche Fahrweise als heute. Fahren im falschen Drehzahlbereich erhöhte den Kraftstoffverbrauch und führte zu einer starken Belastung oder gar einer Beschädigung des Motors.[26] Der TCO 14 war als Universalgerät konstruiert, so dass er für die unterschiedlichsten Motor- und Fahrzeugtypen einsetzbar war. Der Fahrer konnte an einer Farbskala am Gerät die Qualität seiner Fahrweise kontrollieren. Wenn er im grünen Bereich fuhr, war alles in Ordnung. Wanderte der Zeiger aber in den roten Bereich, bestand Gefahr für den Motor.[27]

Während sich die Drehzahlregistrierung bei den Kunden durchsetzen konnte, waren andere technische Sonderausführungen weniger erfolgreich. So bot Kienzle Apparate beispielsweise einen Bremsschreiber und einen Beschleunigungsschreiber an. Per Knopfdruck konnte der Fahrer bei beiden Modellen eine schnelle Drehung der Diagrammscheibe auslösen (24 Sekunden pro Umdrehung), so dass die Beschleunigung bzw. das Abbremsen des Fahrzeuges klar als zusätzlicher Aufschrieb auf der Scheibe erkennbar war. Mit Hilfe der Diagramme konnten die entsprechenden Phasen detailgenau ausgewertet werden. Das Interesse lag hier aber wohl eher bei einigen wenigen Versuchsanstalten als bei einem breiteren Publikum, so dass sich dieses Gerät nie etablieren konnte.[28]

Das neue Standardmodell eines Wirbelstromtachografen kam 1960 mit der ausgereiften Version des TCO 11-4 auf den Markt. Dieser baute in seiner Funktionalität auf den bestehenden Modellen auf und wurde auch in den entsprechenden Sonderausführungen angeboten. Für das Unternehmen war von besonderer Bedeutung, dass damit die Schwächen der Fliehpendelgeräte, also die Geräusche, der große Fertigungsaufwand sowie der vergleichsweise eingeschränkte Messbereich überwunden werden konnten. Der Messbereich konnte von 20 bis 90 km/h bei alten Modellen auf nun 5 bis 90 km/h ausgedehnt werden, was einer Steigerung um den Faktor vier darstellte. Und für die Fertigung bedeutete der TCO 11-4 – u.a. dank einer ausgefeilten Fließbandmontage – eine erhebliche Arbeitszeiteinsparung pro Gerät.

Weitere technische Neuerungen der 60er Jahren bauten auf den vorgestellten Fahrtschreibermodellen auf. Die wichtigste Neuheit wurde auf der IAA 1963 vorgestellt. Dabei handelte es sich um das Modell TCO 11-6, bei dem man eine zeitrichtige Diagrammeinlage verwirklichte. Damit wurde eine bislang bestehende Manipulationsmöglichkeit abgestellt.

---

24 Vögtlin (1956), S. 6.
25 Ernst (1970), S. 6.
26 Vgl. Werner Rixmann: Der Einfluß der Fahrweise und der Fahrgeschwindigkeit auf die Gesamtwirtschaft des Kraftfahrzeugs, in: Automobiltechnische Zeitschrift 52 (1950), H.3, S. 61–69.
27 Drehzahlregistrierung – das EKG Ihres Autos! (Gespräch mit Paul Riegger), in: Kienzle Blätter 3/1968, S. 2–4.
28 Vgl. Paul Riegger: FISITA Automobiltechn. Kongreß Rom vom 3. bis 6. Mai 1956, in: Kienzle Blätter 3/1956, S. 24f.; Ernst (1970), S. 6.

Die Nachfrage nach Kienzle-Fahrtschreibern war dank der voranschreitenden Massenmotorisierung und der Einbaupflicht ab 1953 ungebrochen. 1958 konnte das Unternehmen den Verkauf des 500.000. Fahrtschreibers melden, dabei hatten beide Erfolgsmodelle TCO 2 und TCO 8 jeweils einen Anteil von rund 200.000 Stück. Der Verkauf des neuen TCO 11 entwickelte sich in den 60er Jahren sogar noch besser. Bis 1970, als die nächste Gerätegeneration vor der Einführung stand, meldete die Vertriebsabteilung eine Million verkaufte Geräte[29], was einer durchschnittlichen Jahresproduktion von 100.000 Geräten entsprach. Dieser Wert lag noch einmal drei- bis viermal über dem Spitzenwert des Kriegsjahres 1944. Vom Modell mit Drehzahlregistrierung, dem TCO 14, wurden insgesamt 100.000 Exemplare abgesetzt.

3.3. Fahrtschreiber als unbestechliche Zeugen im Straßenverkehr

Die Erfolgsgeschichte des Fahrtschreibers von den ersten Konstruktionen in den 20er Jahren bis zum Massengeschäft ab den 50er Jahren war keineswegs selbstverständlich. Sie ergab sich keineswegs aus einer rein technischen Notwendigkeit der jeweiligen Zeit heraus und musste immer gegen Skeptiker und Gegner durchgesetzt werden. Immer wieder von neuem mussten die Einsatzgebiete und die Vorteile des Geräts der Automobilbranche und der Öffentlichkeit schmackhaft gemacht werden. Dabei bediente sich das Unternehmen Kienzle Apparate verschiedener Strategien. Zum einen wurde man auf dem publizistischen Bereich aktiv und veröffentliche in regelmäßiger Folge in den automobiltechnischen Fach- und Branchenblättern Artikel oder organisierte auf Fachkongressen oder im Rahmen von Messe- und Werbeauftritten Vorträge und Präsentationen. Zum anderen bediente man sich des Instruments der Versuchsfahrten, um interessierten Kreisen die technischen Funktionen des Fahrtschreibers und seine Anwendungsgebiete direkt vor Augen zu führen.

Die Idee der Versuchsfahrten ging wesentlich auf den Vater des Fahrtschreibers Paul Riegger zurück. Das erste derartige Experiment fand schon 1933, also noch in den Anfangsjahren des Geräts, statt und war als Rundfahrt durch die Region Schwarzwald-Baar konzipiert. Diese 100 km lange Strecke ließ das Unternehmen mehrmals vom gleichen Fahrzeug abfahren. Dabei kamen unterschiedliche Fahrstile zur Anwendung: einmal wurde eine Höchstgeschwindigkeit von 50 km/h eingehalten, bei der zweiten Fahrt wurde bis zu 60 km/h und bei der dritten bis zu 80 km/h schnell gefahren. Verglichen wurden sowohl die erzielte Durchschnittsgeschwindigkeit als auch der Treibstoffverbrauch. Das Ergebnis der Testfahrt war, dass bei der Fahrt mit dem niedersten Höchsttempo eine Durchschnittsgeschwindigkeit von 40,9 km/h gemessen wurde. Bei der mittleren Höchstgeschwindigkeit waren es im Schnitt 44,3 km/h und bei der rasantesten Fahrt 47,9 km/h. Der schnellste Fahrer hatte aber 30 Prozent mehr Treibstoff als der langsamste verbraucht. Mit diesem Messergebnis wollte Kienzle die Fahrzeughalter davon überzeugen, dass eine Ausnutzung der

---

29 Vgl. Ernst (1970), S. 96.

Geschwindigkeitsspitzen nur bedingt die Fahrtzeit verkürzt und es sich mit Blick auf den Treibstoffverbrauch lohnt, eine moderate Höchstgeschwindigkeit festzulegen.[30]

Ähnliche Experimente wurden in den Jahren 1934 bis 1936 durchgeführt, um potentielle Kunden wie die Reichsbahndirektion vom Nutzen des Kienzle-Fahrtschreibers zu überzeugen. So wurde auf einer Versuchsfahrt auf der Strecke Villingen-Stuttgart-Villingen vorgeführt, dass ein „schneller" Fahrer mit 100 km/h Spitze nur 7 Minuten vor dem „vernünftigen" Fahrer ans Ziel kam.[31]

Zusätzlich bot Kienzle Apparate schon Mitte der 30er Jahre Kunden die Möglichkeit, die Auswertung der Diagrammscheiben selbst durch geschultes Kienzle-Fachpersonal durchführen zu lassen. Diese überprüften die Scheiben darauf, wie ökonomisch und sicher die Fahrer unterwegs waren. Mit diesen Experimenten bediente Kienzle die zentralen Argumente der im Zeichen von Rohstoffverknappung und Autarkiepolitik stehenden Vorkriegs- und Kriegsjahre und konnte hier sein Produkt als wichtiges Hilfsmittel zur Treibstoffeinsparung positionieren. Die frühen gesetzlichen Regelungen sowie der erste Boom im Fahrtschreiberverkauf künden von den Erfolgen dieser Werbestrategie.

Mit Beginn der Bundesrepublik und dem nachhaltigen Boom des Fahrtschreibers verschoben sich die Argumentationsstrategien. Weiterhin bediente sich Kienzle Apparate der genannten Instrumente wie Versuchsfahrten, Vorträge und Fachartikel, um sich mit dem eigenen Produkt öffentlichkeitswirksam zu positionieren. Zielgruppen wurden in den 50er Jahren aber mehr und mehr die Verkehrsgerichte. Wie wir in der Diskussion um die Neufassungen der Verkehrsgesetzgebung gesehen haben, war die Frage der Sicherheit und Unfallverhütung zum zentralen Problem des Straßenverkehrs aufgerückt. Hinzu kam, dass die steigenden Unfallzahlen mehr und mehr die Gerichtsbarkeit beschäftigten und deshalb ein gesteigertes Interesse an einer verlässlichen Schuldklärung auftrat.

Schon 1951/52 schaffte es Riegger in diesem Zusammenhang, den Kienzle-Fahrtschreiber einer breiteren Öffentlichkeit vorzustellen. Ende August 1951 war es in den Alpen zu einem tragischen Busunfall gekommen, der die öffentliche Meinung längere Zeit bewegte. Ein Bus mit Ausflüglern war bei einer Talfahrt von der Straße abgekommen und hatte sich mehrfach überschlagen. Fünf der Insassen kamen bei dem Unfall ums Leben und weitere 30 Personen wurden zum Teil schwer verletzt. Der Busfahrer wurde für das Unglück verantwortlich gemacht und angeklagt.

Weil der Bus einen Kienzle-Fahrtschreiber installiert hatte, wurde Riegger vom zuständigen Gericht als Gutachter zugezogen. Riegger wertete die Diagrammscheibe des Busses aus und konnte daraus detailliert das Verhalten des Busfahrers vor dem Unfall rekonstruieren. Weil er dem Fahrer eine kontrollierte Talfahrt attestierte, rang sich der Richter zu einem milden Urteil durch und verhängte nur eine Geldstatt einer Freiheitsstrafe. Die Botschaft des Unternehmens Kienzle Apparate for-

---

30 Kurt Schleßmann: Alles schon einmal dagewesen (Interview mit Paul Riegger), in: Kienzle Blätter 1/1966, S. 7–16, hier S. 8.
31 Vgl. Aufstellung der Versuchsfahrten bei A. Wetzka: 35 Jahre Verkaufsargument: Wirtschaftliches Fahren, in: Kienzle Blätter 3/1968, S. 12–15.

3.3. Fahrtschreiber als unbestechliche Zeugen im Straßenverkehr 141

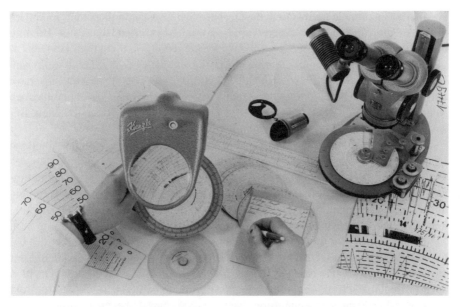

Die Diagrammscheiben wurden erst von Hand, später elektronisch ausgewertet.

mulierte Riegger damals folgendermaßen: „Der Unfall ist ein neuer Beweis dafür, dass im Unglücksfall der Fahrtschreiber wohl der einzige Zeuge ist, um dem Fahrer den tatsächlichen Verlauf der Fahrt zu bestätigen. Sowohl bei der Vernehmung der vielen Zeugen, welche die Fahrt mitgemacht haben, als auch bei der Probefahrt mit einem ähnlichen Omnibus wie dem verunglückten, haben sich dauernde Widersprüche ergeben."[32]

Die Einführung des Fahrtschreibers als objektiver und verlässlicher Zeuge des Unfallhergangs richtete sich vor allem gegen die damals auch vor Gericht verbreitete Meinung, dass Zeugenaussagen, insbesondere von Beamten der Verkehrspolizei, in Prozessen Beweischarakter hätten und eine Auswertung von Tachoblättern damit überflüssig machten. Kienzle Apparate veranstaltete deshalb 1954 Versuchsfahrten unter Beteiligung von Verkehrsrichtern aus Baden und Württemberg. Hierbei wurde geprüft, inwieweit menschliche Zeugen Verkehrssituationen richtig erfassen können. Unterschiedliche Personen hatten die Aufgabe, die Geschwindigkeiten von Fahrzeugen, Abstände und Entfernungen einzuschätzen. Die Testergebnisse belegten, wie unzuverlässig die menschlichen Sinne in solchen Situationen waren. Viele ließen sich täuschen und schätzten z.B. Geschwindigkeiten von Autos, die in einem niedrigen Gang und damit entsprechend laut fuhren, deutlich zu hoch ein. Bis Ende der 60er Jahre führte das Unternehmen flächendeckend Versuche für insgesamt rund 1.000 Verkehrsrichter und Staatsanwälte durch und schärfte deren Bewusstsein für das Risiko ungenauer und falscher Zeugenaussagen im Straßenverkehr. Die Kienz-

32 Paul Riegger: Fahrtschreiber als Hauptzeuge, in: Kienzle Blätter 8/1952, S. 5f.

le-Mitarbeiter konnten nachweisen, dass insbesondere Abstände aber auch Geschwindigkeiten gerne falsch eingeschätzt wurden. Zwar verbesserten Übung und Training das individuelle Schätzvermögen, so dass Verkehrspolizisten deutlich bessere Ergebnisse erzielten als Laien. Trotzdem existierten auch bei den Profis relevante Ungenauigkeiten.[33] Nur Fahrzeuge mit Fahrtschreibern böten hier eine objektive und zuverlässige Alternative, so das Argument des Unternehmens. Mit der genauen Rekonstruktion im Auswertungsverfahren könnten exakte Geschwindigkeits-, Beschleunigungs- und Bremswerte ermittelt werden.

Beim Unternehmen Kienzle Apparate wurde hierfür eine eigenständige Abteilung Diagrammauswertung eingerichtet. Die Mitarbeiter der Abteilung beschäftigten sich ab Beginn der 50er Jahre mit der professionellen Datenauswertung von Diagrammscheiben aus den Kienzle-Fahrtschreibern. Ihre Gutachten wurden zum allergrößten Teil für die Verkehrsgerichtsbarkeit erstellt und dienten zur Aufklärung von Verkehrsunfällen, an denen Fahrzeuge mit eingebauten Fahrtschreibern beteiligt waren. Zu einem kleinen Teil diente die Datenauswertung auch Unternehmen bei der betriebswirtschaftlichen Optimierung ihrer Fuhrparke und waren somit Vorläufer der späteren Fuhrparkmanagementsysteme. In Ausnahmefällen wurden die Gutachten auch kriminologisch bei der Aufklärung von Straftaten eingesetzt, die nur indirekt etwas mit dem Straßenverkehr zu tun hatten. Überliefert ist beispielsweise die Geschichte eines Diebstahls einer größeren Menge von Nerzfellen, bei dem ein Lkw eingesetzt wurde. Mit Hilfe des sichergestellten Fahrtschreibers konnten die Kienzle-Mitarbeiter die genaue Fahrtstrecke zwischen Berlin und Hannover rekonstruieren und die Polizei zum Versteck des Diebesguts führen.[34]

Aufgebaut wurde die Abteilung Diagrammauswertung Anfang der 50er Jahren von Paul Riegger. Die Abteilungsleitung lag zwischen 1961 und 1984 bei Franz Streck, der schon ab 1956 Mitarbeiter der Abteilung gewesen war. 1984 ging Streck in den Ruhestand und die Leitung wurde an Horst Lehmann übertragen, der zuvor im Kienzle Computerbereich als Softwareentwickler gearbeitet hatte.[35] Wie die Abbildung 5 zeigt, wurden im Zeitraum 1953 bis 2004 rund 130.000 Diagrammscheiben durch das Unternehmen ausgewertet. Die Zahl der Gutachten stieg bis Anfang der 60er Jahre schnell auf über 2.000 Gutachten pro Jahr an und hält sich seitdem weitgehend stabil in dieser Größenordnung.

Die stabil hohe Zahl der Auswertungen steht für den Erfolg Kienzles im Bereich Verkehrsgutachten. Spätestens in den 60er Jahren waren die Vorzüge des Fahrtschreibers gegenüber jeder Form von Zeugenaussagen unbestritten und vom Bundesgerichtshof höchstrichterlich anerkannt. Mitarbeiter der Abteilung Diagrammauswertung waren deshalb von Seiten der Gerichte und später auch von Seiten der IHK als Kfz-Sachverständige für die Auswertung von Diagrammscheiben bestellt und vereidigt worden. In der Bundesrepublik war die Kienzle-Abteilung die einzige

---

33 E. Döhnel: Irren ist menschlich, in: Kienzle Blätter 5/1961, S. 34–37; vgl. auch Werner Rixmann: Kraftfahrzeugüberwachung und Sicherheit im Verkehr, in: Automobiltechnische Zeitschrift 67 (1955), H.2.
34 D. Weise: Im Dienste der Gerechtigkeit, in: Kienzle Blätter 3/1976, S. 12–14.
35 Vgl. Interview mit Horst Lehmann, 28. April 2005.

Stelle, an die sich Richter und Staatsanwälte wenden konnten, wenn sie ein entsprechendes Gutachten benötigten. Hierfür war im Unternehmen ein genaues Analyseverfahren entwickelt worden. Zunächst wurde der relevante Ausschnitt der Diagrammscheibe in einem fotografischen Verfahren vergrößert und anschließend mit Hilfe eines speziellen Messtisches und eines Mikroskops sekundengenau ausgemessen. Die Ergebnisse wurden in ein Geschwindigkeits-Weg-Zeit-Diagramm übertragen, woraus auch genaue Brems- und Beschleunigungswerte ermittelt werden konnten.

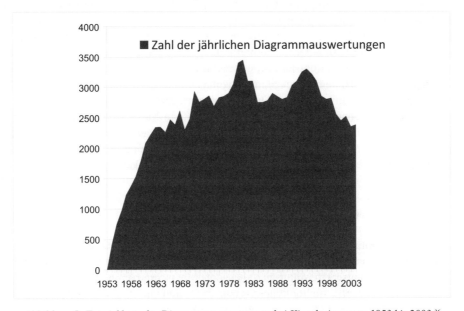

Abbildung 5: Entwicklung der Diagrammauswertungen bei Kienzle Apparate 1953 bis 2003.[36]

Mit dem Übergang zu halbelektronischen und elektronischen Kienzle-Buchungsmaschinen wurden diese Systeme für eine Automatisierung der Diagrammscheibenauswertung genutzt. 1967 stellte das Unternehmen die beiden Elektronischen Diagrammauswertungsanlagen EDA 600 und EDA 3800 vor, mit denen die Aufzeichnungen der Scheibe über ein Lesegerät direkt in echte Zahlenwerte umgesetzt wurden und dann mit Hilfe eines mechanischen Buchungsautomaten (Klasse 600) oder einem elektronischen System der Klasse 800 weiterverarbeitet werden konnten.[37] Ab 1969 wurden die Geräte auch mit Kienzle-Computern der neuen Klasse 6000 kombiniert und als EDA 21 angeboten. Das Lesegerät kam nicht nur im Fahrtschreiberbereich

---

36　Vgl. Tabelle zur jährlichen Zahl der Unfall-Auswertung 1953 – 1977, in: Kienzle Blätter 4/1978, S. 27; sowie eine Datentabelle zur Gutachtertätigkeit des Unternehmens aus dem Privatarchiv von Horst Lehmann.

37　Vgl. o.A.: 43. IAA in Frankfurt – die Autoschau des Jahres, in: Kienzle Blätter 3/1967, S. 2–4, hier S. 4.

zum Einsatz, sondern wurde auch für die automatische Auswertung von Diagrammscheiben aus Betriebsdatenerfassungssystemen eingesetzt (EDA 11). Ihre Fortsetzung fand diese Auswertungstechnologie in ersten Fuhrparkorganisationssystemen, die von Kienzle Apparate ab 1977 angeboten wurden und die in den 80er Jahren in neue vollelektronische Kommunikationssysteme mündeten.

Ein großer Teil der Gutachten wurde für bundesdeutsche Gerichte geschrieben, aber aufgrund der weltweiten Verbreitung der Kienzle-Fahrtschreiber wurden auch immer mehr Aufträge für das Ausland bearbeitet. Obwohl sich Kienzle Apparate die vielen Gutachten von den Behörden bezahlen ließ, war die Abteilung vorrangig nicht aus Gewinninteressen eingerichtet worden. Sie diente der Verbreitung und der Pflege des Produktimages als objektiver, genauer und unbestechlicher Zeuge im Straßenverkehr. Mit Hilfe der Gutachtertätigkeit demonstrierte man den staatlichen Stellen aber auch der breiteren Öffentlichkeit den gesellschaftlichen Nutzen des eigenen Geräts und unterstützte damit die voranschreitende Regulierung und gesetzliche Einbaupflicht in weiteren Ländern. Der wichtigste Schritt war hier die Ausdehnung der Fahrtschreiberpflicht auf die komplette Europäische Gemeinschaft Anfang der 70er Jahre. Bevor dieser Abschnitt der Unternehmensgeschichte vorgestellt wird, scheint es aber an der Zeit zu sein, die anderen Produkte des Apparate-Bereichs vorzustellen, die in dieser Zeit entwickelt und verkauft wurden.

3.4. Neue Anwendungen der Betriebsdatenerfassung

Neben den Hauptumsatzträgern Fahrtschreiber und Taxameter umfasste das Kienzle-Apparateprogramm von Anfang an auch andere Produkte. Neben der Familie der Betriebsdatenerfassungsgeräte waren es so genannte Messschreiber und Druckersysteme, Zähl- und Rechenwerke für Tanksäulen sowie Parkuhren und Parkscheinautomaten.

In den 20er Jahren bot das Unternehmen v.a. Geräte der Betriebsdatenerfassung an, die im industriellen Fertigungsprozess bei tayloristischen Kontroll- und Optimierungsprozessen zum Einsatz kamen und deren technologische Grundprinzipien ja in veränderter Form zum Kienzle-Fahrtschreiber geführt hatten. Die Produktion der Kienzle-Betriebsgeräte war auch während des Krieges aufrechterhalten worden, und auch in den Jahren des Wiederaufbaus wurden die Arbeitsschauuhren und Autographen weiterhin von Kienzle verkauft. Im Rahmen des Wiederaufbaus und der Neuorientierung des Unternehmens waren in den Nachkriegsjahren auch andere Geräte entwickelt und vertrieben worden. Dazu gehörten die Entwicklung eines Automatikgetriebes in Kooperation mit ZF Friedrichshafen, der Bau von hydraulischen Krafthebern für Landmaschinen der Firma Fahr in Gottmadingen sowie die Produktion von Synchronmotoren, einem Produkt, das auf die Anfangsjahre des Unternehmens zurückgeht. Die drei genannten Projekte wurden aber bis Mitte der 50er Jahre wieder aufgegeben.[38]

---

38 Zuletzt wurde Mitte der 50er Jahre der Synchronmotor aus der Kienzle-Produktpalette herausgenommen, vgl. Ernst (1970), S. 8.

3.4. Neue Anwendungen der Betriebsdatenerfassung 145

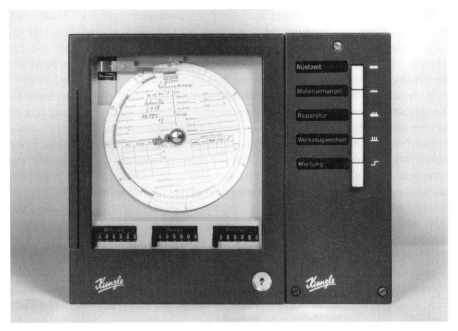

Ein mechanischer Zeitschreiber ZSN für die Betriebsdatenerfassung.

Weitergeführt wurde hingegen der Bereich der Betriebsdatenerfassungsgeräte. In den 50er Jahren spielte die Rationalisierungs- und Automatisierungsbewegung in der deutschen Industrie weiterhin eine zentrale Rolle. Hier war es wieder die Arbeitsschauuhr, die als Gerät für Zeit- und Arbeitsstudien zum Einsatz kam. Sie wurde als selbstständig registrierender Apparat eingesetzt, der den menschlichen Kontrolleur mit der Stoppuhr in der Hand am Arbeitsplatz ablöst. In der Regel wurden sie als Bandschreiber eingesetzt, d.h. ein Schreiber bewegte sich senkrecht zu einem ablaufenden Band und wurde durch die zu überwachende Maschine oder durch elektrische bzw. mechanische Impulse bewegt. Das Gerät konnte – je nach Geschwindigkeit des Bandes – als ein Zeitstudiengerät, eine Art schreibende Stoppuhr, oder als ein Betriebsüberwachungsgerät im Dauerbetrieb eingesetzt werden. Von den Zeitstudiengeräten der 50er Jahre war die Kienzle-Arbeitsschauuhr die bekannteste. Daneben gab es beispielsweise den „Diagnostiker" von der Firma Peiseler, sowie Mehrfachschreiber von den Messgeräteherstellern Siemens, Hartmann & Braun, der Debro-Werke und von J.C. Eckardt. Kienzle bot den Industriekunden mit seinen Autografen und Rekordern auch Modelle zur Aufzeichnung von Mengen- und Stückkurven, die nicht als Bandschreiber arbeiteten, sondern die als Kreisschreiber auf eine runde Diagrammscheibe aufzeichneten. Der Vorteil lag hier im einfachen und robusten Aufbau, so dass dieses Modell auch in staubiger und feuchter Umgebung zum Einsatz gebracht werden konnte. Der Aufschrieb der Kienzle-Modelle war relativ detailgenau. Während die Geräte der Konkurrenz oft nur einfache Balkendiagramme lieferten, waren mit der Kienzle-Arbeitsschauuhr und dem Autografen genauere Leistungskontrollen möglich.[39]

Obwohl die Betriebsdatenerfassungsgeräte immer nur einen kleinen Teil des Umsatzes ausmachten, war Kienzle Apparate bemüht, hier immer wieder neue Anwendungsgebiete zu erschließen. So wurde in der zweiten Hälfte der 50er Jahre die Arbeitsschauuhr für den Einsatz im Bergbau weiterentwickelt. Das Projekt fand in Kooperation mit dem Unternehmen Bergbau AG Ewald-König Ludwig in Recklinghausen statt, einer Anlage in Bundeseigentum mit 23.000 Beschäftigten, die 6 Millionen Tonnen Kohle im Untertageabbau förderte.[40] Damals stand der Ruhrbergbau vor dem Problem, dass die Schächte immer tiefer getrieben werden mussten, um neue Flöze zu erschließen. Mittlerweile war man bei 1.000 Metern Tiefe angekommen, während die Konkurrenzunternehmen in den USA nur auf eine Tiefe von 150 Meter und in England auf 400 Meter gehen mussten. Das trug dazu bei, dass die Beschaffungskosten so stark angewachsen waren, dass Ausfälle und Verzögerungen durch Fehlorganisation und Betriebsunterbrechung nicht vorkommen durften. Das Problem war, dass der Betriebsablauf in den Stollen durch An- und Abfahrt der Transportzüge und die Aufzugsfahrten sehr kompliziert geworden war, so dass hier gründliche Arbeitsstudien zu einer Optimierung der Prozesse führen sollten. Zusätzlich sollten Zeitstudien an den einzelnen Arbeitsplätzen in den Stollen weitere Fehlerquellen ausschließen. Gängige Betriebsdatenerfassungsgeräte waren den extremen Umweltbedingungen unter Tage nicht gewachsen.

Kienzle musste seine Arbeitsschauuhr so umkonstruieren, dass sie Wasser, Kohle, Schmutz, Erschütterungen und Hitze widerstand. In jahrelanger Arbeit wurde ein bergbautaugliches Modell entwickelt, das den Anforderungen entsprach und im genannten Modellprojekt dazu beitragen konnte, dass die Leistung im Abbau deutlich erhöht wurde, ohne dass hierfür mehr körperliche Arbeit geleistet werden musste.

Die Kienzle-Arbeitsschauuhr kam aber nicht nur in Fabriken und Bergbau sondern auch an Büroarbeitsplätzen zum Einsatz. Mit Unterstützung der Kontrollgeräte konnten hier klassische Zeitaufnahmen vorgenommen werden.[41] Von Kienzle wurden hierbei die Vorteile gegenüber den herkömmlichen Methoden mit der Stoppuhr betont. Die Geräte waren einfach zu bedienen, sie zeichneten mit höchster Genauigkeit auf, sie boten eine große Zahl an Darstellungs- und Markierungsmöglichkeiten und waren einfach les- und auswertbar.

Ein etwas unkonventionelles Einsatzgebiet für Kienzle-Erfassungsgeräte beschrieb der spätere Kienzle-Verkaufsdirektor Klaus Thede für die 50er Jahre, als er noch die Bremer Generalvertretung für Kienzle Apparate leitete. Aus Mangel an klassischen Industriekunden wandte sich Thede damals an die örtlichen fischverarbeitenden Betriebe, um mögliche Einsatzgebiete für Kienzle-Geräte auszuloten. Im Gespräch mit dem technischen Leiter einer Fischfabrik stellte sich heraus, dass man Probleme im Verarbeitungsablauf hatte. Thede ließ an den Verarbeitungsmaschinen

---

39 Vgl. He: Leistung schwarz auf weiß, in: Kienzle Blätter 7/1952, S. 4–6.
40 Vgl. Richard Ernst: Kienzle im Bergbau, in: Kienzle Blätter 5/1958, S. 24–28.
41 Vgl. o.A.: Man schreibt über uns, in: Kienzle Blätter 3/1955, S. 23–25.

3.4. Neue Anwendungen der Betriebsdatenerfassung

Autografen mit angeschlossenen Messschreibern installieren, die die Fische zählten und die Stückzahlen aufschrieben. Nach erfolgreichen Probeläufen kamen die Kienzle-Geräte Ende der 50er Jahre in Cuxhaven bei einer neuen Fabrik für Fischkonserven zum ersten Großeinsatz. Zusätzlich zu den Kontrollgeräten wurde ein Prämiensystem für die Belegschaft eingeführt. Tatsächlich konnte mit dieser Kombination aus Kontrollapparaten und Prämien für die Arbeiter eine Harmonisierung des Verarbeitungsprozesses und damit eine sehr hohe Maschinenauslastung erreicht werden. Aufgrund dieser Erfolge setzte sich das System in der gesamten Branche durch. Später wurden nicht nur in den Fabriken sondern auch auf den Fangbooten Messgeräte installiert, so konnte Kienzle einige Hundert Betriebsdatenerfassungsgeräte auf einem völlig neuen Markt verkaufen.[42]

Der Schritt zu elektronischen Betriebsdatenerfassungsgeräten wurde bei Kienzle Ende der 70er Jahre vollzogen. Auf der Hannover-Messe 1977 konnte man das Betriebsdatenerfassungssystem BDE 1620 vorstellen, das aus zwei Komponenten bestand. Zum einen gab es ein Registrierterminal RT 20, das Daten direkt an den Maschinen erfasste und sie auf einer metallbeschichteten Diagrammscheibe auftrug. Diese Scheiben konnten mit Hilfe des Informationsarbeitsplatzes IP 16 automatisch in digitale Daten umgewandelt und mit angeschlossenen Computern weiterverarbeitet werden.[43] Damit bediente Kienzle das damalige Bedürfnis nach einer möglichst schnellen Nutzung der abgegriffenen Maschinendaten, beispielsweise zur Fertigungssteuerung, und war damit auch kommerziell erfolgreich.[44]

Die Kombination der Aufzeichnungsgeräte mit neuen, elektrischen und elektronischen Datendruckern, den anfangs so genannten Messschreibern, ging auf Entwicklungen in den 50er Jahren im B-Bereich des Unternehmens zurück. Im Zusammenhang mit der Entwicklung halbelektronischer Buchungsmaschinen waren 1957 erstmals Maschinen mit elektrischen Eingabesystemen entstanden. Zur Übertragung der Werte wurde ein Impulsgeber entwickelt, der auch für den Betriebsdatenbereich verwendet werden konnte. So entstanden die ersten numerisch arbeitenden Messschreiber, die später als Digitaldrucker bezeichnet wurden. Erste Anwendungsbereiche lagen zunächst in der Strahlungsmesstechnik, so dass die ersten Kunden für diese Geräte aus den wissenschaftlichen Instituten in den bundesdeutschen Kernkraftwerken kamen. Industrielle Anwendungen erschlossen sich erst langsam im Laufe der 60er Jahre. Die ersten Einsatzbereiche waren die Wiege- sowie die Verpackungstechnik. Hier wurden Etiketten mit Gewichts- und Preisangaben bedruckt. Weitere Anwendungen waren die gerade am Beispiel der Fischfabrik beschriebene Fertigungs- und Verarbeitungsindustrie sowie der Kraftwerksbetrieb, wo extrem lange Betriebszeiten, Daten über Spannung, Strom, Druck und Temperatur aufgezeichnet werden mussten. Zu dieser Zeit existierten für diesen Zweck noch keine elektronischen Speichermedien. Auf Schiffen konnten die Messschreiber die vorgeschriebe-

---

42 Vgl. Interview Thede (2005), S. 11f.
43 Vgl. G. Knipping: Weltpremiere für das Betriebsdatenerfassungs-System Kienzle 1620 in Hannover, in: Kienzle Blätter 2/1977, S. 1.
44 Vgl. „Der Trend: Sofortige Nutzung direkt abgegriffener Maschinendaten", in: Computerwoche, 5.12.1975.

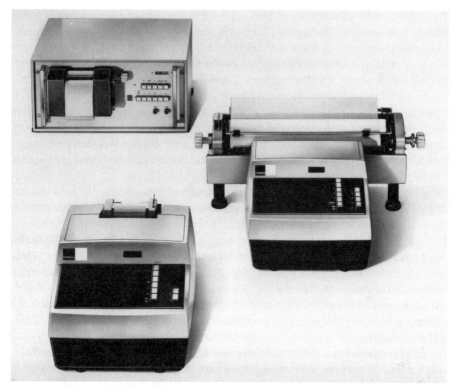

Verschiedene Modelle von Streifen- und Digitaldruckern (70er Jahre).

nen Maschinentagebücher ersetzen; in der chemischen Industrie wurden Füllmengen von Reaktoren erfasst. Insofern stand die Entwicklung der Messschreiber für die Weiterentwicklung der Betriebsdatenerfassungsgeräte von reinen Betriebskontrollgeräten hin zu komplexen Datenregistriersystemen.

1967 konnte Kienzle Apparate eine neue Generation dieser Kontrollgeräte auf mehreren Branchenmessen vorstellen. Die Geräte wurden mehr und mehr in den Dienst eines umfassenden Betriebsorganisationssystems gestellt.[45] Zusätzlich fanden sich immer mehr Anwendungsgebiete für die Digitaldrucker im Bereich des Büromaschinen- und Computersektors. Hier entwickelte sich der Markt immer mehr hin zu Universaldruckersystemen. Kienzle Apparate konnte Ende der 70er Jahre eine komplette Gerätefamilie anbieten, die sowohl einfache Beleg- und Streifendrucker als auch leistungsstarke alphanumerische Formulardrucker mit eigener Rechenelektronik umfasste. Insgesamt stellten die Bereiche Betriebsgeräte und Messtechnik keinen bedeutenden Umsatzfaktor für das Unternehmen dar. Trotzdem war man sich im Familienunternehmen Kienzle immer einig, dass dieses zusätzliche Geschäft fortgeführt werden sollte. 1980 betrug der Jahresumsatz mit Mess- und Tempera-

---

45 H.W.: EWA in Hannover, ACHEMA in Frankfurt, in: Kienzle Blätter 3/1967, S. 7–9.

turschreibern 6,9 Mio. Mark und bei Druckern lag man bei 4,8 Mio. Mark.[46] In der Summe entsprach das immerhin knapp dem Volumen des Taxameterbereichs.

3.5. Technik für die moderne Tankstelle

Einen neuen Produktbereich der Nachkriegszeit stellte die so genannte Zähl- und Rechentechnik für Tankstellen dar. Die Entwicklung der modernen Tankstelle verlief parallel zum Phänomen der Massenmotorisierung. Wichtige Neuerungen konnten ebenfalls zunächst in den USA Fuß fassen, bevor sie auf Europa übergriffen. Das galt auch für die Einführung moderner Tankanlagen. Während das Prinzip der vollautomatischen Tankanlage in den USA entwickelt wurde und dort die ersten Anlagen 1936 in Betrieb gingen, baute der deutsche Tankstellenbetrieb in der Weimarer Republik wie in der NS-Zeit ausschließlich auf Handbetriebsbasis auf.[47] Bei diesen Tanksäulen wurde jeweils ein Messglas mit fünf Liter Kraftstoff von Hand gefüllt, die dann über einen Schlauch in das Auto eingefüllt wurden und ein Tankzähler summierte die Anzahl der getankten Messgläser. Solche einfachen Tankzählgeräte waren auch bei Kienzle seit 1927 produziert und verkauft worden.[48]

Mitte der 30er Jahre kam Kienzle Apparate in Kontakt mit einer Fabrik für Flüssigkeitsmesser in Dortrecht in den Niederlanden. Das holländische Unternehmen hatte einen Durchlaufmengenmesser konstruiert, der jede beliebige Menge genau ermitteln konnte. Bei Kienzle Apparate bestellte man nun ein dazu passendes Anzeigegerät, das auch 1937 fertig wurde und von dem insgesamt 150 Stück geliefert wurden. Dieses erste Kienzle-Modell bestand nur aus einem umlaufenden Zeiger. Nun hatte mittlerweile eine britische Konkurrenzfirma ein Gerät entwickelt, das zusätzlich die Menge mit einem Preis multiplizieren konnte. Diese Funktion wollte der holländische Kunde ebenfalls in das Kienzle-Gerät integriert haben, so dass die Kienzle-Konstruktionsabteilung das bestehende Modell zum später so genannten Geld- und Literzähler Holland (GZH) weiterentwickelte. Wesentliche Arbeiten an dem Modell GZH wurden damals von dem jungen Ingenieur Karl Vögtlin durchgeführt. Kurz vor Kriegsausbruch wurden die ersten Muster des GZH fertig. Der Apparat konnte – wie gefordert – nicht nur die getankte Litermenge sondern auch auf beidseitig angebrachten Zahlenrollen den Preis pro Liter und den zu bezahlenden Preis anzeigen. Hinzu kamen die Kontrollzähler, die die Gesamtmenge des ausgegebenen Treibstoffes und die Summe der Gesamteinnahmen anzeigten.[49] In den Kriegsjahren wurden aber die weiteren Planungen an dem Projekt zugunsten der Kriegsproduktion zurückgestellt.

---

46 Vgl. Kienzle Apparate GmbH: Außenumsatzerlöse Bereich Apparate, Aufstellung 18.2.1981, in: WA VS, Ordner 110.
47 Vgl. Bernd Polster: Tankstellen. Die Benzingeschichte, Berlin 1982, S. 61.
48 Vögtlin (1982), S. 2f.
49 Vgl. Eugen Zechendorf: Das Gehirn der Zapfsäule, in: Kienzle Blätter 2/1953, S. 7–9; vgl. auch das Interview mit Karl Vögtlin (2005), S. 7f.

Kienzle-Preisrechner für Tankanlagen (30er Jahre) und Modell GZH (50er Jahre).

Mit Beginn der Bundesrepublik schob die einsetzende Massenmotorisierung auch einen entsprechenden Boom im Tankstellenbereich an. Damit war es nur eine Frage der Zeit, bis auch in Deutschland die handbetriebene von der vollautomatischen Zapfsäule abgelöst würde. Von den deutschen Zapfsäulenherstellern war das Unternehmen Schwelmer Eisenwerk Müller & Co. am weitesten fortgeschritten. Noch vor dem Krieg 1939 hatte man dort die Entwicklung an einer vollautomatischen Tanksäule mit Kolbenzähler und Rechenwerk abgeschlossen. Darauf aufbauend war es 1952 soweit, dass das Unternehmen auf der IAA in Frankfurt das „deutsche Tankstellenwunder" vorstellen konnte. Die neue Tanksäule vom Schwelmer Eisenwerk lief automatisch, sie wurde mit einem Elektromotor angetrieben und hatte ein Rechenwerk von der US-Firma Gilbarco, die damals zum Erdölkonzern Standard Oil gehörte, integriert. Sie wurde zum Standardmodell der deutschen Tankstelle. Die meisten Tankstellenbesitzer waren in den Folgejahren gezwungen, ihre Anlagen zu modernisieren und auf Automatik umzustellen.[50]

Zu dem Geschäft mit den Umrüstungen kam die stetig steigende Zahl neuer Tankstellen. Waren 1952 in der Bundesrepublik etwa 20.000 Tankstellen zugelassen, stieg diese Zahl bis 1967 auf über 46.000 an und zusätzlich nahm der Kraftstoffabsatz pro Station auf das Dreieinhalbfache zu. Der vorläufige Höchststand an Tankstellen wurde um 1970 erreicht. Danach sorgten der zunehmende Wettbewerb zwischen den Mineralölgesellschaften, Konzentrationsprozesse und die einsetzenden Ölkrisen der 70er Jahre für eine nachhaltige Krise bei den Tankstellenanlagen. In der Öffentlichkeit sprach man auch vom Tankstellensterben. Bis Ende der 70er Jahre halbierte sich die Zahl der Tankstellen im Land und 1987 waren dann nur noch rund 20.000 Anlagen in Betrieb.[51]

---

50 Polster (1982), S. 108.
51 Joachim Kleinmanns: Super, voll! Kleine Kulturgeschichte der Tankstelle, Marburg 2002, S. 48–50.

3.5. Technik für die moderne Tankstelle

Kunden der Zähl- und Rechenwerke waren hier nicht die Betreibergesellschaften von Tanksäulen, sondern die Zapfsäulenhersteller, die ihre fertigen Anlagen an die Mineralölfirmen lieferten. In der Bundesrepublik waren dies neben dem genannten Schwelmer Eisenwerk die Firmen Scheidt & Bachmann, Bopp & Reuther, die Deutsche Gerätebau und das Unternehmen Tankanlagen & Pumpen.[52]

Anfang der 50er Jahre stand Kienzle Apparate für diesen Markt in den Startlöchern. 1948 hatte eine kleine Ingenieursgruppe unter Leitung des späteren Konstruktionsleiters Haupt die Entwicklungsarbeiten am GZH wieder aufgenommen, bestehende Mängel behoben und das komplette System des Zähl- und Rechenwerks noch einmal umkonstruiert. Im Jahr 1949 waren die entsprechenden Arbeiten am GZH abgeschlossen und man begann mit der Produktion und dem Verkauf des Modells. Auf dem neuen Markt musste der GZH sich aber zunächst gegen die genannte US-amerikanische Konkurrenz durchsetzen. Innerhalb weniger Jahre gelang dies und das Unternehmen errang auf dem Markt für Tankzähler in der Bundesrepublik wie in vielen anderen europäischen Ländern eine bedeutende Position.

Die Fertigung des Geräts war 1951/52 in den Zweigbetrieb in Isny, zur Kienzle Feinbau KG, verlagert worden. 1956 wurde die Kienzle Feinbau dann von Isny nach Bonndorf im Südschwarzwald verlegt. Geschäftsführende Gesellschafter der eigenständigen Firma waren Jochen Kienzle und seine ältere Schwester Margrit Furtwängler. Maßgeblich für die Geschäftsführung war aber v.a. die diplomierte Volkswirtin Margrit Furtwängler. Mit ihrem Studium hatte sie noch 1944 im Krieg begonnen. Ihr VWL-Studium konnte sie 1946 an der Universität Freiburg fortsetzen und 1949 erfolgreich abschließen. In ihrer Studienzeit lernte sie auch ihren späteren Ehemann, den Unternehmer Dr. Heinz Furtwängler, kennen. Dieser leitete in Triberg und später in Nürnberg die Firma Gebr. Bühler Nachfolger GmbH (heute: Bühler Motor GmbH).[53]

Die Kienzle Feinbau KG entwickelte sich erfolgreich. In manchen Jahren verlief die Absatzsteigerung so dynamisch, dass man kaum mit der Produktion nachkam. Im Jahr 1956 wurde schon das 50.000. Gerät des GZH ausgeliefert. Wegen den vielen unterschiedlichen Währungen und einiger nationaler Unterschiede in der Anwendung wurde das ursprüngliche Modell des GZH in verschieden Modellen angeboten. Bis 1956 kam es so zu etwa 20 verschiedenen Ausführungen. Im Unterschied zu Geräten der Konkurrenz konnte bei den Kienzle-Apparaten die Literpreiseinstellung mühelos außerhalb des Geräts mit Hilfe von Drehknöpfen vorgenommen werden. In der ersten Gerätegeneration der 50er Jahre musste der Tankwart aber noch vor jedem neuen Kunden den Preisrechner von Hand auf Null stellen.[54]

Der Erfolg der Abteilung Zähl- und Rechentechnik hatte einen Namen, nämlich den von Eugen Zechendorf. Zechendorf war 1952 in das Unternehmen eingetreten

---

52 Vgl. o.A.: Zapfsäulen einst und jetzt, in: Kienzle Blätter 7/1953, S. 10f.
53 Vgl. Handelsregisterauszug Gebr. Bühler Nachfolger GmbH Nürnberg, Amtsgericht Nürnberg, HRB 258; Historie Bühler Motor Gruppe, in: http://www.buehlermotor.de/cgi-bin/sr.exe/profilehistoryde (Abruf 18.5.2007).
54 Vgl. Eugen Zechendorf: Das Gehirn der Zapfsäule, in: Kienzle Blätter 2/1953, S. 7–9; Xaver Blessing: 50000 Kienzle Liter- und Preisrechenwerke, in: Kienzle Blätter 3/1956, S. 3–10.

und hatte bald den Aufbau der Vertriebsabteilung des neuen Bereichs Geld- und Literzähler übernommen. Aufgrund des überschaubaren Kundenkreises in diesem Bereich wurde der Vertrieb der Tankdatensysteme überwiegend direkt vom Werk aus und nicht über das Netz der Vertriebsgesellschaften organisiert. Nur der kleine Teil des Zweitgeschäfts mit Mineralölgesellschaften wurde über die Vertriebsvertretungen bedient. Die Abteilung entwickelte sich so gut, dass Zechendorf 1965 zum Bereichsleiter Zähl- und Rechentechnik befördert wurde, womit ihm die Prokura und der Direktorentitel verliehen wurden. Dadurch wurde er auch Mitglied der Geschäftsleitung. Zechendorf und sein Stamm bewährter Mitarbeiter waren in Deutschland sowie in vielen Exportländern als Fachleute und Marktkenner bekannt und geschätzt. Dabei war Zechendorf wesentlich am Ausbau des Tankstellengeschäfts und am Prozess der Automatisierung beteiligt. In der Fachöffentlichkeit trug er auch den Titel „Pionier der europäischen Tankstellenautomation". Er stand bis zu seiner Pensionierung im Jahr 1982 an der Spitze des Geschäftsbereichs Tankdatensysteme.[55]

Technologisch erfuhr der GZH ab Mitte der 50er Jahre Weiterentwicklungen. 1956 wurde der so genannte „Doppelrechner" eingeführt. Dieses Modell kam beim Tanken von Treibstoffgemischen, beispielsweise bei Zweitaktmotoren, zum Einsatz. Die Gemischsäulen erlaubten, dass jedes beliebige Mischverhältnis direkt getankt werden konnte. In den Säulen war ein Doppelrechner eingebaut, der Menge und Preis des Gemisches anzeigte, der aber auch für den Tankstellenbesitzer und den Kunden eine getrennte Abrechnung der vermischten Treibstoffe liefern konnte.[56] 1963/64 wurden weitere Neuerungen vorgestellt. Zum einen bot Kienzle nun Geld- und Literzähler mit einer automatischen Nullstellung nach jedem Tankvorgang an. Damit wurde die Arbeit der Tankwarte erleichtert und eine mögliche Fehlerquelle bei der Preisberechnung ausgeschlossen.[57] Zum anderen hatte man das Modell des Doppelrechners zu einer „Dreierkombination" weiterentwickelt. Dieser Apparat bestand aus drei Elementen, nämlich dem Rollenzählwerk des GZH, einem Bon-Drucker und einem Voreinsteller. Der Kunde konnte diese Elemente je nach Wunsch kombinieren. Dieses Modell war nicht für den Einsatz an Tankstellen sondern für die Verteilerstationen bei den Mineralölfirmen oder für Tankwagen gedacht.[58]

1969 wurde der bis dahin übliche Begriff der Preis- und Literzähler durch die Bezeichnung Zähl- und Rechentechnik abgelöst. Auf der IAA dieses Jahres konnte das Unternehmen auch eine wesentliche Ausweitung des Produktbereichs vorstellen. Neben den klassischen Rechenwerken mit verbesserter Nullstellentechnik sowie der Zweier- und Dreierkombination hatte man mehrere Neuerungen im Gepäck: Neu

---

55 Vgl. Presse-Information Kienzle Apparate, 15.12.1982, in: Privatarchiv Ackermann; Herbert Ackermann: Direktor Eugen Zechendorf trat in den Ruhestand, in: Kienzle Blätter 3–4/1982, S. 18.
56 Vgl. Xaver Blessing: 50000 Kienzle Liter- und Preisrechenwerke, in: Kienzle Blätter 3/1956, S. 3–10.
57 Josef Zieglwalner: IAA 1963, in: Kienzle Blätter 3/1963, S. 3–11, hier S. 11.
58 Vgl. Herbert Ackermann: Rückblick und Ausblick des Bereichs Apparate-Verkauf, in: Kienzle Blätter 4/1964, S. 10–17.

Das Kienzle Terminalsystem TDS 2300 für bargeldloses Tanken.

gab es einen Preisrechner mit Münzvorwahl und Münzdrucker; es gab einen Rechner mit Handvorwahl, d.h. der Kunde konnte genau angeben, welche Menge Benzin bzw. für welche Geldsumme er tanken wollte; es wurden Belegdrucker für die Zapfsäule angeboten und es gab ein Kienzle-Tank-System, mit dem Menge und Preis direkt an die Registrierkasse übertragen wurden.

Schließlich gab es ein Tanklager-Organisationssystem, bei dem eine Zweierkombination mit einer Kienzle-Buchungsmaschine kombiniert wurde. Die Buchungsmaschine gab die Bestellmengen über einen Streifenlocher aus und die Befüllmengen wurden über die Zweierkombination erfasst und ebenfalls über Lochstreifen weitergegeben. Beide Datengruppen wurden schließlich in einem Rechenzentrum zusammengefasst. Kienzle hatte zudem einen Preisrechner mit Schlüsselautomatik im Angebot, d.h. der Tanksäule war eine Schlüsselanlage angeschlossen, in der sich die Kunden mit einem passenden Schlüssel anmelden konnten und bargeldlos auf ihr Konto bei der Tankstelle tanken konnten. Weiterhin wurde für das kommende Jahr ein verbessertes Rollenzählwerk für Raffinerien und Tankwagen angekündigt.[59]

In den 70er Jahren erlebten die Tankstellen das Ende des Tankwarts und den Übergang zu Selbstbedienungsanlagen. Ein von der Deutschen Gerätebau GmbH angebotenes Gesamtsystem mit Belegausgabe an der Tanksäule und Steuerung bzw. Sperrung vom Kassenarbeitsplatz aus konnte sich hier als Standardmodell der SB-

---

59 Vgl. Emil Zechendorf: Kienzle-Zähl- und Rechentechnik, in: Kienzle Blätter 3/1969, S. 4–7.

Tankstelle durchsetzen.⁶⁰ Kienzle Apparate musste sich hier mit eigenen Modellen von automatisierten Tankdatensystemen gegen aufkommende Konkurrenz behaupten. Insbesondere der Übergang von mechanischen zu elektronischen Systemen hatte der Konkurrenz den Markteinstieg ermöglicht. Zum Zeitpunkt des Verkaufs an Mannesmann konnte Kienzle Apparate noch 20 Prozent am bundesdeutschen Markt für Tankdatensysteme halten. Der Jahresumsatz des Geschäftsbereichs betrug hier etwa 20 Mio. Mark. Stärkste Wettbewerber waren zu einem großen Teil die Hersteller von Tankanlagen selbst, die die Systeme in Eigenregie bauten. Die relevanten Unternehmen aus dem In- und Ausland waren die US-Unternehmen Veeder-Root und Gilbarco, Ferranti aus Großbritannien sowie die deutschen Anbieter Scheidt & Bachmann, Wayne Dresser, Deutsche Gerätebau, Bopp & Reuther und Tankbau Weilheim.⁶¹

1981 gelang es Kienzle, mit dem Terminalsystem TDS 2300 einen wichtigen Schritt in Richtung einer weitgehend bargeldlosen und personalfreien Tankanlage zu gehen. Den Kunden wurde hier eine Anlage geboten, die alle Daten automatisch mit Hilfe eines Tankausweises erfasste. Dieser Tankausweis war als PIN-gesicherte Kreditkarte konstruiert und enthielt die relevanten Daten über Fahrzeug und Kunde. Die Daten aus der Zapfsäule und dem Ausweis konnten gespeichert und weiterverarbeitet werden. In einer EDV-Anlage wurden die Informationen einzelnen Fahrzeugen zugeordnet, Kosten verrechnet und die Daten zu einem gesamten Fuhrparkdatensystem verdichtet. Kienzle bot hierfür beispielsweise das eigene Fuhrparkinformationssystem 1613 an.⁶²

3.6. Groschengräber aus Villingen

Das zweite neue Geschäftsfeld des Apparatesektors in der Nachkriegszeit stellten Parkuhren und später Parkscheinautomaten dar. Die Parkuhr war – ähnlich wie die moderne Tanksäule – eine Erfindung der 30er Jahre und kam aus den USA. Die dortige Motorisierung und die sich hieraus ergebende Parkraumnot in den amerikanischen Metropolen führten schon vor dem Zweiten Weltkrieg dazu, dass Stadtverwaltungen Maßnahmen ergriffen, um Dauerparker zu reglementieren. In der Anfangszeit begann die Polizei damit, entsprechende Fahrzeuge mit Kreisen an den Reifen zu markieren. Diese Methode erwies sich aber als umständlich, zeitraubend und ungenau, so dass Ende der 20er Jahre erste Kontrolluhren entwickelt und eingesetzt wurden. 1935 wurde das erste Patent für eine münzgesteuerte Parkuhr vergeben und im gleichen Jahr wurde das erste derartige Gerät in der US-Stadt Oklahoma City aufgestellt.⁶³ Nach Schätzungen aus dem Jahr 1956 waren bis zu dieser Zeit in den USA schon über 1,1 Millionen Parkuhren aufgestellt worden. Diese Zahl

---

60 Polster (1982), S. 190.
61 Vgl. Konvolut Marktanalyse 1981, in: WA VS, Ordner 110.
62 F. Hahn: Schlüssel zum Tanken rund um die Uhr, in: Kienzle Blätter 1/1981, S. 18f.gl. F. Hahn: Schlüssel zum Tanken rund um die Uhr, in: Kienzle Blätter 1/1981, S. 18f.
63 Ernst Pidun: Parkometer. Parkzeitkontrolle durch Münzautomaten, Berlin 1954, hier S. 16.

3.6. Groschengräber aus Villingen

Kienzle Parkuhren: Von der PU 1 (ab 1954) zur PU 5 (ab 1973).

steht eindrucksvoll für die Probleme mit der Automobilisierung des Stadtverkehrs und es verwundert nicht, dass Europa und Deutschland in den 50er Jahren mit dem gleichen Phänomen zu kämpfen hatten. Die erste europäische Parkuhr wurde 1952 in Basel aufgestellt, die erste bundesdeutsche 1954 in Duisburg. Parallel dazu begann der Gesetzgeber, die notwendigen gesetzlichen Voraussetzungen zu schaffen.

Die Initiative für eine Parkuhrenfertigung bei Kienzle ging vom kaufmännischen Geschäftsführer Polzin aus. 1954 war er mit dem Düsseldorfer Apparate-Generalvertreter Willi Weidt in die USA gefahren und hatte den dortigen Einsatz von Parkuhren studiert.[64] Damals wurden in den USA Geräte von Firmen wie Park-O-Meter, Dual, Mark-Time und Duncan-Miller produziert. Polzin entschied, die ersten Kienzle-Parkuhren nach einer Lizenz von Dual zu fertigen. Für das Modell PU 1 wurden die Gehäuse aus den USA importiert und die Mechanik der Parkuhr in St. Georgen hergestellt. Zunächst wurde nur die Montage dieser Elemente in Villingen vollzogen, so dass für diese Abteilung nur eine Handvoll Arbeiter benötigt wurde.[65] Die ersten Exemplare der PU 1 kamen Ende 1954 in den Verkauf und im Verlauf der Folgejahre konnte man die Jahresproduktion auf etwa 3.000 bis 4.000 Parkuhren steigern. Dies gelang, obwohl die PU 1 nur für einen einzigen Tarif und eine Sorte Münzen konstruiert war und der Lizenzvertrag den Export in viele Länder ausschloss.

Die Parkuhren bestanden in dieser Zeit im Inneren aus einem Uhrwerk mit Schaltwerk, einem Außengehäuse und einem Ständer. Weil die Apparate in der Regel unter freiem Himmel aufgestellt wurden und somit der Witterung ausgesetzt waren, wurde bei allen Teilen rostfreier Stahl verwendet. Der Antrieb geschah über eine starke Feder, die einmal pro Woche beim Leeren der Münzkassette aufgezogen werden musste. Durch den Münzeinwurf setzte sich das Schaltwerk in Bewe-

---

64 Vgl. o.A.: Kienzle am Rhein, in: Kienzle Blätter 2/1956, S. 4–7.
65 Vgl. Ernst (1970), S. 8.

gung. Parkdauer und Tarif konnten je nach Wunsch der Stadtverwaltung eingestellt werden.[66]

Auf der IAA 1961 konnte die Kienzle-Parkuhr in einer weiterentwickelten Modellvariante PU 2 vorgestellt werden. Insbesondere die Form war neu gestaltet worden. Damit konnte das Parkuhrengeschäft des Unternehmens weiter gesteigert werden.[67] Das Nachfolgemodell PU 3 konnte 1965 in die Fertigung übergeleitet werden. Bei der PU 3 war immerhin das Gehäuse aus der eigenen Produktion, während das Uhr- und Schaltwerk erst ab dem Modell PU 4 aus den Kienzle-Werkstätten stammte. Dieses Modell wurde ab 1966/67 gefertigt und ermöglichte eine Produktionssteigerung auf etwa 1.300 Exemplare pro Monat. Als kleine Kuriosität am Rande konnte 1965 vermeldet werden, dass das Unternehmen auf der Basis der Parkuhr auch eine Waschplatzuhr entwickelte und in den Vertrieb mit aufnahm.[68]

Beim Nachfolgetyp PU 5, der auf der IAA 1973 vorgestellt und ab dem Folgejahr verkauft wurde, setzte man auf ein halbautomatisches System. D.h. die Parkuhr wurde durch den Parker selbst aufgezogen und brachte den Betreibern dadurch erhebliche Einsparungen, denn das bis dahin übliche wöchentliche Aufziehen der Uhren durch einen Mitarbeiter entfiel. Sie konnte als Einzel- und Doppelgerät geliefert werden und hatte den Vorteil eines einzigen Münzschlitzes für alle Münzsorten, so dass ein Fehleinwurf vermieden werden konnte. Für grenznahe Standorte wurde sogar die Möglichkeit angeboten, dass bis zu neun verschiedene Münzen in unterschiedlichen Währungen angenommen wurden.[69]

In den 70er Jahren gab es noch zwei wesentliche Weiterentwicklungen der Produktgruppe des „ruhenden Verkehrs". Zum einem konnte das Unternehmen Anfang der 70er Jahre ein komplettes Parkhausabfertigungssystem vorstellen, das mit einem Schrankenmechanismus an die Stelle vieler einzelner Parkuhren treten konnte und deshalb für Parkhäuser oder größere abgeschlossene Parkplatzareale die weniger personalintensive und kostengünstigere Alternative zur Parkuhr darstellte.[70] Zum anderen konnte die Kienzle-Parkuhrabteilung auf der IAA 1979 der Branchenöffentlichkeit den Prototyp eines elektronischen Parkhausabrechnungssystems mit Digitalanzeige („Kienzle-Parcotax") präsentieren.[71]

Parkuhren und andere Methoden einer modernen Parkraumbewirtschaftung blieben in der öffentlichen Diskussion weiterhin umstritten. Dies zeigte das Beispiel der Stadt München, die 1981 beschloss, alle Parkuhren abzuschaffen. Hintergrund war die Erkenntnis, dass die Einnahmen aus den knapp 5.000 Parkuhren der Stadt

---

66 Vgl. o.A.: Ein neues Kienzlegerät, in: Kienzle Blätter 1/1955, S. 6f.; Xaver Blessing: 50000 Kienzle Liter- und Preisrechenwerke, in: Kienzle Blätter 3/1956, S. 3–10.
67 Vgl. Jochen Kienzle: Vergangenheit und Zukunft, in: Kienzle Blätter 5/1961, S. 10–13, hier S. 11.
68 Zu den Entwicklungen der 60er Jahre vgl. Ernst (1970), S. 46, 48, 53 u. 66.
69 Herbert Ackermann: Internationale Automobilausstellung 1973 in Frankfurt/M., S. 13–19, hier S. 15.
70 Geschäftsbericht Firmengruppe Kienzle Apparate GmbH für das Geschäftsjahr 1.4.1976 – 31.3.1977, in: StA VS, Kienzle Apparate, 1037.
71 Kienzle Apparate GmbH: Kräftiges Umsatzplus im EDV-Bereich, Pressemitteilung 26.10.1979, in: StA VS, Kienzle Apparate, 1037.

letztlich nicht die Verwaltungs- und Betreuungskosten deckten. Damals betrug die Parkgebühr 20 Pfennig pro Stunde. Die Befürworter des kostenpflichtigen Parkens wollten eine Erhöhung auf 50 Pfennig durchsetzen, während die bürgerlich-liberalen Gegner der „Groschengräber" die Parkscheibe als Alternative propagierten. Die Parkscheibe konnte vom Autofahrer selbst eingestellt werden und ermöglichte ihm – je nach Regelung – eine gewisse Zeit kostenlosen Parkens.[72] Dieses Beispiel löste eine allgemeine Diskussion über Sinn und Nutzen der Parkuhr aus. Letztlich machte das „Münchner Experiment" aber nicht Schule, denn in den meisten anderen Städten hatten sich Parkuhren keineswegs als Zuschussgeschäft erwiesen.[73] Außerdem löste die Parkscheibe auch nicht alle Probleme. Weiterhin fielen auch hier erhebliche Kosten für eine Kontrolle der Verstöße an und außerdem war die Scheibe für Manipulationen weitaus anfälliger als die Parkuhr.[74]

Die Erfahrungen der letzten Jahrzehnte haben bewiesen, dass Parkraum in Innenstädten weiterhin ein knappes Gut darstellt und die Gebühren hier weiter angestiegen sind. Gerade infolge der Diskussionen um Umweltschutz und Schadstoffbelastungen wurden weitere Maßnahmen ergriffen, um den motorisierten Verkehr aus den Innenstädten zu verbannen. Die Verknappung und Verteuerung von Parkraum war dabei nur eine der praktizierten Maßnahmen.

3.7. Das Unternehmen wächst

Die skizzierten Entwicklungen im Apparatebereich deuten an, welchen rasanten Wachstumsprozess das Unternehmen in der frühen Bundesrepublik durchlief. Stellt man noch den Aufstieg des zweiten Standbeins, das Geschäft mit Büromaschinen und Computern, daneben, wird klar, dass die Kienzle Apparate GmbH sich von einem mittelständischen Betrieb mit nicht mehr als regionaler Bedeutung zu einem bundesweit bekannten Spitzenunternehmen mit Ausstrahlungskraft auf viele internationale Märkte mausern konnte. Im Mittelpunkt dieses Prozesses standen die Mitarbeiter des Unternehmens, die Arbeiter und Angestellten in den Villinger Werken, in den Betrieben der Nebenstandorte und in den Verkaufsniederlassungen. Zum Kapitel der Belegschaftsentwicklung gehören die baulichen Maßnahmen des Unternehmens, die sozialen Beziehungen zwischen Unternehmern und Mitarbeitern aber auch Themen wie das Ausbildungs- und Fortbildungswesen.

Wenden wir uns zunächst der baulich-räumlichen Entwicklung des Unternehmens sowie dem Belegschaftswachstum zu. Als 1928 das Unternehmen Kienzle Taxameter und Apparate AG als rechtlich selbständige Einheit entstand, verfügte es über das damalige Hauptwerk im Zentrum der Stadt Villingen sowie über ein kleines Zweigwerk im Nachbarort Mönchweiler. Insgesamt waren etwa 250 Arbeiter und

---

72 Vgl. z.B. Karl Stankiewitz: Nur München will die Groschengräber begraben, in: Westdeutsche Zeitung, 24.7.1982.
73 Vgl. z.B. o.A.: Im Uhrzeigersinn, in: Auto, Motor und Sport, 8.9.1982.
74 So argumentierte auch Kienzle Apparate, vgl. Pressemitteilung des Unternehmens „Parkscheibe kann Parkuhr nicht ersetzen", Mai 1987, in: WA VS, Ordner 59.

Kienzle-Werk entlang der Brigach 1953.

Angestellte beschäftigt. Auf dem Gelände des Hauptwerks hatte sich zuvor eine alte Sodafabrik befunden, die 1923/24 von den Kienzle Uhrenfabriken aufgekauft worden war und auf deren Grundstück das neue Gebäude entstand, in dem die Taxameterabteilungen der Uhrenfabriken zusammengeführt wurden.[75]

Die Krise des Unternehmens in der Weltwirtschaftskrise und der schnelle Aufstieg ab Mitte der 30er Jahre wurden im ersten Kapitel skizziert. Für den Betrieb in Mönchweiler bedeuteten die Jahre der Stagnation eine Schließung zwischen 1931 und 1936. Als das Fahrtschreibergeschäft dem Unternehmen ein schnelles Wachstum eintrug, wurde nicht nur das Mönchweiler Werk wieder in Betrieb genommen, sondern auch am Hauptwerk musste neuer Raum für die zusätzlichen Beschäftigten geschaffen werden. 1937 wurde deshalb ein neues Verwaltungsgebäude errichtet und die komplette Fertigung im alten Bau konzentriert. 1939 erwarb Kienzle Apparate zusätzlich das benachbarte Gebäude der ehemaligen Firma Rappenegger. Mit dem Kauf des Rappenegger-Baus wurde ein Kanal zugeschüttet, der sich zwischen dem bisherigen Hauptwerk und dem neuen Bau erstreckte. Die bedeutende Vergrößerung bis 1945 erfolgte in den Kriegsjahren 1940/41 mit einem großen, mehrgeschossigen Neubau längs der Brigach, der die bisherige Fertigungsfläche des Unternehmens um ein Vielfaches vergrößerte.[76] Das Gebäude wurde damals aufgrund der vielen Auftragsarbeiten für das Reichsluftfahrtministerium (RLM) auch als „RLM-

---

75 Oskar Barth: Aus der Geschichte unseres Werkes, in: Kienzle Blätter 4/1952, S. 7–12.
76 Ebd.

Neubau" bezeichnet.[77] Die rasante Entwicklung spiegelte sich im Anwachsen der Beschäftigtenzahl wider: von etwa 400 vor Kriegsbeginn war sie im Jahr 1944 auf einen vorläufigen Höhepunkt von über 1.200 Arbeitern und Angestellten angestiegen, ein Drittel davon ausländische „Fremdarbeiter".

In den Jahren der Besatzungszeit litt das Unternehmen unter mangelnder Auslastung und konnte nur etwa 300 Mitarbeiter beschäftigen. Erst ab 1948 stieg die Nachfrage schnell an, so dass das Unternehmen eine große Zahl von Neueinstellungen vornehmen konnte. Schon 1952 überschritt die Beschäftigtenzahl den bisherigen Höchststand im Krieg, so dass sich die Unternehmensleitung überlegen musste, wie zusätzliche Flächen zu gewinnen wären: Entweder weitere Stockwerke auf bestehende Gebäude, ein neuer Verwaltungsturm oder eine Verlängerung der Gebäude standen zur Diskussion. Man entschied sich für die letztere Variante und stellte 1953 ein neues Verwaltungsgebäude fertig, das am alten Verwaltungshaus anschloss und sich parallel zum Brigachbau erstreckte. 1955 verlängerte man auch den Brigachbau selbst in Richtung Osten und konnte dadurch in etwa eine Verdopplung der Produktionsfläche erreichen.

Zum Richtfest im Oktober 1955 kamen zahlreiche prominente Gäste aus der Region. Neben Geschäftsfreunden des Unternehmens waren der Geschäftsführer der IHK, der Landrat, der Villinger Oberbürgermeister, weitere Spitzen der Stadtverwaltung und die kompletten Fraktionsspitzen aus dem Gemeinderat vertreten. Nachdem Unternehmensgründer Dr. Kienzle im Vorjahr verstorben war, hielt Geschäftsführer Polzin die Festrede. Darin unterstrich er die Dynamik der Nachkriegsentwicklung, die Kienzle Apparate und seine mittlerweile 2.000 Beschäftigten zu einem wesentlichen Wirtschaftsfaktor in der Region hatte werden lassen, und er hob die Bereitschaft der Eigentümerfamilie hervor, die ehrgeizigen Investitionen in Neubauten zu schultern.[78]

Es dauerte keine drei Jahre, bis der neu gewonnene Platz für Produktions- und Fertigungsabteilungen schon wieder knapp wurde. 1958 bis 1961 wurde deshalb östlich vom alten Hauptwerk der so genannte Shedbau in mehreren Schritten errichtet. Diese Maßnahme brachte insgesamt über 3.500 m² zusätzliche Fläche. Dorthin wurden die Druckgießerei und die Stanzerei sowie einige technische Verwaltungsstellen verlagert, um der Fertigung wiederum mehr Platz in den bestehenden Gebäuden zur Verfügung stellen zu können. 1960 wurde eine weitere Verlängerung des Baus von 1955 fertig, mit dem die östliche Begrenzung des Grundstückes durch die Forsthausstraße erreicht war. Der Abschlussbau brachte auf sechs Etagen immerhin rund 2.500 m² zusätzliche Fläche für Fertigungs- und Büroräume. Gleichzeitig wurde die Kantine aus dem bisherigen Gebäude heraus in einen provisorischen Holzbau verlegt, den man zwischen dem Verwaltungsgebäude von 1937 und dem Shedbau errichtet hatte. Der flache Kantinenbau nahm 1960 seinen Betrieb auf und hatte eine Fläche von knapp 1.000 m². Damit war er etwa 20 Prozent größer als die alte Kantine.[79] Der Kantinen-

---

77 Julius Wagner: Vom Feinmechaniker zum Betriebsleiter, in: Kienzle Blätter 5/1961, S. 18–20, hier S. 19.
78 Vgl. H.R.: Unser Richtfest am 14. Oktober 1955, in: Kienzle Blätter 6/1955, S. 10–13.
79 Richard Ernst: Überall wird gebaut, in: Kienzle Blätter 2/1960, S. 19–28.

Kienzle-Werk B nach dem Ausbau (70er Jahre).

bau sollte eigentlich nur Übergangscharakter haben und die mittelfristige Bauplanung von Kienzle sah hier einen richtigen Sozialbau vor. Aber das Provisorium sollte bis in die 90er Jahre hinein, als das alte Stammwerk stillegelegt wurde, in Betrieb bleiben – deutlich länger, als es die Planer bei seiner Errichtung gedacht hatten.

Neben den verschiedenen Produktions- und Verwaltungsbauten am Hauptstandort im Villinger Zentrum und dem schon erwähnten kleinen Zweigwerk in Mönchweiler, besaß das Unternehmen noch zwei weitere Produktionsstandorte in Oberndorf am Neckar und Bonndorf im Südschwarzwald. In Oberndorf hatte man 1951 ein ehemaliges Gebäude der Mauser-Werke übernommen und darin mit der Montage von Kienzle-Büromaschinen begonnen. Dort konnte man viele der gut qualifizierten Mitarbeiter der ehemaligen Mauser-Büromaschinenfertigung übernehmen. Durch den Ausbau der bestehenden Räume und den Zukauf eines weiteren Betriebs im Stadtteil Altoberndorf konnten bis Ende der 60er Jahre über 400 Mitarbeiter am Standort Oberndorf beschäftigt werden.[80] Das Werk in Bonndorf war 1956 als Nachfolger des Zweigwerks in Isny entstanden. Formaljuristisch war es als Kienzle Feinbau KG bis zum Verkauf an Mannesmann selbständig und wurde auch erst seitdem in der Bilanz mit aufgeführt. Es gehörte aber ebenfalls zu 100 Prozent den beiden Kienzle-Geschwistern Herbert Kienzle und Margrit Furtwängler. In Bonndorf wurde im Wesentlichen für die Geschäftsbereiche der Tankdatensysteme und der Parkuhren produziert. Zu den genannten Standorten kamen die Gesellschaften des

---

80 Vgl. K. Grimm: Kienzle-Fertigungsstelle Oberndorf a.N., in: Kienzle Blätter 4/1957, S. 8f.; H. Kammerer: In Altoberndorf wurde ein Erweiterungsbau bezogen, in: Kienzle Blätter 2/1966, S. 42–44.

verzweigten Apparate- und Büromaschinenvertriebsnetzes hinzu, auf die aber an anderer Stelle näher eingegangen wird.

In den 60er und 70er Jahren stieg die Gesamtbeschäftigtenzahl bei Kienzle Apparate weiter an. 1960 hatte man den 3.000. Mitarbeiter eingestellt. Davon waren über 2.000 als Arbeiter beschäftigt und weniger als 1.000 im Angestelltenverhältnis. Vor allem durch die Expansion im Büromaschinen- und Computerbereich in der zweiten Hälfte der 60er Jahre wuchs die Belegschaft weiter an und überschritt im Jahr 1968 die Gesamtzahl von 4.000 Köpfen, dabei war die Zahl der Arbeiter mit nun 2.200 relativ stabil geblieben, während sich die Angestelltenzahl fast verdoppelt hatte und mittlerweile bei über 1.800 lag. Trotz dieser Verschiebung in der Mitarbeiterstruktur befand sich der Boom im Computergeschäft erst in den Anfängen und auch das Apparategeschäft stand – wie wir weiter unten bei der Einführung des EWG-Fahrtschreibers sehen werden – vor einer erneuten Expansionsphase.

Zum Ende des Geschäftsjahrs 1974/75 summierten sich diese Entwicklungen zu einem Gesamtbelegschaftsstand von 6.200 Arbeitern und Angestellten bei Kienzle Apparate und in den angeschlossenen Vertriebsgesellschaften. Davon waren rund 1.200 Beschäftigte in den Vertriebsgesellschaften angestellt.[81]

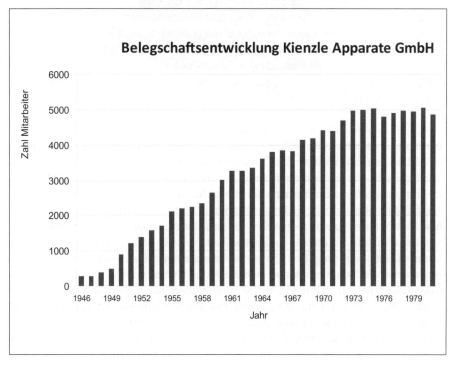

Abbildung 6: Wachstum der Kienzle-Belegschaft am Standort Villingen in den Goldenen Jahren.

---

81 Kienzle Apparate GmbH: Rapider Kostenanstieg beeinträchtigt Jahresergebnis 1974/75, Pressemitteilung 29.11.1975, in: StA VS, Kienzle Apparate, 1037.

Diese Zuwächse im operativen Geschäft wurden durch weitere bauliche Maßnahmen und Zukäufe von Grundstücken begleitet. 1966 wurde am Hauptstandort ein weiterer Neubau fertig. Dieser zog sich entlang der Forsthausstraße im östlichen Anschluss an das bisherige Werk. Dort wurden verschiedene Verwaltungsabteilungen untergebracht. Im Jahr 1969 zwang die Raumnot das Unternehmen außerdem dazu, das alte Villinger Werk der Kienzle Uhrenfabriken anzumieten. Dieses wurde im Laufe der Jahre gekauft und firmierte als Werk III. Dabei handelte es sich um das ehemalige Werk der Firma C. Werner am Benediktinerring, das mit dem Verkauf 1913 in den Besitz Kienzles gekommen war.[82]

Zu den einschneidensten Baumaßnahmen der Unternehmensgeschichte kam es 1969/70, als ein komplett neues Werk, das später so genannte A-Werk konzipiert und gebaut wurde. Zunächst hatte es parallele Verhandlungen mit der Gemeinde Mönchweiler und der Stadt Villingen über ein geeignetes Grundstück gegeben. Schließlich entschied sich die Kienzle-Geschäftsführung dafür, das neue A-Werk im Norden vor den Toren Villingens, an der Sommertshauser Halde, entstehen zu lassen. Es handelte sich um ein bis dahin völlig unbebautes Waldgrundstück mit einer Gesamtgröße von 80.000 m². Damit entfloh das Unternehmen der Enge der Villinger Innenstadt und hatte genug Platz für den Bau einer modernen, eingeschossigen Industrieanlage, in der die funktionalen Erfordernisse einer zeitgemäßen Fertigungs- und Produktionsstätte optimal umgesetzt werden konnten. Die industrielle Fertigungstechnik befand sich gerade in einem tief greifenden Wandlungsprozess. Immer mehr mechanische Funktionselemente wurden durch elektronische Komponenten und die bisherigen Metallgehäuse wurden durch Kunststoffteile ersetzt, die man im wirtschaftlich und funktional überlegenen Spritzgussverfahren herstellen konnte.

Die Planungen und die Umsetzung des Gesamtwerks stellten für alle Verantwortlichen rund um den zukünftigen Betriebsleiter Herbert Kleiser eine enorme logistische Herausforderung dar.[83] Mit dem Bau wurde im Mai 1969 begonnen und man hatte sich einen ehrgeizigen Zeitplan auferlegt. Im Hintergrund liefen die Entwicklungen bzgl. der Einführung einer Fahrtschreiberpflicht für die komplette EWG. Hier wollte das Unternehmen unter allen Umständen mit entsprechenden Produktionskapazitäten rechtzeitig in den Startlöchern stehen. Schon zum Jahresende wollte man die Grundfläche inklusive der Stahlkonstruktion und der Seitenwände fertig haben, um dann im Frühjahr 1970 mit dem Innenausbau fortfahren zu können. Spätestens nach der Sommerpause sollten die ersten Geräte im neuen Werk vom Band rollen. Doch die schlechte Witterung durchkreuzte diese ehrgeizigen Pläne. Der Winter 1969/70 setzte schon im Oktober mit Schneefällen ein und zog sich bis tief in den März, so dass der Rohbau erst von einer 30 cm tiefen Eis- und Schneedecke befreit werden musste, als man im Frühjahr weiterbaute. Zu diesem Zeitpunkt lag man etwa zwei Monate hinter dem ursprünglichen Zeitplan zurück. Zwar konnten

---

82   Ernst (1970), S. 67.
83   Vgl. Interview Kleiser (2005), S. 4–6; S. Eckle: Und die Bänder laufen wieder, in: Kienzle Blätter 3/1970, S. 3; O.A.: Zwischenbilanz (Interview mit Herbert Kleiser), in: Kienzle Blätter 3/1970, S. 4–8.

Rohbau des neuen Werk A auf Sommertshauser Halde.

die Bautrupps in den Monaten April bis Juli kräftig aufholen, aber an einen Beginn mit der kompletten Apparatefertigung im August war nicht mehr zu denken. Stattdessen sollte der Betrieb nur mit den Montageabteilungen aufgenommen und die anderen Bereiche in den Folgemonaten nachgezogen werden. Das neue Zieldatum war der 17. August 1970.

Je näher dieser Tag rückte, umso spannender wurde es. Während die allermeisten Mitarbeiter der Kienzle Apparate im Juli in die Betriebsferien gingen, begann ein Trupp von etwa 80 Mitarbeitern mit dem Umzug. Ganze Abteilungen, Maschinen und Einrichtungen mussten in der Innenstadt abgebaut, verladen und im A-Werk wieder aufgebaut werden. Drei Lkws befanden sich im Dauereinsatz. Behindert wurde der Umzug durch die Handwerker, die bis zur letzten Minute mit dem Innenausbau der neuen Gebäude beschäftigt waren. In der Vorwoche des Anlauftermins war man aber tatsächlich so weit, dass mit einigen Arbeiterinnen der Ablauf an den neuen Montagebändern durchgespielt werden konnte und man somit für den großen Tag gewappnet war.

Am Montag, den 17. August, endeten die Betriebsferien und die Montagearbeiter wurden mit dafür eingerichteten Buslinien aus dem Stadtzentrum zum neuen A-Werk gebracht. Pünktlich um 7.15 Uhr trafen sie ein und die Montagebänder rollten um 7.45 Uhr an. Aus den Lautsprechern tröpfelte leichte Musik und allen Anwesenden, sowohl der Geschäftsführung als auch dem Betriebsrat und den Gästen, war die Erleichterung anzumerken. 55 Minuten später rollten die ersten fertigen Fahrtschreiber vom Band und belegten den gelungenen Anlauf des neuen Werkes.

Die Montagehalle war ein eingeschossiger Flachbau mit einer Länge von 120 und einer Breite von 63 Metern. Im Vergleich zu den bisherigen Räumlichkeiten im

Hauptwerk waren das gewaltige Ausmaße. Auch die weiteren Schritte des Anfahrens verliefen nach Plan. Nach und nach nahmen die Montagebänder für Taxameter, Fahrtschreiber und Parkuhren ihre Arbeit auf. Bis Ende des Jahres wurden verschiedene Fertigungsabteilungen nachgezogen, ein Hochregallager und neue Bereiche wie die Aluminiumgießerei gingen in Betrieb. Mit den neuen Anlagen und Gebäuden stand ein Mehrfaches der bisherigen Produktionskapazitäten zur Verfügung.

Gleichzeitig zum Bau des A-Werks 1969/70 entstand ein neues Verwaltungs- und Schulungsgebäude in der Villinger Waldstraße, mit dem immerhin auch 4.000 m² zusätzliche Nutzfläche zur Verfügung standen.[84] Vor den neuen Montagebau im A-Werk wurde 1972 der neue, sechsgeschossige Bürobau mit 3.400 m² Nutzfläche errichtet und von den wichtigsten, nicht produzierenden Abteilungen des A-Bereichs bezogen. Darunter waren sämtliche Vertriebsbereiche, die Konstruktion, die Entwicklung, das Versuchsfeld, die Diagrammauswertung, aber auch angeschlossene Bereiche wie das Marketing und die Mustersammlung.[85] Alle Abteilungen des Geschäftsfelds Datensysteme sowie die Geschäftsführung verblieben im Hauptwerk in der Villinger Innenstadt. Es wurde deswegen auch Werk B (für Büromaschinen) und später Werk D (für Datensysteme) genannt. Damit schlug sich die organisatorische Trennung der beiden großen Säulen der Kienzle Apparate, in das Apparategeschäft und in den Bereich Datensysteme/Computer, auch räumlich sichtbar nieder.

Abgeschlossen wurden die Bauaktivitäten im A-Werk 1973/74 mit einem Erweiterungsbau für die Fertigungshalle, der sich nach Westen hin anschloss, sowie einem weiteren Verwaltungsgebäude. Damit kamen weitere 3.000 m² Produktionsfläche, eine Erweiterung des Speisesaals, zusätzliche Lagerräume, Wasch- und Umkleideräume sowie Bürokapazitäten hinzu. Die neuen Fertigungsflächen dienten zur Erweiterung der Montage und des Ersatzteillagers. Der Lackiererei wurde eine Siebdruckerei angegliedert und die Spritzgussabteilung erfuhr eine erhebliche Vergrößerung, weshalb sie aus der bisherigen Fertigungshalle in den Anbau verlegt wurde.[86]

Da die Unternehmensentwicklung in den 70er Jahren von weiterem Wachstum auf beiden Geschäftsfeldern gekennzeichnet war, wurden bei den Umsatz- wie bei den Beschäftigtenzahlen neue Rekorde aufgestellt. Der vorläufige Höchststand wurde im Geschäftsjahr 1980/81 erreicht, als das Unternehmen in der Bundesrepublik durchschnittlich 6.862 Mitarbeiter beschäftigte, davon knapp 5.000 direkt bei der Kienzle Apparate GmbH, die anderen arbeiteten in den inländischen Vertriebsgesellschaften.[87] Zählte man die Kienzle-Vertriebsmitarbeiter aus dem Ausland noch hinzu, dann waren über 8.500 Beschäftigte für das Unternehmen tätig. Wie in

---

84 Karl Schleßmann: Es wird weiter gebaut ..., in: Kienzle Blätter 1/1969, S. 2–4.
85 H.W.: Ein Bürohaus stellt sich vor, in: Kienzle Blätter 1/1972, S. 2–6.
86 Herbert Kleiser: Erweiterungsbau Werk A, in: Kienzle Blätter 3/1973, S. 9; Die Geschäftsleitung berichtet, in: Kienzle Blätter 3–4/1974, S. 4–6.
87 Kienzle Apparate GmbH: Bericht Geschäftsjahr 1.4.1980 – 31.3.1981, S. 19, in: StA VS, Kienzle Apparate, 1037; Kienzle Apparate GmbH: Bericht an den Aufsichtsrat über das 1. Quartal 1982, in: Mannesmann Archiv, M 17.723, Bd. 1.

den Abschnitten über das Computergeschäft in den 70er und 80er Jahren berichtet, geriet Kienzle Apparate in dieser Zeit zunehmend in eine strukturelle Krise. Der drückende Wettbewerb auf dem Computermarkt setzte dem Familienunternehmen immer mehr zu, so dass es 1981/82 zum Verkauf an die Mannesmann AG kam und umfangreiche Sanierungsmaßnahmen eingeleitet werden mussten. Im Rahmen dieser Umstrukturierungen kam es auch zu einem unfangreichen Stellenabbau. Von 1981 bis Ende 1983 wurde die Kienzle-Belegschaft um rund 1.400 Stellen weltweit reduziert. Mit der Eingliederung in die Mannesmann AG war der Druckerhersteller Mannesmann Tally GmbH mit etwa 800 Beschäftigten im Inland und über 1.500 weltweit in die Kienzle-Unternehmensgruppe aufgenommen worden, so dass sich die Vergleichszahlen entsprechend verschoben.

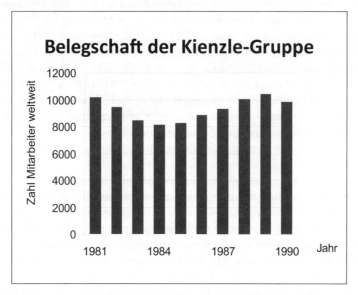

Abbildung 7: Entwicklung der Mitarbeiterzahl in der Mannesmann-Kienzle-Gruppe 1981–1990.

Nach Abschluss der Konsolidierungsphase im Jahr 1984 stellte das Unternehmen wieder neue Mitarbeiter ein und erreichte in den Jahren 1988 und 1989 einen weiteren Höchststand. Bereinigt man die Zahlen um den Anteil von Tally, dann waren 1988 weltweit knapp 8.000 Mitarbeiter und im Inland etwa 6.300 bei Mannesmann Kienzle beschäftigt.[88] Rechnet man die Mannesmann Tally und die anderen zugekauften Computergesellschaften hinzu, übertraf die Gesamtzahl sogar die Schwelle von 10.000.

In die Krisenzeit um 1980 fielen auch Pläne für den Bau eines neuen, großen Computerwerkes direkt neben dem A-Werk, in dem die neue Computergeneration der Klasse 9000 gebaut werden sollte. Diese wurden aber auf Grund der sehr unsi-

---

88 Mannesmann Kienzle GmbH: Bericht an den Aufsichtsrat über das Geschäftsjahr 1989 Kienzle Gruppe weltweit, Januar 1990, in: Archiv Betriebsrat VS.

166　　　　　　　　　　　　　　　3. Die Goldenen Jahre

Ansicht Werk A (70er Jahre).

cheren Zukunftserwartungen im letzten Moment wieder aufgegeben, so dass es bis Ende der 80er Jahre dauerte, bis es wieder zu nennenswerten Bautätigkeiten kam. In den Jahren nach dem Verkauf an Mannesmann verlagerte sich der Mittelpunkt des Unternehmens immer stärker vom D-Werk in der Innenstadt ins A-Werk auf der Sommertshauser Halde. Das deutlichste Signal hierfür war der schrittweise Umzug der Geschäftsführung vom D- ins A-Werk in dieser Zeit.

1988 begann man einen Erweiterungsbau für das A-Werk zu bauen. Der Bau war spätestens zu dem Zeitpunkt notwendig geworden, als man das Werk III in der Villinger Innenstadt verkaufte und es darüber hinaus Pläne gab, auch die komplette Computermontage ins A-Werk zu verlegen. Im April 1989 wurde der Erweiterungsbau in Betrieb genommen. Er umfasste 15.000 m^2 und führte das funktionale Konzept des A-Werks fort. Dieses war gekennzeichnet durch einen Flachbau, ein großflächiges Hallenraster und Stahlkonstruktionen. Hinzu kam ein klarer Materialfluss von Norden nach Süden. Nur der äußere Stil des Industriebaus wurde verändert: der reine Zweckbau wurde um eine attraktive Fassade ergänzt. In einem Kopfbau wurden weitere Büroräume untergebracht, die teilweise nur durch Glaswände von der Montagehalle abgetrennt waren. Hier wurden auch der Betriebsrat, die Betriebsleitung, die Montagemeister und Teile der Arbeitsvorbereitung untergebracht. Das neue Hallengeschoss nahm die Montage des Computerbereichs aus dem Hauptwerk und die gesamte Packerei mit dem Versand für alle Abteilungen auf. Auch der Betriebsmittelbau konnte hier konzentriert und eine Erweiterung der Spritzgussabteilung angeschlossen werden. Auf den im Werk D freiwerdenden Flächen wurden der

Technische Kundendienst und die Ausbildung aus dem verkauften Werk III untergebracht.

Mit dem Bezug des Erweiterungsbaus im A-Werk gelang es erstmals, die bislang getrennte Apparate- und Computermontage an einem Standort zu konzentrieren. Damit war die Hoffnung verbunden, den Materialfluss zu optimieren und Synergieeffekte zu erzielen. Diese Erwartungen waren nicht unbegründet, denn bislang war die Computerfertigung in der Innenstadt in einem älteren Geschossbau untergebracht, so dass allein die Verlagerung in die eingeschossige Halle mehr Transparenz und Effizienz in den Abläufen erwarten ließ. Hinzu kam, dass im Bereich der Leiterplattenbestückung Investitionen in modernste Maschinen getätigt wurden, so dass auch hier eine höhere Leistungskraft und mehr Flexibilität zu erwarten waren.[89]

Wie sich Ende 1990 aber herausstellte, waren alle Pläne zur besseren Verzahnung des A- und des D-Bereichs für den Papierkorb produziert worden, denn in der Mannesmann AG fiel der Beschluss zum Verkauf des kompletten Computerbereichs an DEC. Zu diesem Zeitpunkt waren rund 4.100 Mitarbeiter des Gesamtunternehmens rund um den Globus für den Computerbereich beschäftigt. Die Villinger Computerabteilungen wurden jetzt wieder am alten Standort in der Innenstadt konzentriert und alle Verflechtungen in Produktion und Verwaltung aufgelöst. Bis Herbst 1991 war die Auftrennung der Mannesmann Kienzle GmbH in das Kernunternehmen für das Automobilgeschäft und die neue Digital-Kienzle GmbH & Co. KG für den Computerbereich räumlich abgeschlossen.

Gastarbeiter bei Kienzle Apparate

Anfang der 60er Jahre stand das Unternehmen vor dem Problem, dass es angesichts der faktischen Vollbeschäftigung in der Bundesrepublik und der beschränkten regionalen Mobilität schwierig geworden war, ausreichend qualifizierte Beschäftigte in der notwendigen Zahl zu gewinnen. Das Unternehmen stand mit diesem Problem nicht alleine da, sondern es handelte sich um ein strukturelles Problem der Zeit. Anfangs der 60er Jahren waren Ausländer unter den Kienzle-Mitarbeitern die absolute Ausnahme. Von über 3.000 Arbeitern und Angestellten wurden Ende 1960 gerade mal 17 Ausländer gezählt.[90]

Angesichts des Arbeitskräftemangels begann aber auch Kienzle Apparate, Gastarbeiter einzustellen und sie gezielt in Südosteuropa anzuwerben. Noch waren es zunächst einzelne Gastarbeiter aus Italien, Spanien, Jugoslawien und Griechenland, die den Weg ins Unternehmen fanden. Dahinter stand aber keine systematische Anwerbepolitik Kienzles. Erst im Sommer 1964 stellte das Unternehmen einen ersten Antrag beim Arbeitsamt, dass es 50 Montagearbeiterinnen benötigte. Obwohl damals in Villingen einige Hundert Türken eingetroffen waren, ging Kienzle Apparate in dieser Runde leer aus. Die Anwerbung und Verteilung der Arbeiter erfolg-

---

89 Produktion im Ergänzungsbau A-Werk ist angelaufen (Interview mit Herbert Kleiser und Dr. Dietmar Straub), in: Mannesmann Kienzle „aktuell" 2/1989, S. 1–3.
90 Ernst (1970), S. 26.

te über die Strukturen der Arbeitsverwaltung und Konzernbetriebe wurden in dieser Zeit bevorzugt mit Arbeitskräften versorgt. Erst als Justitiar Zieglwalner bei den verantwortlichen Stellen vorstellig wurde, konnte man die Zuteilung eines ersten Kontingents von 50 türkischen Arbeitern erreichen. Das Unternehmen hatte für diese Gruppe ein Wohnheim eingerichtet und sorgte sich um ihre Ausstattung.[91]

Die allermeisten Gastarbeiter wurden in der Fertigung und in der Montage eingesetzt. Ihr Einsatz bewährte sich von Anfang an. Nach den Türken waren es vor allem Arbeiter aus Italien und Jugoslawien, die bei Kienzle Apparate eingestellt wurden. So waren 1966 schon rund 230 Gastarbeiter beschäftigt und machten somit rund 10 Prozent der Arbeiterschaft im Betrieb aus. Die Italiener stellten damals die größte Gastarbeitergruppe, gefolgt von den Jugoslawen, die hauptsächlich aus Kroatien angeworben wurden. Unter ihnen befanden sich sowohl angelernte Kräfte aber auch einige Facharbeiter. Sie wurden in der Technikerschule in Zagreb ausgebildet und ausgesucht. Kienzle ließ es sich nicht nehmen, sie mit eigenen Bussen nach Villingen zu bringen. Es stellte sich heraus, dass viele der Gastarbeiter dem Unternehmen lange Zeit die Treue hielten. Über den Familiennachzug oder persönliche Kontakte in die Heimatländer kam es nicht selten vor, dass Angehörige, Freunde und frühere Nachbarn ebenfalls zu Kienzle kamen. Es ist das Beispiel einer Gruppe von Griechen bei Kienzle Apparate überliefert, die fast alle aus dem gleichen Heimatdorf kamen.[92] Mit einer verbesserten Integration der ausländischen Arbeiter konnte auch 1966 das Wohnheim wieder aufgelöst werden.

Bis 1969 stieg die Zahl der Gastarbeiter bei Kienzle Apparate auf 440 an, was schon mehr als 10 Prozent der Gesamtbelegschaft ausmachte. Nun stand die Gruppe der Jugoslawen mit 178 Personen an erster Stelle, gefolgt von Italienern und Türken. In dieser Zeit war das Unternehmen auch dazu übergegangen, die Arbeiter direkt in Jugoslawien anzuwerben. Obwohl in der Bundesrepublik die Hochphase der Anwerbepolitik mit den 60er Jahren zu Ende ging und 1973 ein offizieller Anwerbestopp beschlossen wurde, war die Zahl der ausländischen Arbeiter bei Kienzle 1974 schon auf über 800 angestiegen.[93] In einem Zeitraum von nicht einmal zehn Jahren hatten sie sich zu einer nicht mehr wegzudenkenden Größe innerhalb des Unternehmens entwickelt. Sie, ihre Angehörigen und Nachkommen sind bis heute in den Nachfolgeunternehmen beschäftigt.

3.8. Pflege der Stammbelegschaft

Grundsätzlich war Kienzle Apparate auf eine gut ausgebildete Stammbelegschaft von Facharbeitern und technisch versierten Angestellten angewiesen. Diese war die Basis für den Weltruf des Unternehmens und seiner feinmechanischen Produkte.

---

91 Vgl. Interview Zieglwalner (2005), S. 17f.
92 Vgl. Gerhard Hirt: So sehen es unsere Gastarbeiter, in: Kienzle Blätter 3/1966, S. 48–51.
93 Vgl. Jochen Kienzle: Bericht zur Geschäftslage, in: Kienzle Blätter 4/1969, S. 4–9; Jochen Kienzle berichtet über die wirtschaftliche Lage unseres Unternehmens, in: Kienzle Blätter 1/1974, S. 4f.

3.8. Pflege der Stammbelegschaft

Kienzle-Direktoren Dr. Karl Schleßmann und Karl Schätzle.

Die lange Tradition der Uhrenindustrie in der Region half, hierfür die Grundlagen zu legen, aber es war ständige Aufgabe des Unternehmens, diese Ressource zu pflegen und ihre Qualität auch über den gesellschaftlichen und technologischen Wandel hinweg zu sichern. Diese betriebliche Notwendigkeit prägte das Unternehmen, sein Selbstverständnis und die in ihm gelebten sozialen Beziehungen über Jahrzehnte hinweg.

In der Zeit des Gründers Dr. Kienzle war das Unternehmen noch von einer patriarchalen und fürsorgenden Gemeinschaftskultur geprägt.[94] Selbst in den Jahren der tiefen Krise war es der Unternehmensführung ein Anliegen, möglichst wenige Mitarbeiter zu entlassen, um deren Erfahrung und Wissen auch nach der wirtschaftlichen Wiederbelebung wieder zur Verfügung zu haben. Die vergleichsweise geringe Größe des Unternehmens erlaubte es der Geschäftsführung, den Kontakt zur Belegschaft direkt und auf einer persönlichen Ebene zu führen. Dementsprechend lesen sich die überlieferten Berichte ehemaliger Mitarbeiter, die sich an die Person Dr. Herbert Kienzle erinnerten.[95] Schon an früherer Stelle wurde auf die Praxis verwiesen, dass alle Arbeitsplätze mit Namensschild, Eintrittsdatum und Herkunftsland des Mitarbeiters versehen waren, um dem Eigentümer die Orientierung und das

---

94 Zu dem Konzept vgl. Hartmut Berghoff: Unternehmenskultur und Herrschaftstechnik. Industrieller Paternalismus: Hohner von 1857 bis 1918, in: Geschichte und Gesellschaft 23 (1997), S. 167–204.
95 Vgl. die Zusammenstellung o.A.: So erlebten sie den Gründer unserer Firma …, in: Kienzle Blätter 2/1967, S. 8–12.

Gespräch mit seinen Mitarbeitern auch in einer Zeit zu erleichtern, in der die Gesamtzahl die 1.000er-Marke überschritten hatte.

Das unternehmerische Selbstverständnis Dr. Kienzles, in seinem Unternehmen eine „Betriebsgemeinschaft" zu leben, war darüber hinaus anschlussfähig an die weltanschaulichen Vorgaben im Nationalsozialismus. Erinnert sei an die beschriebene Szene von 1938 bei der Einweihung des neuen Verwaltungsgebäudes, bei der Dr. Kienzle ganz im Sinne des NS-Regimes die Aufhebung des Gegeneinanders von Arbeitgebern und Arbeiternehmern im Dienste einer „organischen Betriebsgestaltung" propagierte.

Diese betriebliche Praxis eines mittelständischen Familienunternehmens konnte zwar in der Zeit nach Dr. Kienzles Tod nur bedingt beibehalten werden, umso wichtiger war es den Nachfolgern, das unternehmerische Selbstverständnis an dessen Leitlinien immer wieder neu auszurichten. Wesentliche Impulse hierfür gingen in den 50er Jahren v.a. von den Personaldirektoren des Unternehmens, angefangen mit Karl Schätzle und Dr. Karl Schleßmann sowie deren Nachfolgern aus. Dabei hatte die Pflege der „Familie Kienzle" sowohl eine ideell-kulturelle als auch eine materiell-soziale Dimension.

Dr. Schleßmann war 1954 zum Unternehmen Kienzle Apparate gekommen und hatte die Position des Personaldirektors von Karl Schätzle übernommen, der diese Aufgabe seit Kriegsende ausgefüllt hatte und der sich nun auf die Arbeit als verantwortlicher Direktor für den Einkauf und den Bereich Materialwirtschaft konzentrierte.[96] Schleßmann war 1901 geboren worden und hatte nach Jurastudium und Promotion in Göttingen und Berlin in den 30er und 40er Jahren in Saarbrücken als Richter, Landrat und Leiter einer Reichsverkehrsbehörde gearbeitet. Aufgrund seiner staatlichen Funktionen und seiner Mitgliedschaft in der NSDAP musste er 1945 aus dem Staatsdienst ausscheiden. In den Nachkriegsjahren war er in Goslar zunächst als Holzfäller und dann im Bergbau tätig. Im Bergbau stieg er nach 1948 schnell in der Verwaltung auf und arbeitete als Abteilungsleiter im Personalbereich. Seine Position als Kienzle-Personaldirektor übte er von 1954 bis zu seinem Ruhestand 1969 aus.[97] In dieser Zeit prägte er maßgeblich die sozialen Beziehungen im Unternehmen.

Als Schleßmanns Nachfolger war 1969 zunächst der Rechtsanwalt Norbert Reckenfelderbäumer eingestellt worden. Dieser hatte in den 60er Jahren für einen regionalen Unternehmerverband der Metallindustrie und danach als Abteilungsdirektor der Bereiche Personal und Recht für das Ulmer Unternehmen Magirus-Deutz AG gearbeitet.[98] Reckenfelderbäumer blieb aber nur bis Ende 1971 im Unternehmen. Nach seinem Weggang wurde die Position des Personaldirektors dem bisherigen Syndikus des Unternehmens, Rechtsanwalt Josef Zieglwalner, übertragen. Zieglwalner war Jahrgang 1926 und hatte Studium und Anwaltsausbildung in Erlangen

---

96 Zu Schätzle vgl. o.A.: Karl Schätzle gestorben, in: Mannesmann Kienzle „aktuell" 3/1988, S. 7.
97 Vgl. Karl Schleßmann: Noch ein 60er!, in: Kienzle Blätter 3/1961, S. 12.
98 Jochen Kienzle: Dr. jur. K. Schleßmann tritt in den Ruhestand, in: Kienzle Blätter 2/1969, S. 30–32.

3.8. Pflege der Stammbelegschaft 171

Vertriebsdirektor Klaus Thede und Personaldirektor Norbert Reckenfelderbäumer 1969.

und Nürnberg absolviert. Seit 1957 arbeitete er für Kienzle Apparate als Schleßmanns Assistent und Leiter der damals neu geschaffenen Rechtsabteilung. In den 70er Jahren verantwortete er den Bereich Personal und Recht in der Geschäftsleitung. Nach dem Einstieg von Mannesmann übernahm Zieglwalner die Abteilung Recht, Lizenzen und Leitende Angestellte des Unternehmens und war hier bis zu seiner Pensionierung Ende 1991 tätig.

Die Geschäftsführung des Familienunternehmens Kienzle Apparate fühlte sich der Idee einer „Betriebsgemeinschaft" verpflichtet. Darunter wollte man aber keineswegs eine „idyllische Hamonie" ohne soziale Interessensgegensätze verstehen. Alle Betriebsangehörigen sollten ihre Persönlichkeit – folgt man den Worten Schleßmanns – und ihre eigenen Interessen im Betrieb ausleben können. Diese Art von „Betriebsgemeinschaft" schaffte die gegensätzlichen Interessen nicht aus der Welt, sondern sie sicherte das „Gemeinschaftsleben unter Anerkennung von Gegensätzen und Konflikten".[99] Mit diesem Selbstverständnis lehnte sich das Kienzle-Management an die Arbeitsgemeinschaft für soziale Betriebsgestaltung (ASB) und deren Gründer, den Heidelberger Rechtsprofessor Albrecht Weiß, an.[100] Weiß war in den

---

99 Karl Schleßmann: Haben wir eine Betriebsgemeinschaft?, in: Kienzle Blätter 4/1956, S. 3–5.
100 Die ASB ist eine Organisation, die sich v.a. mit Weiter- und Fortbildungsmaßnahmen für Manager und leitende Angestellte beschäftigte.

50er Jahren regelmäßig zu Gast in Villingen und brachte den Kienzle-Mitarbeitern seine Erfahrungen als ehemaliger Personal- und Sozialdirektor der BASF näher. Er betonte die soziale Verantwortung der Unternehmen gegenüber den Menschen in den Betrieben. Gerade die Notwendigkeit technischer Rationalisierung dürfe zu keiner „Entmenschlichung" und „Entseelung" der Arbeit führen. Stattdessen empfahl er den Ausbau des betrieblichen Vorschlagswesens und eine offensive Informations- und Kommunikationspraxis der Unternehmensführung gegenüber den Mitarbeitern.[101]

Das wichtigste Instrument war hier bei Kienzle Apparate die eigene Betriebszeitung „Kienzle Blätter", die erstmals zu Weihnachten 1951 als „Geschenk an die Mitarbeiter" herausgegeben wurde.[102] Auf der Titelseite der ersten Ausgabe sieht man einen Feinmechaniker bei der Montage eines Taxameters. In der Einleitung erklärte der Unternehmer Dr. Kienzle, dass die Publikation eine Reaktion auf das Anwachsen des Betriebs und der Belegschaft und die damit steigende Anonymität wäre. Sie sollte „mithelfen, den Kotakt zu bilden von Mensch zu Mensch im Rahmen des Werks, dem wir im gemeinsamen Schaffen dienen."[103] In einem Geleitwort begrüßte der Betriebsrat das Erscheinen: Die Betriebszeitung diente „einer allgemeinen Aussprache zur weiteren Festigung des Kontaktes zwischen Betriebsrat – Belegschaft und darüber hinaus zur Geschäftsleitung"[104]. Die Kienzle Blätter erschienen in der ganzen Zeit bis zum Verkauf an Mannesmann mit vier bis acht Ausgaben pro Jahr und einem Umfang zwischen 30 und etwa 70 Seiten. Inhaltlich waren sie auf eine Verbesserung der unternehmensinternen Kommunikation ausgerichtet und nicht als Werbebroschüre nach außen konzipiert. Insofern enthielten sie immer einen umfangreichen Teil über die „Familie Kienzle": Die Belegschaft wurde über runde Geburtstage, Eheschließungen, Geburten, Arbeitsjubiläen und den Tod (ehemaliger) Mitarbeiter informiert und aktuelle Entwicklungen aus dem Lohn- und Tarifbereich kamen auch nicht zu kurz. Artikel zu den Produkten und zu aktuellen Messeauftritten waren wichtiger Bestandteil der Zeitschrift. Regelmäßig wurden aber auch kulturhistorische Berichte über die Heimatregion, zu Exportländern und auch zur eigenen Unternehmensgeschichte abgedruckt. So konnte es vorkommen, dass sich komplette Ausgaben den Fassnachtstraditionen der Region widmeten oder Artikel zur mittelalterlichen Stadtgeschichte erschienen.

Die Kienzle Blätter waren aber nicht die einzige Maßnahme zur Pflege der Stammbelegschaft. Die ideelle Ebene dieser Fürsorge wurde in vielfacher Weise durch materielle Maßnahmen ergänzt und abgerundet. Die betrieblichen und sozialen Leistungen des Unternehmens umfassten dabei v.a. eine eigene Betriebskrankenkasse, die Dr. Herbert-Kienzle-Unterstützungskasse, eine Werksküche und ein System von weiteren freiwilligen Zuwendungen und Vergünstigungen für die Belegschaft. Viele der Einrichtungen und Maßnahmen gingen schon auf die 30er Jahre zurück.

---

101 Vgl. o.A.: Die Rationalisierung und der Mensch, in: Kienzle Blätter 5/1955, S. 28f.
102 Möglicherweise hat es in den 30er Jahre eine Vorläuferpublikation namens „Kienzle-Nachrichten" gegeben. Hiervon ist aber kein Exemplar erhalten.
103 Herbert Kienzle: Zum Geleit!, in: Kienzle Blätter 1/1951, S. 2.
104 Betriebsrat: Die Aussprache, in: Kienzle Blätter 1/1951, S. 9.

3.8. Pflege der Stammbelegschaft

Vertriebsleiter Ausland Alfred Jauch (rechts) im Gespräch mit Justiziar Josef Zieglwalner.

So wurde die Betriebskrankenkasse 1928 gegründet und schon während der ersten Aufstiegsphase in den 30er Jahre gewährte man den eigenen Mitarbeitern Zusatzleistungen gegenüber dem gesetzlichen Pflichtkatalog. Schon früh wurden ein eigener Betriebsarzt und eine eigene Betriebsschwester eingestellt, die sich um die Mitarbeiter und deren Familienangehörigen kümmerten. Bedürftigen Mitarbeitern wurden Erholungskuren gewährt. Dieses System musste in den Nachkriegsjahren kurze Zeit ausgesetzt werden, aber schon 1947/48 gewährte das Unternehmen wieder Unterstützungen für Kranke und Notleidende und 1949 stimmte eine Betriebsversammlung einstimmig für die Wiedereröffnung der Betriebskrankenkasse.[105] Als 1970 in der Bundesrepublik die gesetzliche Lohnfortzahlung im Krankheitsfall eingeführt wurde, konnte Geschäftsführer Jochen Kienzle darauf verweisen, dass diese Regelung bei Kienzle Apparate schon seit 1955 praktiziert würde.[106]

Ergänzt wurde die Krankenversicherung durch die Dr. Herbert-Kienzle-Unterstützungskasse, die Dr. Kienzle und seine Frau Charlotte im Juli 1939 nach dem Vorbild des (Schwieger-) Vaters gründeten. Jakob Kienzle hatte für die Belegschaft der Kienzle Uhrenfabriken eine solche Einrichtung schon 1907 ins Leben gerufen.[107] Die Dr. Herbert-Kienzle-Unterstützungskasse diente vorwiegend zum Aufbau einer betrieblichen Altersvorsorge. Grundsätzlich wurde allen Mitarbeitern, die mindestens zehn Jahre dem Unternehmen angehört hatten, eine betriebliche Zusatzrente gewährt.

---

105 Betriebsrat: Unsere Sozialeinrichtungen seit 1928, in: Kienzle Blätter 4/1952, S. 12–14.
106 Jochen Kienzle: Bericht zur Geschäftslage, in: Kienzle Blätter 4/1969, S. 4–9.
107 Vgl. Zu Jakob Kienzles 100. Geburtstag, in: Baden-Württemberg, Heft 4 (1959), S.44.

Diese wurde beim Erreichen des Rentenalters oder bei Erwerbsunfähigkeit ausgezahlt. Sie wurde mit der gesetzlichen Rente insoweit verrechnet, dass die Gesamtrente nicht den Satz von 80 Prozent des letzten Einkommens überschreiten durfte. Neben der Betriebsrente gewährte die Unterstützungskasse auch eine Witwen- und Waisenrente für Hinterbliebene von verstorbenen Mitarbeitern, die den Anspruch auf Bezug der Betriebsrente erfüllten.[108]

Als freiwillige Leistung richtete das Unternehmen eine Werksfürsorge ein, also eine Stelle, an die sich alle Mitarbeiter mit ihren Nöten und Sorgen wenden konnten. Darüber hinaus bestand die Möglichkeit, nicht nur seelischen Beistand sondern auch materielle Unterstützung in Notfällen zu erhalten. Geschäftsführung und Betriebsrat entschieden im Sozialausschuss in jedem Einzelfall gemeinsam über finanzielle Unterstützungen. Dort wurden auch Darlehen für Bauvorhaben von Mitarbeitern gewährt und außerdem beteiligte sich das Unternehmen an größeren Bauprojekten, um den für die vielen Mitarbeiter benötigten Wohnraum zu schaffen.

Seit den 30er Jahre kümmerte sich das Unternehmen auch selbst um die Verpflegung der Belegschaft. Man bemühte sich um die Einrichtung einer Werksküche, in der v.a. Alleinstehende mit einer günstigen Mittagsmahlzeit versorgt wurden. In der Notsituation der Nachkriegsjahre wurde die Werksküche in eine Sporthalle verlegt, aber auch nach dem Ende der Lebensmittelrationierung wurde die Einrichtung beibehalten. Die schnelle Vergrößerung der Belegschaft ab Ende der 40er Jahre überlastete bald die bestehende Einrichtung, so dass der Zugang vorrangig nur noch auswärtigen Mitarbeitern gewährt wurde und gleichzeitig über einen Kantinenneubau nachgedacht werden musste.

1952 mussten jeden Tag etwa 450 Personen in der Küche versorgt werden.[109] Mit Fertigstellung des Brigachbaus wurde die Kantine im dortigen Obergeschoss untergebracht und ein Neubau wurde dann 1960, wie berichtet, mit dem provisorischen Holzbau realisiert. Trotz manchem Anlauf für den Bau eines neuen Sozialgebäudes, wurde das Projekt nie realisiert und der Holzbau diente bis in die 90er Jahre als Kantine.

Abgerundet wurden die Zusatzmaßnahmen bei Kienzle Apparate durch eine eigene Werksbücherei, durch Maßnahmen der beruflichen Weiterbildung inner- und außerhalb des Unternehmens, mit Studiendarlehen für Betriebsangehörige, durch regelmäßige sportliche und kulturelle Veranstaltungen, durch Jahresabschlussprämien für alle Mitarbeiter sowie durch Feiern für Betriebsrentner und durch Winterweihnachtsfeiern für die Kinder aller Mitarbeiter. Alle diese Maßnahmen brachten das soziale Selbstverständnis des Unternehmens und der Eigentümerfamilie zum Ausdruck. Das Unternehmen war nicht nur ein Ort, an dem die Produktionsfaktoren zusammengeführt wurden, sondern es war ein betrieblicher Sozial- und Kulturverband, der auch die Sorge für Kinder und Ehemalige mit einschloss. Besonders bei den Rentner- und Kinderfeiern traten die Kienzle-Frauen auch öffentlich in Erscheinung. Zum einen war das Charlotte Kienzle, die Frau von Dr. Herbert Kienzle, die ihren Ehemann um über 20 Jahre überlebte und bis zu ihrem Tod im Jahr 1975 an

---

108 Vgl. Kienzle Apparate GmbH: Broschüre für neue Mitarbeiter, Villingen 1962.
109 Schriftleitung: Zum Thema „Werksküche", in: Kienzle Blätter 7/1952, S. 7f.

der Vorbereitung und Durchführung dieser Betriebsfeiern mitwirkte. Ihre Nachfolge übernahm ihre Schwiegertochter Luitgard Kienzle, die Frau von Jochen Kienzle. Mit dem Eintritt der Mannesmann AG und dem Austritt der Unternehmerfamilie Kienzle lief dieses Kapitel betrieblicher Fürsorgepolitik aus.

3.9. Selbstbewusste Kienzleaner

Die unternehmerische Fürsorge führte aber keineswegs zu einer passiven Mitarbeiterschaft oder einer schwachen oder defensiven Belegschaftsvertretung. Den Eigentümern und ihren Geschäftsführern stand in allen Phasen der Unternehmensentwicklung – also sowohl in den Jahrzehnten als Familienunternehmen als auch in den Phasen als Konzerntochter – eine hochgradig gewerkschaftlich organisierte Belegschaft und eine selbstbewusste Belegschaftsvertretung gegenüber. In der Hochphase des gewerkschaftlichen Organisationsgrades, in den 70er Jahren, waren etwa 90 Prozent der Kienzle-Arbeiter Mitglied der IG Metall und in der Gruppe der Angestellten war der Organisationsgrad kaum niedriger. Hier gehörten 20 Prozent der Angestelltengewerkschaft DAG und 40 Prozent der IG Metall an.[110]

Während auf der einen Seite eine sozial verantwortliche Unternehmerfamilie mit ihren Managern stand, bildete eine starke und selbstbewusste Belegschaft den Gegenpol hierzu. Unterschiedliche Interessen wurden meistens im Dialog, wenn nötig in einer klaren Aussprache und selten im Konflikt ausgetragen. Schon allein die Tatsache, dass in der langen Zeit von 1945 bis in die Gegenwart nur vier verschiedene Vorsitzende an der Spitze des Kienzle-Betriebsrates standen, unterstreicht diese Einschätzung und die stabile Organisationsstruktur auf Arbeitnehmerseite. Selbst als in der Mannesmann-Ära in der Geschäftsführung ein schneller Wechsel einsetzte, standen dem Betriebsrat weiterhin jahrzehntelang erfahrene Köpfe vor.

Als 1945 die französischen Militärs die Macht in Villingen übernahmen, wurde Karl Heinzmann zum ersten Vorsitzenden des provisorischen Betriebsrats ernannt. In der ersten freien Betriebsratswahl 1946 wurde er in dieser Funktion bestätigt. Heinzmann war Jahrgang 1902 und war im März 1940 bei Kienzle Apparate eingetreten. Er arbeitete als Meister in der Abteilung für Betriebsgeräte und Kleinserienfertigung. Heinzmann engagierte sich in der Nachkriegszeit als Mittler zwischen Eigentümerfamilie und Besatzungsbehörden und stand an der Seite der Unternehmer, als es darum ging, die Demontage des Werkes zu verhindern. Heinzmann blieb bis 1957 Vorsitzender des Betriebsrats.[111]

Abgelöst wurde er durch seinen langjährigen Stellvertreter Hans Faßnacht. Dieser war Jahrgang 1914 und schon seit 1934 bei Kienzle Apparate tätig. Als Arbeiter war er in der Schleiferei beschäftigt gewesen. Schon bei der ersten freien Betriebsratswahl war er in die Belegschaftsvertretung gewählt worden, 1950 wurde

---

110 Rede Tonhausen auf Betriebsversammlung Kienzle Apparate GmbH, 29./30.11.1977, in: Archiv Betriebsrat VS.
111 Vgl. H. F. Elsässer: Karl Heinzmann. 10 Jahre Betriebsrat bei Kienzle Apparate, in: Kienzle Blätter 3/1953, S. 15f.; Hier spricht der Betriebsrat, in: Kienzle Blätter 1/1956, S. 34.

Erster Betriebsratsvorsitzender der Nachkriegszeit Karl Heinzmann.

er zum stellvertretenden Vorsitzenden und 1957 zu Heinzmanns Nachfolger gewählt. Diese Position hatte er bis 1973 inne. Seine Amtszeit war geprägt vom Aufstieg zu einem modernen Großunternehmen mit zwei starken Standbeinen in der Apparate- und der Computerproduktion. Faßnacht wurde als zäher und unbeirrbarer, letztlich aber auch geschickter Verhandler charakterisiert, der dafür eintrat, dass die Kienzle-Belegschaft ihren Teil vom Kuchen abbekam. Sein Engagement galt über Jahre hinweg einer besseren Unterbringung der Werksküche und der Errichtung eines Ausbildungszentrums. Er stritt für die stetige Verbesserung der freiwilligen und übertariflichen Zusatzleistungen bei Kienzle Apparate.[112]

Der Kienzle-Betriebsrat bestand jedoch nicht nur aus dem Vorsitzenden. Die Arbeit des Gremiums und seine Erfolge hingen auch von dem Engagement der anderen Mitglieder ab. Zwei Namen seien an dieser Stelle stellvertretend für die vielen anderen genannt. Zum einen sei Paula Fuchs erwähnt, die 1961 im Alter von 29

112 Vgl. Rede Norbert Tonhausen auf Betriebsversammlung Kienzle Apparate GmbH, 12./13.4.1973, in: Archiv Betriebsrat VS.

3.9. Selbstbewusste Kienzleaner

Jahren zu Kienzle Apparate kam und 1965 erstmals in den Betriebsrat gewählt wurde. Damit war sie damals wohl nicht die erste, aber zu diesem Zeitpunkt die einzige Frau in der Belegschaftsvertretung. Im Unternehmen arbeitete sie zunächst in der Bohrerei und später als Einrechnerin für Büromaschinen. Fuchs sollte bis zu ihrer Verabschiedung 1990 wesentlich die Arbeit des Betriebsrats mit bestimmen. Mit der Erweiterung des Aufsichtsrats von drei auf 12 Mitglieder 1978 vertrat sie auch dort jahrelang die Interessen der Arbeitnehmerseite.[113] Der zweite Name, der an dieser Stelle erwähnt werden muss, ist der von Gerhard Kienzler. Kienzler war ein echter Villinger. Er wurde dort 1926 geboren und nach Lehre und Militärdienst kam er 1950 zu Kienzle Apparate. Zunächst arbeitete der gelernte Automatendreher als Stanzer, 1964 wurde er ins Angestelltenverhältnis übernommen und war Meister in der Automatendreherei. Ab 1960 wurde er regelmäßig in den Betriebsrat gewählt, wo er sich v.a. um Lohn- und Akkordfragen kümmerte. Zwischen 1973 und 1978 vertrat er die Arbeitnehmerposition im Kienzle-Aufsichtsrat und von 1972 bis 1989 füllte er die Position des stellvertretenden Betriebsratsvorsitzenden aus.[114]

1973 kam es zum Generationenwechsel an der Spitze des Betriebsrats. Mit Faßnacht trat ein Vertreter der Generation ab, die den Aufstieg des Unternehmens in der Nachkriegszeit miterlebt hatte. Sein Rücktritt im Februar 1973 wurde von allen Seiten als „überraschend" bezeichnet. Er selbst begründete den Entschluss mit „Mangel an vertrauensvoller Zusammenarbeit im Betriebsrat".[115] Der Betriebsrat musste schnell reagieren und die nahe liegende Lösung, die Wahl von Faßnachts Stellvertreter Kienzler, zerschlug sich, weil dieser diesen Schritt nicht gehen wollte und das Angebot des Betriebsratsvorsitzes ablehnte.

So fiel die Wahl auf den damals noch sehr jungen Norbert Tonhausen. Er war Jahrgang 1937 und gehörte mit Fuchs und Kienzler zur Nachkriegsgeneration. Damals ahnte sicherlich kaum einer, dass mit Tonhausens Wahl eine neue Ära bei Kienzle Apparate anbrach. Tonhausen sollte über alle Brüche, Krisen und Neuorientierungen des Unternehmens hinweg Betriebsratsvorsitzender bleiben und erst nach 26 Jahren Platz für einen Jüngeren machen. Geboren wurde Tonhausen in Westfalen, sein Studium der Germanistik, Geschichte und Philosophie begann er in Freiburg, er musste es aber nach dem Tod seines Vaters aufgeben. So kam er 1960 als Privatlehrer und Erzieher nach Donaueschingen ins Haus Fürstenberg. Dort blieb er bis 1964, dann wechselte er ins Unternehmen Kienzle Apparate im benachbarten Villingen und begann als Exportsachbearbeiter. Da Tonhausen Mitglied der SPD und der IG Metall war, wurden die Arbeitnehmervertreter früh auf ihn aufmerksam und überredeten ihn 1972 zur Kandidatur auf der Angestelltenliste für den Betriebsrat. Ein Jahr später beim Rücktritt Faßnachts fand sich kein anderer dazu bereit, die Nachfolge anzutreten, so dass Tonhausen – kaum Mitglied im Betriebsrat – schon dessen Vorsitzender wurde.

---

113 O.A.: Paula Fuchs verabschiedet. 25 Jahre im Betriebsrat, in: Mannesmann Kienzle „aktuell" 1/1990, S. 5.
114 Gerhard Kienzler trat in den Ruhestand. Seit 1972 Stellvertretender Betriebsratsvorsitzender, in: Mannesmann Kienzle „aktuell" 1/1989, S. 5.
115 O.A.: Rücktritt des Betriebsratsvorsitzenden Hans Faßnacht, in: Kienzle Blätter 1/1973, S. 14.

Wie sich herausstellte, hätte man keinen besseren finden können. Tonhausen war ein brillanter Redner und Rhetoriker und konnte auf vielen Themengebieten mitdiskutieren. Er beeindruckte immer wieder die Gegenseite durch seine Talente. In den Eigentümern und Managern im Familienunternehmen Kienzle Apparate konnte und wollte er aber nicht das Feindbild des „bösen Kapitalisten" sehen, wie er es selbst formulierte. Im betrieblichen Alltag lernte er sie und ihre fürsorgliche Position kennen und schätzen. Mehrmals wurde ihm von der SPD die Kandidatur für ein überregionales Mandat angeboten, aber er zog es vor, im Unternehmen sichtbare Verbesserungen für die Belegschaft zu erstreiten und nicht als potentieller Hinterbänkler im Bundestag zu enden. In den 70er und 80er Jahren kämpfte er für Lohnerhöhungen, Arbeitszeitverkürzungen und den Erhalt betrieblicher Zusatzleistungen. Seine größten Verdienste für das Unternehmen erwarb er sich bei der Integration in die Mannesmann AG. Tonhausen erkannte die strukturellen Probleme des Unternehmens und sah auch die Chancen, die ihm durch den Einstieg des deutschen Großkonzerns gegeben waren. Immer zollte er der Familie Kienzle Respekt: „Sie hat sich für die Alternative Mannesmann entschieden, bei der die Belastungen für die Mitarbeiter am geringsten erschienen. Das haben wir als [Jochen Kienzles] letzten großen Dienst an der Belegschaft, an den Familien der Belegschaft, an dieser Region empfunden."[116]

Es gab aber auch Konfliktsituationen, in denen das unterschiedliche Selbstverständnis von Gesellschafter und gewerkschaftlich organisierter Belegschaft zum Vorschein kam. So bei der Formierung des ersten Aufsichtsrats nach dem neuen Mitbestimmungsgesetz von 1976, das erweiterte Mitwirkungsrechte der Arbeitnehmer im Aufsichtsrat vorsah und erstmals auch auf die Kienzle Apparate GmbH Anwendung fand. Künftig saßen sich dort jeweils sechs Vertreter der Arbeitgeber- und der Arbeitnehmerseite gegenüber. Streit gab es um die Besetzung des gesetzlich vorgesehenen Postens des Arbeitsdirektors. Aus der Tradition der Montanmitbestimmung heraus war der Arbeitsdirektor ein Mitglied der Geschäftsführung, das das besondere Vertrauen der Arbeitnehmerseite genoss und für Angelegenheiten des Personal- und Sozialbereichs zuständig war. Er sollte eine Art Vermittler zwischen den Interessen von Arbeitnehmern und Arbeitgebern sein.[117]

Als sich der neue Aufsichtsrat 1978 konstituierte, erklärte die Unternehmerseite, dass kein zusätzlicher Arbeitsdirektor bestellt werden müsste, weil es schon einen Geschäftsführer für die Bereiche Personal und Soziales gäbe. Pikanterweise wurde diese Position von Jochen Kienzle, also einem der Eigentümer, ausgefüllt. Tonhausen war ein leidenschaftlicher Vertreter des Mitbestimmungsgesetzes und sah in diesem Vorgehen der Gesellschafter ein Unterlaufen des Sinns dieses Gesetzes. Ein Kapitaleigner als Arbeitsdirektor würde wohl nicht ausdrücklich ausgeschlossen, aber es wäre „eine Frage des guten Geschmacks", wie es Tonhausen in einer Be-

---

116 Vgl. Rede Tonhausen bei der Verleihung des Bundesverdienstkreuzes am 19.6.1998, in: Archiv Betriebsrat VS.
117 Zum Thema Arbeitsdirektor vgl.: Christian Kleinschmidt: „Primat der Sicherheit" – Montanmitbestimmung, Arbeitsdirektor und neue interne Kommunikationsprozesse nach dem Zweiten Weltkrieg, in: Ferrum 78 (2006), S. 46–52.

3.9. Selbstbewusste Kienzleaner   179

Kienzle-Betriebsrat 1971 unter dem Vorsitz von Hans Fassnacht (links).

triebsversammlung formulierte, ob man sich dieser Auslegung anschlösse.[118] Trotz dieser Kritik setzte sich die Familie Kienzle mit ihrer Position durch: der Aufsichtsrat verzichtete auf die Wahl eines zusätzlichen Arbeitsdirektors und erhielt für diese Position auch die Stimme der Vertreter der Angestelltengewerkschaft DAG sowie der leitenden Angestellten.[119]

Andere Beispiele seiner Arbeit waren sein Einsatz für die 35-Stunden-Woche in den 80er Jahren und sein Widerstand gegen den Zugangsschluss der Kienzle-Unterstützungskasse für Neuzugänge ab 1989. Tonhausen war sich der strukturellen Folgen der voranschreitenden Rationalisierung und Automatisierung in der Industrie bewusst und beobachtete in seinem Unternehmen genau die Prozesse, die letztlich zu weniger Beschäftigung und zum Wegfall von Arbeitsplätzen führen mussten. Deshalb war er ein engagierter Vertreter nicht nur aller arbeitsplatzsichernden Maßnahmen sondern ein großer Verfechter des gewerkschaftlichen Konzeptes der 35-Stunden-Woche und damit des Versuchs, den Strukturwandel über Arbeitszeitreduzierung auffangen zu können.

---

118 Rede Norbert Tonhausen auf Betriebsversammlung Kienzle Apparate GmbH, 30./31.8.1976, in: Archiv Betriebsrat VS.
119 Rede Norbert Tonhausen auf Betriebsversammlung Kienzle Apparate GmbH, 24./25.10.1978, in: Archiv Betriebsrat VS.

Norbert Tonhausen war Betriebsratsvorsitzender von 1973–1998.

Die Auseinandersetzung um den Aufnahmestopp bei der Kienzle-Unterstützungskasse fand im Jahr 1989 statt und stand letztlich für das Bemühen der Mannesmann-Manager, den Kostenfaktor Arbeit in den Griff zu bekommen.[120] Dafür wurden freiwillige Zusatzleistungen wie die Betriebsrente eingeschränkt bzw. für neue Mitarbeiter gestrichen. Diese Maßnahme stand für ein gewandeltes Verständnis vom Verhältnis Unternehmen und Belegschaft. Nicht mehr die Sicherung einer Stammbelegschaft und deren Integration in die „Betriebsgemeinschaft" standen im Vordergrund der Eigentümer und Manager, sondern rationale Kosten- und Gewinnkalkulationen bestimmten immer stärker die unternehmensstrategischen Entscheidungen. Aller Protest der Arbeitnehmerseite nutzte in diesem Fall nichts, die zusätzliche Betriebsrente wurde ab 1989 nur noch den älteren Mitarbeitern gewährt.

Die Ära Tonhausen endete 1998, als der langjährige Betriebsratsvorsitzende nach 25 Jahren in den Ruhestand verabschiedet und ihm für sein Engagement das Bundesverdienstkreuz verliehen wurde. In der Presse wurde er als „seriöser Schaffer an der Spitze" und als „Mann des Ausgleichs und des Kompromisses" gewürdigt.[121] Tonhausen selbst nutzte die Gelegenheit der feierlichen Preisverleihung, um noch einmal seine Jahrzehnte im Hause Kienzle Revue passieren zu lassen und sich seiner Rolle darin zu vergewissern. Die Auszeichnung wollte er nicht als Privatperson entgegennehmen, sondern „stellvertretend für die vielen Tausend (…), für die ich tätig sein

---

120 Vgl. Reden Norbert Tonhausen auf den Betriebsversammlung Kienzle Apparate GmbH, 1./2.3.1989 und 6./7.9.1989, in: Archiv Betriebsrat VS.
121 Vgl. „Ein seriöser Schaffer an der Spitze", in: Südkurier, 18.2.1998; „Mann des Ausgleichs und des Kompromisses", in: Schwarzwälder Bote, 18.2.1998.

durfte, mit denen zusammen nur möglich wurde, was nun als auszeichnenswert erschienen mag", betonte Tonhausen in seiner Dankesrede: „Dies ist nicht nur der Staat der Flicks und Quandts, der Präsidenten und der Staatssekretäre. Dies ist auch unser Staat und der meiner Freunde."[122] Tonhausen war kein allzu langer Ruhestand vergönnt. Nachdem er schon zu seiner aktiven Zeit zwei Herzinfarkte bewältigen musste, erlag er im Juli 2001 im Alter von 64 Jahren seinem Herzleiden.[123]

Als Tonhausens Nachfolger wählte die Villinger Belegschaft im November 1998 Robert Brucker. Dieser ist Jahrgang 1957 und hatte 1975 mit einer Lehre als Werkzeugmacher bei Kienzle Apparate begonnen. Nach Abschluss der Ausbildung arbeitete Brucker im Formenbau des Betriebs. Schon früh engagierte er sich in der Belegschaftsvertretung: 1977 bis 1981 stand er der Jugendvertretung des Unternehmens vor, ab 1981 war er Mitglied des Betriebsrats, 1997 wurde er zum freigestellten Betriebsrat gewählt, um ein Jahr später den Vorsitz des Gremiums zu übernehmen. Diese Funktion übt er über alle weiteren Veränderungen für das Werk hinweg bis heute aus.

3.10. Aus- und Weiterbildung

Ein wichtiger Beitrag zur Qualität der Kienzle-Produkte und zur Innovationskraft des Unternehmens lieferte das gut funktionierende Ausbildungs- und Weiterbildungssystem. Von Anfang an legte das Unternehmen höchsten Wert darauf, dass die kommenden Generationen an Mechanikern, Konstrukteuren und Kaufleuten auf einer soliden Basis an Wissen und Können aufbauen konnten. Der Ausbildungsbereich bei Kienzle Apparate umfasste ein breites Spektrum an technischen Berufen und umspannte alle Bereiche der zwei großen Produktionsbereiche und später auch den Bereich der Elektronik.[124] Im Ausbildungsbereich wurde nicht zwischen den beiden Geschäftsfeldern unterschieden, sondern die Lehrlinge wurden möglichst praxisnah unterrichtet und mit allen Arbeitsbereichen in Berührung gebracht. Die wichtigsten Ausbildungsberufe waren anfangs Feinmechaniker, Werkzeugmacher und Technischer Zeichner, in kleinerem Unfang wurden auch Automateneinrichter und Mechaniker ausgebildet. Abgerundet wurde das Spektrum der Lehrberufe durch kaufmännische Ausbildungen, die man ab 1955 anbot. In vielen Ausbildungsberufen genoss das Unternehmen einen überregionalen Ruf, Kienzle-Lehrlinge wurden gerne von anderen Unternehmen übernommen und in bundesweiten Umfragen zur Qualität der Lehre tauchte das Villinger Unternehmen auf vorderen Rängen auf.

Bis in die 70er Jahre hinein wurde auf die Breite der Ausbildung größten Wert gelegt. D.h. man ging weit über die Vermittlung rein technischer Fertigkeiten hinaus, vermittelte soziale und kulturelle Kompetenzen und integrierte soziale und gesell-

---

122 Rede Tonhausen zur Verleihung des Bundesverdienstkreuzes, 18.6.1998, in: Archiv Betriebsrat VS.
123 Vgl. Hartmut Dulling: „Kein Schwätzer, eine Autorität". Norbert Tonhausen ist tot, in: Südkurier, 9.7.2001.
124 Vgl. Interview mit Adolf Ketterer und Horst Spormann, Frühjahr 2005.

schaftliche Themen in den Ausbildungsplan. Beispielhaft für diesen wichtigen Bereich des Unternehmens sei auf Adolf Ketterer verwiesen, der über lange Jahre im Kienzle-Ausbildungsbereich die Verantwortung trug. 1938 war Ketterer zu Kienzle Apparate gekommen und nach Lehre, Militärdienst und einer Beschäftigung als Werkzeugmacher begann er 1950, als Ausbilder zu arbeiten. 1960 übernahm er die Leitung der Ausbildung der gewerblichen Lehrlinge für alle Metallberufe und prägte aus dieser Position heraus Generationen von Kienzle-Lehrlingen, bis er 1984 in den Ruhestand trat. Wichtig war auch seine Tätigkeit im Prüfungsausschuss der regionalen Industrie- und Handelskammer.

Die innerbetriebliche Ausbildung wurde von Anfang an von dem Angebot der staatlichen Fachschulen in der Region ergänzt. Wichtigste Einrichtung war hier die Staatliche Feintechnikschule in Schwenningen, die seit 1900 existierte und die einen wichtigen Beitrag zur Professionalisierung der Berufsausbildung in den zentralen Branchen der Region, also in der feinmechanischen, der elektromechanischen und Uhren-Industrie, leistete.[125] Viele der Facharbeiter und Meister bei Kienzle Apparate hatten eine Ausbildung an der Fachschule durchlaufen. Weitere Anlaufstellen zur Fachschulausbildung waren die Ingenieurschule in Furtwangen (heute Hochschule Furtwangen), die dort ebenfalls aus der Uhrmachertradition entstanden war, und die Ingenieurschule Konstanz, die heutige Hochschule für Wirtschaft, Technik und Gestaltung Konstanz.

Ein wichtiger Bestandteil des Ausbildungsbereichs war die möglichst frühe Integration moderner Technologien. Der Übergang von der Mechanik zur Elektronik hatte ja schon Mitte der 50er Jahre mit der Einrichtung eines eigenen Entwicklerbüros in München begonnen. In den Folgejahren waren fast alle Abteilungen mit der neuen Technologie konfrontiert, so dass Kienzle Apparate 1961 begann, hier erste Fortbildungsangebote für die eigenen Mitarbeiter anzubieten. Die ersten Dozenten kamen von der Ingenieurschule Furtwangen. Ab Mitte der 60er Jahre begann man auch damit, die Elektronik in die Lehrlingsausbildung zu integrieren. Damit gehörte Kienzle zu den Vorreitern in der Bundesrepublik und entwickelte mit anderen Unternehmen zusammen einen neuen Lehrberuf, den Elektroniker für Digitaltechnik. Die ersten Kienzle-Lehrlinge konnten diese Ausbildung 1967 absolvieren.[126] Eine ähnliche Vorreiterrolle spielte das Unternehmen Ende der 80er Jahre, als es darum ging, in die klassische Ausbildung zum Technischen Zeichner moderne rechnergestützte Anwendungen (CAD) zu integrieren.

Insgesamt entwickelten sich die Ausbildungszahlen ab den 70er Jahren rückläufig. Im Unternehmen setzte sich zunehmend ein betriebswirtschaftlich ausgerichtetes Denken durch, das eine bestmögliche Ausbildung nicht mehr absolut setzte, sondern die anfallenden Kosten stärker berücksichtigte und deshalb begann, die Lehrlingszahlen zu deckeln und nur noch für den tatsächlichen Bedarf im eigenen Haus auszubilden. Obwohl die Mannesmann AG selbst viel Wert auf ein gut funk-

---

125 Vgl. Karl-Hermann Estermann (Hg.): Staatliche Feintechnikschule Villingen-Schwenningen 1900–1975, Villingen-Schwenningen 1975.
126 Richard Ernst: Die Erwachsenen-Weiterbildung bei uns, in: Kienzle Blätter 1/1967, S. 13–16.

3.10. Aus- und Weiterbildung

Das neue Bildungszentrum für Informationstechnik (B.I.T.) in Donaueschingen.

tionierendes Ausbildungswesen legte, setzte sich dieser Trend in den 80er und 90er Jahren fort.

Insbesondere der Weiterbildungs- und Schulungsbereich für das Computergeschäft erforderte ab Mitte der 60er erhebliche Investitionen. Das Personal im Kienzle-Vertrieb, in den Verkaufsniederlassungen und bei den Kunden musste mit den neuen Geräten und ihren Anwendungsmöglichkeiten vertraut gemacht werden. Gleichzeitig mit dem Angebot erster Elektronik-Schulungen für Mitarbeiter mietete das Unternehmen auch im benachbarten Donaueschingen Räumlichkeiten bei der IHK an und begann mit dem Aufbau eines Schulungszentrums für Datenverarbeitung. Was zunächst mit eineinhalb Räumen und drei Mitarbeitern begann, wuchs bis in die 70er Jahre immer weiter. 1968 wurden erste Seminare in Räumen der Donaueschinger Handelsschule durchgeführt und parallel wurde in Villingen das neue Ausbildungszentrum in der Waldstraße errichtet, in dem Räume der Fachschule für Datenverarbeitung sowie der technischen Schulung des B-Bereichs untergebracht wurden.[127] Im Rahmen einer weiteren Umstrukturierungsmaßnahme wurde 1974 die komplette Kienzle-Fachschule für Datenverarbeitung nach Donaueschingen verlegt. Zu diesem Zeitpunkt war die Einrichtung auf einen Umfang von 50 Mitarbeitern und 40 weiteren Dozenten ausgebaut worden. Jährlich wurden über 250 Seminare

---

127 Vgl. Carl Wings: Nichts ist teurer als Ausbildung, ausgenommen Unwissenheit, in: Kienzle Blätter 1/1971, S. 21f.

angeboten und insgesamt hatten bis dahin schon fast 20.000 Teilnehmer die Kurse durchlaufen. Zu den Aufgaben des Zentrums gehörte nicht nur die Mitarbeiterschulung, sondern auch das Erstellen von Bedienungshandbüchern und Verkaufshilfen in Form von Broschüren, Filmen, Tonbildschauen und ähnlichem.[128]

Gleichzeitig ergriff das Unternehmen die Initiative, um über das firmeneigene Schulungszentrum hinaus auch eine staatlich anerkannte Fachschule mit anerkanntem Abschluss eines „staatlich geprüften Betriebswirts EDV" in der Region anzusiedeln. Über den damaligen Landtagsabgeordneten und Staatssekretär Erwin Teufel trat man in Kontakt mit dem Land Baden-Württemberg.[129] Zum Zeitpunkt 1973 existierte im Land nur ein Zentrum für Datenverarbeitung in Böblingen, also am Standort von IBM Deutschland, das aus Mitteln des Bundes gefördert wurde. Insgesamt sah die Situation im Ausbildungsbereich EDV so aus, dass in den 70er Jahren ein großer Teil der Ausbildung von privaten, in der Regel firmeneigenen Einrichtungen getragen wurde. Kienzle Apparate wollte hier die staatliche Seite mehr in die Pflicht nehmen. Die Landesregierung stellte sich aber auf den Standpunkt, dass zunächst die volle Kapazität in Böblingen ausgeschöpft werden müsste, ehe Pläne über eine weitere Fachschule in Villingen-Schwenningen konkretisiert werden könnten. Letztlich liefen auch weitere Initiativen und Anfragen in den Folgejahren ins Leere, so dass sich alle Hoffnungen auf eine staatliche EDV-Hochschule in der Region zerschlugen.

Mitte der 80er Jahre plante das Unternehmen einen großen Neubau ihrer Fachschule für Datenverarbeitung, die mit dem Bereich Technischer Service zu einem neuen „Bildungszentrum für Informationstechnik" (B.I.T.) zusammengelegt werden sollte. 1985 verhandelte die Geschäftsführung von Mannesmann Kienzle sowohl mit der Stadt Villingen-Schwenningen als auch mit Donaueschingen über den zukünftigen Standort des Bildungszentrums.[130] Nach einigem Hin und Her entschied sich Kienzle wieder für den Standort Donaueschingen. Insgesamt 12 Mio. Mark wurden in den Neubau investiert, der 1988 fertig gestellt wurde. Das B.I.T. beschäftigte bei der Eröffnung 64 Mitarbeiter, davon 41 im Lehrbetrieb. In insgesamt 32 Seminarräumen konnten bis zu 350 Teilnehmer unterrichtet und geschult werden. Das Lehrangebot umfasste das gesamte Spektrum von Kursen für Computeranwender, Programmierer und Systemberater bis zu Angeboten für Vertriebsbeauftragte und Wartungstechniker.[131]

---

128 Vgl. Carl Wings: Kienzle in Donaueschingen, in: Kienzle Blätter 1/1974, S. 20f.; A. Lüther: Kienzle Fachschule für Datenverarbeitung, in: Kienzle Blätter 4/1978, S. 16–18.
129 Vgl. Notiz Zieglwalner, 19.12.1972, in: WA VS, Ordner 2; Brief Teufel (MdL, Staatssekretär Innenministerium) an Gebauer (OB Villingen-Schwenningen), 12.6.1973, in: WA VS, Ordner 2.
130 Vgl. Wolfgang Losert: Existenz der Kienzle-Fachschule erheblich gefährdet, in: Südkurier, 8.6.1985; „Auf keinen Fall nach Villingen-Schwenningen", in: Südkurier, 11.6.1985.
131 Donaueschingen im Aufwind, in: die Computerzeitung, 20.7.1988.

4. WACHSTUMSMÄRKTE IM AUTOMOBILGESCHÄFT

4.1. Entwicklung des elektronischen Taxameter

Nicht nur das Geschäftsfeld Büromaschine befand sich in den 60er Jahren im technologischen Umbruch, sondern auch der komplette Apparate-Bereich des Unternehmens stand zunehmend vor den Herausforderungen der Elektronik. Auch wenn der Wandel sich hier nicht ganz so schnell vollzog wie beim Übergang von der Büromaschine zum Computer, mussten sich die Entwicklungs- und Konstruktionsgruppen spätestens ab Ende der 60er Jahren entsprechend umorientieren.

Der Übergang von der Mechanik zur Elektronik wurde im Apparate-Bereich zunächst beim Taxameter vollzogen. Mit den Modellen T 12 und T 14 war ab 1958 eine letzte feinmechanische Generation auf den Markt gebracht worden, die den höchstmöglichen Anforderungen an derartige Geräte gerecht wurde und mit denen Kienzle Apparate entsprechende Akzente auf den weltweiten Verkaufsmärkten setzen konnte. Mit der Entwicklung eines elektronischen Taxameters wurde im zweiten Halbjahr 1965 begonnen.[1] Bis zur Produktreife sollten aber noch zehn Jahre vergehen.

Auf der IAA 1975 stellte das Unternehmen der staunenden Fachöffentlichkeit einen vollständig elektronisch arbeitenden Taxameter vor. Das neue Modell Argo 1140 wurde vom Unternehmen auch als „Taxi-Mini-Computer" beworben. An die Stelle von Zahnrädern, Taxkloben, Rollengesperre und Zahlenrollen waren nun Prozessoren, Daten- und Programmspeicher getreten. Der Speicher des Modells 1140 nahm während der Fahrt alle relevanten Daten auf. In einem kleinen prozessorgestützten Rechner wurden die notwendigen logischen Verknüpfungen der Fahrpreisinformationen durchgeführt und ein Steuermodul koordinierte den gesamten Funktionsablauf einschließlich der Preis- und Zuschlagsberechnung. Die Anzeige erfolgte digital.

Das Gerät hatte eine Abmessung von 160 mm Breite, 70 mm Höhe und 110 mm Tiefe und hatte damit in etwa die Abmessungen des T 12. Im Programmspeicher konnten bis zu vier verschiedene Weg- und Wartezeittarife sowie zwei Fortschaltbeträge gleichzeitig aufgenommen werden.[2] Der Taxifahrer konnte den Taxameter während des Betriebs über wenige Funktionstasten steuern. Eine Tarifumstellung konnte durch den einfachen Austausch des kleinen Programmspeicherelements PROM (Programmable Read Online Memory) vorgenommen werden. Alle Baugruppen waren modular aufgebaut, was den mühelosen Austausch sicherstellte.

---

1 Ernst (1970), S. 43.
2 Vgl. Kienzle Apparate GmbH Villingen/Schwarzwald: Einrichtung an elektronischen Taxametern, Manuskript 15.3.1973, in: Privatarchiv Kelch; A. Wetzka: Der Taxi-Mini-Computer bewährt sich in der Praxis, in: Kienzle Blätter 2/1976, S. 14–16.

Der erste „Taxi-Mini-Computer" von Kienzle war der Argo 1140.

Kienzle hatte hier ein Basispatent für ein elektronisches Bauteil angemeldet, das elektronisch für die automatische Umschaltung zwischen der Zeit- und der Weganzeige sorgte. Da der Preis bei langsamer Fahrt über die Zeitabrechnung höher war, war es für das Taxi von Vorteil, hier automatisch und ohne Zeitverlust hin und her schalten zu können. Diese Schaltlogik war durch ein umfangreiches Patent fast weltweit geschützt, so dass das Unternehmen viele Jahre lang von Mitbewerbern aus den USA und Schweden Lizenzgebühren erhielt.[3]

Mit dem Taxameter Argo 1140 sicherte sich Kienzle Apparate zumindest kurz- und mittelfristig eine starke Stellung auf dem internationalen Branchenmarkt. In den wenigen Jahren bis 1980 wurde auf fast allen Märkten der Welt der Übergang vom mechanischen zum elektronischen Taxameter vollzogen. Auf dem bundesdeutschen Markt konnte sich Kienzle in dieser Zeit einen Marktanteil von etwa 85 Prozent sichern. Als einziger Konkurrent trat hier das schwedische Traditionsunternehmen Halda auf. Wenn man aber bedenkt, dass der gesamte bundesdeutsche Taxametermarkt 1980 nur ein Volumen von etwa 5 Mio. Mark hatte, wird deutlich, dass das Geschäft mit Taxametern nur eine begrenzte Attraktivität hatte und deswegen der Markteintritt bis dahin für andere existierende Konkurrenten nicht als lohnend empfunden wurde.[4] Dies sollte sich aber in Zukunft drastisch ändern. Kienzle Apparate erzielte im Geschäftsjahr 1979/80 weltweit einen Umsatz von 13,9 Mio. Mark mit dem Verkauf von Taxametern, davon wurden knapp 70 Prozent auf den ausländischen Märkten erzielt.[5]

Grundsätzlich bedeutete der Übergang zur Elektronik, dass die Marktzugangsschwelle extrem absank. An die Stelle eines komplizierten feinmechanischen war

---

3 Interview Thede (2005), S. 14.
4 Vgl. Folkmar Koenigs: Arbeitsnotiz betr. die kartellrechtliche Zulässigkeit des Zusammenschlussverfahrens Kienzle Apparate GmbH/ Mannesmann AG, 20.2.1981, in: WA VS, Ordner 110.
5 Kienzle-Umsätze, Marktanteile und Gesamtmarktpotential in Deutschland, o.D., ca. 1980 in: WA VS, Ordner 110; Aufstellung Kienzle Apparate Umsätze Apparate, 18.2.1981, in: ebd..

ein relativ einfaches elektronisches Gerät getreten, dessen Technologie letztlich von jedem durchschnittlichen Elektroingenieur beherrscht wurde. Außerdem waren die notwendigen elektronischen Bauteile überall erhältlich, so dass der Kapitalaufwand vergleichsweise gering war. Schnell machte Kienzle Apparate auf einer ganzen Reihe von Auslandsmärkten die schmerzliche Erfahrung, dass einheimische Anbieter mit vergleichbaren Geräten hohe Marktanteile erringen konnten. Erwähnt sei beispielsweise das Salzburger Unternehmen Hale, das seinen ersten Taxameter im Jahr 1977 vorstellte und dem es gelang, damit innerhalb weniger Jahre den österreichischen Markt zu erobern. In Extremfällen sank der Kienzle-Marktanteil auf nationalen Märkten von 90 auf 10 Prozent ab.

Abbildung 8: Entwicklung zugelassener Taxis in der Bundesrepublik Deutschland und ausgewählten Bundesländern.[6]

Zu den gesunkenen Zugangsschranken kam die sich abzeichnende Sättigung des Marktes. Schaut man sich die Zahlen für die Bundesrepublik an, dann zeigen diese deutlich, dass der Boom bei Neuzulassungen bis in die 70er Jahre anhielt, dann aber die Gesamtzahl der zugelassenen Taxis nur noch langsam wuchs: Während diese in den sechs Jahren zwischen 1970 und 1976 um über 35 Prozent anstieg, waren es

---

6 Vgl. Deutscher Taxi- und Mietwagenverband e.V.: Zahlen über den Taxi- und Mietwagenverkehr 2005/2006, in: http://www.taxi-verband.net/verband/ZahlenTaxiMietwagen2005_2006.pdf

Messestand Mannesmann Kienzle auf der CeBIT 1988 mit Vertriebsleiter Werner Hoch, Dipl.-Ing. Rolf Zimmer und Thomas Guzatis M.A.

in Zeitraum 1982 bis 1988 nur noch gut 5 Prozent. Für die deutschen Großstädte, also die klassischen Zentren des Taxiverkehrs wie Berlin oder Hamburg setzte die Stagnation sogar schon in den 70er Jahren ein. In Berlin stieg die Zahl der Taxis zwischen 1970 und 1976 nur um 5,5 Prozent, in Hamburg lag dieser Zuwachs bei 6 Prozent. Neuzulassungen fanden v.a. in den klein- und mittelgroßen Städten der Flächenländer statt. So erlebte Nordrhein-Westfalen im Vergleichszeitraum mit einem Zuwachs von 84 Prozent fast eine Verdopplung. Die Zuwächse zwischen 1988 und 1992 erklären sich im Wesentlichen durch den Beitritt der neuen Bundesländer.

Die nächste Generation der Kienzle-Taxameter wurde ab dem Jahr 1984 mit dem weltweit ersten Flachtaxameter, dem Modell 1144, und ab 1993 mit dem ersten DIN-Norm-gerechten Taxameter, dem Modell 1150, auf die Märkte gebracht. Ende der 80er-Jahre lief die Produktion des mechanischen Modells T 12 für Märkte der Dritten Welt endgültig aus. Mit der neuen Produktgeneration bot man verstärkt Software und Dienstleistungen an, die speziell für das Fuhrparkmanagement im Taxigewerbe entwickelt worden waren. Bis zu diesem Zeitpunkt war das Unternehmen im Bereich der Fahrtvermittlung mit der Software KITAXI in Deutschland bereits marktführend und stellte 1987 mit der Software KITAX-U („Kienzle Taxi Unternehmersoftware"), die bei der Berliner Taxibetriebsgesellschaft Guzatis & Noack GmbH entwickelt und praxiserprobt worden war, ein eigenes Branchenprogramm für den Einsatz am PC vor. Das Programm konnte den kompletten Taxibetrieb, also Fahrerlöhne, Fahrzeugabrechnung, Betriebsbuchhaltung und Kredit- und Krankenfahrtenabrechnung verwalten und statistisch aufbereiten.[7]

4.2. Ein Fahrtschreiber für ganz Europa

Beim Fahrtschreiber fiel die Phase des technologischen Umbruchs mit den Überlegungen zur europaweiten Harmonisierung der bestehenden Gesetzgebung zusammen. Nicht zuletzt auf Grund Kienzles Marktführerschaft hatte sich die Bundesrepublik auf diesem Gebiet als Vorreiter positionieren können. Die 1952 beschlossenen Änderungen der StVZO stellten zu diesem Zeitpunkt – mit einer kleinen Ausnahme – die erste nationale Gesetzgebung dar.[8] Nur in Peru war es schon 1951 zur Einführung einer Fahrtschreiberpflicht für Omnibusse im Überlandverkehr gekommen.

Bis Ende der 60er Jahre waren es v.a. europäische Länder, die mit eigenen Gesetzen nachzogen. Zu nennen sind hier Schweden, Österreich, die Schweiz und Luxemburg, die noch in den 50er Jahren die Fahrtschreiberpflicht für bestimmte Nutz- und Sonderfahrzeuge einführten. In den kommunistischen Staaten Mittel- und Osteuropas waren es die CSSR, die DDR und Jugoslawien, die mit eigenen Regelungen nachzogen. Hinzu kamen Island und Griechenland in Europa und Chile, Thailand und die Elfenbeinküste im Überseegebiet. Schließlich führten die guten Kontakte Kienzles nach Japan und dem dortigen Unternehmen Yazaki dazu, dass dort 1962 und 1967 eine relativ umfassende Fahrtschreiberpflicht beschlossen wurde. Insgesamt wurden in den einzelnen Ländern höchst unterschiedliche Regelungen eingeführt. In den meisten Ländern war der Geltungsbereich auf sehr spezielle Fahrzeuggruppen eingeschränkt oder nur auf den Omnibusverkehr bezogen.

Dieser Zustand führte insbesondere in der Europäischen Wirtschaftsgemeinschaft (EWG) zu Plänen, die geltenden Gesetze zu harmonisieren. Die Politik war sich bewusst, dass die weitere wirtschaftliche Annäherung und Verzahnung der Mitgliedsländer einen Anstieg im überregionalen und zwischenstaatlichen Transportverkehr zur Folge haben würde. Bislang galt ein 1959 von der Wirtschaftskommission für Europa (ECE), einer Unterorganisation der Vereinten Nationen, festgelegter Plan für ein Europastraßennetz, der aber von den faktischen Entwicklungen schon wieder überholt war. Eine Harmonisierung schien hier auf mittlere Sicht mehr als notwendig und insbesondere lag es im Interesse der EWG, hier selbständig aktiv zu werden.[9] So begann 1965 die EWG-Kommission damit, eine Vereinheitlichung insbesondere der Sozialvorschriften auf den Weg zu bringen. Ziel war es, gleiche Wettbewerbsverhältnisse im europäischen Straßenverkehr und Transportgewerbe herzustellen.

---

7 Kienzle kommt mit KITAX-U. in: taxi heute 6/1987.
8 Vgl. Fahrtschreiber-Gesetze, Manuskript Mai 1979, in: WA VS, Ordner 5; Aufstellung in: Peter Wiederholt: Fahrtschreiber-Gesetze, in: Verkehrsdienst 28 (1982), H. 4, S. 113–126.
9 Vgl. Pressemitteilung des Bundesverkehrsministeriums, 14.6.1967, in: WA VS, Ordner 8.

Die Verhandlungen hierüber sollten bis 1969 andauern und die entsprechenden technischen Durchführungsbestimmungen wurden erst Mitte 1970 verabschiedet. Im Vergleich zu späteren Runden erwies sich der Entscheidungsprozess innerhalb der damaligen Gemeinschaft aus nur sechs Ländern als unkompliziert und kurz. In dieser Zeit bemühte sich Kienzle Apparate darum, den Gesetzgebungsprozess zu beeinflussen. Hierbei war die Interessenlage deutlich komplizierter als Anfang der 50er Jahre bei der Beratung im Deutschen Bundestag und vom Ausgang dieses Verfahrens hing wesentlich die weitere Produktstrategie des Unternehmens ab. Einerseits versprach die Ausweitung der Fahrtschreiberpflicht auf alle Länder der EWG einen sehr lukrativen Umsatzzuwachs. Kienzle Apparate konnte aber durchaus auch ins Hintertreffen geraten, wenn Wettbewerber aus anderen Ländern womöglich in eine ähnliche Marktposition gerieten und besser auf die veränderten technischen Anforderungen reagierten.

1967 gingen die Beratungen in die entscheidende Phase. Dabei lag die Federführung des Verfahrens bei der Generaldirektion Verkehr der EWG-Kommission und dem zuständigen Kommissar für Verkehr. Von 1958 bis 1967 wurde dieses Amt vom Luxemburger Lambert Schaus und in den Jahren bis 1970 von dessen Landsmann Victor Bodson ausgeübt. Für die Frage der Fahrtschreiberregulierung war es sicherlich nicht von Nachteil, dass Luxemburg neben der Bundesrepublik das europäische Land war, das bislang die längsten Erfahrungen mit derartigen Gesetzen hatte. Im Juni 1967 fand eine Konferenz der Europäischen Verkehrsminister statt, auf der grundlegende Übereinkünfte zur Gestaltung einer europäischen Straßenverkehrsordnung getroffen wurden. Ein wichtiger Punkt waren einheitliche Lenkungs- und Ruhezeiten für Lkw- und Busfahrer. Unfälle wegen Übermüdung der Fahrer sollten hierdurch weitgehend ausgeschaltet werden.[10] Von gewerkschaftlicher Seite wurde außerdem die Hoffnung gehegt, über diese Regulierung Sozial- und Lohndumping verhindern zu können.

Von Anfang an bemühte sich Kienzle Apparate, Einfluss auf den Gesetzgebungsprozess zu nehmen. Zum einen war man vom EWG-Verkehrskommissar direkt zur Mitarbeit bei der Ausarbeitung der technischen Vorschriften für das zukünftige Kontrollgerät aufgefordert worden. Zum anderen suchte man den engen Kontakt zu den Vertretern der bundesdeutschen Politik, insbesondere im Bundesverkehrsministerium und im Kraftfahrtbundesamt, sowie dem in der Sache einflussreichen europäischen Gewerkschaftsdachverband, um über diese Ebenen in Brüssel mitreden zu können. In den Jahren 1967/68 fanden mehrere Sitzungen mit Sachverständigen statt, bei denen die kritischen Punkte benannt wurden. Umstritten waren insbesondere Fragen der Messgenauigkeit und Fehlertoleranz, der Einführung eines persönlichen Schlüssels für die Fahrer, die Kompetenzverteilung im Eichungsverfahren, die Weiterführung des bisherigen Fahrtenbuchs und die Zulassungsbedingungen für die Diagrammscheibe.[11]

---

10 Pressemitteilung des Bundesverkehrsministeriums vom 14.6.1967, in: WA VS, Ordner 8.
11 Vgl. Arbeitsunterlage über die Ausarbeitung einer gemeinsamen Regelung zum Einbau eines mechanischen Bord-Kontrollgeräts (Tachograph) in Straßenkraftfahrzeuge. Sitzung der Sach-

Fahrtschreiber der Modelle TCO 14 und TCO 15.

Kienzle engagierte sich besonders in der Frage, ob Gerät und Diagrammscheibe als eine Einheit zu betrachten wären oder ob auch eine getrennte Zulassung erlaubt würde. Damit würden auch Firmen zum Zuge kommen, die nur Diagrammscheiben und keine Fahrtschreiber herstellten. In der Bundesrepublik galt spätestens seit einem Urteil des Oberverwaltungsgerichts Lüneburg im Jahr 1958, dass Fahrtschreiber und Diagrammscheiben eine technische Einheit darstellten und deshalb für Diagrammscheiben alleine keine eigenständige Bauartgenehmigung erteilt werden durfte.[12] In der Praxis durften also Geräte des Monopolisten Kienzle nur mit dessen eigenen Schaublättern betrieben werden.

Innerhalb der Europäischen Kommission gab es einflussreiche Kräfte, die eine grundsätzliche Trennung der beiden Produkte durchsetzen wollten, um damit getrennte Märkte und damit letztlich mehr Wettbewerb zwischen den Herstellern zu erreichen. Kienzle Apparate hatte hingegen ein großes Interesse, diese Einheit entsprechend bundesdeutschem Vorbild europarechtlich zu verankern und damit den Markteintritt für Konkurrenten möglichst schwer zu gestalten. Vor den entsprechenden Gremien argumentierten die Villinger Firmenvertreter mit technischen und Sicherheitsargumenten. Gerät und Schaublatt wären „wesensnotwendig" eine technische Einheit und gerade die Verwendung in Unfallgutachten würde eine fehlerfreie Aufzeichnung erfordern. Die Trennung von Kontrollgerät und Schaublatt würde außerdem die Potentiale des Missbrauchs und der Manipulation erhöhen, denn die Präzision würde somit eingeschränkt und manipulationswillige Firmen könnten auf minderwertige Diagrammscheiben zurückgreifen. Ehrlich zeigte man sich, als Kienz-

---

verständigen für Maße und Gewichte, 11.-12.3.1968, Protokoll vom 27.3.1968, in: WA VS, Ordner 11.
12 Vgl. OVG Lüneburg, Urteil vom 7.8.1958 (I A 106/57).

le auf den Ruf der Herstellerfirmen verwies. Denn hier hatte man ein großes Eigeninteresse, auch bei der Qualität der Schaublätter das maximal Mögliche zu erreichen, so dass schwarze Schafe der Branche nicht indirekt den eigenen Ruf schädigen könnten.[13]

Während sich Kienzle in einigen anderen Punkten durchsetzen konnte, entwickelte sich die Diskussion in der Frage der Trennung von Gerät und Diagrammscheibe nicht im Sinne des Unternehmens.[14] Obwohl sich die bundesdeutschen Verhandlungsführer aus dem Verkehrsministerium und aus dem Kraftfahrtbundesamt voll hinter die Kienzle-Position stellten, sah der Gesetzentwurf der Europäischen Kommission letztendlich eine Trennung von Gerät und Scheibe vor. In einem ersten Schritt wurde im April 1969 von den zuständigen Gremien die EWG-Verordnung 543/69 über die „Harmonisierung bestimmter Sozialvorschriften in der europäischen Gemeinschaft" beschlossen. Darin wurden Regelungen zum Fahrpersonal, zur Dauer der Gesamtfahrtstrecke sowie der Lenk-, Arbeits- und Ruhezeiten getroffen. Außerdem sollten diese Aufzeichnungen automatisch mit einem mechanischen Kontrollgerät (Fahrtschreiber) vorgenommen werden, dessen nähere technische Bestimmungen noch separat festzulegen waren.[15]

Die Verordnung zum Kontrollgerät wurde im Oktober 1969 ins Europäische Parlament eingebracht und in erster Lesung beraten. Während der Sitzung kam es v.a. von Seiten französischer Abgeordneter zu Änderungsvorschlägen, die zu einer deutlichen Entschärfung des Vorhabens geführt hätten. So wurde beantragt, die Regelung nur für Lkws ab 20 Tonnen einzuführen, Linienbusse vollständig auszunehmen und das persönliche Fahrtenbuch zumindest in einer nicht näher bestimmten Übergangsphase parallel einsetzen zu können. Letztlich war auch der Terminplan zur Einführung umstritten. Der Kommissionsvorschlag sah hier die Fahrtschreiberpflicht für Neuzulassungen ab Jahresbeginn 1972 und für ältere Fahrzeuge ab Jahresbeginn 1974 vor. Die französischen Änderungsvorschläge wurden bei nur wenigen Gegenstimmen abgelehnt.[16]

Es folgten Beratungen im zuständigen Wirtschafts- und Sozialausschuss, die Verabschiedung im Parlament und der Beschluss im Ministerrat, so dass die „Verordnung über die Einführung eines Kontrollgeräts im Straßenverkehr" (VO Nr. 1463/70) endgültig am 20. Juli 1970 in Kraft treten konnte. Letztlich sah die Verordnung vor, dass in allen Lkws ab 3,5 Tonnen zulässiges Gesamtgewicht sowie allen Bussen ab 9 Sitz- und Stehplätzen der Einbau von Fahrtschreibern zur Pflicht wurde. Für Neuzulassungen galt diese Regelung ab Jahresbeginn 1975 und für ältere Fahrzeuge ab Jahresbeginn 1976. Fahrzeuge, die mit einem älteren Fahrtschrei-

---

13 Vgl. Überlegungen zu „Nur eine Bauartgenehmigung für Scheibe und Gerät", 12.9.1968, in: WA VS, Ordner 11; Überlegungen „Schaublatt und Gerät von einem Hersteller", 12.9.1968, in: ebd.
14 Notiz „EWG-Fahrtschreiber", 14.1.1969, in: Archiv Siemens VDO, Ordner 11.
15 Dietrich Weise: Mehr als ein Kontrollgerät: Der Europa-Fahrtschreiber, in: Polizei, Technik, Verkehr, Sonderausgabe 9/1977.
16 Vgl. Information Klaus Thede und Alfred Jauch zum EWG-Tachograf, 10.10.1969, in: WA VS, Ordner 11.

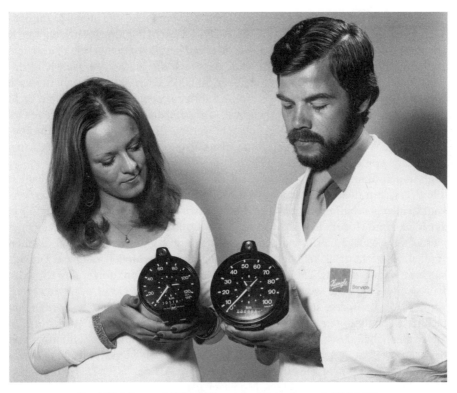
Der EC-Tachograph TCO 1311 und der Minitachograph TCO 1312.

bermodell ausgerüstet waren, hatten bis Ende 1979 Zeit, auf ein neues Gerät umzusteigen. Für die 1973 der EWG beigetretenen Länder Großbritannien und Irland galten teilweise längere Übergangsfristen. Schließlich bestand für alle Fahrzeuge zwischen 2,8 und 3,5 Tonnen die Möglichkeit, Fahrtschreiber als Ersatz für das vorgeschriebene persönliche Fahrtenbuch zu verwenden. Für die anderen Kraftfahrzeuge entfiel das regelmäßige Ausfüllen des Fahrtenbuches, denn im Zweifelsfall stand die Diagrammscheibe als unbestechlicher Zeuge bereit.[17] Mit der endgültigen Regelung waren die Fristen weiter nach hinten verschoben worden. Die Gesamtregelung bezog sich aber auf eine deutlich größere Fahrzeuggruppe, als es bislang in den nationalen Gesetzen vorgesehen war. Selbst gegenüber der weit reichenden bundesdeutschen Regelung war die Gewichtsgrenze für fahrtschreiberpflichtige Lkws von 7,5 auf 3,5 Tonnen abgesenkt worden. Insofern standen alle Geräteproduzenten, und hier allen voran die Villinger Kienzle Apparate GmbH, vor einem umfangreichen Geschäft mit Neuausstattungen und Nachrüstungen.

---

17 Vgl. Dietrich Weise: Mehr als ein Kontrollgerät: Der Europa-Fahrtschreiber, in: Polizei, Technik, Verkehr, Sonderausgabe 9/1977; M. Huber: Neuer Europa-Fahrtschreiber von Kienzle, in: Kienzle Blätter 3–4/1974, S. 20.

Noch während auf der politischen Bühne die Verhandlungen über den Europa-Tachographen liefen, bereitete sich die Kienzle-Geschäftsführung auf den Tag X vor. Zum einen ging es darum, entsprechende Fertigungskapazitäten bereit zu stellen. Damalige Prognosen gingen davon aus, dass sich die Nachfrage nach Kienzle-Fahrtschreibern von gut 100.000 auf über 300.000 Exemplare pro Jahr steigern würde. Die weiteren Entwicklungen sollten übrigens zeigen, dass man damit nicht weit von den tatsächlichen Zahlen entfernt lag. Zum anderen musste eine neue Generation von Geräten auf den Weg gebracht werden, die den kommenden Anforderungen der EWG-Verordnung gerecht werden und die gleichzeitig die elektronischen Neuerungen produktiv umsetzen würde.

Mit dem Bau des neuen Werks A auf der Sommertshauser Halde in den Jahren 1969/70 waren die Voraussetzungen für die prognostizierte Ausweitung der Verkaufszahlen geschaffen worden. Die Weiterentwicklung des Fahrtschreibers führte zunächst zum Modell TCO 15, der auch als Baukastenfahrtschreiber bezeichnet wurde. Erste Muster hierfür wurden in Kienzles Konstruktionsabteilung im zweiten Halbjahr 1965 fertig. 1967 begann man damit, das neue Modell zu einem Universalgerät weiter zu entwickeln, in dem alle bisherigen Funktionen des Kienzle-Fahrtschreibers sowie weitere Wünsche von Kunden und Gesetzgeber integriert wurden.[18] Insbesondere sollte auch den Fortschritten auf dem Gebiet der Fertigungstechnik Rechnung getragen werden. Hier waren die metallischen Werkstoffe in vielen Bereichen durch die Verwendung von Kunststoffen und die Einführung von Spritzgussverfahren ersetzbar geworden. Das neue Modell wurde folglich mit einem Kunststoff- statt einem Metallgehäuse produziert. Als der TCO 15 1970 auf den Markt kam, war gerade die moderne Montagehalle des neuen A-Werkes fertig gestellt worden. Die Fertigung des Modells wurde von Anfang an auf große Stückzahlen ausgerichtet, denn zu diesem Zeitpunkt zeichnete sich schon der bevorstehende Fahrtschreiberboom ab.

Grundsätzlich wurde der TCO 15 in verschiedensten Varianten angeboten, bei denen wahlweise die normale Geschwindigkeitsregistrierung mit den Funktionen Drehzahlregistrierung und/oder Zeitgruppenregistrierung in Balken- oder in Stufenform kombinierbar war. Außerdem wurden die Geräte in Ausführungen für einen oder für sieben Tage sowie für einen oder für zwei Fahrer angeboten. Insgesamt waren alle Varianten des TCO 15 mit einer gegenüber früheren Modellen verkleinerten Antriebswelle und einem elektronischen Uhrwerk ausgestattet. Die Aufzeichnung der Arbeitszeit, der Lenkzeit und der Wegstrecke waren neben der Registrierung auf der Diagrammscheibe auch elektronisch auswertbar.[19]

Schon zwei Jahre später stellte Kienzle Apparate ein weiteres Fahrtschreibermodell vor. Mit dem TCO 1309 konnte das Unternehmen erstmals einen teilelektronischen Fahrtschreiber anbieten. Äußerlich wurde das Modell gegenüber seinem Vorgänger kaum verändert. Auch das mechanische Aufschreibesystem über die Diagrammscheibe war beibehalten worden. Neu war der elektronische Impulsgeber, der an die Stelle der bisherigen mechanischen Antriebswelle getreten war. Dieser

---

18 Vgl. Ernst (1970), S. 46.
19 Vgl. Vögtlin (1987), S. 7f.

Geber war bereits am Getriebestutzen angebracht und wandelte dort die mechanische Drehbewegung in einen elektrischen Impuls um, der dann im Fahrtschreiber verarbeitet wurde. Damit wurde nicht nur die Messgenauigkeit erhöht, sondern auch der Geräteeinbau wesentlich erleichtert.[20] Insbesondere bei Omnibussen, bei denen zwischen dem Fahrtschreiber im Cockpit und dem Motor im Heckteil bis zu 12 Meter Entfernung liegen konnten, war der technische Aufwand wesentlich verringert worden. Die Weltpremiere des elektronischen Fahrtschreibers fand auf der Commercial Motor Show im September 1972 in London statt.

Wichtigste Neuerung war aber das Modell TCO 1311, der so genannte EC-Tachograph, wobei die Abkürzung EC für „European Community" stand. Dieser war speziell nach den technischen Anforderungen der EWG-Verordnung konstruiert worden. Er registrierte nicht nur Wegstrecke und Geschwindigkeit, sondern auch Lenkzeiten sowie Arbeits- und Präsenzzeiten, Unterbrechungen und Ruhezeiten. Außerdem wurde jedes Öffnen des Gerätegehäuses registriert, um nachvollziehen zu können, wann auf die Diagrammscheiben zugegriffen wurde. Da die Aufzeichnung nach dem neuen Gesetz nicht mehr fahrzeug- sondern personenbezogen erfolgen musste, wurde die Diagrammscheibe bei jedem Fahrerwechsel ausgetauscht. Zusätzlich wurden Zwei-Fahrer-Modelle angeboten, die alle Daten auf zwei verschiedene Diagrammscheiben aufzeichnen konnten. Die Kunden konnten den TCO 1311 entweder in einer Automatic-, in einer Standard-Mechanischen oder in einer Standard-Elektronischen Ausführung installieren lassen. Das Automatic-Gerät registrierte selbständig alle Zeitgruppen in Form unterschiedlich starker Balken auf der Diagrammscheibe. Diese Variante bot sich für Kunden an, die eine automatische Zeitgruppenauswertung vornehmen wollten. Die Standard-Ausführungen zeichneten die Zeitgruppen in Stufenform auf, was nicht automatisch ausgelesen werden konnte. Hier konnten Kunden sich entweder für ein Gerät mit mechanischem Wellenantrieb oder mit neuem elektronischem Impulsgeber entscheiden.[21]

Der TCO 1311 wurde erstmals auf der IAA 1973 vorgestellt und erregte dort das Interesse des Fachpublikums. Er zeigte, dass Kienzle Apparate bestens für die bevorstehende Umstellung der Fahrtschreiber auf die neue europäische Norm gerüstet war. Parallel konnte das Unternehmen auch die Variante TCO 1312 vorstellen, ein so genannter Minitachograph, mit dem man um Kunden mit kleineren Fahrzeugen warb, also um Fuhrparks mit Pkws oder leichteren Lkws, die noch nicht unter die Fahrtschreiberpflicht fielen.[22]

Die IAA 1973 war von besonderer Bedeutung, weil sich die auf ihr vertretene Automobilindustrie erstmals in breiterem Maße mit der öffentlichen Diskussion um die Umwelt- und Gesundheitsprobleme der automobilen Gesellschaft auseinander-

---

20 Vgl. Vermerk über Besuch der Vertreter Kienzle Apparate GmbH beim Kraftfahrtbundesamt wegen Bauartgenehmigung Fahrtschreiber, 25.5.1972, in: WA VS, Ordner 8; M. Huber: Kienzle 1309: erster elektronischer Fahrtschreiber der Welt, in: Kienzle Blätter 3/1972, S. 2f.
21 Dietrich Weise: Mehr als ein Kontrollgerät: Der Europa-Fahrtschreiber, in: Polizei, Technik, Verkehr, Sonderausgabe 9/1977.
22 Vgl. Herbert Ackermann: Internationale Automobilausstellung 1973 in Frankfurt/M., in: Kienzle Blätter 3/1973, S. 13–17.

setzen musste. Kienzle Apparate konnte sich innerhalb dieser Diskussion relativ vorteilhaft positionieren, denn der neue Zeitgeist war sehr gut mit der eigenen Produkt- und Firmenphilosophie in Einklang zu bringen. Letztlich verkaufte man ja ein Produkt, das der Sicherheit und der Wirtschaftlichkeit verpflichtet war. Im Umfeld der IAA warb man für eine Versachlichung der Debatte, die angesprochenen Probleme bedürften v.a. einer technischen Lösung, wobei mit Technik nicht nur der reine Apparat sondern auch der richtige, organisatorische Einsatz gemeint war: „Die Vorteile der Motorisierung lassen sich jedoch nutzbar machen, wenn die vorhandenen Mittel zur Lenkung und Beherrschung der Verkehrsströme sinnvoll und zielsicher eingesetzt werden", argumentierten die Firmenvertreter aus Villingen, so dass man das Motto der IAA „Mit dem Auto in die Zukunft" auch als eigenes Leitthema verstand, „denn unsere Erzeugnisse leisten einen wichtigen Beitrag zur Lösung der Verkehrsprobleme von heute und morgen."[23]

Rechtzeitig vor den Umstellfristen der EWG-Verordnung lief das Kienzle-Modell TCO 1311 im August 1974 in Serienfertigung vom Band. Es sollte sich zum erwarteten Erfolgsprodukt entwickeln und trug wesentlich zum stetigen Wachstum des Apparatebereichs in den 70er Jahren bei.

Abgeschlossen wurde diese Fahrtschreibergeneration Ende des Jahrzehnts mit dem Modell 1314, das wie die Modelle 1309 bis 1312 weiterhin auf der Grundkonstruktion des TCO 15 aufbaute, das aber den elektronischen Fahrtschreiber mit den Anforderungen des Europa-Fahrtschreibers kombinierte. Die elektronischen Schaltungen waren nun nicht mehr in drei Etagen übereinander gebaut, sondern konnten in einer einzigen Ebene angebracht werden. Es wurden sämtliche Variationen der Vorgängermodelle angeboten.[24]

Während in diesem Zeitraum das zweite Standbein des Unternehmens, das Geschäftsfeld Datensysteme, ein strukturelles Defizit auswies, konnten diese Verluste lange Zeit mit den anhaltenden Gewinnen aus dem Apparategeschäft kompensiert werden, und den größten Anteil am Apparategeschäft, insbesondere am Gewinn, trug der Kienzle-Fahrtschreiber bei. Im Geschäftsjahr 1979/80 erzielte das Unternehmen im Apparatebereich einen Umsatz von knapp 300 Mio. Mark weltweit. Drei Viertel davon stammten aus den Produkten Fahrtschreiber und Diagrammscheibe. Stellt man das Inlands- dem Auslandsgeschäft gegenüber, so wird deutlich, dass der Fahrtschreiber zu etwa 60 Prozent in der Bundesrepublik verkauft wurde und zu 40 Prozent im Ausland. Als Ergebnis dieses Geschäftsfeldes verzeichnete man einen Gewinn von gut 50 Mio. Mark, dem aber Verluste in Höhe von 42 Mio. Mark aus dem Computergeschäft gegenüberstanden.[25]

---

23   Ebd., S. 17.
24   Vgl. Vögtlin (1987), S. 10. Der TCO 1314 ging ab 1980 in Serienfertigung, vgl. Siemens VDO Trading GmbH: Tachographen und deren technische Aufzeichnungen, Villingen-Schwenningen 2003, S. 6.
25   Vgl. Aufstellung Kienzle Apparate Umsätze Apparate, 18.2.1981, in: WA VS, Ordner 110; Aufstellung Umsatzerlöse Kienzle Apparate GmbH 1978/79 bis 1982/83, Manuskript 23.6.1982, in: Mannesmann-Archiv, M 17.723, Bd. 1.

4.3. Wege zum Kunden

Die technische Qualität eines Produkts macht nur einen Teil des unternehmerischen Erfolgs aus. Zusätzlich muss es den Weg zum Kunden finden und sich gegen Konkurrenzprodukte durchsetzen. Mit anderen Worten: Erfolgreiche Firmen müssen ein gut funktionierendes Vertriebs- und Servicenetzwerk aufbauen und ihre Produkte mit Mitteln der Werbung oder der Öffentlichkeitsarbeit am Markt positionieren. Nicht zuletzt entscheiden der technische Service und die Fähigkeit, Kundenwünsche zurück ins Unternehmen zu tragen, darüber, wie erfolgreich Kunden mittel- und langfristig an die eigene Firma gebunden werden können.

Mit den beiden großen Geschäftsfeldern bediente Kienzle Apparate zwei äußerst unterschiedliche Märkte und Kundengruppen. Das Angebot an Kienzle-Büromaschinen und Computern richtete sich an ein breites Spektrum von öffentlichen Verwaltungen, Geldinstituten bis hin zu Handels- und Industrieunternehmen in den unterschiedlichsten Branchen und Ländern. Im Laufe der Jahre wurde hier der Kreis der Kunden immer größer und differenzierter, so dass sich das Unternehmen immer stärker auf einzelne Zielmärkte und einzelne Branchen konzentrieren musste. Hingegen war das Apparate-Geschäft auf eine sehr viel speziellere Kundengruppe ausgerichtet.[26] Insbesondere wenn man sich das Kerngeschäft mit Fahrtschreibern vor Augen führt, dann ist es eine überschaubare Menge von Nutzfahrzeugherstellern im In- und Ausland, die sich zwischen Kienzle und einem Konkurrenten entscheiden. Hinzu kommen private Fuhrparkbetreiber und die großen staatlichen Transportunternehmen wie die Post oder die Bahn mit ihren Fahrzeugen. Der größte Teil des Fahrtschreibergeschäfts wurde spätestens mit der Einbaupflicht im Bereich der Erst- und Serienausstattung gemacht.

In den anderen Apparategruppen sah der Kundenkreis wieder deutlich anders aus. Taxameter wurden in der Regel direkt an die Taxibetreiber, also an viele Klein- und Einzelunternehmen bzw. in manchen Großstädten an einige größere Taxigesellschaften verkauft. Die Apparate der Zähl- und Rechentechnik für Tankstellen wurden an die Herstellerfirmen kompletter Tankanlagen geliefert und Parkuhren wurden den Stadt- und Gemeindeverwaltungen angeboten. Im Bereich der Betriebsdatenerfassungsgeräte wiederum stand das Unternehmen einer sehr großen Zahl an Fertigungsbetrieben gegenüber.

Für den Bereich der Werbung und Öffentlichkeitsarbeit hatte dies Folgen. Anfangs knüpfte man beim Firmenlogo an Vorarbeiten und Motive aus den Kienzle Uhrenfabriken an. In den vertraglichen Regelungen zur Ausgliederung des Kienzle Taxameterwerks 1929 wurde der neuen Firma zugestanden, sowohl den Namen als auch die Warenzeichen der Kienzle Uhrenfabriken zu verwenden.[27] In dieser Zeit suchte die neue Firma die Nähe zum eingeführten und etablierten Image des Mutterunternehmens, das für gute und moderne Produkte stand. Insofern trat Kienzle Apparate in der Zeit bis zum Kriegsende mit zwei eingeführten Warenzeichen auf:

---

26 Vgl. G.T.: Verkauf Apparate, in: Kienzle Blätter 5/1956, S. 7–11.
27 Vgl. Kaufvertrag zwischen Kienzle Uhrenfabriken AG Schwenningen und Kienzle Taxameter und Apparate AG Villingen, Schwenningen 24.6.1929, in: Privatarchiv Ackermann.

Verschiedene Kienzle-Logos.

zum einen das Logo einer geflügelten Uhr mit einem darüber gesetzten Kienzle-Schriftzug in Blockbuchstaben; zum anderen der kursiv und aufsteigend gesetzte Kienzle-Schriftzug in Schreibschrift und mit Unterstrich.

In den Nachkriegsjahren wurde nur noch der Kienzle-Schriftzug in Schreibschrift weiter verwendet, zum einen gerahmt in einem Wappen und zum anderen allein stehend. In die 50er Jahre fiel auch der Aufbau einer eigenen Werbeabteilung im Unternehmen. Gerade mit dem Eintritt in den dynamischen Büromaschinenmarkt war das Bedürfnis nach Werbemedien stark angestiegen. In den Jahren bis 1963 stand diese Abteilung unter der Leitung von Günter Bundesmann, dann wurde die Position an Hans Wenzel übertragen, der schon in der ersten Hälfte der 50er bei Kienzle unter Bundesmann eingetreten war und der zwischenzeitlich beim Nutzfahrzeughersteller Magirus Deutz in Ulm als stellvertretender Werbeleiter gearbeitet hatte. Wenzel leitete die Kienzle-Werbeabteilung bis zu seinem Ruhestand 1988.[28] Unter ihm wurde sie zu einer in vielen Bereichen aktiven und leistungsstarken Stabstelle der Geschäftsführung ausgebaut.

Da beide Geschäftsbereiche des Unternehmens sich nicht direkt an Endkonsumenten richteten, sondern Unternehmen und Behörden bedienten, wurde die Kienzle-Werbung nicht an den Moden der Konsumgüterwerbung ausgerichtet, sondern als Investitionsgüterwerbung konzipiert. Statt flotter Sprüche und ständiger Präsenz in Massenmedien stand eine zumeist nüchterne und sachliche Präsentation der eigenen Produkte im Zentrum der Werbetätigkeit. Dementsprechend kleiner war auch das Budget der Werbeabteilung: Wenn klassische Konsumgüterproduzenten eher 10 bis 15 Prozent der Ausgaben in Werbung und Marketing investierten, waren es bei Unternehmen wie Kienzle Apparate eher um die fünf Prozent.

---

28 Vgl. Interview mit Hans Wenzel zur Unternehmensgeschichte der Kienzle Apparate GmbH, 2005.

Ebenfalls eine Stabstelle der Geschäftsführung war die Abteilung Presse- und Öffentlichkeitsarbeit unter der langjährigen Leitung von Herbert Ackermann. Sie war für die Außendarstellung des Unternehmens in seiner vollen Breite und den alltäglichen Kontakt zu Journalisten und Medienvertretern verantwortlich, während die Werbeabteilung vor allem für die Präsentation der Produkte in Anzeigen, Prospekten und auf Messen sorgte. Zu den regelmäßigen Aufgaben Ackermanns und seiner Mitarbeiter gehörte es, Artikel über die Anwendungen neuer Modelle des Unternehmens und deren Vorzüge in Branchen- und Fachzeitschriften zu lancieren, Verkäuferzeitungen und Kundenjournals zu redigieren sowie bei der Redaktion der Betriebszeitung mitzuarbeiten. Unter Einfluss der voranschreitenden Amerikanisierung und infolge des Wachstums des Unternehmens wurde im Laufe der Zeit eine Professionalisierung hin zu umfassenderen Public-Relations-Maßnahmen vollzogen. Dies betraf vor allem das Büromaschinen- und Computergeschäft. Hier vollzog die gesamte Branche einen grundsätzlichen Technologie- und Imagewandel, der unter dem – von der Kienzle-PR geprägten – Schlagwort der Mittleren Datentechnik in der Fachöffentlichkeit propagiert wurde.

Mit noch grundsätzlicheren Aufgaben war die Gruppe Ergonomie und Industrial Design betraut. Die organisatorische Zuordnung zur Entwicklungsabteilung deutet dies schon an. Design wurde bei Kienzle Apparate nicht im Sinne einer einfachen „Hüllenmacherei" für fertige Modelle verstanden, wie es Gunther Bartholomäi als langjähriger Leiter dieses Bereichs formulierte, sondern man engagierte sich möglichst früh in der Produktentwicklung und arbeitete im Gespräch mit den technischen Entwicklern Ideen und Konzepte aus, wie die technischen Faktoren eines Modells mit Ästhetik und Benutzerfreundlichkeit zusammengeführt werden konnten.[29]

Bei der Gestaltung der Büromaschinen und Computer betraf dies beispielsweise nicht nur die äußere Form sondern auch Dinge wie die Lesbarkeit von Schriftzeichen, die Schwergängigkeit von Tastenknöpfen oder die Wärmeisolierung von Gehäusen. Die Einführung einer neuen, einheitlichen Form für alle Büromaschinenmodelle im Jahr 1962 oder das neuartige Design für den Magnetkontencomputer Kienzle 6000 waren Ergebnisse dieser Überlegungen. Dabei kooperierte man oft mit Hochschulen oder Hochschuleinrichtungen für Gestaltung und Ergonomie, beispielsweise mit Pforzheim, Furtwangen, Schwäbisch Gmünd oder mit der RWTH Aachen. Auf der Hannover-Messe schaffte es Kienzle Apparate, regelmäßig mit eigenen Produkten in der Sonderschau „Gute-Industrie-Form" vertreten zu sein und hier das Gütesiegel „IF" zu erringen. In den 90er Jahren wurde das Unternehmen für Konzeption und Gestaltung des Fahrerinformationssystems mit dem Innovationspreis der Deutschen Wirtschaft ausgezeichnet. Kienzle war darüber hinaus die erste Firma, die für ihren Bildschirmarbeitsplatz vom TÜV das Zeichen „Geprüfte Sicherheit" (GS) verliehen bekam. Andere Unternehmen wie IBM waren hier durchgefallen, weil beispielsweise ihre Tastaturen viel zu hoch waren. In Zeiten, in denen für andere Hersteller das Wort Ergonomie noch ein Fremdwort war, hat sich Kienzle Apparate schon stark für diesen Bereich engagiert.

---

29 Vgl. Interview mit Gunther Bartholomäi zur Unternehmensgeschichte der Kienzle Apparate GmbH, 2005.

Die Wirkung solcher Preise und Auszeichnungen auf das Image des Unternehmens war sicherlich beträchtlich, insbesondere wenn man den materiellen Aufwand hierfür in Relation zu anderen Bereichen sieht: In den Hochphasen beschäftigte Kienzle rund 500 Entwickler, während nur vier Mitarbeiter im Bereich Design und Ergonomie angestellt waren. Alle drei Bereiche, Werbung, Öffentlichkeitsarbeit und Design waren schlussendlich zentrale Schnittstellenfunktionen zwischen Geschäftsführung, Technikentwicklung und Vertrieb. Insofern war das Unternehmen gut beraten, sich hier entsprechend zu engagieren.

Mit dem beginnenden Einstieg in das Elektronikgeschäft um 1960 begann sich der Kienzle-Büromaschinenbereich langsam zu verselbständigen. War bis dahin einheitlich der klassische Handschriftzug verwendet worden, wurden nun abweichende Logos verwendet. Der kursive Schriftzug war nur noch für den Apparatebereich in Verwendung, während für den Büromaschinenbereich der Namenszug in Blockschrift gesetzt wurde. Beide Schriftzüge wurden in einen Doppelblock gesetzt, wobei im zweiten Block der jeweilige Geschäftsbereich, also Datensysteme, Apparate oder Datentechnik genannt wurden. Immerhin waren alle Bereiche auf eine einheitliche Farbgebung in Kienzle-Orange festgelegt. Dieser Logo-Dualismus galt bis nach dem Einstieg von Mannesmann: Ab 1985/86 wurde der Firmenname Mannesmann Kienzle GmbH verwendet, so dass nun das Mannesmann-Blau auch in Villingen Einzug hielt.

Zu den wichtigsten Auftritten in der Fachöffentlichkeit gehörten Messen und Ausstellungen, für die die Verantwortung in der Werbeabteilung lag. Kienzle Apparate legte hier immer Wert auf einen einheitlichen Auftritt mit einem eigenen Standsystem. Der wichtigste Termin des Büromaschinenbereichs war die jährliche Industriemesse in Hannover und dort der Auftritt in der Halle der Büroindustrie, die 1970 in einem Hallenneubau als „Centrum der Büro- und Informationstechnik" (CeBIT) untergebracht wurde. Seit 1986 arbeitet die CeBIT sogar als eigenständige Messe. Für den Apparate-Bereich hatte die Internationale Automobilausstellung IAA in Frankfurt/Main eine vergleichsweise Bedeutung. Insgesamt beschickte das Unternehmen eine ganze Reihe an regionalen und überregionalen Ausstellungen. Zum Teil war man pro Jahr auf 50 verschiedenen Veranstaltungen in ganz Europa vertreten. Die wachsende Bedeutung des Unternehmens in beiden Bereichen lässt sich mit zwei großen Messeterminen verbinden. Für den Büromaschinenbereich begann mit dem Auftritt auf der Hannover-Messe im Jahr 1968 ein neues Kapitel. Die Präsentation des neuen Magnetkontencomputers der Klasse 6000 ging einher mit einem erweiterten und völlig neu konzipierten Standsystem. Für den Apparatebereich fand das vergleichbare Ereignis auf der IAA 1973 statt. Die Einführung des Europa-Fahrtschreibers stand bevor und Kienzle Apparate stellte seine Apparate-Palette erstmals in einer der beiden Hallen für Nutzfahrzeuge aus.[30]

---

30 D. Heymann: Werben um die Gunst des Publikums, in: Kienzle Blätter 3/1973, S. 18–20.

4.4. Engagiert auf den Inlandsmärkten

Im Vertrieb und Service der Kienzle Apparate galt eine grundsätzliche Trennung in zwei weitgehend unabhängige Strukturen, eine für den Apparatebereich, eine zweite für den Verkauf von Büromaschinen und Computern. Zwar gab es mit der wachsenden Verbreitung der Elektronik immer wieder Versuche, Synergieeffekte zwischen den beiden Geschäftsfeldern zu nutzen, aber gerade im Verkaufs- und Vertriebsbereich sorgte die sehr unterschiedliche Marktsituation dafür, dass man hier bis zur endgültigen Trennung 1991 weitgehend unabhängig voneinander operierte. Auf die Strukturen für das Geschäftsfeld Datensysteme wurde weiter oben eingegangen.

Kienzles Rolle als Automobilzulieferer sah anders aus. Von den schwierigen Anfangsjahren im Inlandsgeschäft wurde schon berichtet. Nach Kriegsende konnte man relativ schnell wieder die traditionellen Märkte für Taxameter und Fahrtschreiber erschließen, schon wenige Monate nach Kriegsende stapelten sich in Villingen Aufträge und Bestellungen aus allen Herren Ländern. Nach und nach kamen dann die neuen Produktbereiche hinzu. Insbesondere aber das Fahrtschreibergeschäft war für den nachhaltigen Aufstieg des Kienzle-Apparatebereichs verantwortlich. Um mit den Kunden in Kontakt zu bleiben, waren in allen Landesteilen Kienzle-Vertretungen eingerichtet worden, von denen die wichtigsten noch auf die Zeit vor 1945 zurückgingen. Die Vertretungen waren zum einen selbständige Firmen und zum anderen abhängige Zweigniederlassungen des Unternehmens. Mit einem Stamm von geschulten Vertriebsmitarbeitern führten diese regelmäßig Kunden- und Werbebesuche durch und wurden hierbei vom Stammwerk unterstützt. Die Villinger Zentrale setzte Reisebeauftragte ein, um den Informationsfluss mit den Vertretungen am Laufen zu halten, und sie erstellte Prospekte, Verkaufsunterlagen und technische Informationen. Der Kontakt zu den großen Autofabriken wurde dabei direkt vom Stammwerk aus gepflegt.

Der Apparatevertrieb war dabei bis 1970 grundsätzlich in eine Inlands- und eine Auslandsabteilung unterteilt. Die Vertriebsgesellschaften wiederum boten in der Regel das komplette Apparate-Sortiment der Kienzle Apparate GmbH an. In den frühen Jahren gab es in manchen Regionen auch getrennte Vertretungen für die Bereiche Fahrtschreiber und Taxameter, die historisch gewachsen waren. Beispiele hierfür waren Stuttgart und Hamburg.

Von den 30er bis in die 60er Jahre stand der Apparatevertrieb unter der Leitung von Paul Riegger und Alfred Jauch. Während Riegger den Verkauf im Inland koordinierte, war Jauch für das Auslandsgeschäft zuständig. Rieggers Verdienste um das Unternehmen wurden schon gewürdigt. Sein Kollege Jauch war Jahrgang 1905 und gehörte dem Unternehmen seit 1924 an, als er in den Dienst der Kienzle Uhrenfabriken trat.[31] Zunächst absolvierte er dort eine kaufmännische Ausbildung. Nach Abschluss der Lehre begann er im Uhrenverkauf zu arbeiten. Als das Taxameterge-

---

31 Zu Jauch vgl. o.A.: Alfred Jauch 30 Jahre bei Kienzle, in: Kienzle Blätter 5/1954, S. 24; Alfred Jauch für 40jährige Treue in der Firma Kienzle Apparate geehrt, in: Kienzle Blätter 4/1964, S. 40–42; Jochen Kienzle: Verkaufsdirektor Alfred Jauch zum Abschied, in: Kienzle Blätter 4/1970, S. 26f.

Vertriebsdirektor Paul Riegger unterwegs auf Fahrrad mit Fahrtschreiber.

schäft noch von den Schwenninger Verkaufsabteilungen bearbeitet wurde, wandte sich Jauch diesem Bereich zu und blieb ihm auch nach der Abtrennung des Taxameterwerks erhalten. Aufgrund seiner guten Fremdsprachenkenntnisse hatte er sich schon früh dem Auslandsgeschäft zugewandt und war in dieser Funktion 1928 ins Villinger Werk übergewechselt. Noch 1945, direkt in den ersten Nachkriegsmonaten, wurde Jauch von Dr. Kienzle mit der Leitung des Verkaufs betraut. Hier bestand eine seiner vorrangigen Aufgaben darin, den Kontakt zu den französischen Besatzungsstellen zu führen und dort die Interessen des Unternehmens zur Geltung zu bringen. In den 50er Jahren gehörte es zu seinen Verdiensten, dass das Unternehmen eine ganze Reihe von Auslandsmärkten erschließen und somit eine stetige Steigerung des Exportanteils erreichen konnte. 1950 hatte der Export einen Anteil von 24 Prozent am gesamten Apparategeschäft. 1964 waren es schon 35 und 1970 waren es 41 Prozent.

Als sich Riegger und Jauch 1969 bzw. 1970 in den Ruhestand verabschiedeten, fand an der Spitze des Apparatevertriebs ein umfassender Wechsel statt. Damit ging die Nachkriegsära bei Kienzle Apparate zu Ende. Die Einführung der Fahrtschreiberpflicht in der kompletten EWG vor Augen, musste es ein zentrales Anliegen des Familienunternehmens sein, die Nachfolge in dieser Position richtig und rechtzeitig zu bestellen.

Schon 1963 war die damalige Unternehmensführung auf den dynamischen Leiter der Bremer Apparate-Vertretung Klaus Thede zugetreten und hatte ihm die

Vertriebsdirektoren Paul Riegger, Alfred Jauch und Klaus Thede.

Nachfolge Rieggers angeboten. Thede war Jahrgang 1923 und seit Kriegsende in der Automobilbranche tätig. 1948 gründete er in Bremerhaven eine eigene Firma, mit der er sich 1949 auf den Vertrieb von Kienzle-Apparaten spezialisierte. 1952 wurde die Firma nach Bremen verlegt. Organisatorisch war Thede zu dieser Zeit der Hamburger Kienzle-Vertretung Karl Berg unterstellt, man entwickelte sich aber schnell zu einer wichtigen Vertretung und 1961 wurde er eigenständiger Generalvertreter für die Region Bremen, Weser/Ems.[32]

1963 zögerte Thede mit einem Wechsel nach Villingen. Immerhin hatte er gerade ein neues Grundstück erworben und wollte dort für seine eigene Firma einen großen Neubau errichten. Vier Jahre später sprach die Kienzle-Geschäftsführung ihn erneut an: Man hätte keinen besseren Mann gefunden und würde ihn bitten, Rieggers Nachfolge als Vertriebsleiter zu übernehmen. Thede stimmte grundsätzlich zu und wurde 1967 mitsamt seiner Familie bei der Unternehmerfamilie Kienzle zuhause zum Kaffee eingeladen. Bei einer zentralen Personalentscheidung wie dieser entschieden nicht nur die beiden Kienzle-Brüder Jochen und Herbert, sondern auch noch deren Mutter Charlotte Kienzle mit.

Offenbar fiel der Besuch zur Zufriedenheit der Unternehmerfamilie aus, denn Thede konnte sich im Anschluss um seinen Umzug nach Villingen kümmern. Um den Bestand seines Bremer Unternehmens zu sichern, nahm sich Thede aber noch etwas Zeit, um einen geeigneten Geschäftsführer zu finden. Letztlich zog er zum 1. Januar 1969 nach Villingen und trat dort die Stelle als Vertriebsleiter des kompletten Apparatebereichs an. Zunächst war er v.a. für den inländischen Markt zuständig, aber als sich Jauch noch zum Ende des gleichen Jahres in den Ruhestand verabschiedete, wurden die Bereiche Inland und Export zusammengelegt und beide zusammen Thedes Verantwortung unterstellt.[33] Die Leitung der Apparate-Exportabteilung wurde von Jauchs Büroleiter Walter Eith übernommen. Eith war seit 1956 im Un-

---

32 Vgl. Fragebogen Klaus Thede zur Unternehmensgeschichte Kienzle Apparate GmbH und Interview mit Klaus Thede (2005), S. 1–5.
33 Vgl. Interview Thede (2005), S. 9–11.

ternehmen tätig. Zunächst hatte er als Vertriebssachbearbeiter für Betriebsdatenerfassungsgeräte angefangen und war 1965 in die Position des Büroleiters eingesetzt worden.[34]

Mit Thede hatte das Unternehmen tatsächlich einen würdigen Nachfolger aus den Reihen ihrer Vertriebspartner gefunden. Er setzte die erfolgreiche Verkaufspolitik im Inland wie auf vielen Auslandsmärkten fort und konnte sich in der Position über alle Brüche und Krisen hinweg bis zu seinem Ruhestand Ende 1988 erfolgreich behaupten. Darüber hinaus war er weiter beratend für das Unternehmen tätig und engagierte sich für sein eigenes Bremer Vertriebsunternehmen. Die Thede GmbH & Co. KG existiert bis heute als erfolgreiches Vertriebs- und Serviceunternehmen für Instrumente aus dem Spektrum des alten Kienzle-Apparatebereichs.

4.5. Das Apparate-Vertriebsnetz

Wichtige Stützen des Apparateverkaufs waren eigenständige Vertriebsgesellschaften in allen Regionen des Landes. Neben der genannten Firma Thede in Bremen existierten andere, eine der wichtigsten war sicherlich die Firma Kienzle Rheinische Apparate GmbH (Kienzle Rheinapp). Über Jahrzehnte hinweg wurde der Betrieb von Willi Weidt geleitet, der zwischen 1936 und Kriegsende in der Berliner Niederlassung, in Villingen und in Straßburg für Kienzle Apparate tätig war. Nach Kriegsende war er maßgeblich für den Aufbau einer Generalvertretung im Rheinland verantwortlich. Die Kienzle Rheinapp wurde formal 1946 mit Unterstützung aus Villingen gegründet. An Weidts Seite stand bis Anfang der 70er Jahre Robert Zipfler als Technischer Geschäftsführer und Mitgesellschafter.

Bis 1956 wuchs die Kienzle Rheinapp auf 70, bis in die 1970er Jahre auf rund 120 und nach Eingliederung der Kienzle Vertriebsgesellschaft (Stuttgart) im Jahr 2002 auf rund 200 Mitarbeiter an. Neben der Zentrale in Düsseldorf wurden Filialen in Aachen, Dortmund, Duisburg, Köln und Wuppertal gegründet. Nicht nur der Verkauf der Geräte, sondern auch Service und Kundendienst gehörten zu den wichtigsten Aufgaben der Vertretungen. Hierfür standen an allen Standorten Werkstätten und Kundendienstfahrzeuge für den Vor-Ort-Service zur Verfügung. Weidt und Zipfler waren aber darüber hinaus in der Unternehmensentwicklung engagiert. So vertrat Zipfler Kienzle Apparate in den ersten Jahren in Südamerika, als es darum ging, dort den Einbau von Fahrtschreibern und einen funktionierenden Service zu organisieren. Weidt beriet daneben Geschäftsführer Polzin, als man überlegte, Parkuhren in das Angebot der Firma aufzunehmen. Er war auch maßgeblich am Einstieg in das Tankstellengeschäft beteiligt. Große Mineralölgesellschaften und Tanksäulenhersteller hatten ihren Sitz in Nordrhein-Westfalen. So entwickelte sich die Rheinapp zum wichtigsten Vorposten der Kienzle Apparate in Westdeutschland und leistete auch gute Dienste, wenn es um die Verhandlungen mit den großen Bundesbehörden in

---

34 Vgl. Fragebogen Walter Eith zur Unternehmensgeschichte Kienzle Apparate GmbH von 2005, in: Archiv Müller.

Bonn ging.[35] Weidt blieb bis 1985 geschäftsführender Gesellschafter der Rheinapp, dann übernahm sein Sohn Dipl.-Kfm. Achim Weidt, der bereits 1982 zum Geschäftsführer bestellt worden war, die alleinige Leitung.[36] Heute fungiert die Kienzle Rheinapp GmbH, mehrheitlich im Besitz der Erben von Jochen Kienzle, als Holding für die Immobilien, die durch die Kienzle Automotive GmbH (Vertriebsgesellschaft) in Mülheim und an acht weiteren Standorten genutzt werden. Außerdem ist das Unternehmen Mehrheitsgesellschafter der Kienzle Argo GmbH (Berlin/Leipzig).

Im württembergischen Kernland wurde Kienzle Apparate ursprünglich von der Firma Tacho-Binder mit Sitz in Stuttgart vertreten. Die Firma war aus der Filiale der Kienzle Uhrenfabriken in der Landeshauptstadt entstanden und von dem Feinmechaniker Theodor Binder in den frühen 30er Jahren zur Generalvertretung für Kienzle-Fahrtschreiber weiterentwickelt worden. 1955 ging die selbständige Firma in der Kienzle Vertriebsgesellschaft (KVG) auf, wobei Binder und später sein Sohn noch als Werkstattleiter, Prokuristen und Kommanditisten tätig waren. Die KVG war wichtigste Kienzle-Vertretung im süddeutschen Raum und beschäftigte mit der Zentrale in Stuttgart-Wangen sowie Filialen in Ulm und Ravensburg bis zu 70 Mitarbeiter. Bis zu Ihrer Eingliederung in die Kienzle Automotive firmierte die KVG als eigenständige Gesellschaft und befand sich zuletzt hälftig im persönlichen Besitz von Christian H. Kienzle.

Weitere typische Vertriebsgesellschaften der Anfangsjahrzehnte waren Tachometer-Kinzel in Nürnberg, Rodekamp & Putze in Bielefeld und später in Münster, Weinhöppel in Braunschweig und Hannover, Heinz Port in Saarbrücken, Brusta in Frankfurt/M. und die Firmen Karl Berg und Friedrich Marx in Hamburg, die wie die Rheinapp als kleinere oder mittlere Familienunternehmen mit einigen Dutzend Mitarbeitern organisiert waren und teilweise auch über Generationengrenzen hinweg fortgeführt wurden.

So war in Nürnberg der Feinmechanikermeister Adolf Kinzel seit 1926 mit Reparatur und Vertrieb von Kfz-Messgeräten und Taxametern beschäftigt. 1936 übernahm er die Kienzle-Generalvertretung für das Gebiet Nordbayern. Trotz einer vollständigen Zerstörung des Betriebs im Krieg, baute Adolf Kinzel seine Firma in der Nachkriegszeit zusammen mit seinem Sohn Werner Kinzel wieder auf.[37] Obwohl Adolf Kinzel schon 1955 verstarb, konsolidierte sich die Firma unter seinem Sohn in den 50er Jahren und wurde unter Beteiligung der Kienzle Apparate GmbH in eine GmbH umfirmiert. In den 60er und 70er Jahren konnten weitere Vertriebsfilialen in Bayreuth, Regensburg, Weiden und Würzburg eröffnet und damit der nordbayrisch/fränkische Raum immer dichter bedient werden. 1983 wurden die Gesellschafteranteile vollständig an die Kienzle Apparate GmbH verkauft und damit in eine Kienzle Vertriebsniederlassung überführt. Unberührt hiervon bestand seit 1955 die Niederlassung München, die den gesamten südbayrischen Raum mit Kienzle-Produkten versorgte.

---

35 Vgl. o.A.: Kienzle am Rhein, in: Kienzle Blätter 2/1956, S. 4–7.
36 Willi Weidt fünfundsiebzig, in: Intern. Aktuelle Nachrichten für die Vertriebs- und Serviceorganisation von Mannesmann Kienzle 2/1988, S. 19.
37 Vgl. Dietrich Weise: 50 Jahre Kinzel, in: Kienzle Blätter 1/1976, S. 7.

Die Hamburger Kienzle-Vertretung lag zum einen in den Händen von Karl Berg und zum anderen von Friedrich Marx. Bergs Firma existierte ebenfalls seit der Weimarer Zeit, genauer seit 1921, und vertrat ab 1934 erfolgreich Kienzle beim Verkauf von Fahrtschreibern in Nordwestdeutschland. In den Kriegsjahren war Berg der einzige Betrieb für die Lieferung und den Betrieb von Kfz-Messinstrumenten im Raum Hamburg. Nach Kriegsende konnte er seine Arbeit zunächst im Auftrag der britischen Militärregierung fortsetzen; seine Verbindung zu Klaus Thede in Bremen und Bremerhaven wurde schon erwähnt. 1961 verkaufte Berg Anteile an seiner Firma an die Muttergesellschaft Kienzle Apparate und im Jahr 1965 wurde das gesamte Geschäft mit Fahrtschreibern und anderen Kienzle-Apparaten an die andere Hamburger Vertretung, Friedrich Marx, weitergegeben.[38]

Das Unternehmen Marx war 1905 als Firma Marx und Co. von Carl Gustav Marx gegründet worden. Nach dem Ersten Weltkrieg stiegen dessen Söhne Friedrich und Hermann Marx in das Unternehmen ein, das in den Weimarer Jahren zunächst auf Herstellung und Service für eigene Taxameter spezialisiert war, bevor man 1927 das eigene Programm einstellte und Werksvertretung des Berliner Taxameterherstellers Westendarp & Pieper (Marke Bruhn) wurde. Im Zuge dessen Ausscheidens aus dem Markt wurde Marx und Co. Vertriebspartner von Kienzle Apparate für Taxameter. In dieser Zeit der 20er und 30er Jahre war Marx auch Hamburger Vertretung des Autoherstellers Adler und der Knorr-Druckbremsen AG. Mitten im Krieg spalteten die beiden Brüder Marx ihr Unternehmen und Friedrich Marx führte das Geschäft mit Taxametern unter eigenem Namen fort. Mit Gründung der Bundesrepublik trat neben den Bereich der Kienzle-Taxameter auch noch der Handel mit Bremsteilen, Außenbord- und Dieselmotoren. Nachdem 1960 Ernst Marx, Sohn des Inhabers, in die Firma eintrat und 1965 die Firma Karl Berg GmbH gekauft worden war, vertrat die Firma Friedrich Marx die Kienzle Apparate GmbH im norddeutschen Raum für alle Produktgruppen. Sie existiert bis heute in der nächsten Familiengeneration unter der Leitung von Dipl.-Ing. Robert Marx als Friedrich Marx GmbH & Co. KG weiter und betreut das gesamte heutige Produktprogramm.

Weiter südlich, im Raum Niedersachsen und Hessen, baute der Kienzle-Apparatevertrieb auf die beiden Firmen Weinhöppel sowie Rodekamp & Putze. Wilhelm Weinhöppel (Jahrgang 1891) begann seine Zusammenarbeit mit Kienzle noch in den Jahren der Uhrenfabriken. Erster Firmensitz war Braunschweig und die Zusammenarbeit begann als Generalvertretung für den Autographen in der gesamten preußischen Provinz Hannover. Nach dem Krieg entwickelte sich diese Zusammenarbeit weiter zu einer umfassenderen Vertretung des Kienzle-Apparatebereichs, umfasste also auch Fahrtschreiber, Taxameter und Parkuhren. Seit Jahresbeginn 1949 war der damals knapp 30jährige Dipl.-Ing. Wolfgang Weinhöppel gleichberechtigter Gesellschafter neben seinem Vater und 1953 bzw. 1957 wurden in Hannover und Kassel Niederlassungen des Betriebs eröffnet, die jedoch nicht identische Produktprogramme vertraten. 1966 wurde der Firmensitz von Braunschweig nach Hannover verlegt und das Niederlassungsnetz um den Standort Göttingen erweitert. Nach dem Aus-

---

38 Vgl. o.A.: Karl Berg, Hamburg, in: Kienzle Blätter 1/1964, S. 18f.; Ernst (1970), S. 45.

Servicefahrzeug der Kienzle Rheinapp.

scheiden des Gründers stand die Weinhöppel GmbH seit den 60er Jahren unter der alleinigen Leitung von Wolfgang Weinhöppel. Der Übergang zur nächsten Generation begann erst 1991, als dessen Sohn Welf Weinhöppel im Alter von knapp 20 Jahren Mitgesellschafter des Unternehmens wurde.

Eine weitere Zäsur in der Weinhöppel-Unternehmensgeschichte war die Übernahme der Firma Rodekamp & Putze im Jahr 2000 durch Verschmelzung der beiden Unternehmen. Dieses Unternehmen hatte seit 1951 in Bielefeld existiert und war damals unter Leitung der beiden Eigentümer Hans Putze und Herbert Rodekamp schnell zu einer wichtigen Vertriebsgesellschaft der Kienzle Apparate aufgestiegen war. Ab 1955 existierten Filialen in Osnabrück und Münster.

Im südlichen Hessen wurde Kienzle jahrzehntelang durch die Firma Brunner und Staubach KG (Brusta) mit Sitz in Frankfurt/M. vertreten. Die beiden Gründer und Namensgeber Alfred Brunner und Karl Staubach begannen 1926 als Spezialwerkstatt für Tachometer aller Fabrikate. Seit 1927 hatten sie erste Kontakte zur Firma Kienzle und 1935 wurde man ihre Generalvertretung in Frankfurt. In der Nachkriegszeit wuchs die Brusta KG mit dem Kienzlenetz, bezog neue, größere Geschäftsräume und die zweite Generation der Eigentümer Herbert Brunner und Helmut Staubach traten in den Betrieb ein. Die Zusammenarbeit endete erst mit Gründung der VDO Kienzle Vertriebsgesellschaft 1994, die ihren Sitz in Frankfurt nahm und dort eine eigene Regionalniederlassung errichtete, die die Brusta-Belegschaft übernahm. Im Gegensatz zu den 1997 verselbständigten Regionalniederlassungen wurde in Frankfurt weiterhin das Endkundengeschäft betrieben, weil hier

Kienzle-Vertretertagung für den Apparate-Bereich (70er Jahre).

eine Referenz zur Einschätzung des Geschäftsverlaufes gewünscht war. Diese Phase endete erst durch ein Management-Buy-Out an die seinerzeitigen Mitarbeiter Jean Baudys, Sven Brunner – nicht verwandt mit den Brusta-Eigentümern – und Hellmut Goy zum Jahresbeginn 2006. Die neue Gesellschaft wurde ursprünglich als GbR gegründet und firmiert seit 2007 als BBG Automotive GmbH.

Im Westen der Bundesrepublik, im Saarland, gab es seit den 40er Jahren mit der Firma Heinz Port ebenfalls eine traditionsreiche Kienzle-Vertretung. Die Firma war in Saarbrücken ursprünglich vom ehemaligen Motorrad-Rennfahrer Toni Port als Reparaturwerkstatt für Kfz-Instrumente gegründet worden. Kern des Unternehmens war der Vertrieb von Kienzle-Fahrtschreibern und Taxametern, hinzu kamen verschiedene Instrumente anderer europäischer Hersteller. 1965 wurden die Geschäfte an den Sohn Heinz Port übergeben, gleichzeitig stieg die Kienzle Apparate GmbH als Mitgesellschafter in das Saarbrücker Partnerunternehmen ein, das nun als Kienzle Apparate Vertriebsgesellschaft mbH Saarbrücken firmierte. Anfang der 70er Jahre folgte eine Filialgründung in Kaiserslautern und damit die Ausdehnung des Vertriebsgebiets auf Rheinland-Pfalz. Das anhaltende Wachstum bedingte für beide Standorte den Bau neuer, größerer Geschäftsräume. Nach der Übernahme der Kienzle Apparate durch den Mannesmann-Konzern wurde die Beteiligung an die Familie

Port zurückverkauft und das Unternehmen 1985 in Heinz Port GmbH umbenannt. Bei dieser Gelegenheit wurden beide Söhne der dritten Generation, Heinz Bernd und Klaus Port, in die Unternehmensleitung integriert. Der Wechsel in der Geschäftsführung fand 10 Jahre später im Jahr 1995 statt. Neben den Geschäften mit Instrumenten der automobilen Kommunikation hatte Heinz Port mittlerweile zusätzliche Geschäftsfelder in den Bereichen Zeiterfassung, Kommunikation und Sicherheitstechnik aufgebaut.

Neben den selbständigen Vertriebspartnern verfügte Kienzle Apparate im Kfz-Bereich auch über eigene Zweigniederlassungen und Beteiligungsgesellschaften. Hinzu kamen rund 1.800 Servicestellen im Inland und rund 2.400 im Ausland (Stand 1980). Dieses Netz an Kienzle-Vertretungen leistete den Kundendienst vor Ort.[39]

Für die jüngste Geschichte des Kienzle-Vertriebsnetzes sollte die Zusammenarbeit mit einem anderen deutschen Anbieter von Fahrzeuginstrumenten entscheidend werden, die mit der VDO Adolf Schindling AG mit Sitz in Frankfurt/M. Zur Zeit des Familienunternehmens Kienzle bestanden zwischen den beiden Unternehmen lockere Geschäftsbeziehungen, die erst unter dem Dach des Mannesmann-Konzerns enger verflochten wurden und zu einer gemeinsamen Geschichte führten. Die Geschichte dieser Verflechtung wird später erzählt.

4.6. Besondere Beziehungen nach England und Japan

Alle Produktgruppen gingen auch in den Export. Von Anfang an hatte insbesondere der Taxameter einen sehr großen Exportanteil, aber auch die anderen Apparate wurden in alle Erdteile geliefert. Beim Taxameter hatte der englische Markt eine herausgehobene Stellung, weshalb noch näher auf ihn einzugehen sein wird. Für den Fahrtschreiber waren besonders die Märkte von Interesse, für die es eine gesetzliche Einbaupflicht gab. Vor 1970 waren insbesondere in Schweden und in der Schweiz vergleichsweise große Gruppen von Kraftfahrzeugen betroffen, so dass hier besonders viele Geräte verkauft werden konnten. Nach 1970 wurden alle Mitgliedsländer der EWG von einer umfassenden Fahrtschreiberpflicht erfasst. Kienzle schaffte es, sich hier mit neuen Geräten und modernsten Fertigungs- und Produktionsanlagen vor allen anderen Konkurrenten zu positionieren.

Für das Jahr 1980 kann hier eine Momentaufnahme geliefert werden. Damals betrug Kienzles Marktanteil in der Bundesrepublik etwa 80 Prozent. Jeweils weitere 10 Prozent entfielen auf die deutschen Instrumentehersteller Motometer und VDO.[40] Da aber VDO wiederum alle seine Fahrtschreiber bei Kienzle in Villingen produzieren ließ, betrug der faktische Marktanteil im Inland sogar 90 Prozent. Innerhalb der EU war Kienzle einem stärkeren Wettbewerb ausgesetzt, das Unterneh-

---

39 Vgl. Kienzle Apparate GmbH: Bericht über das Geschäftsjahr 1.4.1980 bis 31.3.1981, in: StA VS, Kienzle Apparate, 1037.
40 Vgl. Folkmar Koenigs: Arbeitsnotiz betr. die kartellrechtliche Zulässigkeit des Zusammenschlussverfahrens Kienzle Apparate GmbH/ Mannesmann AG, 20.2.1981, in: WA VS, Ordner 110.

men konnte aber auch hier einen Anteil von über 60 Prozent halten. Von Großbritannien aus wurden Fahrtschreiber der US-Firma Veeder-Root[41] angeboten, die auf dem britischen Markt immerhin 25 Prozent erreichte und auch immer wieder versuchte, in das deutsche Geschäft einzusteigen. In Frankreich gab es den Instrumentehersteller Jaeger, an dem auch große französische Autohersteller beteiligt waren, so dass er das dortige Geschäft mit den Autofabriken beherrsche.

Nach England und Japan pflegte das Unternehmen besondere Beziehungen. In England und insbesondere in der Taximetropole London stützte sich Kienzle Apparate auf das dortige Partnerunternehmen Geecen Ltd. und in Japan bestanden seit den 50er Jahren enge Geschäftsbeziehungen zum Automobilzulieferer Yazaki Corporation, einem Unternehmen mit Sitz in der Stadt Gotemba.

Yazaki wies eine Reihe von Ähnlichkeiten zu Kienzle Apparate auf. Gegründet wurde das Familienunternehmen 1929 und es war ebenfalls in der Zulieferbranche für den Automobilbau tätig. Die Schwerpunkte lagen dabei auf der Produktion von Kabeln, Kabelbäumen und Fahrzeuginstrumenten. Um 1960 beschäftigte Yazaki etwa 3.000 Mitarbeiter an drei großen Standorten.[42] Die Kontakte zwischen Yazaki und Kienzle Apparate bestanden seit der Zeit des Gründers Dr. Kienzle[43] und wurden möglicherweise über den Technischen Kienzle-Geschäftsführer Ernst intensiviert, der in den 30er Jahren für eine Hamburger Exportfirma in der japanisch besetzten Mandschurei tätig war und seitdem gute Verbindungen nach Japan pflegte. Die Kontakte zwischen beiden Familienunternehmen erstreckten sich lange Zeit nicht nur auf das Geschäftliche, sondern schlossen auch eine enge freundschaftliche Beziehung zwischen den Familien Yazaki und Kienzle ein.

Jedenfalls unterzeichneten 1958 beide Unternehmen eine erste Lizenzvereinbarung bezüglich des Kienzle-Fahrtschreibers. Yazaki durfte den TCO 8 gegen Gebührenzahlung nachbauen und wurde von Kienzle beim Aufbau der Fertigung unterstützt. Außerdem trafen beide Unternehmen eine Absprache bzgl. der Aufteilung der Weltmärkte. Yazaki durfte in allen Ländern zwischen Pakistan und Hawaii verkaufen und Kienzle sicherte sich die exklusiven Rechte für alle anderen Regionen. Da Japan 1962 und 1967 umfassende Gesetze zur Fahrtschreiberpflicht für Nutzfahrzeuge verabschiedete, verkauften sich die TCO-Geräte dort zeitweise sogar besser als in Europa.[44]

1965 schloss man auch eine ähnliche Lizenzvereinbarung bzgl. des Kienzle-Taxameters ab. Kienzle überließ den Japanern die Konstruktionsunterlagen zum Argo T 12 zum Preis von 20.000 US-Dollar und erlaubte gegen anteilige Lizenzgebühren den Bau eines vereinfachten Geräts, das mit einem Geschwindigkeitsanzeiger kombiniert wurde. Dieses Gerät durfte auch nur in Japan vertrieben werden.[45]

---

41 Zur Unternehmensgeschichte vgl. http://www.veeder.com/page/vr_history (Abruf 10.5.2007).
42 Vgl. Hugo Wiest: Im Land der aufgehenden Sonne, in: Kienzle Blätter 3/1961, S. 34–39.
43 Vgl. Ausführungen in Brief Tatò an Weisweiler zum Thema Yazaki und Kienzle, 24.9.1982, in: Mannesmann Archiv, M 17.723, Bd. 2.
44 Vgl. Ernst (1970), S. 16.
45 Memorandum zwischen Kienzle Apparate GmbH und Yazaki Meter Co. Ltd., 20.7.1965, in: WA VS, Ordner 94.

In den Jahren 1978 bis 1980 wurde die Kooperation erneuert und auf die Kienzle-Produkte TCO 11, TCO 15, TCO 1312, den elektronischen Taxameter 1140 und auf Mess- und Leistungsschreiber ausgedehnt. In der neuen Vereinbarung wurde die ursprüngliche Weltmarktaufteilung bekräftigt.[46] Diese Regelung hatte auch über den Verkauf Kienzles an Mannesmann hinaus Bestand.

1991 setzten sich beide Seiten erneut an den Verhandlungstisch, um eine Neufassung der Kooperation zu vereinbaren. In der Zwischenzeit waren die neusten Fahrtschreiber-Modelle in die Lizenzvereinbarung aufgenommen worden, zeitweise Unstimmigkeiten bzgl. des Geltungsbereichs der Verträge hatten sich ebenfalls geklärt. Nun ging es aber darum, neue Bedingungen auszuhandeln, neue Produkte in den Vertrag mit aufzunehmen und Mannesmann Kienzle wollte eine Zusammenarbeit bzgl. der laufenden Novellierung der Fahrtschreibergesetzgebung erreichen.[47]

Mittlerweile war die Beziehung zwischen beiden Unternehmen weniger von einer freundschaftlich-familiären sondern mehr von einer nüchtern-geschäftlichen Atmosphäre geprägt. Im Zweifel waren beide Seiten auf ihren unternehmerischen Vorteil bedacht. Yazaki setzte mehr und mehr auf eine eigenständige Unternehmensposition auf den europäischen und amerikanischen Märkten, während Mannesmann Kienzle versuchte, Lizenzen für die neu entwickelten Fuhrparkmanagementsysteme und den gerade fertig gewordenen Unfalldatenspeicher zu verkaufen. Im November 1991 kam es in Japan zu einem Spitzentreffen der beiden Unternehmen, bei dem man sich bezüglich der neuen Kienzle-Fahrtschreibergeneration näher kam und bezüglich des Unfalldatenspeichers und neuer Taxameter weiter verhandeln wollte. Enttäuscht zeigte sich Mannesmann Kienzle aber darüber, dass Yazaki kein Interesse am Fuhrparkmanagementsystem zeigte.[48] Bei weiteren Verhandlungen 1992 ergab sich, dass man in der Fahrtschreiberentwicklung weiter zusammenarbeiten wollte, aber beim Unfalldatenspeicher nicht zusammenkam.[49]

In der Zeit danach lief die Kooperation langsam aus. Yazaki hatte in den USA mit VDO ein gemeinsames Joint Venture betrieben, das aber nicht erfolgreich war und deswegen in der zweiten Hälfte der 90er Jahre auslief. Währenddessen kühlte sich das Verhältnis zur Mannesmann-Tochter Kienzle weiter ab, so dass sich die weitere Beziehung auf sporadische Kontakte auf Arbeitsebene beschränkte.

Beim exportorientierten Taxametergeschäft war der englische Markt, insbesondere die Taxibetreiber in der Metropole London, von großer Bedeutung für das Unternehmen. Kienzles früher und nachhaltiger Erfolg bei den Londoner Taxiun-

---

46 Vgl. Brief Kienzle Apparate an Yazaki, 23.5.1979, und Antwortschreiben Yazaki an Kienzle Apparate, 28.6.1979; Zusammenarbeitsvertrag zwischen Yazaki Meter Co. Ltd. und Kienzle Apparate GmbH, 21.3.1980, alle in: WA VS, Ordner 94.
47 Notizen für die Geschäftsführung Mannesmann Kienzle bzgl. einer Strategie für Meeting mit Yazaki und Brief Chambers an Dr. Straub (Geschäftsführung Mannesmann Kienzle), beide 15.10.1991, in: WA VS, Ordner 76.
48 Vgl. Protokoll Treffen Yazaki und Mannesmann Kienzle 11./12.11.1991, in: WA VS, Ordner 76.
49 Vgl. Gesprächsnotiz Wojtaschek zu Besprechung mit Yazaki am 15.5.1992, 1.6.1992, in: WA VS, Ordner 76.

ternehmen lag wiederum an den außerordentlichen guten Kontakten vor Ort. Kienzles Mann in London war über Jahrzehnte hinweg John E.T. Welland, Geschäftsführer und Inhaber der Firma Geecen Ltd. Welland war Jahrgang 1899 und engagierte sich seit den 20er Jahren im Londoner Taxigeschäft. Er erkannte früh, dass die verwendeten Modelle oft erhebliche technische Defizite aufwiesen. Auf der Suche nach guter Qualität kam Welland 1928 in Kontakt mit Dr. Kienzle in Villingen. Das Kienzle-Gerät wurde den Londoner Erfordernissen angepasst und schon bald stand ein Instrument von hoher Genauigkeit und mit einem gut organisierten Kundendienst zur Verfügung. Welland und die deutschen Apparate hatten deswegen in der englischen Fachöffentlichkeit einen sehr guten Ruf.[50]

Das Londoner Taxametergeschäft unterschied sich auf Grund der gesetzlichen Vorgaben der dortigen Stadtregierung insofern von den üblichen Kienzle-Geschäftspraktiken seit den 1920er Jahren, als es ein Mietgeschäft war. D.h. die Taxameter wurden den Taxibetreibern nicht verkauft, sondern nur leihweise zur Verfügung gestellt. So lag es gesetzlich gefordert in der Verantwortung des Geräteverleihers, für das Funktionieren der Apparate zu sorgen und sich bei Ausfällen um Ersatz oder Reparatur zu kümmern. An anderer Stelle wurde schon auf die besonders strengen Anforderungen der britischen Eichbehörden bei der Fehlertoleranz hingewiesen. Letztlich konnten aber Kienzle und sein Londoner Partner Welland diese Anforderungen erfüllen. Mitte der 50er Jahre waren in London etwa 6.000 Taxis zugelassen, davon waren 75 Prozent mit Argo-Geräten aus Villingen ausgestattet.[51] Welland vertrieb Argo-Taxameter über seine Geecen Ltd. noch bis zu seinem Tod im Jahr 1973. Danach führte Wellands Geschäftsführer die Kooperation zunächst weiter, aber Kienzle war gewillt, das Englandgeschäft möglichst in Eigenregie zu übernehmen.

Schon seit November 1969 existierte mit der Lucas Kienzle Instruments Ltd. (LKI) für den Fahrtschreiberbereich eine eigene Vertriebsgesellschaft in Großbritannien. Sie war eine Kooperation mit dem großen britischen Autozulieferer Lucas Industries und gehörte zu 60 Prozent Lucas und zu 40 Prozent Kienzle.[52] Diese Firma war mit Blick auf den bevorstehenden EWG-Beitritt Großbritanniens und die anstehende Fahrtschreiberpflicht für den gesamten EWG-Raum gegründet worden. Ende der 60er Jahre gab es außerdem Gerüchte, dass die regierende Labour Party eine Fahrtschreiberpflicht beschließen wollte. Hierzu kam es aber nicht.

Dieses Kooperationsmodell wurde nun auch auf den Taxameterbereich übertragen. 1976 kamen Kienzle Apparate und Lucas grundsätzlich darin überein, eine neue Firma Lucas Kienzle Taximeters Ltd. zu gründen, die wiederum zu 60 Prozent Lucas gehören sollte. Das Management wurde mehrheitlich in die Hände der Lucas Servicefirma gelegt, sie stellten drei der fünf Geschäftsführer. Grundsätzlich sollte die neue Firma ihre Aktivitäten auf Großbritannien beschränken. Exporte in andere

---

50 Herbert Ackermann: Mr. John E.T. Welland, in: Kienzle Blätter 4/1973, S. 2.
51 Vgl. Jochen Kienzle: Besuch in England, in: Kienzle Blätter 1/1953, S. 11f.
52 Herbert Ackermann: Kienzle-Fahrtschreiber in Großbritannien, in: Kienzle Blätter 4/1969, S. 22f.

Länder erforderten die Genehmigung aus Villingen.[53] Nachdem Kienzle und Lucas sich auch auf die finanziellen Bedingungen der Kooperation geeinigt hatten, konnte das neue Unternehmen seinen Betrieb im Frühjahr 1977 aufnehmen.

Die gemeinsame Gesellschaft half, im härter werdenden Taxametergeschäft am britischen Markt bestehen zu können. Ende der 80er Jahre war Kienzle immer noch Marktführer und konnte in London auf 6.000 Mietgeräte und den jährlichen Verkauf von 1.000 bis 1.200 Geräten verweisen. Damit hatte man am britischen Gesamtbestand von 40.000 Taxametern einen Anteil von etwa 25 Prozent und konnte sich knapp vor den Hauptkonkurrenten Halda (Schweden) und Sheriff (Großbritannien) behaupten. Bezogen auf das weltweite Kienzle-Taxametergeschäft machte der britische Markt immerhin 10 Prozent aus. Das britische Vertriebsunternehmen erzielte 1988 einen Jahresumsatz von etwa 900.000 Pfund. In den vier Niederlassungen in London, Birmingham, Liverpool und Manchester waren 30 Mitarbeiter beschäftigt.[54] In dieser Situation verkaufte Lucas seine Anteile am Gemeinschaftsunternehmen für 900.000 Pfund an Mannesmann Kienzle. Lucas weigerte sich aber, auch das weitaus umsatz- und ergebnisstärkere Gemeinschaftsunternehmen mit den Fahrtschreibern aufzugeben. Man wollte hier weiterhin eine Mehrheit an der Gesellschaft behalten. Immerhin kam man der Mannesmann Kienzle-Seite soweit entgegen, dass man bereit war, das Taxameter- und Tankdatengeschäft in die gemeinsame Firma LKI zu übernehmen und dadurch den Kienzle-Anteil auf 49 Prozent zu erhöhen.[55]

---

53 Vgl. die Vereinbarung zwischen Kienzle Apparate und Lucas Industries über die Gründung der Lucas Kienzle Taximeters Ltd., 17.1.1977, in: WA VS, Ordner 46.
54 Vgl. Brief Mannesmann Kienzle an Vorstand Mannesmann AG, 5.1.1988; Beschluss des Vorstandes der Mannesmann AG zum Erwerb von weiteren 60% an der Lucas Kienzle Taximeters Ltd. Birmingham/Großbritannien, 11.1.1988, beide in: WA VS, Ordner 43.
55 Vgl. TOP 4 in: Protokoll Sitzung Aufsichtrat Mannesmann Kienzle GmbH 28.8.1992, in: Archiv Betriebsrat VS, Ordner 1991–1992.

5. VOM FAMILIENUNTERNEHMEN ZUR KONZERNTOCHTER

5.1. Eine Unternehmerfamilie mit starkem Management

Bei der Kienzle Apparate GmbH handelte es sich um ein klassisches Familienunternehmen. Eigentum und zentrale operative Managementfunktionen lagen in den Händen von Dr. Herbert Kienzle und seiner Nachkommen. Letztlich war das Unternehmen in den Weimarer Jahren aus dem größeren Unternehmen des Vaters Jakob Kienzle heraus gewachsen. Dieser hatte seine Schwenninger Uhrenfabriken von einem kleinen handwerklichen Betrieb zu einem modernen Industrieunternehmen mit Weltruf geführt. Als Dr. Kienzle 1928 das Villinger Taxameterwerk in die Selbständigkeit überführte, waren beide Unternehmen trotz der innerfamiliären Spannungen noch einige Jahre verbunden. Der Vater Jakob Kienzle, sein Bruder Hellmut und weitere Geschwister stellten große Teile des Stammkapitals und übten wichtige Kontrollfunktionen im Aufsichtsrat aus. Dr. Kienzle wiederum war noch bis 1931 Vorstandsmitglied der Schwenninger Uhrenfabriken.

Danach konzentrierte Dr. Kienzle sich von Villingen aus auf das Taxameter- und Apparategeschäft und erst 1934 vereinbarte er mit den anderen Familienmitgliedern eine endgültige Trennung der beiden Unternehmen. Alle Anteilseigner aus der Familie wurden ausgezahlt und schieden aus dem Aufsichtsrat aus. Stattdessen wurde

Der Unternehmensgründer Dr. Herbert Kienzle und seine Frau Charlotte.

das Kontrollgremium mit einem Vertreter der Hausbank, damals der Deutschen Bank und Disconto-Gesellschaft, und mit einem Vertreter des wichtigen Kunden Daimler-Benz AG besetzt. Mit dem Ausscheiden der Familienmitglieder übernahm der Bankenvertreter den Aufsichtsratsvorsitz. Zeitweise war noch der damalige Präsident der Industrie- und Handelskammer Freiburg Mitglied im Kienzle-Kontrollgremium. Für Daimler-Benz wurde 1935 Dr. Kienzles Studienfreund Fritz Schmidt aufgenommen und die Deutsche Bank und Disconto-Gesellschaft wurde ab 1934 durch Kurt Bassermann, dem Direktor ihrer Freiburger Filiale, vertreten. Nach Bassermanns Tod im Juli 1937 übernahm Dr. Karl Butsch diese Position. Butsch war ebenfalls leitender Angestellter der Deutschen Bank. Als die Deutsche Bank von der Besatzungszeit bis 1957 von den Alliierten in mehrere Regionalbanken aufgespalten wurde, arbeitete er für den Teil der als Süddeutsche Bank firmierte. In den 30er Jahren hatte man somit die anfänglich engen Familienverbindungen zu anderen Zweigen der Familie Kienzle entflochten. Nun spiegelte die Zusammensetzung des Aufsichtsrats die wichtigsten Geschäftsbeziehungen des Unternehmens wider. Die Aufsichtsratsmitglieder waren in mindestens zwei Fällen seit ihrer Studienzeit mit Dr. Kienzle befreundet, als sie sich über die studentische Verbindung „Sonderbund" kennen gelernt hatten.

Schaut man auf die Zusammensetzung des Managements in dieser Frühzeit, dann sieht man, dass die Eigentümerfamilie sowohl in den Jahren der Weltwirtschaftskrise als auch im sich anschließenden Aufschwung auf verlässliche Fachleute zurückgreifen konnte. Schon seit den Weimarer Jahren standen Personen wie Paul Riegger, Alfred Jauch oder Karl Schätzle an seiner Seite. Jauch und Riegger wurden schon charakterisiert. Schätzle war 1902 nicht allzu weit entfernt von Villingen im Schwarzwalddorf Vöhrenbach zur Welt gekommen. 1921 zog er nach Villingen und nahm eine Anstellung im Kienzle Taxameterwerk an. Er war lange Zeit im Einkauf des Unternehmens und als Leiter der Materialwirtschaft tätig und in der Nachkriegszeit war er auch einige Jahre mit der Position des Personaldirektors betraut.[1]

An den Spitzen von Fertigung, Montage und Konstruktion standen ebenfalls erfahrene Kräfte wie Betriebsleiter Paul Vosseler und die Konstrukteure Leo Kern und Karl Meer. Sie gehörten alle der Generation Dr. Kienzles an und waren noch im Kaiserreich aufgewachsen. Am längsten gehörten Vosseler und Kern zur Kienzle-Belegschaft. Vosseler arbeitete schon seit 1903 in den Uhrenfabriken und leitete in den 20er Jahren die Allgemeinen Werkstätten sowie die Filialen in Böhmen und Italien, bis er ab 1931 Betriebsleiter des Taxameterwerks wurde.[2] Sein Kollege Kern war gleich nach dem Ersten Weltkrieg zu Kienzle gekommen und stieg dank seiner Erfolge als Konstrukteur schnell ins Technische Büro auf, wo er maßgeblich an der Weiterentwicklung des Taxameters und anderer Apparate beteiligt war.[3]

---

1 Karl Schätzle gestorben, in: Mannesmann Kienzle „aktuell" 3/1988, S. 7.
2 Vgl. o.A.: Aus der Kienzle-Familie, in: Kienzle Blätter 2/1953, S. 21f.
3 Leo Kern zog den weißen Kittel aus, in: Kienzle Blätter 3/1956, S. 35.

5.1. Eine Unternehmerfamilie mit starkem Management

Die zweite Eigentümergeneration: Jochen (links) und Herbert Kienzle.

In der Aufschwungsphase der späten 30er Jahre stellte Dr. Kienzle neben Schätzle und Riegger weitere Prokuristen ein. Otto Beck wurde für den kaufmännischen Bereich verantwortlich, Dr. Centner leitete die Verwaltungs- und Personalabteilung, Gerwalt Polzin den Verkauf und in der Kriegszeit war einige Jahre Hans-Georg von der Tann ebenfalls als Prokurist im kaufmännischen Bereich tätig.[4] Von diesen Personen prägte v.a. Polzin die weiteren Geschicke des Unternehmens. In den Besatzungsjahren stieg er zum Geschäftsführer des Unternehmens auf und sollte dessen weitere Entwicklung bis zu Beginn der 60er Jahre maßgeblich mitbestimmen. Der 1907 in Berlin geborene Ingenieur hatte Wirtschaftswissenschaften und Maschinenbau studiert. Beruflich hatte er als Assistent einer Baugenossenschaft begonnen und war anschließend in der Verkaufsleitung der Robert Bosch GmbH angestellt. 1938 kam er als Kaufmännischer Leiter zu Kienzle Apparate. Da er nationalsozialistisch unbelastet war, wurde er 1946 zum Geschäftsführer der Firma bestellt und hatte hier an der Seite von Dr. Kienzle maßgeblich Anteil an der Abwendung der Demontage und der Wiederaufnahme der Produktion. Der erfolgreiche Einstieg ins Geschäft mit Büromaschinen ging wesentlich auf seine Initiative zurück.

---

4 Vgl. Karl Vögtlin: Firma Kienzle 1938 bis 1945. Ein Rückblick, Manuskript ca. 1988, in: StA VS, 1.42.22, 7535; Stichwortartige Aufzeichnung der Entwicklungsgeschichte unserer Firma aus Anlass des 25jährigen Bestehens am 19.6.1953, Manuskript 18.6.1953, in: Privatarchiv Ackermann.

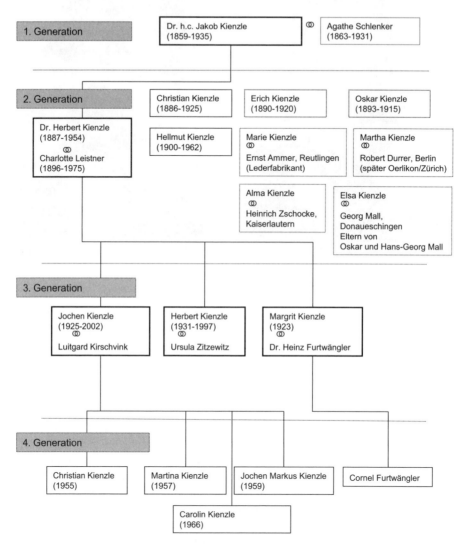

Abbildung 9: Stammbaum der Unternehmerfamilie Kienzle (Quelle: Becker 1937/38, Gespräch Luitgard Kienzle).

Noch in den letzten Kriegsmonaten war das Unternehmen von einer Aktiengesellschaft in eine GmbH umgewandelt worden. Der entsprechende Gesellschafterbeschluss datierte auf den 16. Oktober 1944. Die Gründe hierfür mögen bilanztechnischer oder steuerrechtlicher Natur gewesen sein, lassen sich aber heute nicht mehr eindeutig rekonstruieren. Das damalige Stammkapital in Höhe von 1 Million Reichs-

5.1. Eine Unternehmerfamilie mit starkem Management

Kienzle-Aufsichtsratsvorsitzende Karl Butsch 1937–56 und Hermann Richter 1957–81.

mark wurde auf die GmbH übertragen, an der Zusammensetzung der Gremien änderte sich nichts. Zu fast 90 Prozent wurden die Gesellschafteranteile von Dr. Kienzle gehalten, 6,4 Prozent gehörten Paul Riegger und jeweils 1,5 Prozent den drei Kindern Kienzles. Dieses Verhältnis änderte sich auch nicht, als 1951 die D-Mark-Eröffnungsbilanz erstellt und das Stammkapital auf 3 Mio. Mark erhöht wurde.[5]

Obwohl es um Dr. Kienzles Gesundheit schon seit längerem nicht zum Besten stand, kam sein Tod vom 20. März 1954 doch früh und überraschend. Bis dahin war das Unternehmen stark von der Person des Gründers geprägt worden. Trotz wichtiger Manager an seiner Seite war er als Eigentümer und maßgeblicher Geschäftsführer für alle wichtigen unternehmerischen Entscheidungen verantwortlich. An allen technischen Neuerungen und bei allen Versuchen, mit neuen Produkten weitere Standbeine aufzubauen, war er die letztentscheidende Person.

In dieser Arbeit für das Familienunternehmen wurde er aber stets von seiner selbstbewussten Frau Charlotte unterstützt und beraten. Diese hatte zwar nie formelle Funktionen und war auch nie Gesellschafterin des Unternehmens, aber aus ihrer informellen Position als Ehefrau und Mutter heraus bestimmte sie die Geschicke der Kienzle Apparate von den Weimarer Jahren bis zu ihrem Tod im Jahr 1975 mit. Sie stammte selbst aus einer Leipziger Unternehmerfamilie, hatte dort früh eigene Verantwortung tragen müssen und war durch alle persönlichen und unternehmerischen

---

5 Vgl. Stichwortartige Aufzeichnung der Entwicklungsgeschichte unserer Firma aus Anlass des 25jährigen Bestehens am 19.6.1953, Manuskript 18.6.1953, in: Privatarchiv Ackermann.

Kienzle-Aufsichtsräte Fritz Schmidt (Daimler) 1935–67 und Hans Kerschbaum (Siemens) 1968–78.

Krisen hindurch, waren es die Trennung von den Uhrenfabriken, die Weltwirtschaftskrise, Krieg und Wiederaufbau neuer Geschäftsfelder, wichtig für den Aufstieg der Firma. Durch den frühen Tod ihres Mannes und die bis dahin fehlende unternehmerische Erfahrung der Kinder wuchs die Bedeutung ihrer Person weiter an. Da sie ihren Ehemann um über 20 Jahre überlebte, war sie an der gesamten Kienzle-Aufstiegsphase in den 50er und 60er Jahren an der Unternehmensführung beteiligt. Insbesondere wichtige Personalentscheidungen wurden nicht ohne Absprachen im Familienrat und das heißt v.a. unter Hinzuziehung ihrer Meinung getroffen.

Beide waren stets im betrieblichen Alltag präsent. Dr. Kienzle ließ sich von seinen Konstrukteuren regelmäßig auf den neuesten Stand bringen und verkörperte damit eine klassisch patriarchale Unternehmerfigur, die sich auch über den Arbeitsplatz hinaus für seine Beschäftigten interessierte. An seiner Seite arbeitete Charlotte Kienzle und engagierte sich im Unternehmen für soziale Belange, aber auch außerhalb im evangelischen Frauenverband in der Stadt. Von Anfang an waren beide um den persönlichen Kontakt zur Belegschaft bemüht.

Als Dr. Kienzle am 23. März 1954 auf dem alten Schwenninger Friedhof im Kienzle Familiengrab beigesetzt wurde, wurde noch einmal deutlich, welche Bedeutung er mit seinem Unternehmen für die Region hatte. 2.000 Menschen wohnten der Trauerfeier bei, große Teile der Belegschaft waren mit Sonderbussen und sogar mit einem Sonderzug aus den Werken in Villingen, Mönchweiler und Oberndorf gekommen, um ihm die letzte Ehre zu erweisen. Trauerreden wurden nicht nur vom Aufsichtsratsvorsitzenden Butsch, Geschäftsführer Polzin und dem Betriebsratsvorsitzenden Heinzmann gehalten, sondern auch höchste Vertreter von Stadt und Landkreis, der Kienzle Uhrenfabriken, des Uhrenindustrieverbands, von Verkehrsverbänden, mehrerer Heimatvereine, der wichtigen Geschäftspartner Daimler-Benz und ZF Friedrichshafen und nicht zuletzt der Bundesvereinigung der Arbeitgeberverbände – repräsentiert durch den Präsidenten Dr. Hans-Constantin Paulssen – würdigten die Lebensleistung Dr. Kienzles.[6] Paulssen Anwesenheit erklärt sich mit seiner Herkunft aus der Region. Er war langjähriger Geschäftsführer der Singener Aluminiumwerke und Präsident der IHK Konstanz-Villingen.[7] Damit wurde auch das gesellschaftlich-soziale Umfeld abgesteckt, in dem sich Kienzle Apparate in dieser Entwicklungsphase befand. Zu der überragenden Bedeutung in der Region kamen einige wichtige Kontakte zu bundesdeutschen Großunternehmen, zu Wirtschafts- und Fachverbänden.

Der Tod des Gründers war ein harter Schlag für die Unternehmerfamilie. Er hinterließ seine Frau, seine beiden Söhne und seine Tochter, aber die potentiellen Nachfolger befanden sich noch in der Endphase der Ausbildung. Der älteste Sohn Jochen war Jahrgang 1925, sein Berufseinstieg waren durch dreieinhalb Jahre in Krieg und Gefangenschaft verzögert worden. Er war mit 17 Jahren in die Wehrmacht eingezogen worden und hatte als Funker in den Niederlanden gedient. Bis 1946 war er in einem US-Kriegsgefangenenlager in Schleswig-Holstein interniert, erst dann bot sich ihm die Möglichkeit, nach Villingen zurückzukehren und sein Abitur in Königsfeld nachzuholen. Danach besuchte er die Feintechnikschule in Schwenningen und studierte in Freiburg, München und Stuttgart Volkswirtschaftslehre. Für ein Volontariat war er beim Maschinenbauer Voith in Heidenheim beschäftigt. Sein Examen bestand er 1954 kurz nach dem Tod des Vaters.

Die Eltern legten viel Wert darauf, dass Jochen Kienzle auch schon während der Studienzeit mit dem Arbeitsleben in Kontakt trat, so dass er seinen Lebensunterhalt in der Firma Argo GmbH in Stuttgart verdienen musste. Dort wurde er an seine spätere unternehmerische Tätigkeit herangeführt. Infolge des Todes seines Vaters trat Jochen Kienzle noch im Juli 1954 beim Hauptunternehmen Kienzle Apparate GmbH ein.

Geschichte der ARGO-HYTOS

Die heutige Firma ARGO-HYTOS GMBH entstand aus dem früheren Unternehmen Argo GmbH für Feinmechanik und gehört seit mehreren Generationen der Familie Kienzle. Die Argo GmbH wurde am 07. Juli 1947 in Stuttgart von Dr. Friedrich König auf Weisung von Dr. Herbert Kienzle gegründet und hatte sich aus der früheren Stuttgarter Vertriebsgesellschaft für den Kienzle-Taxameter entwickelt. König war ein Freund der Familie und Vorstandsmitglied der Kienzle Apparate Anfang der 30er Jahre. Argo war ursprünglich ein Markennamen der Kienzle Apparate zur Herstellung von Taxametern. In den ersten Jahren nach der

---

6 Vgl. die Schilderung in: o.A.: Am Grabe, in: Kienzle Blätter 2/1954, S. 8f.
7 Vgl.. Eintrag „Hans Constantin Paulssen", in: Munzinger. Internationales Biographisches Archiv 12/1984 vom 12. März 1984.

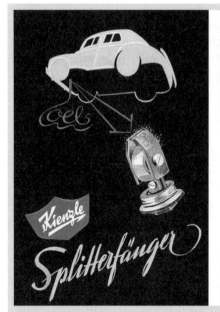

Werbeplakate für den Kienzle-Argo Magnetsplitterfänger 1950 und 1951.

Gründung hatte man bei der Argo GmbH neben der Reparatur und Vermietung von Taxametern der Firma Kienzle auch mit der Fertigung von eigenen Produkten begonnen. Gefertigt wurde auf im Krieg ins badische Menzingen im Kraichtal ausgelagerten Maschinen, die der Firma Kienzle gehörten. Die meisten Maschinen stammten aus den Donau-Werken, welche im Krieg Druckmesser für die Luftwaffe herstellten. Die Donau-Werke wurden in den letzten Monaten des Krieges aufgelöst und die Maschinen vorwiegend in der amerikanischen Zone verteilt. Die Demontage von Industriebetrieben wurde besonders intensiv vor allem in der russischen und französischen Zone betrieben. In der amerikanischen Zone waren Industriebetriebe meist von der Demontage verschont. Daher wurden die Maschinen in einer ehemaligen Zigarrenfabrik in Menzingen untergebracht. Dieses Gebäude erwarb die Firma Kienzle kurz nach Kriegsende unter dem Firmenmantel von Dünhölter & Schölzel, einem ehemaligen Berliner Produzenten von Taxametern und Wettbewerber der Kienzle Apparate. Anfangs wurden in Menzingen neben einfachen Blechteilen auch Gebrauchsgüter des täglichen Bedarfs hergestellt, wie zum Beispiel Tauchsieder. Allerdings wurden auch schon Filterprodukte, nämlich Magnetsplitterfänger zum Ausfiltern von Metallteilchen im Öl, produziert. Der Magnetsplitterfänger war nach dem Krieg aus der Kriegsproduktion von Kienzle Apparate Villingen übernommen worden und kam nun „zivilisiert" erfolgreich bei namhaften Motorrad- und Automobilfabriken zum Einsatz. Schon bald erfolgte die Entwicklung eines selbständigen Fertigungsprogramms von Magnet- und Siebfiltern und bereits 1952 erhielt Argo ein Patent für Magnetfilter. Durch den rasanten Aufstieg des deutschen Maschinenbaus in den 50er Jahren

Messestand der Argo GmbH auf der Hannover Messe 1957.

stieg der Bedarf an höherwertigen Hydraulikprodukten und damit auch die Nachfrage nach qualitativ verbesserter Filtration. Somit wurde das Produktportfolio auf Hydraulikfilter für die Mobil- und Industriehydraulik ausgeweitet.

In der Nachkriegszeit stand Argo unter der Leitung des Gründers Dr. Friedrich König. Nach Königs Tod im Januar 1954 übernahm Jochen Kienzle, der Sohn von Dr. Herbert Kienzle, dem geschäftsführenden Gesellschafter der Kienzle Apparate, die Geschäftsführung der Argo, unterstützt von dem ersten Prokuristen Karl Reichert. Infolge des Todes seines Vaters trat Jochen Kienzle noch im Juli 1954 beim Hauptunternehmen Kienzle Apparate in Villingen ein. Nach Reicherts Ausscheiden 1962 wurde die Argo auf technischer Seite von Wilhelm Rensch geleitet, auf kaufmännischer Seite von Heinz Schmidt. Heinz Schmidt, ein Studienfreund von Jochen Kienzle, war bereits 1954 in das Unternehmen eingetreten und war später von 1977 bis 1991 operativer Geschäftsführer. Jochen Kienzle blieb nominell bis 1990 Geschäftsführer der Argo GmbH. 1990 übernahm sein ältester Sohn Christian Kienzle (Jahrgang 1955) die Leitung der Argo GmbH und führt als Vorsitzender der Geschäftsführung das Unternehmen bis heute. Seit 1997 steht im dabei der technische Geschäftsführer Dr. Wolfgang Mann zur Seite. Mitte Mai 2010 trat Dr. Mann in den Ruhestand. Seit dieser Zeit trägt Dr. Marcus Fischer die Verantwortung für die technische Gesamtleitung der Unternehmensgruppe.

1961 erfolgte die Errichtung eines Firmenneubaus in Menzingen, der im Laufe der Jahre stetig erweitert wurde. Daraufhin wurde 1965 die Verwaltung von

Firmenneubau der Firma Argo GmbH in Menzingen 1961.

Stuttgart ins badische Menzingen verlegt und Menzingen, das heute zur Stadt Kraichtal gehört, wurde neuer Firmensitz. 1970 beschäftigte das Unternehmen 150 Mitarbeiter und erzielte einen Umsatz von rund 8 Mio DM. Das Produktprogramm wurde kontinuierlich erweitert und die internationale Expansion vorangetrieben. So konnte Anfang der 80er die erste eigene Vertriebsgesellschaft im Ausland gegründet werden, weitere sollten im Laufe der Jahre folgen.

ARGO-HYTOS GmbH in Kraichtal-Menzingen 2008.

5.1. Eine Unternehmerfamilie mit starkem Management

Messestand der ARGO-HYTOS GmbH auf der Hannover Messe 2007.

1993 wurde die Argo GmbH für Feinmechanik umfirmiert in ARGO GmbH für Fluidtechnik. Im selben Jahr erwarb ARGO Anteile an dem tschechischen Hydraulikhersteller HYTOS, der selbst über rund 50 Jahre Erfahrung in der Herstellung von Komponenten für die Steuer- & Regelungstechnik verfügt. Als eines der ersten Unternehmen in der Tschechischen Republik wurde HYTOS 1994 nach DIN EN ISO 9001 zertifiziert.

Mit der Aufnahme des neuen Geschäftsbereichs Sensor- & Messtechnik 1998 gliedert sich das Produktprogramm seitdem in die drei Bereiche Filtertechnik & Fluid Management, Sensor- & Messtechnik, Steuer- & Regelungstechnik. Seit 2003 firmieren die Unternehmen unter dem Namen ARGO-HYTOS.

Anfang 2008 wurde das Produktionswerk in Indien eröffnet, um so, zusammen mit den Vertriebsgesellschaften in Indien und China, den asiatischen Markt besser bedienen zu können.

ARGO-HYTOS entwickelt und produziert mittlerweile eine Vielzahl von Standardkomponenten sowie individuellen Systemlösungen für die Fluidtechnik und konnte sich zu einem der führenden Anbieter im Bereich der Industrie- und Mobilhydraulik etablieren. Heute gehören zur ARGO-HYTOS Gruppe neben der ARGO-HYTOS GMBH in Kraichtal und den Produktionswerken in Tschechien und Indien 14 eigene Vertriebsgesellschaften weltweit. Die Unternehmensgruppe hat seit 1997 ihren Hauptsitz in Baar, Schweiz, und beschäftigt mit einem Gesamtumsatz von 111 Mio. Euro (2008) rund 1.200 Mitarbeiter weltweit, davon 410 am Standort Kraichtal.

Es sollte zwei weitere Jahre der Einarbeitung dauern, bis Jochen Kienzle mit Wirkung vom 24. Februar 1956 zum Geschäftsführer seines Unternehmens ernannt wurde.[8] Bis dahin wurde das operative Geschäft der Kienzle Apparate GmbH von Geschäftsführer Polzin bestimmt und im Hintergrund wirkte Charlotte Kienzle. Wenn man sich vor Augen hält, dass diese Jahre vom weiteren Ausbau des Büromaschinenprogramms und von der Einführung der neuen Fahrtschreibermodelle TCO 11 und 14 bestimmt waren, erkennt man, welch entscheidende Scharnierfunktion die beiden zwischen den beiden Familiengenerationen ausübte.

Nicht nur der Wegfall von Dr. Kienzle sondern auch das rasante Wachstum des Unternehmens und der voranschreitende Ausbau des Produktionsprogramms erzwangen eine Ausdifferenzierung der Geschäftsführung und des nachgeordneten Managements. Zunächst entschied man sich dafür, die Geschäftsführung um Verantwortliche für den Bereich Technik zu ergänzen. Gerade hier hatte der Verlust des Gründers eine große Lücke hinterlassen. Polzin und Jochen Kienzle hatten ihre Arbeitsschwerpunkte in den Bereichen Vertrieb, Verwaltung, Personal und Soziales.

Deswegen entschieden die Gesellschafter sich 1957 dafür, Dr.-Ing. Richard Ernst als neuen Technischen Geschäftsführer einzustellen. Ernst war Jahrgang 1900 und konnte somit auf eine lange Berufserfahrung in den Branchen Maschinenbau und Kfz-Zulieferung verweisen. Seine Kindheit, Jugend- und Studienzeit verbrachte er in Breslau. Eine erste Anstellung fand er bei der Firma Brown, Boveri & Cie. (BBC) in Mannheim, einem Hersteller von Schienenfahrzeugen. 1925 wechselte er zum Leipziger Maschinenbauer Bleichert, für den er wichtige Aufgaben in Europa, Amerika und Asien erfüllte. 1933 promovierte er an der TH Breslau und danach betraute ihn eine Hamburger Handelsfirma damit, ihre Niederlassung in der Mandschurei (heute China, damals japanischer Einflussbereich) aufzubauen, die Ernst bis 1938 leitete. In diese Zeit fiel auch sein Beitritt in die Auslandsorganisation der NSDAP.[9] Danach war er in Deutschland für mehrere Kfz-Zulieferer tätig, zunächst bei Bosch in Stuttgart, dann bei SWF in Bietigheim und als letzte Station vor Kienzle bei der Süd-Atlas-Werke GmbH in München.[10] Ernst sollte das Unternehmen und seine technischen Weiterentwicklungen in beiden Geschäftsfeldern weit über das Datum seiner Pensionierung im Jahr 1969 hinaus prägen.

Die zweite Führungsebene unterhalb der Geschäftsführung wurde bei Kienzle als Geschäftsleitung bezeichnet. Diese umfasste die Gruppe der Prokuristen und Bereichsleiter, die ab den 60er Jahren mit einem Direktorentitel ausgestattet wurden. Aus der Vorkriegszeit waren hier noch Riegger in der Apparatekonstruktion und im Apparatevertrieb (Inland) und Schätzle als Leiter der Materialwirtschaft vertreten. In den 50er Jahren kamen Karl Hueg für den Büromaschinenvertrieb, Alfred Jauch für den Apparate-Vertrieb ins Ausland, Oskar Barth als Stab der Geschäftsführung (ab 1953), Norbert Lehmann im Bereich Finanz- und Betriebswirtschaft (bis 1957) sowie Karl Schleßmann (ab 1954) als Personaldirektor hinzu. Abgerundet wurde

---

8 Vgl. Meldung in: Kienzle Blätter 1/1956, S. 6.
9 Ernst trat am 4.12.1935 in die Partei bei, vgl. BArch Berlin, ehem. BDC, Ernst, Richard, PK 1020021567.
10 Vgl. o.A.: Dr.-Ing. Richard Ernst 60 Jahre alt, in: Kienzle Blätter 1/1960, S. 14f.

dieser Managerkreis durch die beiden Technischen Leiter Kurt Georg (ab 1954) und Hermann Kittel (ab 1957) sowie die Betriebsleiter Julius Wagner und Willi Storz.[11]

Obwohl es zu einem Charakteristikum des Unternehmens gehörte, dass es auf vielen der genannten Positionen langjährige Kontinuitäten gab, war die Zusammensetzung der Geschäftsleitung weiterhin Veränderungen unterworfen. Es sei nur auf die Probleme mit der Besetzung der Technischen Leitungsposition im Büromaschinenbereich und den Streit zwischen Kittel und Lorenz Maier oder die Veränderungen im Büromaschinenvertrieb nach Huegs Ruhestand verwiesen. Beide Entwicklungen wurden an anderer Stelle skizziert. Wichtigste personelle Veränderungen der 60er Jahre waren aber der Austritt Polzins und die Eintritte von Dr. Martin Fahnauer und Herbert Kienzle in die Geschäftsführung.

Die Spannungen in der Geschäftsführung waren schon länger angelegt. Auf der einen Seite stand der langjährige Geschäftsführer und Kienzle-Vertraute Polzin, der das Unternehmen durch die vielen Untiefen in der Nachkriegszeit und nach dem Tod des Gründers gesteuert hatte und der sich zudem große Verdienste um den Aufbau des Büromaschinengeschäfts erworben hatte. Auf der anderen Seite stand der junge Jochen Kienzle, Eigentümer und Geschäftsführer, der sich seine Position in der Unternehmensleitung erst erarbeiten musste. Als sich 1962 die Probleme im Büromaschinenbereich zu einer handfesten Entwicklungskrise zuspitzten, kam es zum Konflikt. In der Kritik standen die schlechte Unternehmensorganisation und die unbefriedigende personelle Besetzung wichtiger Führungspositionen. Hier wurde Polzin als Teil der Probleme wahrgenommen, so dass er aus dem Unternehmen ausschied und Jochen Kienzle und der jungen Leitungsgeneration Platz machte. Polzin wechselte 1964 als Geschäftsführer zum Büromaschinenhersteller Adrema Berlin. Dort war ihm kein anhaltender Erfolg vergönnt, denn nach einer schweren Krankheit verstarb Polzin im April 1965.[12]

Auf Polzins Stelle in der Kienzle-Geschäftsführung rückte Dr. Martin Fahnauer nach. Fahnauer hatte vor seiner Kienzle-Zeit zunächst in einer Steuerberatungspraxis und Wirtschaftsprüfungsgesellschaft gearbeitet und dann in einem Düsseldorfer Unternehmen die kaufmännische und betriebswirtschaftliche Verwaltung geleitet. Anschließend arbeitete er für die Bizerba-Werke in Balingen und Meßkirch und war dort fünf Jahre lang Leiter des kompletten finanz- und betriebswirtschaftlichen Bereichs.[13] Aufgrund dieser Erfahrungen wurde er im Oktober 1957 bei Kienzle Apparate als Bereichsleiter für Finanz- und Betriebswirtschaft eingestellt und war damit Nachfolger von Prokurist Lehmann, der aus beruflichen Gründen Villingen verlassen hatte. Im Juli 1961 rückte er als stellvertretendes Mitglied in die Geschäftsführung auf und nach dem Abgang Polzins wurde er Anfang 1963 von den Gesellschaftern zum dritten Geschäftsführer bestellt. Sein Ressort umfasste die Bereiche Einkauf und Verkaufsabteilungen, während Jochen Kienzle für Finanzen und Personal zuständig

---

11 Vgl. den Organisationsplan der Geschäftsleitung, in: Kienzle Blätter 3/1957, S. 7.
12 Vgl. Traueranzeige Gerwalt Polzin in: Kienzle Blätter 2/1965, S. 22.
13 Martin Fahnauer: Dr. Fahnauer stellt sich vor, in: Kienzle Blätter 5/1957, S. 18.

Geschäftsführer Technik Dr. Richard Ernst.

war und Richard Ernst Technik, Fertigung und Entwicklung betreute.¹⁴ Diese Führungskonstellation blieb bis zu Ernsts Ruhestand im Jahr 1969 erhalten.

Ernsts Nachfolge als Technischer Geschäftsführer sollte der jüngere Sohn des Gründers Herbert (Rufname Bert) Kienzle antreten. Dieser war Jahrgang 1931 und somit beim Tod seines Vaters erst 22 Jahre alt gewesen. Herbert Kienzle hatte in Freiburg sein Abitur abgelegt und folgte im weiteren Bildungsweg dem Vorbild seines Vaters. Zum Studieren ging er nach Stuttgart und schloss dort mit dem Diplomingenieur ab. Nach dem Ende seines Studiums arbeitete er ein Jahr in den USA und sammelte dort bei verschiedenen Unternehmen praktische Erfahrungen. 1961 kehrte er nach Villingen zurück und stieg in den technischen Leitungsbereich ein. Als Mitgesellschafter gehörte er dem Geschäftsleitungsstab an. Ab März 1966 war er stellvertretendes Mitglied der Geschäftsführung und nach der Verabschiedung Ernsts 1969 wurde er dort Vollmitglied und übernahm dessen Ressort Technik, Fertigung und Entwicklung.¹⁵

---

14 Vgl. Meldung „Dr. Fahnauer Stellv. Geschäftsführer", in: Kienzle Blätter 3/1961, S. 17; Meldung „Die Geschäftsführung unseres Unternehmens setzt sich seit Beginn des neuen Vierteljahrs wie folgt zusammen, in: Kienzle Blätter 1/1963, S. 9; Handelsregisterauszug Kienzle Apparate GmbH, Amtsgericht Villingen, HRB 82, Einträge 14.7.1961 und 1.4.1963.

15 Meldung „Herbert Kienzle wieder zu Hause", in: Kienzle Blätter 3/1961, S. 17; Handelsregisterauszug Kienzle Apparate GmbH, Amtsgericht Villingen, HRB 82, Eintrag 31.3.1966, HRB 169, Eintrag 20.5.1969.

5.1. Eine Unternehmerfamilie mit starkem Management

Kienzle-Geschäftsführer Gerwalt Polzin (rechts) im Gespräch mit Mitarbeitern.

Die Zeit des Übergangs von Ernst auf Herbert Kienzle in der Geschäftsführung stand für einen umfassenden Generationenwechsel auf wichtigen Positionen der Unternehmensspitze. Zwischen 1968 und 1970 verabschiedeten sich auch Riegger, Schätzle, Schleßmann und Jauch als tragende Säulen der Geschäftsleitung in den Ruhestand. Ihre Namen standen teilweise noch für die Gründungsphase, aber vor allem für den nachhaltigen Aufstieg der Firma in den 50er und 60er Jahren. Die großen neuen Aufgaben, vor denen das Unternehmen stand – Einstieg ins Computergeschäft, EWG-weite Fahrtschreiberpflicht, Bau des neuen A-Werks –, mussten nun von der jüngeren Generation an Managern und Mitarbeitern geschultert werden.

Mit den beiden Brüdern Kienzle als Geschäftsführer waren zwei der drei Führungspositionen wieder von Mitgliedern der Eigentümerfamilie besetzt. Ihnen zur Seite stand weiterhin der für die Bereiche Einkauf und Verkauf zuständige Fahnauer. Damit trat Kienzle Apparate gerade in einer Phase dynamischen Wachstums sichtbarer als bisher als ein klassisches Familienunternehmen auf. Die Mitarbeiterzahl stieg von Ende der 60er bis Mitte der 70er von 4.000 auf über 6.000 Arbeiter und Angestellte an, gleichzeitig erhöhte sich der Umsatz auf knapp 400 Mio. Mark im Geschäftsjahr 1974/75. Die Jahre Mitte der 70er waren von einem dynamischen Unternehmenswachstum geprägt. Insbesondere der Umsatz verdoppelte sich annähernd in den fünf Jahren bis 1980, während die Mitarbeiterzahl relativ stabil blieb und nur um einige Hundert in den Vertriebsgesellschaften wuchs. Um diesen Wachstumsprozess schultern zu können, investierte die Eigentümerfamilie große Teile der Gewinne in die Ausstattung und erhöhte 1970 das Stammkapital des Unternehmens von 18 auf 45 Mio. Mark. Erweiterungsbauten mussten finanziert werden und ab Mitte des Jahrzehnts war Kienzle immer mehr gezwungen, ein strukturelles Defizit im Computergeschäft auszugleichen, um gleichzeitig große Summen für Neuentwicklungen aufzuwenden.

Bis 1978 war die GmbH nur von einem kleinen, aus drei Personen bestehenden Aufsichtsrat kontrolliert worden. Dieses Gremium war ähnlich wie zur Zeit des Gründers besetzt. Der Aufsichtsratsvorsitz wurde von einem Vertreter der Hausbank geführt. Diese hatte Mitte der 50er Jahre gewechselt, so dass diese Funktion seit 1956 von Dr. Hermann Richter von der Dresdner Bank ausgeübt wurde. Richter war Jahrgang 1903 und in den 30er und 40er als Spitzenmanager der Bank tätig gewesen. In den Jahren der Bundesrepublik war er im Aufsichtsrat der Dresdner Bank und leitete diesen von 1972 bis 1978. Außerdem stand er an der Spitze des Aufsichtsrats mehrerer anderer großer deutscher Unternehmen wie der Degussa oder BBC Mannheim.[16] Insofern war Richter sicherlich eine Schlüsselfigur der deutschen Nachkriegswirtschaft und des Modells der stark verflochtenen „Deutschland AG".

Ihm zur Seite saßen im Kienzle-Aufsichtsrat ein Vertreter eines wichtigen Geschäftspartners und ein gewählter Vertreter der Arbeitnehmerseite. Bis 1967 vertrat der schon charakterisierte Oberbaurat Fritz Schmidt von Daimler-Benz dort die Kundenseite. Nach dessen Tod beriefen die Gesellschafter den Physiker Dr. Hans Kerschbaum vom Siemens-Konzern in diese Position. Kerschbaum war Jahrgang 1902 und gehörte damit der gleichen Generation wie Richter an. Bei Siemens hatte er in der Kriegs- und Nachkriegszeit an der Spitze des nachrichtentechnischen Geschäfts gestanden. Zwischen 1956 und 1966 war er Vorstandsvorsitzender bei der Siemens & Halske AG gewesen. Mit seinem Rückzug aus dem operativen Geschäft im Konzern 1968 übernahm er den Aufsichtsratssitz bei Kienzle Apparate.[17] Damit machte Kienzle einen Schwenk weg vom Automann Schmidt und hin zu einem Vertreter des größten deutschen Elektro- und Elektronikanbieters. Dies entsprach durchaus der veränderten Situation bei Kienzle Apparate. 1968 war das Jahr des Durchbruchs im Computerbereich und es war absehbar, dass dieses zweite Standbein in Zukunft die zentrale Rolle bei der Unternehmensentwicklung spielen würde.

Nach dem alten GmbH-Gesetz galt, dass die Geschäftsführung direkt von den Gesellschaftern berufen und abberufen wurde. Das erklärt auch, warum in dieser Zeit kein Gesellschafter Mitglied des Aufsichtsrats war. Die Eigentümerfamilie war nur in der Gesellschafterversammlung und in der Geschäftsführung vertreten. Der Aufsichtsrat war der Ort, an dem der externe Sachverstand sowohl der Hausbank als auch der aus dem unternehmerischen Umfeld versammelt wurde. Da es in der unternehmerischen Praxis sowieso üblich war, dass Aufsichtsrat und Gesellschafter in

---

16 Vgl. Eintrag „Hermann Richter", in: Munzinger, Biographisches Archiv 33/1982, vom 9.8.1982.
17 Vgl. Biografie Hans Kerschbaum, in: http://w4.siemens.de/archiv/de/persoenlichkeiten/vorstand_stamm.html (Abruf 18. Mai 2007); Meldung in: Kienzle Blätter 2/1968, S. 25.

gemeinsamen Sitzungen über die Geschicke des Unternehmens berieten, war dies eine wohldurchdachte Zusammensetzung.[18]

Als der Deutsche Bundestag 1976 ein neues Mitbestimmungsgesetz verabschiedete, fiel auch die Kienzle Apparate GmbH als eine Kapitalgesellschaft mit über 2.000 Mitarbeitern unter die neue Regelung. In Zukunft sollte der Kienzle-Aufsichtsrat paritätisch aus Arbeitgeber- und Arbeitnehmervertretern zusammengesetzt sein und die Zahl seiner Mitglieder wuchs von drei auf zwölf an. Die Amtszeit des alten Aufsichtsrats lief im Jahr 1978 aus, so dass es hier zur Neuwahl des Gremiums kam. Richter blieb weiterhin Vorsitzender des Gremiums. Als weitere Vertreter der Gesellschafterseite wurden Margrit Furtwängler, Prof. Dr. Jörg Beinert, Carl Haas, Prof. Dr. Gerhard Krüger und Dr. Peter Christian Zinkann bestellt.[19] Margrit Furtwängler war neben ihren Brüdern Jochen und Herbert Kienzle Miteigentümerin des Unternehmens. Zinkann war Geschäftsführer des Weltunternehmens Miele und Cie. KG Gütersloh und Carl Haas Eigentümer der Spiralfederfabrik Carl Haas GmbH Schramberg im Schwarzwald. Beinert leitete eine Stuttgarter Rechtsanwaltskanzlei, die Familienunternehmen beriet, und Krüger stand als Professor für Informatik an der Universität Karlsruhe für den Kontakt des Geschäftsbereichs Datensysteme zur Wissenschaft.[20]

Die Gruppe der Arbeitnehmer wurde entsprechend der gesetzlichen Regelung von zwei Gewerkschaftsvertretern und vier Belegschaftsmitgliedern repräsentiert. Als Gewerkschafter wurden Werner Müller, Landesbezirksleiter der DAG, und Klaus Zwickel, damals Chef der IG Metall in Heilbronn/Neckarsulm, später Bundesvorsitzender der Gewerkschaft, gewählt. Aus der Belegschaft wurden der Betriebsratsvorsitzende Tonhausen für die Angestellten, Paula Fuchs und Gunther Meder für die Arbeiter und Herbert Muhle für die leitenden Angestellten entsandt.[21]

Im Jahr 1978 wurde auch die strategische Kompetenz im Kienzle-Computergeschäft durch die Berufung eines weiteren Geschäftsführers gestärkt. Die Wahl fiel auf Dr. Gerd Bindels, der vom Konkurrenten Honeywell-Bull kam. Wie im Abschnitt zur Computerentwicklung der 70er Jahre skizziert, stand seine Berufung im Zusammenhang mit dem Versuch des Unternehmens, die neue Generation von MCS-Computersystemen auf den Markt zu bringen.

---

18   Vgl. z.B. zu den 60er Jahren die Aufzeichnungen bei Ernst (1970).
19   Vgl. Meldung „Die Vertreter der Gesellschafter im Aufsichtsrat", in: Kienzle Blätter 3/1978, S. 5.
20   Vgl. Eintrag „Peter Christian Zinkann", in: Munzinger, Biographisches Archiv, 09/2005 vom 5.3.2005; Biografie Krüger, in: http://wwwta.tm.uni-karlsruhe.de/~krueger/ (Abruf 18.5.2007).
21   Vgl. Meldung „Unsere Arbeitnehmer-Vertreter im Aufsichtsrat", in: Kienzle Blätter 2/1978, S. 9.

5.2. Die Krise und der Verkauf an Mannesmann

Die strukturellen Probleme des Bereichs Datensysteme wurden Ende der 70er Jahre offenkundig. Trotz enormer Anstrengungen hatte sich die Einführung der neuen Gerätegeneration immer weiter verzögert, Kienzle war gegenüber den Mitbewerbern im In- und Ausland zurückgefallen und das Unternehmen musste schon über Jahre hinweg ein strukturelles Defizit mit Überschüssen aus dem Apparatebereich ausgleichen.

Diese Situation hatte im Laufe der Jahre immer wieder zu Überlegungen geführt, im Computergeschäft die Kooperation oder den Zusammenschluss mit einem anderen Computerhersteller zu suchen. Die Eigentümerfamilie sah, dass selbst bei kurzfristigen Erfolgen die Kapitaldecke der Kienzle Apparate GmbH mittel- und langfristig zu dünn war, um auf den sich internationalisierenden Computermärkten bestehen zu können. Ein einziger Rückschlag wie die missglückte Einführung des Kienzle-ABC-Computers 9055 reichte aus, um die vorhandenen Kapitalreserven aufzubrauchen. Hinzu kam, dass auch die Gewinne aus dem Apparate-Geschäft 1980 niedriger waren wie in den vorangegangenen Jahren. Für das Geschäftsjahr 1980/81 musste somit für das Gesamtunternehmen erstmals ein Verlust von 15 Mio. Mark ausgewiesen werden. Interne Berechnungen sprachen sogar von einem realen Verlust von über 40 Mio. Mark.[22]

Gespräche waren in verschiedenste Richtungen geführt worden. So fanden 1980 Verhandlungen zwischen Kienzle Apparate, der Triumph-Adler AG und deren Eigentümern, der Volkswagen AG, statt. Triumph-Adler war seit den 60er Jahren ein wichtiger Kienzle-Konkurrent, der sich über die Produktion von Schreibmaschinen in das Segment der Mittleren Datentechnik hinein entwickelt hatte und besonders bei den kleineren Systemen Erfolge vorweisen konnte. Diese Gespräche endeten aber ergebnislos. In der Presse wurde kolportiert, dass die Verhandlungen nicht an Kienzle gescheitert waren.[23] Kontakte waren auch in Richtung des französischen Großrechnerherstellers Bull und zu Nixdorf geknüpft worden.

Entscheidend sollte aber die Kontaktaufnahme zum deutschen Traditionskonzern Mannesmann um die Jahreswende 1980/81 werden. Die Mannesmann AG hatte Ende der 60erJahre mit einer umfangreichen Diversifizierungsstrategie begonnen. Neben das klassische Geschäft mit Stahlröhren sollten neue Zukunftsbranchen treten. Zunächst hatte Mannesmann den Hydraulikhersteller Rexroth sowie die Maschinenbauunternehmen Demag AG und Krauss-Maffei AG zugekauft. Mit der Eingliederung des Druckerherstellers Tally ab 1972 und des Unternehmens Hartmann & Braun aus dem Bereich elektronische Messtechnik im Jahr 1981 war Mannesmann auch in

---

22 Vgl. Firmengruppe Kienzle Apparate GmbH: Bericht über das Geschäftsjahr vom 1. April 1980 bis 31. März 1981, in: StA VS, Kienzle Apparate, 1037; die höheren Verluste wurden in Berechnungen für die Mannesmann AG ausgewiesen, vgl. Aufstellung Umsatzerlöse Kienzle Apparate GmbH 1978/79 bis 1982/83, Manuskript 23.6.1982, in: Mannesmann-Archiv, M 17.723, Bd. 1.
23 Wachwechsel bei Triumph-Adler?, in: Wirtschaftswoche 12.6.1981.

Geschäftsführer Dr. Martin Fahnauer und Dr. Gert Bindels.

die Informationstechnologie eingestiegen.[24] Der Kauf der Kienzle Apparate GmbH war als weiterer Schritt in diese Richtung geplant. Die Computer- und Informationstechnologie war für deutsche Großunternehmen zu diesem Zeitpunkt weiterhin eine interessante Zukunftsbranche.

Anfang 1981 besuchte Mannesmann-Vorstandschef Egon Overbeck die Villinger Betriebe und machte sich ein Bild vom Zustand des Unternehmens. Diskutiert wurden offenbar verschiedene Varianten eines Teil- oder Komplettverkaufs, wobei die Kienzle-Seite ernsthaft über eine Aufteilung des Unternehmens in ein Apparate- und ein Computerunternehmen nachdachte. Mannesmann ließ sich nicht auf ein derartiges Szenario ein, in dem der Konzern nur den Bereich Datensysteme übernehmen und das Familienunternehmen das Apparategeschäft weiterführen würde. Overbeck wollte das komplette Unternehmen in seinen Konzern integrieren. Am 16. Februar 1981 einigten sich beide Seiten auf eine Beteiligung der Mannesmann AG in Höhe von 50 Prozent an der Kienzle Apparate GmbH. Gesellschafter des Familienunternehmens waren zu diesem Zeitpunkt die drei Geschwister Jochen Kienzle, Herbert Kienzle und Margrit Furtwängler, Jochen Kienzles Kinder Christian, Martina, Jochen Markus und Carolin sowie Margrit Furtwänglers Sohn Cornel. Herbert Kienzle war kinderlos geblieben.

Die Gesellschafter erklärten sich in der Vereinbarung dazu bereit, das Stammkapital von bislang 45 auf nun 90 Mio. Mark aufzustocken. Zusätzlich zur Aufstockung der Stammeinlage brachte Mannesmann in das neue Tochterunternehmen 75

---

24 Vgl. Horst A. Wessel: Kontinuität im Wandel. 100 Jahre Mannesmann 1890–1990, Düsseldorf 1990, hier S. 467–480.

234   5. Vom Familienunternehmen zur Konzerntochter

1982 löste Herbert Kleiser (links) Herbert Kienzle als Geschäftsführer Technik ab.

Mio. Mark ein. Etwa die Hälfte dieses Betrags wurde in Form des Druckerherstellers Mannesmann Tally GmbH mit Standorten in Elchingen (bei Ulm) und Kent (USA) geleistet, der damit eine 100prozentige Tochter der Kienzle Apparate GmbH wurde und das Computergeschäft des Unternehmens abrundete.[25] Im Übernahmevertrag sicherte sich Mannesmann auch ein Vorkaufsrecht auf die anderen 50 Prozent der Unternehmensanteile, wobei zu diesem Zeitpunkt davon ausgegangen wurde, dass von diesem Recht nicht vor September 1986 Gebrauch gemacht werden würde.[26] Außerdem wurde die bislang eigenständige Kienzle Feinbau GmbH & Co. KG in Bonndorf in den Verkauf einbezogen und wurde damit integraler Teil der Kienzle Apparate GmbH. Die beiden Gesellschafter der Kienzle Feinbau, Herbert Kienzle und Margrit Furtwängler, wurden für ihre Anteile abgefunden.[27]

Der Verkauf wurde am 17. Februar 1981 öffentlich gemacht. Zunächst informierte die Geschäftsführung die Belegschaft in einer eilig vorverlegten Betriebsversammlung und im Anschluss ging man mit der Meldung an die Presse.[28] Die Reak-

---

25 Vgl. Bestätigung der Deutschen Treuhand-Gesellschaft über die Beschlüsse der Gesellschafterversammlung der Kienzle Apparate GmbH vom 16.2.1981, Düsseldorf 3.7.1981, in: WA VS, Ordner 110.
26 Brief Kienzle Apparate GmbH und Mannesmann AG an das Bundeskartellamt, 12.3.1981, in: WA VS, Ordner 110.
27 Vgl. Anlage zum Schreiben der Treuhand Schrade an Kienzle Apparate GmbH, 24.8.1981, in: WA VS, Ordner 110.
28 Wilfried Heupel: Mannesmann steigt bei Kienzle ganz groß ein, in: Südkurier, 18.2.1981.

5.2. Die Krise und der Verkauf an Mannesmann

1982 verabschiedet Dr. Franz Josef Weisweiler (am Pult) Jochen Kienzle und begrüßt Francesco Tatò (Mitte) als Geschäftsführer.

tionen im Unternehmen waren durchwachsen. Einerseits waren viele Mitarbeiter überrascht und verunsichert. Bis zuletzt waren auch die meisten leitenden Angestellten über den bevorstehenden Verkauf im Unklaren geblieben. Selbst der Kienzle-Betriebsrat und die Vertreter der Gewerkschaften zeigten sich in einer ersten Reaktion sehr reserviert und kritisierten die Informationspolitik der Unternehmensführung. Andererseits waren sich die meisten Mitarbeiter der aktuellen Strukturprobleme bewusst, so dass die Entscheidung über das Zusammengehen mit einem großen deutschen Industriekonzern grundsätzlich begrüßt wurde. Der Betriebsrat wertete die Entscheidung für Mannesmann als „die aus Sicht der Belegschaft günstigste, vergrößert sie doch die Basis des Unternehmens beträchtlich und führt neue Mittel in bemerkenswertem Umfang zu."[29] Auch die regionale Öffentlichkeit sah in dem Schritt v.a. Chancen. Oberbürgermeister Gerhard Gebauer betonte in einer Stellungnahme, dass mit Mannesmann ein branchenfremdes Unternehmen und kein Mitbewerber einsteigen würde und somit die Wahrscheinlichkeit, sich auf Kosten des kleineren Partners zu sanieren, sehr niedrig wäre.[30] Realistisch genug erkannten aber

---

29 Pressemitteilung des Villinger Betriebsrats der Kienzle Apparate GmbH, 18.2.1981, in: WA VS, Ordner 110.
30 Zitiert in: Wilfried Heupel: Mannesmann steigt bei Kienzle ganz groß ein, in: Südkurier, 18.2.1981.

viele Mitarbeiter und Beobachter, dass damit das Ende der Kienzle Apparate GmbH als Familienunternehmen eingeleitet wurde.

Die zunächst höchste Hürde, die es zu überwinden galt, stellte das Bundeskartellamt dar. Vertreter von Mannesmann und Kienzle mussten die Behörde davon überzeugen, dass mit dem Zusammenschluss keine marktbeherrschende Stellung entstünde oder verstärkt würde. Ansonsten drohte ein Verbot des Geschäfts. Gerade auf dem Apparatesektor und insbesondere mit dem Fahrtschreibergeschäft bestand ohne Zweifel eine solche Monopolsituation. Hier signalisierte das Bundeskartellamt auch grundsätzliche Bedenken. Man fürchtete, dass diese Stellung Kienzles mit dem Mannesmann-Kapital im Rücken zementiert würde.[31] Problematisch war auch der Zeitfaktor des Prüfungsverfahrens. Sollte dieses sich über Monate hinziehen, drohte eine unangenehme Verzögerung des Mannesmann-Einstiegs, ein Stillstand bei den anstehenden Strukturmaßnahmen und eine anhaltende Verunsicherung der Belegschaft.

Kienzle drängte deswegen höflich aber bestimmt auf ein beschleunigtes Verfahren. Inhaltlich argumentierten Kienzle und Mannesmann, dass gerade im Computerbereich des Unternehmens dringende Investitionen nötig wären. Sollten diese unterbleiben, würde dies v.a. dem stärksten deutschen Anbieter Nixdorf nutzen, der dann seine Führungsposition weiter ausbauen könnte. Für den Apparatemarkt verwies man seitens Mannesmann/Kienzle bezüglich der eigenen Monopolsituation auf den in Kürze zu erwartenden technischen Umbruch. Dieser würde bald dazu führen, dass die bestehenden Fahrtschreibergeräte durch eine neue vollelektronische Generation ersetzt würden. Hier stünde schon eine ganze Reihe von Elektronikanbietern aus dem In- und Ausland in den Startlöchern, so dass sich der Markt mittelfristig ähnlich wie der Gesamtelektronikmarkt ausdifferenzieren würde.[32]

Schützenhilfe holte man sich von Seiten des Kienzle-Betriebsrats. In einem Brief an das Kartellamt brachte Betriebsratsvorsitzender Tonhausen seine Sorge um die Zukunft des Unternehmens zum Ausdruck. Sowohl die Situation im Computer- wie die Perspektiven des Apparategeschäfts erforderten erhebliche Kapitalvorleistungen. Die Beteiligung der deutschen Mannesmann AG, „die erklärtermaßen diversifizieren will und bei der sich keine Gefahren für die Beschäftigung der Art abzeichnen, wie sie beispielsweise beim Zusammengehen zweier Wettbewerber zu befürchten wären", wäre die „für die Arbeitnehmer günstigste."[33] Grundsätzlicher und auch kritischer äußerte sich Tonhausen vor der Kienzle-Belegschaft auf einer Betriebsversammlung Ende März. Rückblickend lobte er die Bereitschaft der bisherigen Eigentümerfamilie, jahrelang auf Gewinnausschüttungen verzichtet zu haben. Alle erwirtschafteten Mittel waren dem Unternehmen wieder zugeflossen. Vom neuen Miteigentümer erwartete Tonhausen eine stärkere Orientierung am Rentabilitätsprinzip. Gerade für den Computerbereich sah er deshalb Umstrukturierung und Einschnitte in Vertrieb

---

31　Vgl. Interview Thede (2005), S. 16f.
32　Vgl. Brief Kienzle Apparate GmbH und Mannesmann AG an Bundeskartellamt, 12.3.1981, in: WA VS, Ordner 110.
33　Brief Gesamtbetriebsrat Kienzle Apparate GmbH an das Bundeskartellamt, 10.3.1981, in: WA VS, Ordner 110.

Der Betriebsratsvorsitzende Tonhausen dankt Geschäftsführer Jochen Kienzle.

und Entwicklung voraus. An die Adresse Mannesmanns formulierte er aber auch die Mahnung: „Wenn schon geschnitten werden muß, meine Herren, schneiden Sie behutsam, wie der Gärtner, der seine Obstbäume nicht verstümmelt, deren Früchte er morgen braucht. Wie der gute Chirurg, der erst den Herd der Krankheit sucht, bevor er das Skalpell ansetzt. Der, wenn die Operation schwierig ist, und nicht ungefährlich, auch den berufeneren Kollegen von der Fachklinik hinzuzieht, weil ihm selbst vielleicht die Erfahrung fehlt."[34]

Tatsächlich nahm sich das Bundeskartellamt der Sache sehr schnell an, es stellte seine Zustimmung aber unter den Vorbehalt einiger Bedingungen. Diese bezogen sich auf das Fahrtschreibergeschäft und hier vor allem auf die Kooperation mit dem Instrumentehersteller VDO. Kienzle Apparate und VDO betrieben in den USA eine gemeinsame Vertriebsgesellschaft VDO-Argo Instruments Inc. und das Bundeskar-

---

34 Rede Tonhausen auf Betriebsversammlung Kienzle Apparate GmbH, 26./27.3.1981, Zitat auf S. 9, in: Archiv Betriebsrat VS.

Geschäftsführer Hans-Erich Bornemann.

tellamt sah diese als Einfallstor für gemeinsame Geschäfte auch auf dem Inlandsmarkt. Die Kienzle-Geschäftsführung musste sich verpflichten, ihre Beteiligung an VDO-Argo bis Ende 1984 zu verkaufen, bestehende Lizenzverträge mit der Gesellschaft bis 1988 zu kündigen und die Fertigung und den Vertrieb von Fahrtschreibern über die VDO-Argo einzustellen. Darüber hinaus musste sich Kienzle gegenüber dem Bundeskartellamt verpflichten, bestehendes Know-how zu den Fahrtschreibermodellen TCO 1311 und 1314 an inländische Konkurrenten gegen angemessene Lizenzgebühren abzugeben.[35] Insbesondere dieser zweite Punkt zielte direkt darauf ab, das Monopol der Kienzle Apparate auf dem Fahrtschreibermarkt zu brechen. Nach der Zustimmung durch die Kienzle-Geschäftsführung machte das Kartellamt am 10. April 1981 den Weg für den Mannesmann-Einstieg in Villingen frei.[36]

Gemäß der Verkaufsvereinbarung wurden in einem ersten Schritt Veränderungen in der Zusammensetzung von Aufsichtsrat und Geschäftsführung vollzogen. Im Aufsichtsrat schieden im Mai drei Mitglieder aus: Neben dem bisherigen Vorsitzenden und Vertreter der bisherigen Hausbank Richter waren das Margrit Furtwängler, die Vertreterin der Unternehmerfamilie, und Unternehmer Haas aus Schramberg. Auf ihre Positionen rückten Werner H. Dieter, Dr. Joachim Funk und Dr. Franz Josef Weisweiler als Vertreter der Mannesmann AG nach.[37] Zu diesem Zeitpunkt war Dieter Vorsitzender der Geschäftsführung der Mannesmann-Gesellschaft Rexroth, Funk war Finanzchef und Weisweiler Vorstandsmitglied der Mannesmann AG. Weisweiler wurde auch zum neuen Vorsitzenden des Kienzle-Aufsichtsrats gewählt und Richter wurde in Würdigung seiner langjährigen Verdienste um das Unternehmen zum Ehrenpräsidenten des Aufsichtsrats ernannt.

In der Geschäftsführung wurde zunächst nur eine Position ausgetauscht: Der langjährig für das Finanzressort verantwortliche Geschäftsführer Fahnauer musste seinen Platz zum 1. Juni 1981 für den Mannesmann-Manager Hans-Erich Bornemann

---

35 Brief Kienzle Apparate GmbH an das Bundeskartellamt, 3.4.1981, in: WA VS, Ordner 110.
36 Brief Bundeskartellamt an Kienzle Apparate GmbH, 10.4.1981, in: WA VS, Ordner 110.
37 Vgl. Meldung „Veränderungen im Aufsichtsrat", in: Kienzle Blätter 2/1981, S. 8.

frei machen. Mannesmann strebte in dieser Phase v.a. Einfluss auf den kaufmännischen sowie den Verwaltungs- und Planungsbereich des Unternehmens an und weniger auf die Produkttechnik und den Vertrieb. Bornemann war Jahrgang 1930 und hatte nach dem Krieg eine kaufmännische Lehre bei Mannesmann absolviert, bevor er in Köln und München BWL studierte und erfolgreich abschloss. Seine weitere berufliche Entwicklung führte Bornemann in verschiedene Bereiche und Betriebe der Mannesmann AG. In den 70er Jahren war er Geschäftsführer des Hydraulikherstellers Hydromatik GmbH Ulm, der zur Mannesmann-Rexroth-Gruppe gehörte.[38]

Die Brüder Jochen und Herbert Kienzle sowie der für das Computergeschäft verantwortliche Bindels verblieben zunächst in der Geschäftsführung. Jochen Kienzle war für den Personalbereich, Herbert Kienzle nun für den kompletten Geschäftsbereich Apparate sowie die Fertigung und Bindels für den Geschäftsbereich Datensysteme zuständig.[39] Auf der Ebene der Geschäftsleitung wurden Dr. Clemens Börsig und Horst-Wilhelm Boss eingestellt, deren zentrale Aufgabe darin bestand, Maßnahmen zur finanziellen Konsolidierung zu erarbeiten und durchzuführen.

Neben der Reorganisation von Aufsichtsrat und Geschäftsführung wurde v.a. Personal im Computervertrieb und in der Entwicklung entlassen. Vorräte wurden abgebaut und einige Entwicklungsprojekte eingestellt. Insbesondere galt es, alle Kräfte auf die Einführung der neuen Computerfamilie 9000 zu konzentrieren und dabei die offenkundig gewordenen Startprobleme mit dem Modell 9055 zu bewältigen.

Im Verlauf des Jahres 1981 stellte sich heraus, dass die beschlossenen Maßnahmen nicht ausreichten, um das angeschlagene Unternehmen aus der Krise zu führen. Die zwischen Villingen und Düsseldorf geteilte Verantwortung erwies sich als ungünstig für die weitere Entwicklung. Beide Seiten vertrauten darauf, dass die Gegenseite bei den notwendig gewordenen Strukturreformen voran gehen würde. Mannesmann hoffte auf die Fachkompetenz in Villingen, während die Kienzle-Geschäftsführung auf die Management-Kompetenz in Düsseldorf setzte. Zwar waren zwischenzeitlich über 300 Arbeitsplätze abgebaut und auch die Probleme bei den Computern der Systemfamilie 9000 angegangen worden. Die Bilanz des Geschäftsjahrs 1981/82 verschlechterte sich aber weiter gegenüber dem Vorjahr, so dass man hier im Frühjahr ein Jahresdefizit von rund 100 Mio. Mark für die beiden Unternehmensteile der Kienzle Apparate GmbH bilanzieren musste. Die Verluste des Computergeschäfts waren v.a. infolge des Scheiterns des Modells 9055 auf 110 Mio. Mark angewachsen und der Apparatebereich warf nur noch einen minimalen Gewinn von 10 Mio. Mark ab. Immerhin hatte sich der Druckerhersteller Mannesmann Tally als überaus erfolgreich erwiesen. Mit einem Jahresumsatz von knapp 200 Mio. Mark trug er derart positiv zur Konzernbilanz bei, dass der Bilanzverlust

---

38 Vgl. o.A.: Dipl.-Kfm. Hans-Erich Bornemann stellt sich vor, in: Kienzle Blätter 3–4/1981, S. 6f.
39 Vgl. Maßnahmen im ersten Jahr seit Übernahme der ersten 50% (1.4.1981 bis 31.3.1982), Manuskript Düsseldorf 22.6.1982, in: Mannesmann-Archiv M 17.723, Bd. 1.

der Unternehmensgruppe Kienzle auf 30 Mio. Mark gedrückt werden konnte.[40] Die tiefroten Zahlen blieben auch in der Öffentlichkeit nicht unkommentiert. In einem Bericht des Manager-Magazins wurde ein technologischer Rückstand im Kienzle-Computergeschäft angemahnt. Insbesondere dem Management um Geschäftsführer Bindels wurden strategische Fehlentscheidungen vorgeworfen, so dass vom guten Namen der Kienzle-Computer inzwischen nicht mehr viel übrig wäre.[41]

Um den Abwärtstrend zu stoppen, zog Mannesmann die Notbremse und vereinbarte mit der Familie Kienzle, alle Gesellschafteranteile zum 31. März 1982 an die Mannesmann AG zu übertragen. Die Entscheidung über den endgültigen Ausstieg der Familie aus dem Kreis der Gesellschafter wurde auf einer Pressekonferenz am Aschermittwoch, dem 24. Februar 1982, bekannt gegeben. Mannesmann war sich bewusst geworden, dass man in Villingen das Ruder endgültig selbst in die Hand nehmen musste, um dem Unternehmen eine tragfähige Perspektive bieten zu können. Mannesmann-Vorstand Weisweiler zeigte sich selbstbewusst und zukunftsorientiert: „Wir wollen Kienzle wieder zum Erfolg führen."[42]

5.3. Integration in die Mannesmann AG

Bevor es aber wieder aufwärts gehen konnte, waren weitere strukturelle und personelle Maßnahmen unabdingbar geworden. Die wichtigsten Entscheidungen in diesem Zusammenhang betrafen weitere Veränderungen in der Geschäftsführung. Zur Hannover-Messe 1982 sickerte durch, dass Mannesmann die Einsetzung eines Sanierers für Villingen plante und wenige Wochen später, Anfang Mai, wurde bekannt, dass Dr. Francesco Tatò als neuer Vorsitzender der Kienzle-Geschäftsführung verpflichtet und Jochen Kienzle ausscheiden würde. Mit Tatò betrat eine überaus schillernde und bei den Mitarbeitern sehr umstrittene Persönlichkeit die Villinger Bühne. Tatò war Jahrgang 1932 und hatte in Deutschland, USA und Italien Geisteswissenschaften studiert, bevor er eine Karriere beim Büromaschinen- und Computerhersteller Olivetti begann. In den 60er und 70er Jahren war er im Auslandsvertrieb beschäftigt, er leitete einige Jahre die deutsche Olivetti-Zentrale in Frankfurt/M. und war zuletzt für das komplette Europageschäft des Unternehmens verantwortlich.[43] In Villingen sollte Tatò – so die Maßgabe der Mannesmann-Führung – seinem Ruf als durchsetzungsfähiger Sanierer gerecht werden. Formal wurde der Wechsel an der Unternehmensspitze in der Aufsichtsratssitzung am 30. April vollzogen. In der Sitzung wurde auch Jochen Kienzle verabschiedet.[44] Er wechselte in den Aufsichts-

---

40 Vgl. Aufstellung Umsatzerlöse Kienzle Apparate GmbH 1978/79 bis 1982/83, Manuskript 23.6.1982, in: Mannesmann-Archiv, M 17.723, Bd. 1.
41 Vgl. z.B. Rote Zahlen und große Sprüche, in: Manager Magazin 2/1982.
42 Vgl. den Bericht Wilfried Heupel: Mannesmann übernimmt die Kienzle-Apparate GmbH, in: Südkurier, 25.2.1982.
43 Vgl. Eintrag „Francesco Tatò", in: Munzinger. Internationales Biographisches Lexikon 24/2002 vom 3. Juni 2002.
44 Vgl. Protokoll Sitzung Aufsichtsrat Kienzle Apparate GmbH vom 30. April 1982, in: Mannesmann-Archiv, M 17.723, Bd. 1.

Ministerpräsident Lothar Späth besucht die Fertigung des Kienzle-Werks.

rat der Kienzle Apparate, so dass seine Erfahrung und sein Sachverstand noch einige Jahre dem Unternehmen zu Gute kommen konnten. Endgültig schied Jochen Kienzle erst zum Jahresende 1989 aus dem Aufsichtsrat aus.[45]

Der Wechsel vom Familienunternehmen zur Konzerntochter und die damit verbundenen Veränderungen in der Unternehmensausrichtung wurden der Belegschaft in einer Betriebsversammlung Ende Mai vorgestellt. Sowohl von Seiten des Aufsichtsvorsitzenden Weisweiler als auch von Seiten des Betriebsratsvorsitzenden Tonhausen wurde noch einmal die großen Verdienste Jochen Kienzles für das Unternehmen Kienzle Apparate gewürdigt. Dieser verabschiedete sich mit einem Rückblick auf eine 30jährige Tätigkeit an der Spitze des Unternehmens und wünschte dem Unternehmen Kienzle, dass es „im großen Firmenverband blühen, wachsen und gedeihen"[46] möge.

Mancher ahnte zu diesem Zeitpunkt, dass der Abschied Jochen Kienzles nicht der letzte Schritt im Übergang von der Familie Kienzle an Mannesmann war. Jochens

---

45 Vgl. Bericht über das Geschäftsjahr 1989 Mannesmann Kienzle GmbH, in: Archiv Betriebsrat VS, Ordner 1988–1990.
46 Rede Jochen Kienzle auf Betriebsversammlung Kienzle Apparate GmbH 28.5.1982, in: Kienzle Blätter 1–2/1982, S. 9f.

jüngerer Bruder Herbert war zunächst weiter als Geschäftsführer für den Bereich Technik, Produktion und Entwicklung zuständig, aber seine Position sollte schnell vom neuen starken Mann Tatò in Frage gestellt werden. Eine von Tatòs Maßnahmen zielte auf eine Beendigung des Dualismus von Apparate- und Computergeschäft. Mit der Ernennung von Rolf-Dieter Bieck zum neuen Entwicklungschef für beide Bereiche war auch eine Provokation des amtierenden Ressortchefs verbunden. Herbert Kienzle wurde bewusst in seinen Kompetenzen eingeschränkt. Nicht unerwartet kam deshalb dessen Reaktion, als er im August 1982 seinen Rücktritt als Geschäftsführer erklärte.[47] Ähnlich absehbar war das Ausscheiden Bindels, des letzten verbliebenen Geschäftsführers aus der Familienzeit. Immerhin war er seit 1978 wesentlich für die verlustreiche Einführung der neuen Computerfamilie verantwortlich gewesen. Schon im Sommer 1981 war sein Name in der Wirtschaftspresse im Rahmen der Nachfolgediskussion um den scheidenden Vorstandsvorsitzenden Gerd E. Weers bei Triumph-Adler genannt worden.[48] Bindels blieb formell bis 1983 im Amt, wobei er spätestens nach Tatòs Amtsantritt auf das Abstellgleis gestellt war. Bis zu seinem Ausscheiden wurde ihm ein neues Ressort mit dem schönen Titel „Unternehmensstrategie" zugeteilt.

Sein Verantwortungsbereich im Computergeschäft wurde ihm aber entzogen und zum 1. Dezember 1982 an Wilhelm Jägers übertragen. Bindels fand eine neue Aufgabe als Geschäftsführer der Sparte Datenverarbeitung bei Philips Data Systems.[49] Der neue Geschäftsführer Jägers war von IBM abgeworben worden, wo er zuletzt den Deutschland-Vertrieb in Stuttgart geleitet hatte. Er war Jahrgang 1935 und nach einer kaufmännischen Ausbildung sowie verschiedenen Zwischenstationen hatte er seit 1959 für IBM gearbeitet.[50] Damit war er sicherlich ein ausgewiesener Computerfachmann und Kenner des deutschen und des europäischen Markts.

Der vorläufig letzte Neuzugang in der Geschäftsführung war mit Herbert Kleiser ein Mann, der sich von den Persönlichkeiten aus dem internationalen Top-Management stark unterschied, denn er hatte das Unternehmen Kienzle Apparate von der Pike auf kennen gelernt und war Schritt um Schritt in der Hierarchie nach oben geklettert. Geboren war Kleiser 1928 und an der Schwenninger Fachschule wurde er zum Fein- und Elektromechaniker, später zum Meister, ausgebildet. 1948 trat er bei Kienzle Apparate seine erste Stelle an und war zunächst in der Entwicklung und dann in der Diagrammscheibenauswertung beschäftigt. In den 60er Jahren wurde er von Geschäftsführer Ernst als Betriebsleiter des Zweigwerks Mönchweiler eingesetzt, wo er erfolgreich umfassende Modernisierungsmaßnahmen im Maschinenpark und in den Organisationsabläufen durchführte. Dadurch empfahl sich Kleiser für das

---

47 Vgl. Pressemeldung Kienzle Apparate GmbH vom 9.8.1982, in Privatarchiv Ackermann; Meldung „H. Kienzle geht", in: Südkurier, 10.8.1982; Artikel „Die Erben steigen aus", in: Manager Magazin 9/1982.
48 Wachwechsel bei Triumph-Adler?, in: Wirtschaftswoche 12.6.1981.
49 Vgl. Meldung in: Badische Zeitung, 21.6.1983.
50 Vgl. Lebenslauf Jägers im Anhang zu Protokoll Sitzung Aufsichtsrat Mannesmann Kienzle 1.7.1987, in: Mannesmann, M 17.722; Artikel „IBM-Manager Jägers Kienzle-Vertriebsboss", in: Computerwoche, 26.11.1982; Wilfried Heupel: IBM-Manager jetzt bei Kienzle, in: Südkurier, 2.12.1982.

Bauprojekt des neuen Villinger A-Werks auf der Sommertshauser Halde Ende der 60er Jahre. Als zukünftiger Betriebsleiter war er für die gesamte Planung, den Bau und den Umzug verantwortlich und schaffte es dabei, alle Widrigkeiten des Projekts und den engen Zeitplan zu meistern. In dieser Phase wurde er auch Mitglied der Geschäftsleitung im Rang eines Direktors. Bis zum Verkauf an Mannesmann war er in dieser Funktion an der dynamischen Weiterentwicklung des Unternehmens beteiligt.[51]

In den Jahren 1982/83 schafften es die neuen Verantwortlichen in Villingen, die Probleme des Unternehmens wieder in den Griff zu bekommen. Dass diese Phase der Sanierung und Reorganisation nicht ohne Härten und Einschnitte ablief, wird deutlich, wenn man sich den Rückgang der Mitarbeiterzahlen vor Augen führt. Zwischen 1980/81 und 1984 sank diese in den Villinger Kienzle-Werken von rund 4.500 auf 3.500 ab. Weltweit wurden weitere 400 Mitarbeiter im Vertrieb abgebaut, so dass sich die Zahl der für Kienzle Apparate und ihre Vertriebsgesellschaften tätigen Beschäftigen im gleichen Zeitraum von über 8.600 auf 7.300 (ohne Tally) verringerte, was rund 1.300 Stellen weniger als vor der Krise waren und ein Gesamtminus von rund 15 Prozent bedeutete.[52] Schwerpunkte des Personalabbaus waren der Vertrieb und die Entwicklungsabteilungen. Hinzu kamen Einsparungen bei freiwilligen Sozialleistungen, die alle Mitarbeiter betrafen. So fielen einige feste Institutionen aus der Zeit des Familienunternehmens, wie der kostenlose Busverkehr zwischen der Innenstadt und dem A-Werk und die Weihnachtsfeier für die Mitarbeiterkinder dem Rotstift zum Opfer; die Jubiläumszahlungen wurden reduziert. Genauso wurde die bis dahin übliche Weinflache zum Jahresende gestrichen, was vom Betriebsratsvorsitzenden Tonhausen passend mit dem Satz „Die Zeiten werden nüchterner!" kommentiert wurde.[53]

Hinzu kamen strukturelle und organisatorische Veränderungen. Noch im ersten Jahr waren von Mannesmann und dem neuen Geschäftsführer Bornemann eine Neuorganisation des Finanz- und Berichtswesen durchgeführt worden. Das weitaus weniger systematische Finanzwesen aus der Familienzeit wurde den strengeren Standards des Mannesmann-Konzerns angepasst. Nun wurden sowohl Monats-, Quartals- als auch Jahresberichte verlangt, die eine bessere Einschätzung und Steuerung des operativen Geschäfts erlaubten.[54] Außerdem wurde das Geschäftsjahr an das Kalenderjahr angepasst. Grundsätzlich sah das Konzernführungsmodell bei Mannesmann vor, dass die Führungsgesellschaften, zu denen Kienzle Apparate in dieser Zeit gehörte, weitgehend eigenständig handelten. Die Mannesmann-Zentrale

---

51 Vgl. Interview mit Herbert Kleiser zur Unternehmensgeschichte der Kienzle Apparate GmbH Villingen, Manuskript 7. April 2005.
52 Vgl. hierzu Rede Betriebsratvorsitzender Tonhausen auf der Betriebsversammlung Kienzle Apparate GmbH 14.3.1984, in: Archiv Betriebsrat VS; Kienzle Apparate GmbH: Bericht an den Aufsichtsrat über das 1. Quartal 1982, in: Mannesmann-Archiv, M 17.723, Bd. 1; Mannesmann AG: Mannesmann Bericht über das Geschäftsjahr 1984, in: StA VS, Kienzle Apparate, 1169.
53 Rede Betriebsratvorsitzender Tonhausen auf der Betriebsversammlung Kienzle Apparate GmbH 6.12.1982, in: Archiv Betriebsrat VS.
54 Vgl. Interview mit Dr. Hermann Stadel zur Unternehmensgeschichte der Kienzle Apparate GmbH Villingen, 23. Mai 2005.

Geschäftsführer Wilhelm Jägers vor der Kienzle-Vertretertagung.

entschied nur in grundsätzlichen Fragen und bei wichtigen Personalien. Kontrolle und Steuerung wurde über den jeweiligen Aufsichtsrat vollzogen, dem wichtige Mannesmann-Manager angehörten. Es bestand ein Ergebnisabführungsvertrag, so dass Kienzle-Gewinne an den Konzern überwiesen wurden. Umgekehrt zeigte sich Mannesmann aber auch dazu bereit, notwendige Investitionsmittel zur Verfügung zu stellen und die Verluste der Krisenjahre zu schultern.

Von 1981 bis zu dessen Tod 1985 wurde der Aufsichtsrat von Weisweiler geleitet, der ab 1983 auch an der Spitze des Mannesmann-Vorstands gestanden hatte. Nachfolger sowohl als Mannesmann-Chef als auch als Kienzle-Aufsichtsratsvorsitzender wurde Werner H. Dieter.[55] Weitere Mitglieder von Arbeitgeberseite waren Mannesmann-Finanzvorstand Joachim Funk, Technikvorstand Klaus Czeguhn und aus der Familienzeit waren noch Ex-Eigentümer Jochen Kienzle und Miele-Geschäftsführer Zinkann übernommen worden. Stellvertretender Aufsichtsratsvorsitzender war über alle Jahre hinweg Betriebsratschef Norbert Tonhausen.

Für die Neuausrichtung des Geschäftsfelds Datensysteme lag die Verantwortung beim Vorsitzenden Tatò und Geschäftsführer Jägers. Ihre wichtigste Aufgabe bestand darin, die neue Computerfamilie 9000 zum Erfolg zu führen und verlorenes Terrain auf dem bundesdeutschen wie auf den internationalen Märkten zurück zu gewinnen. Dafür war eine Reorganisation des Vertriebs und der Entwicklung vorgenommen worden. Wichtig war auch die Beendigung der Aufteilung vieler Bereiche in eine Apparate- und Computerstruktur. Hiervon betroffen waren die Entwicklung, der Technische Kundendienst, die Produktion, die Logistik und das Marketing. Damit

---

55 Vgl. Protokoll Sitzung Aufsichtsrat Mannesmann Kienzle GmbH 16.10.1985, in: Mannesmann-Archiv, M 17.722.

konnte in den Folgejahren manche Synergie erreicht werden, aber es war ein langer Weg, der hier zurückzulegen war. Immerhin hatte die weitgehend nach den beiden Geschäftsfeldern getrennte Unternehmensorganisation über mehr als 30 Jahre hinweg zu den Grundprinzipien in Villingen gehört.[56] So blieb die Zweiteilung des Unternehmens weiter im Denken und Handeln der Mitarbeiter auch während der 80er Jahre erhalten. Mit dem Verkauf des Computerbereichs 1990/91 wurden schließlich alle Integrationsbemühungen wieder rückgängig gemacht und die Trennung endgültig vollzogen.

Grundsätzlich war der Apparatebereich weniger stark von der Krise erfasst worden. Trotzdem litt auch das Geschäft mit Fahrtschreibern und Tankdatensystemen unter der allgemeinwirtschaftlichen Misere Anfang der 80er Jahre. Die hohen Benzinpreise setzten die Mineralölfirmen unter Druck, so dass Investitionsmaßnahmen im Tankstellennetz zurückgestellt wurden und die Aufträge an Kienzle zurückgingen. Beim Fahrtschreiber konnte das Unternehmen seine Produktionskapazitäten von 32.000 Geräten pro Monat im Jahr 1982 nur zur Hälfte auslasten.[57] Die Unterbeschäftigung konnte aber mit ausgedehnter Kurzarbeit überbrückt werden, so dass hier keine größeren Entlassungen vorgenommen werden mussten. Erst ab Ende 1983 lief diese Phase fehlender Aufträge nach und nach aus. Neben dem neuen Geschäftsführer Kleiser im technischen Bereich war es v.a. die Kontinuität im Apparate-Vertrieb, die dafür sorgte, dass die Firma bald wieder an die alten Erfolge anknüpfen konnte. Die Weiterbeschäftigung von Vertriebsdirektor Thede stand stellvertretend für das Vertrauen der Mannesmann-Führung in dieses Geschäftsfeld.

Die Reorganisations- und Sanierungsmaßnahmen zeigten ab 1983 ihre erhoffte Wirkung und die anziehende Konjunktur trug ihren Teil dazu bei, dass dieses Jahr mit einer schwarzen Null abgeschlossen werden konnte.[58] Als Vorsitzender der Geschäftsführung in dieser Krisenzeit blieb Tatò den meisten Kienzleanern nicht besonders positiv in Erinnerung. Die meisten lernten ihn nur als „strammen Entscheider" oder als „italienisches Rauhbein" mit einem „rüden Führungsstil" kennen. Das lag sicherlich auch daran, dass er das Unternehmen schon im Herbst 1984 wieder verließ und sein Name somit nicht mit dem anschließenden Boom in Verbindung gebracht wurde. Sein Weggang kam für alle Beteiligten unerwartet und lag in Meinungsverschiedenheiten zwischen Tatò und der Mannesmann-Führung um Weisweiler über weitere Zukäufe zur Villinger Konzerntochter begründet.

Tatòs Abschied wurde im September 1984 öffentlich und überraschte die Mitarbeiter wie die Öffentlichkeit. Weisweiler musste kurzfristig nach Villingen eilen, um den Betriebsrat und die leitenden Angestellten von der Veränderung zu informieren und damit Gerüchte richtig zu stellen, die an die Öffentlichkeit gelangt

---

56 Rede Betriebsratsvorsitzender Tonhausen auf der Betriebsversammlung Kienzle Apparate GmbH 14.3.1984, in: Archiv Betriebsrat VS.

57 Rede Betriebsratsvorsitzender Tonhausen auf der Betriebsversammlung Kienzle Apparate GmbH 30.3.1982, in: Archiv Betriebsrat VS.

58 Vgl. Protokoll Sitzung Aufsichtsrat Kienzle Apparate GmbH 12.4.1984, in: Mannesmann-Archiv, M 17.722.

waren.⁵⁹ Tatò wechselte nach Italien und wurde dort Vorstandsvorsitzender der Mailänder Verlagsgruppe Arnoldo Mondadori Editore SpA. 1986 sollte er für einen weiteren Sanierungsauftrag in die Bundesrepublik zurückkehren. Der Kienzle-Konkurrent Triumph-Adler befand sich weiter in Schieflage, so dass Volkswagen seine Aktien an Olivetti verkauft hatte und Tatò hier strukturelle Reformen einleiten sollte.⁶⁰ Aufgrund seiner Erfolge bei Kienzle schien er für diese Aufgabe besonders geeignet.

Betriebsratsvorsitzender Tonhausen versuchte schon 1984, Tatòs Rolle bei Kienzle nüchtern zu würdigen, indem er ihm Respekt für seine Verdienste in der Unternehmenskrise zollte, „an deren unverhofften frühem Ende wir auf neuem Erfolgskurs sind."⁶¹ Gerade als oberster Interessensvertreter der Kienzle-Mitarbeiter hatte Tonhausen früh erkannt, dass der Einstieg Mannesmanns wohl einige Härten und auch manche Ungerechtigkeit brachte, aber damit letztlich die mittel- und langfristige Entwicklung des Unternehmens gesichert worden war. Ein wichtiges Signal an die Belegschaft und nach außen setzte Mannesmann, als noch 1984 die Umbenennung in Mannesmann Kienzle GmbH beschlossen wurde und damit der deutsche Industriekonzern signalisierte, dass die Villinger Tochter integraler Teil des Gesamtverbunds geworden war.⁶² Auf der Betriebsversammlung, auf der Geschäftsführer Jägers den Beschluss bekannt gab, wurde dies von der versammelten Belegschaft mit spontanem, zustimmendem Beifall quittiert. Vollzogen wurde die Umfirmierung zum zweiten Quartal 1985.

Die Früchte der Reorganisation konnten in der zweiten Hälfte der 80er Jahre geerntet werden, als auch das Computergeschäft wieder positive Ergebnisse zeigte, zusätzliche Mitarbeiter eingestellt wurden und die Umsatzzahlen in allen Bereichen stetig nach oben wiesen. Den vorläufigen Höchststand erreichte das Unternehmen 1989, als die Unternehmensgruppe Mannesmann Kienzle – inkl. dem Druckerhersteller Tally und den zugekauften Computerfirmen PCS und alfa – einen Umsatz von rund 1,8 Mrd. Mark und eine Beschäftigtenzahl von knapp 10.000 errecht hatte. Der Umsatz verteilte sich zu 43 Prozent auf das Computergeschäft, zu 29 Prozent auf Tally und zu 25 Prozent auf den Apparatebereich. Von den Beschäftigten waren 7.600 im Inland und 2.200 im Ausland tätig.⁶³

Die erste Phase nach Tatòs Abgang gestaltete eine Kerngeschäftsführung, die aus den drei Personen Jägers, Kleiser und Hans-Jürgen Storck bestand. Storck war in das Gremium eingetreten, als Geschäftsführer Bornemann im Herbst 1983 bei

---

59 Vgl. Francesco Tatò geht nun wieder nach Italien zurück, in: Handelsblatt, 26.9.1984; Kienzle: Ende eines Sanierers, in: Wirtschaftswoche, 2.11.1984; Protokoll Sitzung Aufsichtsrat Kienzle Apparate GmbH 27.11.1984, in: Mannesmann-Archiv, M 17.722.
60 Vgl. Eintrag „Francesco Tatò" in: Munzinger. Internationales Biographisches Archiv 24/2002 vom 3.6.2002.
61 Rede Betriebsratsvorsitzender Tonhausen auf der Betriebsversammlung Kienzle Apparate GmbH 10.10.1984, in: Archiv Betriebsrat VS.
62 Vgl. die Ausführungen Weisweilers in: Protokoll Sitzung Aufsichtsrat Kienzle Apparate GmbH 27.11.1984, in: Mannesmann-Archiv, M 17.722.
63 Vgl. Geschäftsbericht 1989 der Gruppe Mannesmann Kienzle Inland, März 1990, in: Archiv Betriebsrat VS, Ordner 1988–1990.

5.3. Integration in die Mannesmann AG 247

Geschäftsführer der Mannesmann-Zeit Prof. Dr. Norbert Szyperski und Peter Mihatsch.

Kienzle ausgeschieden war und Geschäftsführer der Mannesmann Demag Baumaschinen GmbH wurde. Storck hatte ebenfalls eine langjährige Mannesmann-Karriere hinter sich. Der diplomierte Kaufmann (Jahrgang 1937) hatte 1964 bei den Mannesmann-Hüttenwerken angefangen und war dann über die Düsseldorfer Hauptverwaltung in verschiedene Konzerntöchter gekommen. Vor seiner Berufung nach Villingen war er Leiter der Hauptabteilung Unternehmensplanung in Düsseldorf und einige Monate Geschäftsführer der Hartmann & Braun AG gewesen.[64]

Die drei Geschäftsführer arbeiteten in den Jahren 1984 bis 1985/86 mit einer klaren Ressortteilung als gleichberechtigte Mitglieder des Leitungsgremiums. Zwar war nach Tatòs Weggang über einen Nachfolger für die Position eines Vorsitzenden spekuliert worden. Namen wie der des Weisweiler-Vertrauten Rolf-Dieter Leister, des ehemaligen TA-Vorsitzenden Peter Niedner oder des entlassenen Telefunken-Vorstands Josef-A. Stoffels machten die Runde.[65] Die Personalie verblieb aber zunächst unentschieden und in dieser Übergangsphase steuerte das Triumvirat Jägers, Kleiser und Storck das Unternehmen pragmatisch und mit sichtbarem Erfolg.

Erst unter dem neuen Mannesmann-Chef Dieter wurde wieder intensiver über die Entwicklungspotentiale des Villinger Tochterunternehmens diskutiert. In diesem Rahmen wurde auch wieder laut über einen Vorsitzenden für die Kienzle-Geschäftsführung nachgedacht. Sowohl Storck als auch Jägers brachten sich für diese Positi-

---

64 Vgl. Anlage zum Protokoll Sitzung Aufsichtsrat Kienzle Apparate GmbH 22.11.1983, in: Mannesmann-Archiv, M 17.722.
65 Tatò-Nachfolger nicht in Sicht, in: Südkurier 23.3.1985.

Geschäftsführer der Mannesmann-Zeit: Prof. Dr. Georg Färber, Gerd Stahl und Dr. Gerhard Wiedl.

on in Stellung, beide kamen aber nicht zum Zug und verließen in der Folge Villingen. Storck wechselte schon Ende 1985 zum Landmaschinenhersteller Claas und Jägers gab seine Kienzle-Anstellung Mitte 1987 für einen Chefposten bei Pelikan International mit Sitz in der Schweiz auf.[66]

Stattdessen glaubte die Mannesmannführung mit Prof. Dr. Norbert Szyperski die richtige Persönlichkeit gefunden zu haben, die Kienzle neue Perspektiven bescheren könnte. Szyperski kam im Mai 1986 nach Villingen. Seine Bemühungen um die Neuordnung des Computergeschäfts wurden im zweiten Kapitel skizziert. Hierbei kam es zu Zukäufen von kleineren Unternehmen wie PCS, alfa oder Procad, zu verstärkten Kooperationen mit Forschungseinrichtungen und zur Ergänzung bzw. Erweiterung der Geschäftsführung.[67] Das Finanzressort war nach Storcks Weggang von Heinz Neuhaus übernommen worden, der von Mannesmann Demag gekommen war. Georg Färber wurde Geschäftsführer mit dem Zuständigkeitsbereich Computerentwicklung. Bei der Einstellung eines Nachfolgers für die Leitung des Computervertriebs gab es zunächst Probleme. Die Verpflichtung des Vertriebsleiters für das Überseegeschäft beim Konkurrenten Nixdorf scheiterte, stattdessen übernahm Gerd Stahl diese Position in der Geschäftsführung. Stahl war 1983 von IBM zu Kienzle gekommen und hatte seitdem als Direktor für den Bereich Controlling im Unternehmen gearbeitet.[68] Kontinuität gab es im Ressort Technik und Produktion, das weiterhin von Kleiser geführt wurde, und auch auf vielen leitenden Angestelltenpositionen gab es keine wesentlichen Veränderungen seit dem Verkauf an Mannesmann.

Mittlerweile wurde auch eine Neuausrichtung des Apparatebereichs eingefordert. Die Mannesmannführung um Dieter drängte Kienzle, sich zunehmend von einem

---

66 Vgl. Walter Hillebrand: Operation in der Schwarzwald-Klinik, in: Manager Magazin 9/1987.
67 Vgl. Adoptivtochter Kienzle erfüllt Erwartungen des Mannesmann-Konzerns, in: Computermagazin 4/1988.
68 Vgl. Protokolle der Sitzungen Aufsichtsrat Mannesmann Kienzle GmbH 20.11.1987 und 12.4.1988, in: Mannesmann-Archiv, M 17.722.

Geräte- zu einem Systemanbieter weiterzuentwickeln und noch stärker als bisher die Möglichkeiten der Elektronik und Telekommunikation zu nutzen. Mannesmann Kienzle sollte seine Produktfamilien Fahrtschreiber, Tankdaten- und Fuhrparkmanagementsysteme zusammenführen und sich als Anbieter automobiler Kommunikation positionieren. 1988 wurde hierfür eine Strukturreform im Unternehmen durchgeführt und der Apparatebereich als „Autocomdivision" reorganisiert. Der bisherige Apparate-Bereich wurde auch insofern aufgewertet, als mit Peter Mihatsch an seine Spitze erstmals ein Manager im Geschäftsführerrang trat. Mihatsch stand damit an der Spitze des Apparatevertriebs und folgte damit dem langjährigen Vertriebsdirektor Klaus Thede nach, der mit Jahresende 1988 in den wohlverdienten Ruhestand gewechselt war. Mihatsch war Jahrgang 1940 und hatte eine Ingenieurausbildung durchlaufen. Seit 1971 hatte er bei SEL Stuttgart gearbeitet. Eigentlich sollte sich Mihatsch in Villingen um die Reorganisation des Kfz-Bereichs kümmern, retrospektiv war aber sein wichtigstes Projekt bei Kienzle die Koordination der Bewerbung um die Mobilfunklizenz D2, auf die weiter unten näher eingegangen wird. Sein Erfolg mit diesem Projekt, der Zuschlag bei der Ausschreibung für Mannesmann, ließ ihn Ende 1989 von Villingen nach Düsseldorf wechseln. Die Nachfolge als Kienzle-Geschäftsführer für den Bereich Autocom trat Dr.-Ing. Gerhard Widl an, der aus der Bosch-Gruppe kam.

Insgesamt war die Zeit der Mannesmänner von einem stetigen Wechsel an der Unternehmensspitze geprägt, was auch immer wieder von Umstrukturierungen und Neuorganisation im Aufbau sowie in der räumlichen Unterbringung vieler Abteilungen begleitet war. Als Szyperski im November 1989 als Geschäftsführer ausschied und die Villinger Belegschaft mit Dr. Roland Mecklinger wieder einen neuen Mann an der Spitze willkommen hieß, konnte es sich Betriebsratsvorsitzender Tonhausen nicht verkneifen, die mangelnde Kontinuität zu kritisieren und Mecklinger als die „Nr. 15 als Geschäftsführer in den letzten neun Jahren"[69] der Unternehmensentwicklung zu begrüßen.

Die Ära Mecklinger stand für die Schlussphase des Kienzle-Computergeschäfts, für die sich über ein Jahr hinziehenden Verkaufsverhandlungen und die sich anschließende Aufspaltung des Unternehmens in seine zwei Geschäftsbereiche. Dieser Verkauf war die größte Strukturveränderung seit dem Einstieg der Mannesmann AG. Das im Konzern verbliebene Rumpfunternehmen Mannesmann Kienzle GmbH mit dem Autocom-Geschäft bestand aus dem Hauptstandort Villingen im A-Werk mit kleineren Abteilungen in Mönchweiler und in Donaueschingen, den Zweigwerken in Oberndorf und Bonndorf, Vertriebsniederlassungen in Villingen, Nürnberg, Berlin und München, einem kleinen Tochterunternehmen in Bleiche bei Magdeburg, mehreren Tochterunternehmen im Ausland sowie einem weiten Netz an Vertriebs- und Servicepartnern. Weltweit wurden im ersten Jahr nach der Trennung etwa 3.500 Mitarbeiter beschäftigt und der Jahresumsatz lag bei etwa 500 Mio. Mark. Im Inland lag die Mitarbeiterzahl

---

69 Rede Betriebsratsvorsitzender Tonhausen auf der Betriebsversammlung Kienzle Apparate GmbH 13./14.12.1989, in: Archiv Betriebsrat VS.

1991 bei rund 3.000 Arbeiten und Angestellten, davon etwa 2.500 im Villinger Hauptwerk.[70]

Die fatalen Folgen der Auftrennung des Unternehmens für das Computergeschäft wurden an anderer Stelle skizziert. Für die nun erheblich kleinere Mannesmann Kienzle GmbH begann ebenfalls eine Zeit größerer Umbrüche, in Folge derer es bald die Eigenständigkeit als Führungsgesellschaft im Konzern einbüßen sollte. Diese Entwicklungen waren untrennbar mit der Geschichte der VDO Adolf Schindling AG verbunden.

5.4. Von der Konkurrenz zur Kooperation: Kienzle und VDO

Die Anfänge des Unternehmens VDO Adolf Schindling AG reichen bis in die Zeit des Kaiserreichs zurück. Aufbauend auf den Tachometerentwicklungen des Ingenieurs Otto Schulze wurde in den 20er Jahren das Unternehmen VDO Tachometer AG mit Sitz im hessischen Schwalbach gegründet, das später auch den Namen des Gründers Adolf Schindling mit in den Firmennamen aufnahm. Die Abkürzung VDO steht für Vereinigte Deuta-OTA und war der Zusammenschluss der beiden Unternehmen Offenbacher Tachometer Werke und Deutsche Tachometer-Werke. Der Schwerpunkt der VDO-Produktion lag von Anfang an auf anzeigenden Instrumenten für den Pkw-Bereich. Insofern bestand zunächst kein direktes Konkurrenzverhältnis zu Kienzle Apparate.

In der bundesdeutschen Nachkriegszeit sollte sich das Verhältnis der beiden Unternehmen zueinander aber zuspitzen, denn VDO hatte damit begonnen, eigene Fahrtschreiber zu entwickeln und offensiv auf den Markt zu bringen. Auf der IAA 1951 offenbarte der damalige VDO-Generaldirektor gegenüber der Kienzle-Geschäftsführung diese geplante Ausweitung des eigenen Geschäftsbereichs, woraufhin Kienzle die Herausforderung annahm und erklärte, dass man nun auch ins Instrumentegeschäft einsteigen würde.[71] In einer Anzeigenkampagne provozierte VDO den Marktführer aus Villingen mit dem Slogan „Einige sagen Tachograph, andere sagen Fahrtschreiber, alle meinen VDO!" Tatsächlich beantwortete Kienzle den Angriff von VDO mit dem eigenen Einstieg ins anzeigende Instrumentegeschäft. Von der italienischen Firma Borletti übernahm man Lizenzen und begann damit, selbst Tachometer und ähnliche Anzeigegeräte zu bauen und den deutschen Autofabriken anzubieten. Erstmals ging Kienzle mit diesem neuen Geschäftsfeld auf der 38. IAA 1957 an die Fachöffentlichkeit. Schon der erweiterte und neu positionierte Stand des Villinger Unternehmens signalisierte dieses gewachsene Selbstbewusstsein. Im Gegensatz zu den Vorjahren war Kienzle nicht mit einem Stand in der großen Lastwagenhalle vertreten, sondern die Kienzle-Produkte waren in der Halle 18, dem so genannten Französischen Pavillon, direkt an der Hauptstraße des Messegeländes und gegenüber den Hallen von Daimler-Benz und dem Volkswa-

---

70 Vgl. Rede Betriebsratsvorsitzender Tonhausen auf der Betriebsversammlung Mannesmann Kienzle GmbH 9.3.1992, in: Archiv Betriebsrat VS.
71 Interview Thede (2005), S. 4.

genwerk aufgebaut.[72] Der Fachbranche wurde ein geschlossenes Programm an Fahrzeuginstrumenten für Pkws und Lkws vorgestellt: Das Angebot reichte von Tachometern mit verschiedenen Einbau-Durchmessern und Messbereichen, über Drehzahlmesser, Kraftstoffmesser, Tankuhren bis zu Fernthermometern und elektrischen Fahrzeuguhren.[73]

Tatsächlich schaffte Kienzle den Einstieg bei ersten Autofabriken. Den Durchbruch brachte die Instrumentierung des Modells Lloyd Arabella, einer Marke des Unternehmens Borgward. Kienzle bekam gegen die harte Konkurrenz von VDO den Zuschlag für die komplette Instrumentierung.[74] Beide Seiten erkannten aber in der Folgezeit, dass die Fortsetzung dieser Konkurrenz den Unternehmen auf mittlere Sicht schaden würde, so dass sich beide Geschäftsführungen 1958 zusammensetzten und letztlich zu einer Marktabsprache kamen: VDO beschränkte sich ab 1960 auf den Bereich der anzeigenden Instrumente, während Kienzle sich verpflichtete, nur noch aufschreibende Geräte herzustellen.[75] Man konnte weiterhin auch über die VDO-Vertriebsstrukturen Fahrtschreiber beziehen, diese wurden aber im Auftrag der VDO in Villingen hergestellt, waren baugleich mit den TCO-Modellen von Kienzle und wurden nur mit einem anderen Schaublatt versehen. Auch wenn es in den Folgejahrzehnten die eine oder andere Situation gab, in denen VDO mit dem Gedanken spielte, in die Fahrtschreiberproduktion zurückzukehren, hielt das Abkommen.

Ein Schritt hin zu einer stärkeren Kooperation der beiden Instrumentehersteller bahnte sich Ende der 70er Jahre über den US-amerikanischen Markt an. 1977 errichtete Kienzle Apparate in Winchester im Bundesstaat Virginia eine neue Fabrikanlage, die Taxameter, Fahrtschreiber und Instrumente für den US-Markt produzieren sollte.[76] An diesem Unternehmen sollte sich die VDO beteiligen. Die gemeinsame Firma hieß VDO-Argo Instruments Inc. und geplant war eine Beteiligung der VDO mit 60 Prozent der Anteile. Dieses Vorhaben erwies sich insofern als problematisch, als es noch der Genehmigung des Bundeskartellamts bedurfte. Zwar interessierte sich das Bundeskartellamt grundsätzlich nur für Inlandswirkungen von Kooperationen, aber in diesem Fall war durchaus möglich, dass das Amt eine indirekte Inlandswirkung über das Gemeinschaftsunternehmen in den USA annehmen würde. Insofern beschlossen die Rechtsabteilungen von VDO und Kienzle, das Thema offensiv anzugehen und zeigten die beabsichtigte Gründung der VDO-Argo im August 1978 dem Bundeskartellamt an.[77]

Tatsächlich sah das Amt die US-Kooperation sehr kritisch und ging grundsätzlich von einer Inlandswirkung aus. VDO und Kienzle Apparate wurden deshalb

---

72 E. Döhnel: Kienzle auf der internationalen Automobil-Ausstellung in Frankfurt, in: Kienzle Blätter 5/1957, S. 32–34.
73 Vgl. o.A.: Kienzle Fahrzeuginstrumente, in: Kienzle Blätter 2/1958, S. 15; Reinhard Seiffert: Feinmechanik im Automobil, in: Motor-Revue (1957), H. 23.
74 Interview Thede (2005), S. 4f.
75 Ernst (1970), S. 14 u. 25.
76 Interview Thede (2005), S. 21.
77 Vgl. Brief Canenbley (Justiziar VDO) an Bundeskartellamt bzgl. Anzeige gemäß § 23 GWB, 4.8.1978, in: WA VS, Ordner 84a.

Anfang 1979 aufgefordert, Informationen zu Kooperationen, Marktpositionen und die geplante Einbringung von Know-how in das Gemeinschaftsunternehmen offen zu legen.[78] Beide Unternehmen kamen dieser Forderung nach und letztendlich wurde die Gründung der VDO-Argo in den USA vom Bundeskartellamt im Juni 1979 genehmigt.[79] In Gesprächen mit Unternehmensvertretern wurde aber betont, dass der Fall von der Behörde als sehr problematisch angesehen würde und man längere Zeit abgewogen hatte, eine umfangreichere Untersuchung einzuleiten.[80]

Diese Kritik an der Kooperation der beiden Unternehmen wurde wieder aktuell, als Kienzle Apparate 1981/82 an Mannesmann verkauft und das Bundeskartellamt wieder zur Genehmigung eingeschaltet wurde. Dieses Mal wurde der Zusammenschluss nur unter Auflagen für das Kienzle-Apparategeschäft genehmigt. Kienzle Apparate musste sich verpflichten, Lizenzen und Schutzrechte bezüglich des teilelektronischen Fahrtschreibers der Modelle TCO 1311 und 1314 an andere deutsche Instrumentehersteller abzugeben. Außerdem wurde verfügt, dass Kienzle Apparate seine Beteiligung an VDO-Argo aufzugeben hatte. Der Zusammenschluss Kienzle-Mannesmann hätte ansonsten die marktbeherrschende Stellung von Kienzle auf dem Markt für mechanische Fahrtschreiber durch den Zuwachs der Finanzkraft des Mannesmann-Konzerns weiter verstärkt, hieß es in der Begründung des Kartellamts. Die Auflösung der VDO-Kienzle-Kooperation würde darüber hinaus die Wettbewerbsbedingungen auf dem sich in der kommenden Zeit entwickelnden Markt für „integrierte Kraftfahrzeug-Multimessgeräte" verbessern.[81]

Der Verkauf der Kienzle-Anteile am Gemeinschaftsunternehmen wurde letztlich zum Jahresende 1984 vollzogen und im Namen der Firma der Namensbestandteil Argo gelöscht.[82] Neuer Kooperationspartner der VDO für den amerikanischen Markt wurde die japanische Firma Yazaki, die ja Lizenznehmer für den Kienzle-Fahrtschreiber war. Das Unternehmen in Winchester wurde 1987 in ein Joint-Venture mit der Firma Yazaki überführt und in VDO Yazaki umbenannt. An dem Projekt war die japanische Firma gleichberechtigt mit 50 Prozent beteiligt.[83] Insofern floss das Knowhow von VDO und Kienzle Apparate – zumindest über den Umweg Japan – doch noch zusammen.

Trotz dieser Ereignisse näherten sich Kienzle und VDO in den 80er Jahren weiter an. Insbesondere für den Vertriebsbereich sahen beide Seiten Synergiepotentiale. Ein erstes Projekt in diese Richtung war eine Vereinbarung, die vorsah, dass VDO den kompletten Vertrieb beider Unternehmen für Australien übernahm und

---

78 Vgl. Brief Bundeskartellamt an Rechtanwälte Bruckhaus etc., 14.2.1979, in: WA VS, Ordner 84a.
79 Brief Bundeskartellamt an Canenbley, 13.6.1979, in: WA VS, Ordner 84a.
80 Brief Canenbley an VDO und Kienzle Apparate, 25.6.1979, in: WA VS, Ordner 84a.
81 Bericht des Bundeskartellamtes über seine Tätigkeit in den Jahren 1981/1982 sowie über die Lage und Entwicklung auf seinem Aufgabengebiet (§ 50 GWB), in: Drucksache des Deutschen Bundestages 10/243, S.54.
82 Vgl. Protokoll Sitzung Aufsichtsrat Kienzle Apparate GmbH 27.11.1984, in: Mannesmann-Archiv, M 17.722.
83 Vgl. VDO und Yazaki gehen getrennte Wege, in: FAZ, 14.3.1995.

5.4. Von der Konkurrenz zur Kooperation: Kienzle und VDO

Anzeigende Instrumente wurden von Kienzle Ende der 50er Jahre angeboten.

im Gegenzug die Berliner VDO-Niederlassung an Kienzle verkaufte.[84] Diese Zusammenarbeit betraf nur den Service-Bereich, das so genannte Aftermarket-Geschäft, während das Verhältnis der beiden Unternehmen auf dem Produktmarkt auch verstärkte Konkurrenz erlebte. Mannesmann Kienzle beschloss Ende der 80er Jahre, gegen VDO in das allgemeine Instrumentegeschäft einzusteigen und baute eine eigene Entwicklungsabteilung hierfür auf. Mannesmann Kienzle war mit dem Projekt soweit vorangekommen, dass man begann, bei konkreten Projekten mitzubieten. Namentlich ging es um die Instrumentierung für einen neuen Lkw von Renault. Letztlich zog Kienzle sein Angebot wieder zurück, als es zur neuen Annäherung zwischen Mannesmann und VDO kam.[85]

Das Verhältnis zwischen VDO und Kienzle änderte sich grundlegend, als 1991 der Mannesmann-Konzern Mehrheitseigentümer der VDO wurde. Im Laufe der Diversifizierungsstrategie hatte die Mannesmann-Spitze mehr und mehr Gefallen an der Automobilbranche gefunden. Neben Rexroth, der Kronprinz AG und Mannesmann Kienzle hatte man mittlerweile auch die Autozulieferer Fichtel & Sachs in Schweinfurt (1987) sowie die Boge AG in Eitorf (1991) erworben und sah hier mehr Zukunftspotential als in der kriselnden Elektronik- und Computerbranche. Konsequenterweise hatte man sich 1990/91 nicht nur von der Kienzle Computerdivision sondern auch 1995 vom Elektronikunternehmen Hartmann & Braun getrennt. Die VDO Adolf Schindling AG galt zu diesem Zeitpunkt hinter Bosch als zweitgrößter, konzernunabhängiger Autozulieferer in Deutschland. 1990 erzielte das Unternehmen weltweit einen Umsatz von 2,2 Mrd. Mark und beschäftigte knapp 15.000 Mitarbeiter. Kerngeschäft der VDO-Gruppe waren die Entwicklung, die Herstellung und der Vertrieb von Fahrzeuginstrumenten. In kleinerem Umfang war VDO mit den Tochterunternehmen IWC und Jaeger-LeCoultre auch am Uhrenge-

---

84 Interview Thede (2005), S. 21; Protokoll Sitzung Aufsichtsrat Mannesmann Kienzle GmbH 12.12.1986, in: Mannesmann-Archiv, M 17.722.
85 Interview Tauser (2006), S. 14.

schäft beteiligt.⁸⁶ Insbesondere der hohe Innovationsdruck im Bereich der elektronischen Informations-, Steuer- und Regelsysteme und der hieraus entstehende hohe Kapitalbedarf zwangen das Familienunternehmen VDO, eine Mehrheitsbeteiligung des Mannesmann-Konzerns zuzulassen. Der Zusammenschluss wurde auch vor den europäischen Kartellbehörden verhandelt und letztendlich genehmigt, weil die bisherigen Produktpaletten von VDO und Mannesmann Kienzle sich nur minimal im Bereich von Durchflussmesssystemen überschnitten. Beim Fahrtschreiber konnte man den Kartellbehörden schlüssig erklären, dass die von VDO vertriebenen Geräte alle in Villingen hergestellt wurden und insofern VDO normaler Kunde von Kienzle war und keine vertikale Unternehmensverflechtung vorlag.⁸⁷

Innerhalb der Mannesmann AG wurden nun zwei Unternehmensgruppen im Bereich der Fahrzeugtechnik gebildet. Die eine Gruppe stand unter der Führung von Fichtel & Sachs und beinhaltete zusätzlich die Unternehmen Boge und Kronprinz. Die andere Gruppe wurde von VDO geleitet und umfasste auch Mannesmann Kienzle. Damit wurde man dem Umstand gerecht, dass VDO im Vergleich zu Kienzle etwa den vierfachen Umsatz erzielte und ein Mehrfaches an Beschäftigten aufwies. Die Mannesmann Kienzle GmbH blieb aber als eigenständige Gesellschaft mit einem Schwerpunktprofil im Bereich Nutzfahrzeuge erhalten. Die Geschäftsführung bestand 1992 aus dem Vorsitzenden Dr.-Ing. Gerhard Widl, der zum Jahresanfang Mecklinger abgelöst hatte, aus Dr. Theodor Wuppermann im kaufmännischen Ressort, Wolfgang Tauser für den Bereich Technik und Produktion und Dr. Dietmar Straub für den Vertriebsbereich.

Tauser war auf die Position des langjährigen technischen Geschäftsführers Kleiser nachgerückt, der zur Jahreswende 1991/92 in den Ruhestand verabschiedet worden war. Tauser war ebenfalls lange Jahre im Unternehmen Kienzle beschäftigt gewesen. Er kam in den 70er Jahren vom Computerhersteller NCR in Augsburg und wurde wegen seiner Elektronikkenntnisse für die Leitung der Qualitätskontrolle des Kienzle-Apparatebereichs eingestellt. Nach seinem Aufstieg zum Gesamtleiter der Qualitätskontrolle für alle Geschäftsfelder wurde er 1986 zum Montageleiter ernannt.⁸⁸ Eigentlich hatte Kleiser in den 80er Jahren Straub als seinen persönlichen Assistenten eingestellt, um ihn als Nachfolger einzuarbeiten. Doch Ende der 80er Jahre wechselte Straub – unter Geschäftsführer Mihatsch – in den Apparatevertrieb, fand Gefallen an dieser Tätigkeit, wollte schließlich in diesem Ressort bleiben und nicht mehr in die Produktion zurückkehren. So trat er 1991 die Geschäftsführerposition für den Vertriebsbereich an.

Die neue Führungsrolle der VDO über Kienzle schlug sich in der Zusammensetzung des Aufsichtsrats nieder. Alle Mitglieder des Mannesmann-Vorstands schieden aus dem Gremium aus und wurden durch den früheren VDO-Vorstandsvorsit-

---

86 Düsseldorfer Konzern übernimmt Mehrheit bei Kfz-Zulieferer VDO, in: Handelsblatt, 21.10.1991.
87 Vgl. Anmeldung eines Zusammenschlusses gemäß der Verordnung (EWG) Nr. 4064/89 des Rates der Mannesmann AG, 12.11.1991, hier S. 12 u. 25f., in: WA VS, Ordner 84a.
88 Vgl. Interview mit Wolfgang Tauser zur Unternehmensgeschichte der Kienzle Apparate GmbH, 11.12.2006.

zenden Alfred Keck, den amtierenden VDO-Chef Dr. Ulrich Wöhr sowie den früheren Kienzle-Geschäftsführer Mecklinger ersetzt.[89] Die anderen Plätze der Arbeitgeberseite wurden darüber hinaus von den bisherigen Mitgliedern Färber, Jessen und Zinkann besetzt.

1991/92 hatte es im Automobilgeschäft einen, durch die deutsche Vereinigung ausgelösten, Boom gegeben. Aber schon im zweiten Halbjahr 1992 zeichnete sich ein gesamtwirtschaftlicher Abschwung ab, von dem die Autoproduktion und damit auch die Zuliefererindustrie besonders hart betroffen waren. Die Rezession verstärkte eine latente Strukturkrise der deutschen Autoindustrie. Die europäischen und hier v.a. die deutschen Unternehmen lägen im internationalen Vergleich „hoffnungslos" hinter den Japanern zurück, wie das Manager-Magazin die Situation beschrieb. Die Zukunft der Zuliefererbranche wurde in düsteren Farben beschrieben. Allein in Deutschland würden in den kommenden Jahren etwa 200.000 der 436.000 Arbeitsplätze verloren gehen und die Anzahl der Unternehmen von 600 auf 150 bis 300 absinken.[90] VDO wurde von der Krise besonders hart getroffen. Der Umsatz sank 1993 von 2,9 auf 2,7 Mrd. Mark und 2.000 der 17.500 Arbeitsplätze mussten abgebaut werden.[91]

Auch Mannesmann Kienzle musste in dieser Phase eine umfassende Umstrukturierung durchführen und in erheblichem Umfang Personal abbauen. Die beschriebenen allgemeinen Marktprobleme wurden noch durch die Folgen des Verkaufs und die damit verbundene Aufteilung des Unternehmens verstärkt. Nach der Teilung war ein unverhältnismäßig großer Teil der Unternehmensverwaltung beim Autocom-Bereich verblieben, so dass hier ein Überhang entstanden war, der gerade in der Krise auf der Kostenentwicklung des Unternehmens lastete.[92] Der inländische Umsatz sank von 440 Mio. (1992) auf 324 Mio. Mark (1993) ab und von den 3.000 Arbeitsplätzen mussten innerhalb eines Jahres rund 500 abgebaut werden. Zusätzlich gab das Unternehmen die Verantwortung für das Zweigwerk Oberndorf und die dortige Druckerfertigung an die abgespaltene Mannesmann Tally ab, wodurch Kienzle um weitere 270 Arbeitsplätze schrumpfte. Die Verluste lagen in dieser Phase bei 13,3 Mio. Mark (1992) und 44,4 Mio. Mark (1993).[93] Wenn man diese Zahlen in Relation zum mittlerweile kleineren Gesamtvolumen des Unternehmens setzt, dann war die Unternehmenskrise der Jahre 1992 bis 1994 tiefer als die Krise Anfang der 80er Jahre, die zum Verkauf an Mannesmann geführt hatte.

---

89 Vgl. Tonhausen, 9.3.1992, Verweis auf AR-Unterlagen
90 Vgl. VDO im ersten Halbjahr tiefrot, in: Börsen-Zeitung, 27.8.1993; Autozulieferer: Deutsche raus, in: Manager Magazin, September 1993.
91 Vgl. VW-Sparkurs gefährdet VDO, in: Wirtschaftswoche, 16.6.1993; VDO baut kräftig Personal ab, in: Stuttgarter Zeitung, 26.8.1993.
92 Vgl. Diskussion hierzu in Protokoll Aufsichtsrat Mannesmann Kienzle GmbH 26.3.1992, in: Archiv Betriebsrat VS, Ordner AR 1991-92; Rede Betriebsratsvorsitzender Tonhausen auf der Betriebsversammlung Mannesmann Kienzle GmbH 28.10.1992, in: ebd.
93 Mannesmann Kienzle: Hoher Verlust im vergangenen Jahr. Das Eigenkapital ist aufgezehrt, in: Handelsblatt 5.8.1994.

5.5. VDO Kienzle: Fusion und Neuordnung im Vertrieb

Die wichtigste Strukturmaßnahme innerhalb der Unternehmensgruppe Mannesmann VDO war die Zusammenführung der Vertriebs- und Servicbereiche von VDO und Kienzle. Sie sollte zu Synergien führen. Bislang wickelte die VDO ihren Vertrieb über eine eigene VDO Vertriebsgesellschaft ab, während bei Mannesmann Kienzle der Vertrieb integraler Teil des Unternehmens war, der zur Hälfte über Niederlassungen und zur Hälfte über Fachhändler abgewickelt wurde.

Die Leitung des Kienzle-Vertriebs hatte nach der Pensionierung des langjährigen Vertriebsdirektors Thede in den Händen des damaligen Geschäftsführers Mihatsch gelegen und wurde nach dessen Weggang aus Villingen 1990 an Dr. Gerhard Lehmann übertragen. Lehmann war 1987 nach langjährigen Tätigkeiten als Geschäftsführer in anderen Unternehmen zu Mannesmann Kienzle gekommen und hatte drei Jahre lang den Vertrieb für den Produktbereich Tanken und Parken geleitet. Nach Zusammenlegung der Vertriebsstrukturen von Kienzle und VDO übernahm Lehmann den Bereich Internationale Beziehungen und war dadurch wesentlich an der Gesetzesformulierung und -umsetzung für die Einführung der neuen Generation des Digitalen Fahrtschreibers beteiligt.

Die gemeinsame Gesellschaft VDO Kienzle Vertrieb und Service GmbH sollte alle Handels- und Vertriebsstrukturen der beiden Instrumentehersteller bündeln und je zur Hälfte den beiden Mannesmann-Unternehmen gehören. Erste Gespräche über diese Neuordnung wurden 1992 geführt, im Verlauf des Jahres 1993 nahm die neue Struktur Gestalt an. Die bisherige VDO-Vertriebsgesellschaft sollte in die neue Dachgesellschaft VDO Kienzle Vertrieb und Service GmbH mit Hauptsitz in Frankfurt/M. umfirmiert werden. Frankfurt erhielt den Vorzug gegenüber Villingen, weil dort ein Zentrallager, ein Zentralrechner und die bessere Infrastruktur vorhanden waren. Von Seiten Mannesmann Kienzle wurden alle Niederlassungen in Berlin, Frankfurt/M., Nürnberg, Mannheim, München und Villingen und die Minderheitsbeteiligungen an der Kienzle Rheinapp GmbH (Düsseldorf) der Kienzle Apparate Vertriebsgesellschaft mbH (Stuttgart) sowie der Kienzle Argo Vertriebsgesellschaft mbH (Grimma/Sachsen) eingebracht. Die neue VDO Kienzle umfaßte die vier strategischen Geschäftsfelder Nutzfahrzeuge, Pkw, Systeme (Fuhrparkmanagement, Taxi, Tanken/Parken etc.) und Marine. Hinzu kam der Querschnittsbereich Service für alle Produktgruppen. Die Leitungen der beiden Geschäftsfelder Nutzfahrzeuge und Service wurden von Kienzle-Seite besetzt, die anderen von VDO-Seite. Das bisherige Stammkapital wurde durch den Beitritt der Kienzle-Seite von 2 auf 4 Mio. Mark erhöht. Geleitet wurde VDO Kienzle von Paul Harvey, bis dahin Geschäftsführer der VDO-Vertriebsgesellschaft, und von Dr. Theodor Wuppermann von der Kienzle-Geschäftsführung.[94]

Insgesamt brachte Kienzle rund 430 Mitarbeiter in die neue Gesellschaft ein; von VDO-Seite kamen 320 hinzu. Als Zielgröße für die neue VDO Kienzle GmbH waren

---

94 Vgl. Protokoll Treffen „Gemeinsame Handelsgesellschaft VDO-Kienzle", 2.4.1993, in Friolzheim, in: WA VS, Ordner 84b; Brief Nicolas, Mannesmann AG, an Zieglwalner, Mannesmann Kienzle, betr. Gemeinsame Handelsorganisation VDO/MK, 10.5.1993, in: ebd.

aber 550 Beschäftigte vereinbart worden. Insbesondere durch Zusammenlegung der beiden Zentralen und einiger Niederlassungen sollten Arbeitsplätze abgebaut werden. Dies wurde dadurch verwirklich, dass eine Reihe von Kienzle-Vertriebsgesellschaften VDO-Niederlassungen übernahm: Der Standort Bremen ging an die Firma Thede, Hamburg an Marx, Hannover und Kassel an Weinhöppel sowie Essen und Köln an die Kienzle Rheinapp. Tatsächlich beschäftigte das gemeinsame Vertriebsunternehmen zum Start Anfang 1994 rund 600 Mitarbeiter. Beispielsweise wurde die alte Villinger Vertriebszentrale von 208 auf 112 Arbeitsplätze verkleinert.[95]

Nach außen hin traten nun beide Unternehmen unter der Marke VDO Kienzle auf. Die technischen Abteilungen und die komplette Produktion waren noch als Teil der Mannesmann Kienzle GmbH verblieben. Für die Kienzle-Mitarbeiter bedeutete das, dass man ab 1994 lernen musste, „wir bei VDO" oder „wir im Nutzfahrzeugebereich bei VDO" statt „wir bei Kienzle" zu sagen. Diese Veränderung war sicherlich für den einen oder anderen mental einschneidender als manche vorangegangene Umstrukturierung. Einige Mitarbeiter ahnten vielleicht auch schon, dass es wiederum nur ein Zwischenschritt sein würde und es letztlich eine Frage der Zeit war, bis der Name Kienzle weitgehend aus der Firma verschwinden würde.

1995 wurde eine weitere Station auf diesem Weg erreicht, als man im Rahmen einer Neuordnung der VDO-Gruppe im Mannesmann-Konzern beschloss, die rechtlich eigenständige Mannesmann Kienzle GmbH aufzulösen und in die VDO Adolf Schindling AG zu integrieren. Der Name Kienzle war nun nur noch als Namensbestandteil der Vertriebsgesellschaft VDO Kienzle präsent, während der Produktionsstandort nun ein Werk der VDO war. Diese Maßnahme hatte auch zur Folge, dass es für das Villinger Werk keinen eigenständigen Aufsichtsrat und auch keinen eigenständigen Gesamtbetriebsrat mehr gab.[96]

Die letzte Veränderung innerhalb der Mannesmann-Ära fand Ende 1997 statt. An die Stelle des alten Namens der VDO Adolf Schindling AG trat nun der neue Gruppenname Mannesmann VDO AG. Auf dem Dach des Villinger A-Werks verschwand der Name Kienzle aus der Leuchtschrift. Übrig blieb nur noch das Kürzel VDO.[97] Für Mannesmann VDO Villingen waren zu diesem Zeitpunkt weltweit etwa 2.100 Mitarbeiter beschäftigt. Die gesamte VDO erzielte im Geschäftsjahr 1997 einen Umsatz von 4,3 Mrd. Mark und hatte weltweit rund 16.250 Beschäftigte. Durch die Integration der Sparte Car Communication des Philips-Konzerns erhöhte sich der Umsatz der VDO-Gruppe auf rund 7 Mrd. Mark und gut 23.000 Mitarbeiter im Geschäftsjahr 1998.[98]

---

95 Zu den Zahlen vgl. Anlage 3 zu Protokoll Treffen „Gemeinsame Handelsgesellschaft VDO-Kienzle", 5.2.1993, in Villingen, in: WA VS, Ordner 84b., sowie Rede Betriebsratsvorsitzender Tonhausen auf der Betriebsversammlung Mannesmann Kienzle GmbH 16.3.1994, in: Archiv Betriebsrat VS.
96 Rede Betriebsratsvorsitzender Tonhausen auf der Betriebsversammlung Mannesmann Kienzle GmbH 14.6.1995, in: Archiv Betriebsrat VS.
97 Rede Betriebsratsvorsitzender Tonhausen auf der Betriebsversammlung Mannesmann VDO Villingen 10.12.1997, in: Archiv Betriebsrat VS.
98 Vgl. Ergebnis von VDO hält mit Wachstum nicht Schritt, in: FAZ, 15.3.1999.

Eigenständige Vertriebsunternehmen des Kienzle-Bereichs – also die Firmen Marx, Kienzle Argo, Kienzle Rheinapp, Kienzle Vertriebsgesellschaft, Rodekamp & Putze, Thede und Weinhöppel – bestanden über alle strukturellen und rechtlichen Veränderungen hinweg fort. Zwar mussten sie lernen, mit dem neuen Markennamen VDO Kienzle zu arbeiten und sich sicherlich an manches neues Gesicht in Villingen und Frankfurt gewöhnen, aber weder die Fusion des Vertriebs noch die Auflösung der direkten Bezugsgesellschaft Mannesmann Kienzle GmbH bedeuten grundsätzliche Einschnitte ihrer Selbständigkeit. Die Fusion der Vertriebsstrukturen zur VDO Kienzle 1993/94 hatte im Gegenteil dazu geführt, dass die selbständigen Vertriebspartner in der Regel kleinere VDO-Niederlassungen übernehmen und somit ihr Geschäft ausweiten konnten.

Der letzte Schritt 1997 war die Gründung der Mannesmann VDO AG. Im gleichen Jahr wurde die bestehende Struktur der Vertriebsorganisation grundlegend verändert: Mit Ausnahme der weiterhin gewünschten Referenzniederlassung Frankfurt wurde alle bisherigen Niederlassungen der VDO Kienzle über ein Management-Buy-Out ausgegliedert und firmieren seitdem als eigenständige Vertriebs- und Servicepartner. So entstanden die neuen Unternehmungen Gleichauf GmbH (Villingen-Schwenningen), die ght GmbH Elektronik im Verkehr (Nürnberg und München) sowie die Kienzle Argo Vertriebsgesellschaft mbH (Berlin und Leipzig).

Die ursprünglich in Grimma beheimatete Kienzle Argo Vertriebsgesellschaft mbH übernahm zusätzlich das Vertriebsgebiet der bisherigen VDO Kienzle Regionalniederlassung Berlin, den südöstlichen Teil Sachsen-Anhalts, Brandenburg, Berlin sowie Mecklenburg-Vorpommern. Einer der drei bisherigen Gesellschafter, die Rodekamp & Putze GmbH, schied aus und neu trat als geschäftsführender Gesellschafter der bisherige Leiter der Regionalniederlassung, Thomas Guzatis M.A., in das Unternehmen ein. Damit verbunden wurde eine Neuordnung der Kapitalstruktur der Gesellschaft, bei der die Kienzle Rheinapp GmbH Mehrheitsgesellschafter wurde und Guzatis die Sperrminorität übernahm. Der Geschäftsanteil der VDO Kienzle reduzierte sich dabei auf 23 Prozent.

Das Gründungsdatum der Kienzle Argo Vertriebsgesellschaft mbH ging auf das Jahr 1990 zurück und war unmittelbare Folge des Zusammenbruchs der DDR und der damit einhergehenden Öffnung der ostdeutschen Märkte für westliche Produkte. Dies bedeutete für Kienzle gleichzeitig Chance wie Herausforderung. Nicht nur in Ostdeutschland, sondern in ganz Mittelosteuropa wurden zwischen den Wettbewerbern die Marktsegmente neu verteilt. Wer hier nicht rechtzeitig reagierte, konnte bislang sicher geglaubte Positionen verlieren. Deshalb wurde kurz nach der Wiedervereinigung mit dem Aufbau eines eigenen Vertriebsnetzes begonnen und zu diesem Zweck einerseits die Kienzle Argo mit Sitz im sächsischen Grimma gegründet, andererseits die Niederlassung Berlin zu einer Regionalniederlassung ausgebaut. Die neu gegründete Gesellschaft wurde mit wesentlicher Unterstützung durch die Vertriebsgesellschaften Kienzle Rheinapp sowie Rodekamp & Putze aufgebaut, sie war zunächst für die Märkte in der südlichen DDR zuständig. Erste Geschäftsführer wurden Achim Weidt von der Rheinapp und Rolf Weber von Rodekamp & Putze, Bielefeld. Die nordöstlichen Landesteile konnten zunächst von Berlin aus versorgt werden.

Im deutschen Südwesten übernahm 1997 die neu gegründete Gleichauf GmbH System- und Fahrzeugtechnik die Vertriebs- und Serviceaktivitäten der VDO Kienzle. Hauptsitz der Gleichauf ist Villingen in Sichtweite des Hauptwerks auf der Sommertshauser Halde. Weitere Standorte bestehen heute in Mannheim, Freiburg, Karlsruhe, Offenburg und Frankfurt, an denen rund 60 Mitarbeiter für das Unternehmen arbeiten. Geschäftsführer ist seit Gründung Martin Gleichauf. In Bayern wiederum wurden die Niederlassungen in die ght GmbH Elektronik im Verkehr überführt. Gründungsgesellschafter waren Leonhard Gafron, bisheriger Leiter des Deutschland-Vertriebs der VDO Kienzle, Gerhard Hütter, bisheriger Leiter der Regionalniederlassung Nürnberg, und Klaus Thede, früherer Kienzle-Vertriebsdirektor. Gafron und Hütter arbeiteten auch gleichzeitig als Geschäftsführer der ght. Als Hauptniederlassungen waren die Standorte München und Nürnberg übernommen worden, acht weitere Geschäftsstellen existieren in den unterschiedlichen Regionen Bayerns. Ab 2004 trat Herbert Werthner als weiterer Gesellschafter in die ght ein.

Als Klaus Thede im Dezember 2006 überraschend verstarb, hatte er bereits die Nachfolge Nachfolge in seiner eigenen Vertriebsgesellschaft in Bremen, der Thede GmbH & Co. KG, geregelt. Mit Jahresbeginn 2004 wurde dort Dipl.-Kfm. Markus Schroiff zum Geschäftsführer bestellt. Er führt heute als geschäftsführender Gesellschafter das Erbe Thedes in Bremen und Bremerhaven fort.

In Hamburg war mittlerweile bei der Friedrich Marx GmbH & Co. KG die nächste Familiengeneration in das Unternehmen eingetreten. Robert E. Marx wurde 1992 Geschäftsführer und nach dem Tod von Robert Marx im Jahr 1996 übernahm er die gesamte Firma, die er bis heute leitet. Neben den Kienzle-Apparaten wurde Marx Schritt um Schritt Vertragspartner weiterer Industrieprodukte, die das Kienzle-Angebot abrundeten. So verkaufte Marx ab 1985 elektronische Zeiterfassungsgeräte von Benzing (heute Kaba) oder ab 1995 Parksysteme und Schrankensysteme der Marke bebarmatic.

Der niedersächsische Generalvertreter, die Weinhöppel GmbH, erlebte in der gleichen Zeit ebenfalls den Übergang zur nächsten Generation. Wolfgang Weinhöppel hatte seit 1949 die Geschicke des Unternehmens bestimmt, 1991 trat nun sein Sohn Welf als Gesellschafter ein und 1998 wird er neben seinem Vater zum zweiten Geschäftsführer berufen. Zu den bisherigen Niederlassungen in Hannover, Braunschweig, Göttingen und Kassel trat ab 1991 ein Engagement Weinhöppels in den neuen Bundesländern. Mit der Eröffnung der Niederlassung Magdeburg übernahm man Vertrieb und Service für die Kienzle-Produkte in einem Teil von Thüringen und Sachsen-Anhalt. Die jüngste Entwicklung war im Jahr 2000 die Übernahme der bislang eigenständigen Firma Rodekamp & Putze GmbH & Co. KG mit ihren Standorten Bielefeld und Kassel, an denen zu diesem Zeitpunkt 43 Mitarbeiter beschäftigt waren. Die beiden Niederlassungen der Rodekamp & Putze in Münster und Osnabrück wurden als jeweils eigenständige Gesellschaften weitergeführt: Münster wurde von den drei bisherigen Mitarbeitern Klaus Zacharzewski, Eugen Vieth und Martin Böckers übernommen, während die Werkstatt in Osnabrück heute unter Geschäftsführer Carsten Wulff arbeitet. Beide Gesellschaften firmieren weiterhin unter dem Traditionsnamen Rodekamp und Putze und bieten das angestammte Produktportfolio an.

Im Westen hat sich mittlerweile ebenfalls einiges getan. Die Kienzle Rheinapp GmbH wurde 1999 in eine reine Immobilien-Holding umgewandelt und das komplette operative Geschäft in die neu gegründete Kienzle Automotive GmbH überführt. Die Kienzle Automotive wird aber weiterhin von Geschäftsführer Achim Weidt geleitet und hat ihren Firmensitz in Mülheim/Ruhr. In Nordrhein-Westfalen bestehen in Düsseldorf, Köln, Dortmund und Aachen vier weitere Niederlassungen, außerdem betreibt die Firma drei Standorte in Baden-Württemberg (Stuttgart, Ulm und Ravensburg). Die Präsenz von Kienzle Automotive in Baden-Württemberg erklärt sich aus der Übernahme der ehemaligen Kienzle Vertriebsgesellschaft Stuttgart im Jahr 2000, die nach dem Tod von Herbert Kienzle hälftig in den Besitz von Jochen Kienzles Sohn, Christian H. Kienzle, übergegangen war. Dieser entschloss sich Ende der 1990er Jahre dazu, die in Schwierigkeiten geratene Stuttgarter Gesellschaft in die Kienzle Automotive einzubringen. Die Familie Kienzle ist bis heute Miteigentümerin der Kienzle Automotive.

6. NEUE WEGE DER AUTOMOBILEN KOMMUNIKATION

6.1. Langer Abschied vom mechanischen Fahrtschreiber

Die vergangenen 20 Jahre gingen mit dem schrittweisen Verlust der operativen Eigenständigkeit des Unternehmens Mannesmann Kienzle sowie mit der Zurückdrängung des Traditionsnamens Kienzle einher. Im Produktbereich fand parallel eine umfassende Weiterentwicklung des bisherigen Angebots statt. Alte Produkte wie der Fahrtschreiber oder der Taxameter erlebten die Auflage neuer Modelle und ganz neue Projekte wurden aus der Taufe gehoben. Dies fand immer stärker unter dem neuen Schlagwort der automobilen Kommunikation statt.

Die Umbrüche der Mannesmann-Ära waren zunächst von den neuen Herausforderungen im Computergeschäft geprägt. Das Apparategeschäft war hingegen weitgehend von Kontinuitäten bestimmt. Kienzle Apparate hatte die Aufgaben der 70er Jahre infolge der Einführung der EWG-Fahrtschreiberpflicht und den Einstieg in elektronische Gerätegenenerationen sehr gut bewältigt. Das Fahrtschreibergeschäft wurde auch in den ersten Jahren unter Mannesmann mit den Modellen TCO 1311 und 1314 bestimmt, bei denen einzelne Komponenten von Mechanik auf Elektronik umgestellt waren.

Der erste große Schritt hin zu einem vollelektronischen Fahrtschreiber wurde Mitte der 80er Jahre mit dem so genannten Kompaktfahrtschreiber KTCO der Modellklasse 1318 gegangen. Zwar war auch in diesem Modell die Anzeige und der Aufschrieb weiterhin analog und mechanisch verwirklicht, aber das Gerät wurde komplett elektronisch gesteuert und bot zusätzliche Funktionen. Mit kodierten Dateneingängen war es möglich, ankommende Impulse zu überprüfen und so Manipulationsversuche zu erkennen. Über entsprechende Datenausgänge waren die Apparate grundsätzlich dazu in der Lage, andere Geräte mit Geschwindigkeits- und Weginformationen oder Warnhinweisen zu versorgen.[1]

Die Entwicklung des KTCO wurde zum Jahresbeginn 1985 weitgehend abgeschlossen und kam damit pünktlich zur novellierten Fahrtschreibergesetzgebung der EWG auf den Markt.[2] Das neue Modell wurde in Varianten für einen und zwei Fahrer angeboten. Im Dezember 1985 verabschiedeten die europäischen Gesetzgeber eine neue Verordnung 3821/85 über das Kontrollgerät im Straßenverkehr, die die technischen Weiterentwicklungen seit der ersten Verordnung 1970 berücksichtigte und zwischenzeitlich erlassene Vorschriften zusammenfasste.

Letztlich konnte Kienzle mit dem Umstieg auf den KTCO auch eine Auflage des Bundeskartellamts umgehen, die im Zusammenhang mit der Genehmigung des

---

[1] Vgl. Vögtlin (1987), S. 10f.; Interview Wolfgang Tauser (2006), S. 8f.
[2] Protokoll Sitzung Aufsichtsrat Mannesmann Kienzle GmbH 23.4.1985, in: Mannesmann-Archiv, M 17.722.

Bis Mitte der 80er Jahre bestimmten der EU-Tachograph TCO 1311 und der Minitachograph TCO 1312 Kienzles Automobilgeschäfte.

Verkaufs an Mannesmann erlassen worden war. Damals hatte die Behörde dem Zusammenschluss nur unter der Auflage zugestimmt, dass Kienzle seine Fahrtschreiberlizenzen der inländischen Konkurrenz zur Verfügung stellt und damit deren Markteintritt ermöglicht würde. Im Erlass des Kartellamts war ausdrücklich die Technologie der Modelle TCO 1311 und 1314 genannt, die abzugeben wären. Als nach der KTCO-Einführung tatsächlich eine Anfrage des Konkurrenten Motometer kam, konnte sich Kienzle hinter dem Buchstaben des Erlasses verstecken. Man zeigte sich gerne dazu bereit, Lizenzen der alten Modelle abzugeben, teilte man Motometer mit, blockierte aber beim neuen KTCO. Damit hatte sich die Sache erledigt.[3]

Der KTCO 1318 erwies sich als ein äußerst erfolgreiches Modell, er sicherte Kienzles dominierende Marktposition und bescherte dem Unternehmen stetig wachsende Umsätze im Apparategeschäft. So erreichte Mannesmann Kienzle 1990 in der Bundesrepublik mit dem Verkauf von 177.000 Fahrtschreibern einen Marktanteil von 88 Prozent und innerhalb der EWG war es im gleichen Jahr mit insgesamt knapp 310.000 Geräten ein Marktanteil von 69 Prozent.[4] EWG-weit erzielte das Unternehmen damit einen Jahresumsatz von allein 140 Mio. Mark. Hauptkonkurrenten waren

3 Vgl. Interview Thede (2005), S. 21.
4 Vgl. Anmeldung eines Zusammenschlusses gemäß der Verordnung (EWG) Nr. 4064/89 des Rates der Mannesmann AG, 12.11.1991 in: WA VS, Ordner 84a.

Seit Inbetriebnahme des neuen A-Werks konnte Kienzle seine Fahrtschreiberproduktion noch einmal steigern.

in dieser Phase das deutsche Unternehmen Motometer sowie Borletti mit jeweils etwa 5 Prozent Marktanteil, Veeder-Root aus Großbritannien mit 7,5 Prozent und Jaeger mit über 11 Prozent.[5] Jaeger und Borletti gehörten zur italienischen Fiat-

---

5   Ebd., S. 25f.

Tochter Magneti Marelli und Motometer war mittlerweile von Bosch aufgekauft worden, so dass hinter wichtigen Mitbewerbern kapitalstarke Konzerne standen. Insbesondere für einen noch weiter gehenden Schwenk in Richtung Elektronik war Kienzle somit einer starken Konkurrenz ausgesetzt. Außerdem befürchtete das Unternehmen, dass weitere Kfz-Zulieferer wie beispielsweise Siemens, der französische Thomson-Konzern oder Integrated Circuit Systems (ICS) aus den USA in das Geschäft mit Fahrtschreibern einsteigen würden. Insofern war man weiterhin mit großem Abstand Marktführer, diese Position war aber für die weitere Entwicklung keineswegs gesichert.

Die Einführung des KTCO ging auch mit einer Modernisierung im Fertigungsbereich einher. Bislang wurde ein klassisches Fließbandsystem praktiziert. Dabei wurden die Werkstücke einzeln transportiert und am Band saßen die Arbeiterinnen aufgereiht an ihren Plätzen. Ein Stück nach dem anderen wurde vom Band genommen, bestimmte Arbeitsschritte wurden verrichtet und dann die Stücke wieder zurückgelegt. Das Tempo bestimmte dabei das schwächste Glied der Gruppe. Das neue werkstückbasierte Transportssystem funktionierte nach einer anderen Logik. Das Transportband wurde auf einen Rundlauf umgestellt und an jedem Arbeitsplatz konnten die einzelnen Werkstücke ein- und ausgeschleust werden. Ein intelligenter Träger jedes einzelnen Werkstücks erkannte, welcher Arbeitsplatz besetzt, ausgelastet oder frei war, und brachte das Stück an den richtigen Platz. Somit wurde die Fließbandfertigung von einem starren Takt abgekoppelt und einzelne Mitarbeiter können mehr oder weniger schnell an parallelen Arbeitsplätzen arbeiten. Schließlich erlaubte dieses neue System auch eine Anpassung im Entlohnungssystem. An die Stelle einer Bandprämie konnte eine zielgenauere Gruppenprämie treten.[6]

Der Unternehmensführung war bewusst, dass man im Bereich Fahrzeugtechnik mittel- und langfristig nur bestehen konnte, wenn man es schaffte, sich bis zu einem Grad von der Monokultur mit dem Fahrtschreiber zu lösen und neue Geräte und Systeme zu entwickeln. Für Kienzle bot es sich an, die eigenen Erfahrungen aus dem Bereich Datensysteme verstärkt auch für den Apparatebereich zu nutzen, bisherige Entwicklungen im Bereich Betriebsdatenerfassung zu integrieren und das Produktangebot weiter in Richtung automobiler Kommunikation zu erweitern. Diese strategische Neuorientierung wurde ab Mitte der 80er Jahre vom neuen Mannesmann-Vorstandsvorsitzenden Dieter angemahnt. Die Umbenennung des Apparate-Bereichs in Autocomdivision im Jahr 1988 war Folge dieses veränderten Produktverständnisses.

Sichtbarer Ausdruck dieser Neuorientierung war zum Beispiel die Weiterentwicklung der bisherigen Geräte des Bereichs Betriebsdatenerfassung und automatische Diagrammscheibenauswertung hin zu modernen Fuhrparkmanagementsystemen. Schon 1977 hatte das Unternehmen mit dem neuen Betriebsdatenerfassungsgerät BDE 1620 und dem Fuhrparkorganisationssystem FOS 1613 wichtige Brückenprodukte vorgestellt. In bewährter Weise fand die Datenaufzeichnung an den Maschinen

---

6 Interview Wolfgang Tauser (2006), S. 10f.

Serienfertigung in hoher Qualität war über Jahrzehnte das Markenzeichen des Kienzle-Fahrtschreibers.

oder in den Fahrzeugen mit Hilfe von Diagrammscheiben statt. Zur Datenverarbeitung verwendeten beide Systeme einen zentralen Informationsplatz IP 16. Dort setzte eine Leseeinheit die Werte der Diagrammscheibe in digitale Daten um und ein angeschlossener Rechner, beispielsweise eine Kienzle EFAS 2000, konnte die Daten dann für aussagekräftige Statistiken und Übersichten weiterverarbeiten.[7]

In den 80er Jahren ermöglichte der neue elektronische KTCO den Zwischenschritt der Diagrammscheibe zu übergehen und die Fahrzeugdaten direkt in digitaler Form aufzuzeichnen sowie per Computer weiterzuverarbeiten. Diese Option hatte aber keine praktische Relevanz für die normale Fahrtschreibernutzung, weil in aller Regel die Diagrammscheiben weiterhin eingescannt und hierüber Fahrdaten ausgewertet wurden.

Zwischenzeitlich hatte Kienzle auch ein eigenes Gerät zur Kraftstoffverbrauchsmessung (KVM) entwickelt und 1979 auf der IAA vorgestellt. Mit dem Gerät reagierte man auf den Trend der 70er Jahre und die steigende Relevanz des Themas Energie- und Treibstoffeinsparung. Die Daten des KVM-Geräts konnten auf Dia-

---

[7] Vgl. G. Knipping: Weltpremiere für das Betriebsdatenerfassungs-System Kienzle 1620 in Hannover, in: Kienzle Blätter 2/1977, S. 1; Dietrich Weise: Mehr als ein Kontrollgerät: Der Europa-Fahrtschreiber, in: Polizei, Technik, Verkehr, Sonderausgabe 9/1977.

grammscheiben aufgezeichnet werden und standen ebenfalls für eine elektronische Weiterverarbeitung zur Verfügung.[8]

1987 konnte Mannesmann Kienzle das neue Fuhrparkmanagementsystem FMS 1330 vorstellen, das als eine Art Bordcomputer für Nutzfahrzeuge konzipiert war. Das System griff auf den elektronischen KTCO-Fahrtschreiber, das KVM-System und einen Geschwindigkeitsregler zurück und lieferte dem Fahrer neben den klassischen Fahrtschreiberdaten Informationen über den aktuellen oder den durchschnittlichen Verbrauch. Die Daten des FMS dienten nicht nur den Fahrern zur Orientierung, sondern sie konnten weiterverarbeitet werden und waren eine Basis für weiterführende Transportlogistik, für Wartung, Entlohnung oder Controllingprozesse im Fuhrparkunternehmen.[9]

6.2. Starthilfe für das Mobilfunknetz D2

Die Neuorganisation des Apparate- und Fahrzeuggeschäfts bei Kienzle verband sich in den Jahren 1988/89 mit einer industriepolitischen Entscheidung von größter Reichweite und erheblichem öffentlichen Interesse – dem Aufbau des privatwirtschaftlichen Mobilfunks in Deutschland. Die Bundesregierung hatte in den 80er Jahren begonnen, die alte Bundespost-Struktur Schritt um Schritt aufzulösen, in die Teile Telekommunikation, Briefpost und Postbank aufzuspalten und diese zu privatisieren. Die entsprechenden politischen Weichen wurden mit der ersten Postreform vom 1. Juli 1989 gestellt.

Im Rahmen dieses Prozesses bereitete die Kohl-Regierung die Vergabe einer zweiten Mobilfunklizenz an einen privaten Betreiber vor. Zu diesem Zeitpunkt war das Thema Mobilfunktechnologie für die Bundesrepublik noch weitgehend Zukunftsmusik. Das existierende C-Netz war noch ein analoges Mobilfunknetz und wurde von der Bundespost betrieben. Ende 1988 gab es im C-Netz nur etwa 100.000 Teilnehmer und die Einführung des digitalen Mobilfunks war noch im Planungsstadium. Damit gehörte man im europäischen Vergleich zu den Entwicklungsländern der Branche. Die neue Technologie war v.a. in Großbritannien und in den skandinavischen Ländern früh vorangetrieben worden. Skandinavien stand in den 80er Jahren an der Spitze der Mobilfunknutzung. Die dortige Entwicklung geschah unter den staatlichen Monopolbedingungen im Telekommunikationsbereich. In Großbritannien hingegen stand die Ausweitung des Mobilfunks ganz im Zeichen der Privatisierungspolitik unter Margaret Thatcher, die zur Zulassung erster privater Betreiber geführt hatte.[10]

---

8   Vgl. Kienzle Apparate GmbH: Kräftiges Umsatzplus im EDV-Bereich, Pressemitteilung 26.10.1979, in: StA VS, Kienzle Apparate, 1037.
9   Vgl. Präsentationstournee FMS 1330 in 19 deutschen Städten, in: Mannesmann Kienzle „aktuell" 2/1987, S. 1f.
10 Zum Thema vgl. Susanne Päch: Die D2-Story: Mobilkommunikation. Aufbruch in den Wettbewerb, Düsseldorf et al. 1994.

Die sich abzeichnende Ausschreibung einer privaten Mobilfunklizenz in Deutschland rief eine ganze Reihe großer deutscher Konzerne auf den Plan, die – nicht zu Unrecht – hier einen Wirtschaftszweig mit erheblichem Zukunftspotential vermuteten. Hierzu gehörte auch die Mannesmann AG unter Leitung von Vorstandschef Dieter. Anfang 1988 hatte Dieter den ehemaligen SEL-Manager Mihatsch für eine Geschäftsführer-Position bei Mannesmann Kienzle in Villingen gewonnen. Mihatsch ging auf den Mannesmannvorstand zu und konnte Dieter innerhalb kurzer Zeit von seiner Idee einer eigenen Bewerbung für die Mobilfunklizenz überzeugen. Mihatsch brachte aus seiner Tätigkeit bei SEL einige Erfahrung aus dem Bereich Funkkommunikation mit und Dieter erkannte in dieser Technologie eine lohnende Möglichkeit, die Diversifizierung des Mannesmann-Konzerns weiter voran zu bringen. Dieter legte die Projektvorbereitung in Mihatschs Hände, der das Projekt vom Kienzle-Firmensitz in Villingen aus anging.

Entscheidend war, dass man für die Bewerbung ein ausreichend breites Unternehmens-Konsortium zusammenstellen konnte, um die verschiedensten Kompetenzbereiche und Erfahrungen mit ins Boot zu holen. Im Sommer und Herbst 1988 begann Mannesmann entsprechende Vorgespräche mit potentiellen Partnern. Als wichtigsten Partner für den technischen Bereich konnte Mihatsch den US-Konzern PacTel gewinnen. PacTel bestand aus den Festnetzgesellschaften Pacific Bell und Nevada Bell sowie den beiden Unternehmen PacTel Cellular und PacTel International, die im Mobilfunk aktiv waren. Insgesamt beschäftigte der Konzern 70.000 Mitarbeiter und verwaltete etwa 700.000 Mobilfunkteilnehmer. Sie hatten also erhebliche technische und organisatorische Erfahrungen mit dem Mobilfunkgeschäft. Nach längeren Verhandlungen über die Kompetenzverteilung vereinbarten Mannesmann und PacTel im Oktober 1988, bei der anstehenden Bewerbung in Deutschland zusammenzuarbeiten.

51 Prozent des Konsortiums sollten bei Mannesmann verbleiben und 26 Prozent der Anteile gingen an PacTel. Beide Unternehmen stellten den Kern des Bewerbungsteams, wobei die Amerikaner v.a. für den technischen Bereich verantwortlich waren und die operative Führung bei Mannesmann lag. Als weitere Partner konnte man den britischen Festnetzanbieter Cable & Wireless, das französische Unternehmen Lyonnaise des Eaux und die deutsche DG-Bank mit dem angeschlossenen Netz der Volks- und Raiffeisenbanken gewinnen. Zusammen brachten die Partnerfirmen verschiedenste Erfahrungen aus dem Telekommunikationsbereich ein und zeigten sich bereit, das finanzielle Risiko der Ausschreibung zu schultern. Bei der Namensgebung für das Bewerberkonsortium verständigte man sich auf „D2 privat".

Der Projektaufbau fand zwischen Herbst 1988 und dem Abgabedatum für die Bewerbung im September 1989 statt. Sitz der Projektgruppe war das Schulungszentrum B.I.T. von Mannesmann Kienzle in Donaueschingen. Von Seiten Kienzles waren neben Geschäftsführer Mihatsch weitere Mitarbeiter beteiligt. An leitender Position waren der spätere Geschäftsführer Dr. Wolfgang Wuppermann für den Finanzplan zuständig; Herbert Stöber leitete die Bereiche Marketing und Vertrieb; Karl-Heinz Strache und Josef Zieglwalner waren für rechtliche Fragen verantwortlich. Projektmanager war Erhards Meixner für Mannesmann und Ron Boring für die

PacTel. Im Mannesmann-Vorstand trug Technikvorstand Klaus Czeguhn die Verantwortung für die D2-Bewerbung.

Im Juni 1989 wurden von Seiten der Bundesregierung die offiziellen Angebotsanforderungen bekannt gegeben, so dass man etwa drei Monate Zeit hatte, das eigene Angebot auszuarbeiten. Insgesamt wurden zehn Bewerbungen eingereicht. Hinter vier weiteren Bewerbern standen Konsortien unter Führung großer deutscher Unternehmen. Mit dabei waren BMW und Daimler-Benz, MAN und der Medienkonzern Axel Springer. Die anderen Bewerbergruppen kamen aus dem Bereich mittelständischer Unternehmen. Von der Regierung war ein unabhängiges Gutachtergremium eingesetzt worden, das die eingegangenen Bewerber nach unterschiedlichen Kriterien auf ihre qualitative Substanz bewertete. Wichtig waren die Bereiche Technik, die unternehmerische Erfahrung, Fachkompetenz und Leistungsfähigkeit der Bewerber, Wettbewerbsaspekte und der Bereich Lizenzverträge.

Im Vorfeld war Mannesmann nicht unbedingt mit der Favoritenrolle bedacht worden. Stattdessen sahen viele Beobachter die MAN-Gruppe als aussichtsreichsten Bewerber.[11] Im Dezember 1989 war deshalb die Überraschung groß, als zunächst erste Gerüchte an die Öffentlichkeit drangen und es dann am 7. Dezember auch offiziell wurde, dass die Gruppe um den Industriekonzern Mannesmann das Rennen gemacht hatte. Die meisten Beobachter verbanden mit dem Namen Mannesmann weiterhin eher Stahlrohre und Hüttentechnik als modernste Informations- und Telekommunikationstechnik. Wie die Auswertung der Gutachterergebnisse zeigte, waren es aber v.a. die technischen Aspekte, die der Mannesmann-Bewerbung zum Sieg verholfen hatten. Hier hatte man die Konkurrenz klar hinter sich gelassen, so dass man am Schluss vor der BMW-Gruppe und dem MAN-Konsortium ins Ziel kam. Neben der anspruchsvollen Technik war es die Bereitschaft zu den mit Abstand größten Investitionen, die den entscheidenden Punktevorsprung beschert hatte.

In Villingen sah man den Sieg im Wettbewerb mit einem lachenden und einem weinenden Auge. Natürlich war man stolz auf den eigenen Beitrag zum Erfolg. Der Zuschlag bedeutete aber auch, dass man die Federführung des Projektes nach Düsseldorf zur Mannesmann-Zentrale abgeben musste. Sofort nach der Lizenzvergabe wurde dort das neue Unternehmen Mannesmann Mobilfunk GmbH gegründet, unter dessen Führung der Einstieg ins Mobilfunkgeschäft vorbereitet und umgesetzt wurde. Vorsitzender der Geschäftsführung wurde Mihatsch, der dafür seine Führungsposition in Villingen wieder abgab. Insofern beschränkte sich der Kienzle-Anteil am D2-Projekt von Mannesmann auf die Projektplanungsphase. Das eigentliche Geschäft wollte die Konzernzentrale nicht dem Tochterunternehmen in Villingen überlassen. Außerdem musste Kienzle mit Mihatsch eine hervorragende Führungsfigur schon nach kurzer Zeit wieder abgeben, obwohl man in Villingen gerade erst mit den weiteren Planungen für den Autocom-Bereich begonnen hatte. Nachfolger als Geschäftsführer für die Autokommunikation in Villingen wurde Dr.-Ing. Gerhard Widl.

---

11 Vgl. z.B. Tanz ums goldene Kalb, in: HighTech, August 1989.

Schließlich sollte man nicht vergessen, dass die Ereignisse Ende 1989 großen Einfluss auf die weitere Unternehmenspolitik der Mannesmann AG nahmen. Man hatte die Mobilfunklizenz gewonnen und fast gleichzeitig hatte man im Poker um den Einstig bei Nixdorf gegen Siemens verloren. Für die Mannesmannführung bedeutete das, dass man in Zukunft nicht mehr auf Computer und Elektronik, sondern auf Kommunikation und Mobilfunk setzte. Dies wiederum war die strategische Vorentscheidung für den Verkauf des Kienzle-Computerbereichs an DEC und den folgenden Niedergang der Digital-Kienzle.

6.3. Der Unfalldatenspeicher und die Schwierigkeiten mit dem Pkw-Geschäft

Währenddessen arbeiteten die Villinger Entwickler fieberhaft an einem neuen Kienzle-Produkt, mit dem endlich ein ernsthafter Einstieg ins Pkw-Geschäft gelingen sollte: am Unfalldatenspeicher (UDS). Bei dieser Black Box für Automobile handelte es sich letztendlich um eine Weiterentwicklung wichtiger Grundideen des Fahrtschreibers. Im Kern ging es um die Disziplinierung des Fahrers durch den Einbau eines Kontrollgeräts. Schon in der Debatte um die Einführung der Fahrtschreiberpflicht in der Bundesrepublik Anfang der 50er Jahre war dieses Argument stark betont worden. Mit dem Fahrtschreiber wurden wichtige Daten zum Fahrtverlauf und zum Verhalten der Fahrzeuglenker aufgezeichnet, die auch im Zeitalter der Mechanik schon so präzise waren, dass sie als Beweismaterial vor Gericht eingesetzt werden konnten. Mit dem UDS hatte Mannesmann Kienzle nun ein Gerät entwickelt, das diese Grundidee mit den Mitteln moderner Sensortechnik, Mikromechanik und Bordelektronik umsetzte und dabei auf den riesigen Markt der Pkw-Nutzer abzielte. Vater des Geräts bei Mannesmann Kienzle war Detlef Pfeiffer, der damalige Leiter des Kienzle-Produktmanagements.

Der Unfalldatenspeicher sammelte über die Bordelektronik und –elektrik Fahrzeuginformationen über aktuelle Geschwindigkeit oder die Zustände verschiedener Systeme (Scheinwerfer, Blinklichter, ABS). Im Gerät steckte aber zusätzlich ein Beschleunigungsgeber, mit dem die Möglichkeiten der Mikromechanik in ein modernes High Tech-Produkt übersetzt wurden. Er konnte Längs- und Querschnittsbeschleunigungen eines Fahrzeugs beim Anfahren oder Abbremsen oder auch Drehungen eines Fahrzeuges bei einem Unfall erfassen.[12] Insgesamt war der UDS eine Black Box für Fahrzeuge, mit der es möglich war, ein sehr genaues Bild vom Fahrzeugverhalten vor oder während eines Unfalls zu erlangen, das weit über die bisherigen Möglichkeiten des Fahrtschreibers hinaus ging. In der Praxis war das Gerät so konstruiert, dass jede außergewöhnliche Bremsbewegung oder Beschleunigung dazu führte, dass die Daten der jeweils letzten 30 Sekunden aufgezeichnet blieben und zur Auswertung bereitgehalten wurden.

---

12 Vgl. Wolfgang Hugemann, Karl-Heinz Schimmelpfennig: Der Unfallschreiber. Funktionsprinzipien – Genauigkeit. Auswirkung auf die Tätigkeit des Sachverständigen, in: Verkehrsunfall und Fahrzeugtechnik 2/1992; Bechleunigungssensoren: Chips als Vorbild, in: Wirtschaftswoche, 6.11.1992.

Der UDS 2165 galt zu Beginn der 90er Jahre als größtes Zukunftsprojekt bei Mannesmann Kienzle. Ein Prototyp wurde der Fachöffentlichkeit erstmals auf der IAA 1991 vorgestellt und löste dort auch erhebliches Interesse aus.[13] Mannesmann Kienzle stand mit seinem Unfalldatenspeicher zu diesem Zeitpunkt aber nicht alleine in den Startlöchern. Mit der Entwicklung eines vergleichbaren Gerätes bei der MBB GmbH in München existierte ein ernsthafter Konkurrent. MBB hatte das Projekt von der Firma AEG Westinghouse Transport-Systeme GmbH übernommen und es mit staatlicher Finanzierung weiterentwickelt. Vom Berliner Senat und vom Bundesforschungsministerium flossen insgesamt 3,4 Mio. Mark in das MBB-Projekt, die Behörden planten hierfür sogar ein neues Auswertezentrum in Berlin. Mannesmann Kienzle hingegen musste sein Gerät ausschließlich aus eigenen Mitteln planen und finanzieren.[14]

Die Pressereaktionen zum UDS waren zunächst durchwachsen. Insbesondere der Fall eines kritischen Fernsehbeitrags in der ARD-Sendung „Ratgeber Technik" löste in Villingen heftige Reaktionen aus. Der Bericht stellte dem Kienzle-Gerät im Vergleich zum Konkurrenzgerät von MBB schlechte Noten aus. Hintergrund des Beitrags waren Tests, die von der Redaktion im Dezember 1991 mit beiden Geräten durchgeführt worden waren und bei denen sie zum Ergebnis gekommen waren, dass erhebliche Qualitätsunterschiede bestünden. Besonders allergisch reagierte man bei Kienzle auf die Aussage, dass Kienzle mit seinem Gerät schon in Kürze auf den Markt käme, während MBB sich noch in der Testphase befände.[15] Mannesmann Kienzle ging deshalb gerichtlich gegen die Produzenten des Filmes vor und versuchte eine Unterlassungserklärung zu erwirken sowie die Weiterverbreitung des Beitrags zu unterbinden.[16] Vor dem Landgericht Köln schlossen beide Seiten aber einen Vergleich, in dem sich die Journalisten verpflichteten, einige Aussagen aus dem Beitrag in Zukunft zu unterlassen. Weitergehende Forderungen von Kienzle konnten aber nicht durchgesetzt werden.[17]

Trotz dieser PR-Panne kam die weitere Vorbereitung der UDS-Markteinführung im weiteren Verlauf des Jahres 1992 gut voran. Während sich das Projekt des Konkurrenten MBB festgefahren hatte und erst 1994 auf den Markt kommen sollte, plante Kienzle den Verkaufsbeginn noch im laufenden Jahr 1992. Im August konnte die Geschäftsführung befriedigt feststellen, dass der Vertrieb bereit war, das Serienprodukt auf der Messe Automechanika einen Monat später vorzuführen und die öffentliche Berichterstattung mittlerweile deutlich positiver geworden war.[18] Selbst im Massenblatt „Auto-Bild" wurde die Botschaft der Kienzle-Presseabteilung nun

---

13 Vgl. Protokoll Aufsichtsrat Mannesmann Kienzle GmbH 15.11.1991, in: Archiv Betriebsrat VS, Ordner AR 1991-92.
14 Wolfgang Kempkens: Unfalldatenschreiber: Gezerre um die Zentrale, in: Wirtschaftswoche 6.11.1992; Artikel „Neues Amt für verkabelte Autos", in: Berliner Kurier, 23.09.1992.
15 Abschrift Sendeablauf ARD-Ratgeber Technik vom 29.12.1991, in: WA VS, Ordner 75.
16 Antrag auf einstweilige Verfügung von Mannesmann Kienzle gegen die Herren Fassbender und Görtz beim Landgericht Köln, 3.2.1992, in: WA VS, Ordner 75.
17 Protokoll Verhandlung Mannesmann Kienzle GmbH gegen die Herren Fassbender und Görtz am 26.2.1992, in: WA VS, Ordner 75.
18 Vgl. den Bericht Geschäftsführer Straub, in Protokoll Aufsichtsrat Mannesmann Kienzle GmbH 28.8.1992, in: Archiv Betriebsrat VS, Ordner AR 1991-92.

6.3. Der Unfalldatenspeicher und die Schwierigkeiten mit dem Pkw-Geschäft

fast eins zu eins wiedergegeben und der große Nutzen des Geräts für Polizei und Gerichte betont. Außerdem wurden Befürchtungen zerstreut, die UDS-Daten könnten für Geschwindigkeitskontrollen missbraucht werden.[19]

Tatsächlich entwickelte sich die Sorge, dass die Daten nicht nur zu Gunsten sondern auch zu Ungunsten des Fahrers verwendet würden, zum Hauptkritikpunkt an dem Gerät. Viele fürchteten, der Einbau des UDS würde dazu führen, dass man sich im Falle eines Unfalls selbst belasten könnte. Zwar hatte Kienzle dieses Problem insoweit entschärft, als am Gerät eine Löschtaste vorhanden war, mit der der Fahrer die Daten im Zweifel selbst löschen konnte, aber Restzweifel blieben. Eine weitere gewichtige Einschränkung waren die vergleichsweise hohen Kosten. Kienzle bot das Gerät zum Preis von rund 600 Mark an. Hinzu kamen 300 bis 400 Mark Einbaukosten, so dass Interessierte etwa 1.000 Mark einplanen mussten. Viele stellten sich die Frage, ob sich der Aufwand wirklich lohnt.[20]

Die für Kienzle günstigste Lösung wäre eine gesetzliche Einbaupflicht ähnlich wie beim Fahrtschreiber gewesen. Aber hiergegen wehrte sich eine politisch relevante Gruppe von Zweiflern und offenen Gegnern des UDS. Der ADAC erkannte zwar den UDS in seiner Beweiskraft bei Unfällen als „Rechtswohltat" an, aber beim Automobilclub betonte man das Problem der Selbstanzeige, warnte vor dem „Spion im Auto" und der Gefahr des „Gläsernen Autofahrers" und verwies darauf, dass eine gesetzliche Regelung nur noch auf EG-Ebene durchsetzbar und nationale Alleingänge nicht mehr möglich wären.[21] Auch Bundesverkehrsminister Matthias Wissmann formulierte im Herbst 1993 seine Zweifel an einer Einbaupflicht. Er ging sogar noch weiter in seiner Kritik und zweifelte das vom Hersteller vorgebrachte Argument der Unfallvorbeugung als „bloße Vermutung" an.[22] Damit zog er das mittlerweile stärkste Argument in Zweifel, das vom Hersteller zugunsten einer Einbaupflicht vorgebracht wurde.

Aufbauend auf den eigenen Erfahrungen bei der Durchsetzung des Fahrtschreibers hatte man schon 1992 mit Feldversuchen begonnen, in denen zum einen die technische Funktion des UDS bei Unfällen getestet wurde, bei denen zum anderen aber auch die disziplinierende und damit unfallvermeidende Funktion des Geräts unter Beweis gestellt werden sollte.[23] Die Versuchsreihen der ersten Jahre wiesen auch deutlich in Richtung eines messbar positiven Effekts. In der zweiten Hälfte der 90er Jahre wurden dann mehrere Großversuche durchgeführt, die eindeutig eine disziplinierende Wirkung auf die Fahrer nachwiesen. In der Regel wurden dabei Effekte erzielt, die einen deutlich zweistelligen Rückgang der Unfallzahlen nach dem UDS-Einbau belegten.[24]

19　Roland Löwisch: Mit UDS fahren Sie fest im Griff von Recht und Ordnung, in: Auto-BILD, 30.11.1992.
20　Anne Hahn: Der Stumme Zeuge/ Black Box für alle?, in: ADAC Motorwelt, 12/1992, S. 15–18.
21　ADAC-Stellungnahme zum Unfalldatenschreiber, 25.3.1993, in: WA VS, Ordner 72.
22　Fragwürdige Wirkung. Wird der Unfalldatenschreiber obligatorisch? (Interview mit Matthias Wissmann), in: Focus 6.9.1993.
23　Jörg Frenzel: Unfallzeuge für 600 Mark, in: BILD am Sonntag 13.12.1992.
24　Vgl. Großversuch angeregt, in: Südkurier, 9.5.1996; Ralf Trautwein: Unbestechlicher Zeuge hemmt Risikobereitschaft am Steuer, in: Südwest Presse, 26.9.1998.

Mit diesem Argument zielte man sowohl auf die kommerziellen Betreiber von Pkw-Fuhrparks als auch auf den Gesetzgeber. Mannesmann Kienzle hoffte, dass sich über den Nachweis eines gesamtgesellschaftlichen Nutzens die Einsicht in die Notwendigkeit einer Einbaupflicht durchsetzen würde. Als Zwischenschritt setzte man auf eine Einbaupflicht für Sondergruppen wie Busse, Rettungsfahrzeuge oder Gefahrguttransporter. Die Erfolge waren aber ernüchternd. Zwar war der Vertrieb des UDS ab 1993 störungsfrei angelaufen und auch einzelne Auto- und Omnibushersteller wie Neoplan und Daimler zeigten ernsthaftes Interesse an dem Gerät. Man erreichte aber nur, dass der UDS bei manchen Herstellern als Zusatz- und Sonderausstattung angeboten wurde. Den Schritt zur serienmäßigen Erstausrüstung, wie er in den 30er Jahren beim Fahrtschreiber erreicht wurde, ging kein Autohersteller. Letztlich hatten auch sie Vorbehalte gegenüber dem UDS. Zum einen nahmen sie die Skepsis aus der Gesellschaft gegenüber dem Gerät auf und sahen deshalb die Absatzchancen deutlich negativer als Kienzle. Zum anderen befürchtete man, dass der UDS mögliche Fehlfunktionen der Fahrzeuge bei Unfällen aufzeichnen würde. In Prozessen könnten damit Haftungsfälle und enorme Folgekosten auf die Firmen zukommen – so die Befürchtungen der Skeptiker.[25]

All diese Vorbehalte und Probleme führten dazu, dass der UDS die hochgesteckten Erwartungen bei Mannesmann Kienzle nicht erfüllen konnte. In der Entwicklungsphase hatte Kienzle-Chef Mecklinger darauf gehofft, dass in Villingen jährlich eine halbe Million Unfalldatenspeicher vom Band rollen würden. Viel Geld war deswegen in ein mikromechanisches Fertigungszentrum investiert worden, das Kapazitäten bis zu einer Million Beschleunigungssensoren pro Jahr hatte. In einer mittelfristigen Prognose über die Absatzentwicklung bis Ende der 90er Jahre war die Kienzle-Geschäftsführung 1994 davon ausgegangen, dass der UDS bis 1999 immerhin 15 Prozent des Unternehmensumsatzes mit Fahrzeugtechnik ausmachen würde und damit auf etwa ein Drittel des Fahrtschreiberumsatzes kommen könnte.[26] Faktisch lief die Umsatzentwicklung aber enttäuschend. Weil der UDS nur in speziellen Marktsegmenten angenommen wurde, konnten nur wenige Tausend Geräte jährlich verkauft werden. Zu den Kunden gehörten v.a. größere Fuhrparks, die den finanziellen Einspareffekt des UDS-Einbaus erkannt hatten. Beispielsweise rüstete die komplette Berliner Polizei ihre Streifenwagen auf den UDS um und erreichte dadurch ein Absinken der Unfälle mit Sach- und Personenschäden.[27] Solche Erfolge blieben aber auf Einzelfälle beschränkt.

---

25 Interview Wolfgang Tauser (2006), S. 17.
26 Vgl. Anlagen 3 und 4 zu Protokoll Sitzung Aufsichtsrat Mannesmann Kienzle GmbH 14.4.1994, in: Archiv Betriebsrat VS, Ordner 1994–1995.
27 Ralf Trautwein: Unbestechlicher Zeuge hemmt Risikobereitschaft am Steuer, in: Südwest Presse, 26.9.1998.

6.4. Erfolge mit Cockpitsystemen und Start des Digitaltachographen

Erfolgreicher war das Unternehmen mit Weiterentwicklungen des Fahrtschreibers, mit dem Einstieg in das Geschäft mit kompletten Cockpitsystemen sowie mit der Beteiligung an Mautsystemen. Der Einstieg in diese Bereiche wurde in den 90er Jahren vollzogen und prägt bis heute das Geschäft des Villinger Standorts.

Die Entwicklungen für ein komplettes Cockpitsystem für Nutzfahrzeuge liefen parallel zum Projekt des Unfalldatenspeichers. Damit knüpfte man an die Fuhrparkmanagementsysteme der 80er Jahren an, bei denen die unterschiedlichsten Fahrzeuginformationen zentral erfasst, gespeichert und weiterverarbeitet werden konnten. Das neue Fahrerinformationssystem ging hier noch weiter und machte aus dem reinen Datensammler ein Cockpitsystem mit eigenem Bordrechner. Dieser Bordrechner konnte über ein Bussystem diverse Fahrzeugfunktionen kontrollieren, bis zu einem gewissen Grad Informationen verarbeiten, diese über Displays und Symbole zur Anzeige bringen und damit andere Funktionen automatisch steuern. Integriert wurden auch Systeme zur Bremsüberwachung, ein Ökopilot, ein elektronisches Temperaturüberwachungssystem sowie Registriersysteme wie Fahrtschreiber, UDS, Drucker oder Regelsysteme für Karosserie, Antrieb oder Bremsen.[28]

1992 stellte Mannesmann Kienzle das neue Produkt auf der IAA als „Kienzle Integriertes Fahrerinformationssystem" (KIFIS) vor.[29] Den Markteinstieg vollzog das Unternehmen in den Folgejahren v.a. im Omnibusbereich. Kienzle bot den Autofabriken hier einen kompletten Fahrerarbeitsplatz an, der ab 1995 bei den großen Omnibusherstellern wie Mercedes, Kässbohrer und Neoplan zum Einsatz kam.[30] Als 1997 in Deutschland ein genormter Fahrerarbeitsplatz für Busse im Nahverkehr eingeführt wurde, hatte man in Villingen an deren Ausarbeitung maßgeblich mitgewirkt und war das erste Unternehmen am Markt, das eine derartige Systemlösung anbieten konnte.[31]

2002 war man an der Folgegeneration des Systems ebenfalls beteiligt, in das man das neue „Kienzle-Bordelektroniksystem" (KIBES) integrierte. Schwerer als im Omnibusbereich gestaltete sich in Bezug auf den Fahrerarbeitsplatz der Einstieg ins Lkw-Geschäft. Erst nach 2000 konnte das Unternehmen hier größere Aufträge akquirieren. Dabei war der niederländische Lkw-Hersteller DAF ein erster großer Kunde in Europa und in den USA stieg man über das Unternehmen Paccar Inc. (Pacific Car & Foundry), einem der größten dortigen Fahrzeughersteller, in den Markt ein.[32] Heute ist es v.a. ein Projekt mit Volkswagen in Brasilien, in dem VDO Fahrerarbeitsplätze für den Lkw-Bereich herstellt, die Produktion hierfür liegt aber komplett in Brasilien.

---

28 Adelbert Schwarz: Mannesmann Kienzle: Euro-Cockpit, in: KFZ-Anzeiger 8/1993.
29 Vgl. Protokoll Aufsichtsrat Mannesmann Kienzle GmbH 28.8.1992, in: Archiv Betriebsrat VS, Ordner AR 1991-92.
30 Vgl. Protokoll Aufsichtsrat Mannesmann Kienzle GmbH 11.4.1995, in: Archiv Betriebsrat VS, Ordner AR 1994–1995.
31 Die Zukunft bei uns liegt in Komplettlösungen, in: Südkurier, 5.11.1996.
32 Interview Wolfgang Tauser (2006), S. 16.

Trotz dieser Erfolge war weiterhin der Fahrtschreiber das Produkt, mit dem der größte Teil des Umsatzes erwirtschaftet wurde. Die neue Generation des Kompaktfahrtschreibers KTCO wurde Anfang der 90er Jahre um ein weiteres Modell ergänzt. Dabei handelte es sich um den Flachtachographen FTCO 1319, der sich durch seine besonders flache Form auszeichnete. Dadurch konnte der Fahrtschreiber problemlos in ein klassisches Armaturenbrett eines Nutzfahrzeuges integriert werden. Damit erfüllte man eine drängende Forderung der Autofabriken, denen die bisherige runde Form ein Dorn im Auge war. Beim FTCO trat an die Stelle des altbekannten Deckels, hinter dem sich bei allen bisherigen Modellen die Diagrammscheibe verbarg, nun ein intelligenter Einzugsmechanismus. Der Fahrer musste die Diagrammscheibe nur anlegen, dann wurde sie vom Gerät automatisch eingezogen und in die richtige Position gebracht.[33] Der FTCO wurde ab 1992/93 auf dem Markt eingeführt. Mit dem automatischen Einzugsschacht hatte man sich erstmals von der klassischen Geräteform verabschiedet und war einen Schritt in Richtung Trennung von Anzeige und Aufzeichnung gegangen.

Das Unternehmen versuchte diese Entwicklung möglichst hinauszuzögern, weil man einen Bedeutungsverlust für das eigene Gerät fürchtete. Der Fahrtschreiber bot in der alten Form gleichzeitig die Funktionen als Tachometer, Uhr und als Wegstreckenzähler und war damit ein Kerninstrument der Fahrzeugarmatur. Mit den neuen Geräten könnte diese symbolisch wichtige Position verloren gehen, so die Bedenken.

In den 90er Jahren war absehbar, dass die EG in naher Zukunft eine Gesetzesinitiative starten würde, um das bisherige EG-Kontrollgerät auf ein digitales Aufzeichnungsgerät mit Fahrerkarten umzustellen. 1995 begannen hierzu die entsprechenden Beratungen auf europäischer Ebene. Ursprünglich war geplant, die Umstellung auf eine neue Gerätegeneration bis zum Jahr 2000 zu vollziehen. Im Laufe der Verhandlungen kam es aber immer wieder zu Verzögerungen, so dass die Umsetzung schließlich erst 2006 beginnen konnte.

Im Jahr 1997 entbrannte ein heftiges politisches Gerangel zwischen der EG-Kommission, den interessierten Regierungen der Mitgliedsstaaten und den beteiligen Unternehmen um die Frage, ob man das existierende Kontrollgerät nur aufrüsten oder doch durch ein komplett neues System ersetzen sollte. Insbesondere die deutsche Regierung und die Vertreter von VDO Kienzle vertraten hier den Vorschlag, das bestehende Aufzeichnungssystem nur um eine elektronische Fahrerkarte aufzurüsten. Der komplette Systemwechsel wurde hingegen v.a. von der französischen und der niederländischen Regierung und deren im Hintergrund stehenden wirtschaftlichen und nationalen Interessen favorisiert. Frankreich versuchte das Staatsunternehmen CSF Thomson als Mitbewerber zu positionieren und die Niederlande stellte sich hinter die Position großer einheimischer Transportunternehmen.[34]

---

33 Vgl. Siemens VDO Automotive: Tachographen und deren technische Aufzeichnungen. Leitfaden für die Auswertung der Original Kienzle-Diagrammscheibe, Villingen-Schwenningen 1993, S. 7.
34 Gerangel um neue Fahrtschreibergeneration, in: Deutsche HandwerksZeitung, 8.3.1997; EU-Tachographen: Milliardeninvestitionen für das Transportgewerbe, in: Verkehrsblatt,

Schließlich setzten sich in der Sitzung der EU-Verkehrsministerkonferenz vom 17. Juni 1997 die Befürworter eines kompletten Systemwechsels durch. Bis Juli 1998 sollten die Hersteller entsprechende Geräte vorstellen, so dass die Fahrzeuge bis 2000 umgerüstet werden könnten. Offen waren aber zu dem Zeitpunkt noch technische Fragen wie die Spezifikation des Massenspeichers, des Druckers, die Standardisierung des Ausdrucks, Inhalt und Ausgabe der Fahrerkarte sowie die Ausstattung der Kontrollbehörden. Auch die Frage der Nachrüstung und der Behandlung von Fahrzeugen aus Nicht-EU-Staaten blieben in diesem Grundsatzbeschluss ungeklärt.[35]

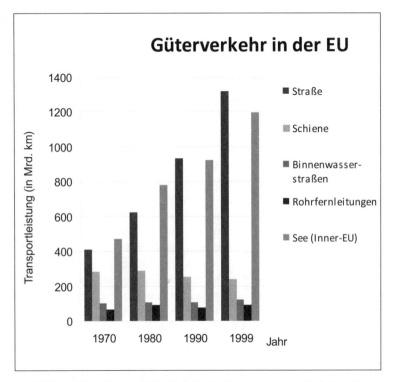

Abbildung 10: Aufstieg des Lkw-Verkehrs im Transportmix der Verkehrsträger (Zahlen beziehen sich auf die EU-15-Staaten).

Diese Entscheidung bedeutete für VDO Kienzle eine Niederlage. Man hatte sich nicht mit der eigenen Position durchsetzen können, die auf eine möglichst große Kontinuität zu den bestehenden Modellen gesetzt hatte. Aber auch auf die eingetretene Situation war man gut vorbereitet. Schon auf der IAA Nutzfahrzeuge 1997 führte man den neuen Modularen Fahrtschreiber MTCO 1324 vor, mit dem die

29.3.1997.
35 Entscheidungen zum vollelektronischen Fahrtenschreiber, in: FAZ, 17.6.1997; Einigung, aber nicht einig, in: Kfz-Anzeiger, 21.8.1997.

Trennung von Aufzeichen- und Anzeigeeinheit endgültig vollzogen wurde, der aber weiterhin eine Diagrammscheibe als Speichermedium verwendete und damit die technischen Erfordernisse der aktuellen Kontrollgeräteverordnung von 1985 erfüllte. Die Scheibe wurde über eine Schublade – ähnlich einem heutigen CD/DVD-Gerät – eingelegt und herausgenommen. Die alte Rundform des Geräts war damit endgültig ad acta gelegt. Neu war auch die Anzeige aller Fahrdaten über ein digitales Display. Damit passte der Fahrtschreiber nun auch in das genormte Radiofach jedes Fahrzeugs.[36]

Ein Jahr später ging der MTCO in die Produktion und das Unternehmen präsentierte zusätzlich eine erste Version eines Digitalen Fahrtschreibers DTCO 1381, der allen geplanten Anforderungen für die neuen Kontrollgeräte entsprach. Die Daten wurden nun endgültig nicht mehr auf der Diagrammscheibe sondern mit Hilfe eines Chips gespeichert. Das Gerät konnte damit die Daten eines kompletten Jahrs aufnehmen.[37] Somit war man in Villingen auch für einen frühen Start des Digitalen Fahrtschreibers im Jahr 2000 vorbereitet und zeigte sich guter Hoffnung, die bestehende dominierende Stellung auf dem Weltmarkt auch über diesen Systemwechsel hinaus halten zu können.

1998 konnte das Villinger Werk der Mannesmann VDO auf eine erfreuliche Geschäftsentwicklung verweisen, die weiterhin von einem boomenden Geschäft mit dem Fahrtschreiber getragen wurde. Erstmals konnte man 1998 mehr als 500.000 Geräte pro Jahr verkaufen. Im Werk musste deswegen ein Drei-Schicht-Betrieb und eine Sechs-Tage-Woche durchgeführt werden, um die Nachfrage bewältigen zu können.

Im Folgejahr 1999 wurde bekannt, dass sich die technische Spezifikation für den neuen Gerätestandard weiter verzögern würde und sich somit der Termin 2000 nicht mehr halten ließe. Weitere Verzögerungen führten dazu, dass die neue Verordnung VO (EG) Nr. 561/2006 über das digitale Kontrollgerät erst zum 1. Mai 2006 in Kraft trat. In Neuzulassungen müssen seitdem die neuen digitalen Geräte verwendet werden. Ältere Fahrzeuge können bis heute auch weiterhin die alten Fahrtschreibermodelle verwenden. Der Villinger Fahrtschreiber DTCO 1381 hat seit 2004 eine Bauartgenehmigung vom Kraftfahrtbundesamt und wurde danach in die Produktion überführt.

An der dominierenden Stellung des Kienzle-VDO-Tachographen hat sich mit dem Übergang zum volldigitalen Kontrollgerät wenig geändert. Konkurrierende Anbieter gibt es zwar in Großbritannien und Frankreich, aber deren Marktposition kann dem Vergleich mit den Geräten aus Villingen nicht standhalten. Aus Frankreich kommen Tachographen der Marke Actia, einem Hersteller von Autoelektronik, und aus Großbritannien werden Geräte von der Stoneridge-Gruppe angeboten. Die amerikanische Stoneridge-Gruppe hat 2001 den früheren Geschäftsbereich Automotive von Veeder-Root – und damit auch die traditionsreiche Tachographen-Produktion – in Europa unter dem Namen Stoneridge Electronics übernommen, der in den 90er

---

36 Die Kapitäne der Landstraße werden vor der Polizei künftig die Chipkarte zücken, in: ComputerZeitung 30.01.1997.
37 Frank Volk: Weltneuheit aus Villingen auf der IAA, in: Südkurier 2.9.1998.

Der Digitaltachograph (rechts) und die On-Board-Unit für Mautsysteme sind die typischen Produkte der heutigen Großserienfertigung am Standort Villingen.

Jahren vom US-Mutterkonzern Veeder-Root verkauft und mit einem schwedischen Unternehmen zur TVI Europe Ltd. fusioniert worden war.

Neben dem DTCO wird in Villingen heute weiterhin der KTCO verkauft. Zielmärkte sind hierfür aber nicht mehr die EU-Länder, sondern Südamerika, v.a. Brasilien, die osteuropäischen Länder und die im AETR-Vertrag mit der EU assoziierten Staaten wie die Schwarzmeerstaaten oder Russland. Das AETR meint die Europäische Übereinkunft über die Arbeit des im internationalen Straßenverkehr beschäftigten Personals.[38]

6.5. Zukunftsmarkt Mautsysteme

Das jüngste Projekt der Unternehmensgeschichte war die Beteiligung am Lkw-Mautsystem auf deutschen Autobahnen. Dieses Thema ist einer breiteren Öffentlichkeit unter dem Namen des Betreiberunternehmens Toll Collect und im Zusammenhang mit den Schwierigkeiten bei seiner Einführung in den Jahren 2003/04 bekannt geworden.

Das Thema Mautsysteme war schon seit Anfang der 90er in der politischen Diskussion und stand deshalb auch bei Kienzle schon länger auf der Agenda. Unter technischen Gesichtspunkten handelte es sich letztlich um eine Weiterentwicklung der eingeführten Fuhrparkmanagementsysteme. Parallel zu den politischen Diskussionen hatte Mannesmann Kienzle im Mai 1994 unter dem Namen „Robin" ein erstes elektronisches Mautsystem vorgestellt. Schon das damalige System arbeitete satellitengestützt. Ein Bordgerät ermittelte die Position des Fahrzeugs, der Bordcomputer erkannte mautpflichtige Strecken und berechnete die anfallenden Gebühren.[39]

Unter der rot-grün geführten Bundesregierung Schröder wurde 1998 die Einführung einer Lkw-Maut im Grundsatz beschlossen und eine Regierungskommission bereitete die Umsetzung vor. Ab 2001 war klar, dass eine entfernungsabhängige Gebühr und kein Vignettenmodell kommen sollte. Im März 2002 wurde die gesetzliche Grundlage hierfür verabschiedet, ursprünglich sollte das System Anfang 2003 seine Arbeit aufnehmen. Am Ausschreibungsverfahren für die Durchführung betei-

38 Vgl. Interview Tauser (206), S. 8f.
39 Gerhard Hauser: Meister Orwell und der Zwang der Zukunft, in: Südkurier, 9.5.1994.

ligten sich schließlich drei Anbieter: Neben der siegreichen Bietergemeinschaft „Electronic Toll Collection" (ETC) gab es Angebote der Ages-Gruppe und des Schweizer Unternehmens Fela Management AG. Hinter Toll Collect standen die Deutsche Telekom und DaimlerChrysler mit jeweils 45 Prozent und der französische Mautbetreiber Cofiroute mit 10 Prozent Gesellschafteranteilen, während die Ages ursprünglich ein Projekt der Mannesmann AG unter Beteiligung der Mineralölkonzerne Aral und Shell sowie weiterer Partner aufgestellt worden war. Die Fela AG hatte das nicht satellitengestützte Mautsystem in der Schweiz erfolgreich organisiert und schlug vor, das dortige Modell einer leistungsbezogenen Schwerverkehrsabgabe auf Deutschland zu übertragen.

Insgesamt hatten alle Anbieter Lösungen für das Fahrzeuggerät – die so genannte On-Board-Unit (OBU) – sowie für die Daten- und Überwachungstechnik zu entwickeln. Für das Ages-Konsortium war diese Aufgabe von Siemens VDO Villingen übernommen worden. Weil man damit auf die unterlegene Bietergruppe gesetzt hatte, musste Siemens VDO auf Toll Collect zutreten. Geräteentwickler und Erstlieferant war hier ursprünglich die Firma Grundig und die Firma Visteon war ursprünglich als Zweitlieferant vorgesehen. Der 2000 aus dem Ford-Konzern ausgegliederte US-Autozulieferer Visteon erlitt aber einen Rückschlag, als er in der Folgezeit ein Insolvenzverfahren nach Chapter 11 durchlaufen musste. Außerdem erreichte das Ages-Konsortium einen Teilerfolg vor Gericht, als man juristisch gegen Ungereimtheiten im Vergabeverfahren vorging, so dass sich Toll Collect gezwungen sah, Ages zumindest teilweise am Geschäft zu beteiligen.

Dies waren die Türöffner für Siemens VDO, um als Zweitlieferant in die OBU doch noch zum Zug zu kommen. In Villingen musste man das eigene Gerät deswegen noch einmal umentwickeln und auf die Grundig-Spezifikation anpassen. Letztlich schaffte Siemens VDO Villingen aber diesen Kraftakt und war somit bei der Systemeinführung mit am Start.[40]

Der Start der Lkw-Maut war aber mit erheblichen Problemen und Verzögerungen behaftet. Da es bei dem Projekt auch um eine große Summe öffentlicher Gelder ging, fand sich das Thema in den Jahren 2003 und 2004 regelmäßig auf den Titelseiten der Tagespresse. Ende 2003 war das Konsortium gezwungen, die Notbremse zu ziehen und die eigenen Probleme einzugestehen. Der Daimler-Manager und Aufsichtsratschef der Toll Collect, Klaus Mangold, sowie der Toll-Collect-Geschäftsführer Michael Rummel, ebenfalls ein Daimler-Mann, mussten von ihren Führungspositionen zurücktreten. An ihrer Stelle verpflichtete man den früheren Mannesmann-Manager Mihatsch, der durch seine Tätigkeit in Villingen im Rahmen der D2-Mobilfunkbewerbung intime Kenntnisse der Materie mitbrachte, als Aufsichtsratsvorsitzenden und den Viag-Interkom-Manager Hans-Burghardt Ziermann als Geschäftsführer. Unter deren Leitung wurde das Projekt bis Frühjahr 2004 reorganisiert und Nachver-

---

40 Egbert Meyer, Joachim Budeck: Ausgebremste Automatik. Das Kreuz mit der satellitengestützten LKW-Maut, in: Telepolis, 18.11.2002, www.heise.de/mobil/artikel/50923; Interview Tauser (2006), S. 19f.

handlungen mit der Bundesregierung geführt.[41] Nach erfolgreicher Neuordnung des Unternehmens trat Mihatsch ins zweite Glied zurück und übergab im März den Aufsichtsratsvorsitz an Konrad F. Reiss, damals Vorstandsmitglied der Telekom und Verantwortlicher für die Konzernsäule T-Systems International. Mihatsch blieb aber weiter Mitglied des Aufsichtsrats. Gleichzeitig wurde Vorstandsvorsitzender Ziermann durch den Telekom-Manager Christoph M. Bellmer ersetzt.

Unter dieser neuen Führung erreichte Toll Collect am 15. Dezember 2004 die Erteilung der vorläufigen Betriebserlaubnis durch das Bundesamt für Güterverkehr, so dass der zunächst eingeschränkte Start der Lkw-Maut zum 1. Januar 2005 möglich wurde. Seit 1. Januar 2006 läuft das System mit voller Funktionalität. Bis heute sind Prozesse zwischen der Bundesregierung und den beteiligten Unternehmen über die Verantwortlichkeiten und mögliche Regressforderungen für die Pannenserie vor Gericht anhängig, so dass Schuldzuweisungen zum gegenwärtigen Zeitpunkt kaum möglich sind. In der Presse wurde viel über eine unharmonische Zusammenarbeit zwischen den beiden Hauptgesellschaften Daimler und Telekom und über anfängliche Konstruktionsfehler in der Unternehmensorganisation von Toll Collect spekuliert[42], für die Beteiligten war es aber sicherlich auch eine große Herausforderung, unter dem bestehenden Zeitdruck wichtige Systemkomponenten des Konkurrenzkonsortiums Ages in das Projekt zu integrieren und mit den eigenen Partnern zu vernetzen. Siemens VDO Villingen mit seiner OBU-Hardware wurde für die entstandenen Probleme jedenfalls nicht verantwortlich gemacht.

Im zweiten Anlauf 2005/06 waren dann auch alle technischen und organisatorischen Schwierigkeiten beseitigt und das System konnte seinen Betrieb aufnehmen. Die bisherigen Erfahrungen erfüllen sowohl die Erwartungen bzgl. der technischen Zuverlässigkeit als auch bzgl. der Einnahmen für die Bundesregierung. Die OBUs waren ursprünglich als Mietobjekte konzipiert worden, d.h. die Geräte wurden von Toll Collect an die Lkw-Betreiber ausgegeben. Die Kosten für den Ein- und Ausbau mussten dabei die Fahrzeughalter selbst übernehmen. Ursprünglich war auch eine Mietgebühr vorgesehen, die aber schon im Vorfeld wieder fallengelassen wurde. Bei der Einführung wurden zwei Drittel der Geräte bei Siemens VDO am Standort Villingen und ein Drittel im Grundig-Werk in Braga (Portugal) produziert.

Für Siemens VDO Villingen bedeutete die deutsche Lkw-Maut den Einstieg in einen Markt mit erheblichem Entwicklungspotential. Mittlerweile konnte das Unternehmen in das Schweizer Mautsystem der zweiten Generation einsteigen, in Indien hat man ein großes Projekt im Bereich Flottenmanagement und auch in vielen anderen europäischen Ländern werden Mautsysteme vorbereitet. Von der EU wird hier der politische Druck erhöht und bis ins nächste Jahrzehnt ist mit der flächendeckenden Einführung entsprechender Systeme für den Güterlastverkehr zu rechnen.

Selbst im Pkw-Verkehr zeichnet sich mittlerweile Bewegung ab. Während in Großbritannien entsprechend Vorstöße immer wieder ins Leere liefen, haben die

---

41 Vgl. Klaus-Peter Schmid: Das Maut-Opfer, in: Die Zeit 43/2003; Ulrike Demmer, Hans Koberstein: Die Maut, die Manager und die Macht, in: ZDF (Frontal21), 30.1.2004; Heike Aghte: 100-mal Totalausfall mit Toll Collect, in: Robin Wood-Magazin 1/2004.
42 Vgl. auch Kolja Rudzio et al.: Geschichten aus dem Tollhaus, in: Die Zeit, 10/2004.

Niederlande mittlerweile ein weitreichendes Maut-Konzept auf den Weg gebracht.[43] Auf Einleitung der Verkehrsministerin und unter Leitung des niederländischen Autoverbandspräsidenten Paul Nowen saßen zwischen 2004 und 2007 alle betroffenen Verbände und Parteien an einem runden Tisch zusammen und kamen zu einem gemeinsamen Ergebnis, das mittlerweile von Regierung und Parlament im Grundsatz gebilligt wurde. Jeder motorisierte Verkehrsteilnehmer soll in Zukunft für jeden gefahrenen Kilometer auf niederländischen Straßen eine Gebühr bezahlen. Ab 2011 werden zunächst alle Lkws einbezogen und bis 2016 folgen dann auch alle Pkws. Das System soll aufkommensneutral realisiert werden, d.h. die Maut ersetzt bisherige Steuern auf Fahrzeughaltung oder Sprit. Über die technische Umsetzung dieser Kilometer-Maut wird derzeit noch beraten, aber angedacht ist ein satellitengestütztes Abrechensystems. Allein in den Niederlanden wären eine Million Lkws und rund sieben Millionen Pkws mit der entsprechenden Technik auszustatten.

In jüngster Vergangenheit erhielt selbst die politische Diskussion in Deutschland wieder Schub, als nach der Bundestagswahl 2009 von verschiedenen Politikern der neuen schwarz-gelben Bundesregierung das Thema Pkw-Maut in die Öffentlichkeit getragen wurde. Insbesondere Bundesverkehrsminister Peter Ramsauer (CSU) sowie die Landesregierungen Baden-Württembergs und Bayerns erklärten ihre Sympathien für ein derartiges Konzept, das über eine Absenkung der Kfz-Steuer aufkommensneutral gestaltet werden soll.[44] Mittlerweile führt das Ministerium Gespräche mit potentiellen Betreiberfirmen über wirtschaftliche und technische Modelle. Offen ist dabei auch die Frage, ob man sich für ein Vignetten- oder ein entfernungsabhängiges Modell entscheiden will.

Die Geschichte des Kienzle-Taxameters

1883	Übergab Christian Johannes Schlenker seinem Sohn Johann und seinem späteren Schwiegersohn Jakob Kienzle die Uhrenfabrik Johannes Schlenker in Schwenningen am Neckar.
1892	In Berlin wird der Taxametereinbau in Droschken gestattet.
1897	Jakob Kienzle ist jetzt alleiniger Inhaber.
1905	In Villingen gründet Carl Werner die „Taxameter" mit den Modellen T1 und T2; in Berlin Taxameterpflicht in Droschken 1.Klasse.
1913	Die Kienzle Uhrenfabrik Schwenningen kauft die Villinger Uhrenfabrik C. Werner; Produktion der Modelle T3 und T4.
1910–26	40 000 Taxameter Modell T3 verkauft.

---

43 Vgl. Artikel „Die Maut, die alle glücklich macht", in: Spiegel-Online, 15.2.2009.
44 Vgl. Jens Tartler: Pkw-Maut soll 4 Mrd. Euro bringen, in: Financial Times Deutschland, 9.12.2009.

6.5. Zukunftsmarkt Mautsysteme

Seit den 90er Jahren wurde der Kienzle-Taxameter 1150 über 100.000mal verkauft.

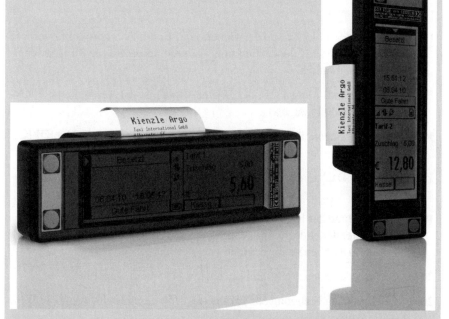

Mehr als nur ein Taxameter... vereint der T21 erstmals DIN-Radiofachformat und Touchscreen mit einem integrierten, grafikfähigen Drucker und der Ansteuerung des Taxifunks.

1929	Mit Dr. Herbert Kienzle erfolgte die Trennung von der Uhrenfabrik und die Neugründung der Kienzle Taxameter und Apparate AG in Villingen; Beginn der Produktion der Modelle T7 und T8.
1926–50	50.000 Taxameter Modell T4 verkauft; allein 1930 wurden 20.000 T4 in die USA exportiert.
1930	Das Berliner Taxigroßunternehmen „KraftAG" stattet seine 1.000 Kraftdroschken mit dem weltweit ersten Quittungsdrucker-Taxameter T7 aus.
1934	Modell T8.
1958	Beginn der Produktion des Modells T12, erster Kienzle-Taxameter ohne Fahne, erstmals verlustfreie Umstellung Zeit/Weg, patentiert.
1975	Kienzle baut seinen ersten elektronischen Taxameter 1140-02.
1979	Eine verbesserte Version, das Modell 1140-20, und die US-Variante 1140-30 werden gebaut.
1982	Erfolgte die vollständige Eingliederung in den Mannesmann-Konzern. Das Unternehmen firmierte 1985 um in Mannesmann Kienzle GmbH.
1984	Der erste Flachtaxameter 1144 wird eingeführt. Mit der Einstellung der Produktion des T12 endet die Geschichte des mechanischen Kienzle-Taxameters.
1990	Start der 1145 Taxameter-Generation. Erstmals einprogrammierbare Uhrzeit- und Kalenderfunktion, dadurch automatische Tarifumschaltungen möglich.
1993	Markteinführung 1150, der „kleine Riese" ist der weltweit erste DIN-Radiofach-Taxameter.
1994	Mannesmann übernimmt die VDO AG, neu entsteht die VDO KIENZLE Vertrieb und Service GmbH.
1996	Erstes Dachzeichen mit stillem Alarm für mehr Sicherheit der Taxifahrer.
1998	Gründung der Kienzle Argo Taxi International GmbH, Villingen, einer Tochter der Kienzle Argo GmbH, die den Geschäftsbereich Taxitechnik der VDO Kienzle übernimmt.
2000	Der erste Kienzle System-Taxameter 1155 wird eingeführt.
2001	Beginn der Fertigung des Taxameters 1150 durch Kienzle Argo im Werk Leipzig.
2002	Weltweite Dachzeichen-Distribution ab Zentrallager Leipzig.

2004	Der Druckerterminal 1158 GR zur Ergänzung der Taxameter 1145/1150 wird in Griechenland eingeführt.
2005	Einführung des Druckerterminals 1157, der die Taxameter 1145/1150 systemfähig macht, in den deutschen Markt.
2010	Das Taxisystem T21, erstmals MID-zugelassen, bietet erstmals Taxameter-Funktion mit Touchscreen, integrierten Drucker bei DIN-Radiofachformat und (optional) integrierter Taxifunk-Funktion.

6.6. Kienzles Erben

Mit dem Verlust der organisatorischen Eigenständigkeit und der Integration Kienzles in die Mannesmann VDO ging eine weitere Reduzierung des Produktspektrums einher. Das Kerngeschäft mit dem Fahrtschreiber und den neuen automobilen Kommunikationssystemen wurde als zentrale Aufgabe für den Standort Villingen definiert. Wie es sich herausstellen sollte, bot dieses Selbstverständnis keinen Platz mehr für die traditionsreichen Geschäftsfelder Tanken und Parken, Betriebsdatenerfassung sowie den Taxameter. Diese Bereiche wurden in der zweiten Hälfte der 90er Jahre ausgegliedert und verkauft. Der Bereich Tanken und Parken gehört heute zum Schweizer Unternehmen Hectronic, der Bereich BDE wurde an die Firma Gerätebau Odenwald veräußert und das Taxametergeschäft wird heute von der eigenständigen Gesellschaft Kienzle Argo Taxi International GmbH (KATI) betrieben. Neben dem Villinger Standort der Continental AG repräsentieren diese Unternehmen das industrielle Erbe der Kienzle Apparate GmbH.

Seit den 50er Jahren existierten bei Kienzle Apparate die Geschäftsbereiche Tanken und Parken. Deren Entwicklung bis in die 70er Jahre hinein wurde weiter oben dargestellt. Der Umstieg von mechanischen auf elektronische Systeme wurde am Ende dieser Phase vollzogen und in der Mannesmann-Zeit wurden die bisherigen Bereiche Tankdatensysteme und Parken zu einem gemeinsamen Produktbereich zusammengelegt. Nach der Trennung vom Computergeschäft war noch der BDE-Bereich hinzugekommen und zusammen bildeten sie bei Mannesmann Kienzle das zweite große Geschäftsfeld „Tanken, Parken, BDE", das 1991 durch den Erwerb des schwedischen Unternehmens Autotank verstärkt worden war. Nach der Pensionierung des langjährigen Bereichsleiters Zechendorf 1982 war das Geschäftsfeld unter Claus H. Schäfer weiterentwickelt worden.

Im Produktbereich der Tankdatensysteme war das Unternehmen Anfang der 80er Jahre in das Systemgeschäft eingestiegen und bot hier Terminal- und Tankmanagementsysteme an. Anfang der 90er Jahre konnte Kienzle hier ein verbessertes Softwareangebot, mit dem Tankautomat 2331 eine neue Generation des Tankdatensystems und als komplette Neuheit ein Tankwagenmanagementsystem TWM anbieten. Eine Weiterentwicklung in Richtung zur Selbstbedientankstelle, ein so genanntes Outdoor Payment System, war Mitte des Jahrzehnts auf den Weg gebracht worden.⁴⁵ Auch im Bereich Parken konnte man neue Produkte vorstellen. 1989 war der erste Parkscheinautomat PA 1 auf dem Markt eingeführt worden und 1992 war die Entwicklung eines systemfähigen Parkscheinautomaten PA 2 mit Magnetkarte und ein Jahr später mit Chipkarte abgeschlossen.⁴⁶

Als es 1995 zur Neugliederung des Mannesmann-Konzerns und zur Integration von Kienzle in die Mannesmann VDO AG kam, entschied der VDO-Vorstand, den Standort Villingen auf das Geschäft Fahrzeugtechnik mit Schwerpunkt Nutzfahrzeuge zu konzentrieren und das Geschäftsfeld Tanken/Parken/BDE zu verkaufen. Der Umsatz des Bereichs lag 1995 bei etwa 65 Mio. Mark. Zu diesem Zeitpunkt stand insbesondere das Geschäft mit den Tankanlagen wirtschaftlich unter Druck. Das Unternehmen hatte den Bereich über Jahre hinweg strategisch vernachlässigt und musste nun sinkende Umsätze verkraften. Immerhin hatte sich das Parkscheinautomatengeschäft sehr positiv entwickelt. Neben dem Weltmarktführer, der amerikanisch-französischen Firma Schlumberger, hielt Mannesmann Kienzle hier weltweit 7 Prozent und in Deutschland 25 Prozent Marktanteil.

In Vorgriff auf den Verkauf konzentrierte man das komplette Geschäftsfeld am Standort Bonndorf. Bislang waren die Entwicklung, der Kundendienst, der Vertrieb und die Auftragsbearbeitung noch im Villinger Hauptwerk untergebracht gewesen. Diese Abteilungen wurden nun komplett verlagert. Die Mitarbeiterzahl wurde dadurch von 170 auf 150 reduziert.⁴⁷

Zunächst trennte man sich vom Traditionsgeschäft mit den Betriebsdatenerfassungsgeräten. In den 70er Jahren war das BDE-System 1620 auf den Markt gekommen, das den Einstieg in die Elektronik bedeutete. 1981 wurde es vom Terminalsystem BDE 2450 abgelöst, das eine eigenständige mikroprozessorgesteuerte Einheit war und nicht mehr mit einem anderen Computer gekoppelt werden musste. Dadurch wurde es besonders für kleinere Betriebe interessant, so dass von den Systemen weltweit 80.000 Geräte verkauft wurden, was es zum erfolgreichsten Produkt der BDE-Branche machte.⁴⁸ Die weiterentwickelte und verbesserte Modellversion 2480 ist bis heute auf dem Markt. 1995 wurde der Geschäftsbereich an das Unternehmen Gerätebau Odenwald (GBO) abgegeben, einer Firma, die seit 1982 als Ausgliederung der gleichen Produktsparte aus der VDO AG arbeitete und sich im Familienbesitz des langjährigen VDO-Vorstandsvorsitzenden Albert Keck befand.⁴⁹ Nach einem

---

45 Neuorientierung der Geschäftsfelder Tanken und Parken – Bereich der Mannesmann Kienzle GmbH Villingen-Schwenningen, Manuskript April 1995, hier S. 2, in: Archiv Betriebsrat VS, Ordner AR1994/5; vgl. auch Rede Betriebsratsvorsitzender Tonhausen auf der Betriebsversammlung Mannesmann Kienzle 13.3.1995, in: Archiv Betriebsrat VS.
46 Neuorientierung der Geschäftsfelder Tanken und Parken – Bereich der Mannesmann Kienzle GmbH Villingen-Schwenningen, Manuskript April 1995, hier S. 3 u., in: Archiv Betriebsrat VS.
47 Rede Betriebsratsvorsitzender Tonhausen auf der Betriebsversammlung VDO Kienzle (Südwest) 13.3.1996, in: Archiv Betriebsrat VS.
48 Vgl. Maschinenterminal autonom und online-fähig, in: Computerwoche, 31.7.1981; Meilensteine der Firma [gbo datacomp] seit 1920, in: http://www.gbo-datacomp.de/cms/front_content.php?idcat=6.
49 Vgl. GBO übernimmt BDE-Sektor von Mannesmann, in: Computerwoche, 14.7.1995.

Zusammenschluss mit einem weiteren Anbieter für Personal- und Betriebsdatensysteme firmiert das Unternehmen heute als GBO Datacomp Informations-Systeme GmbH mit Sitz in Augsburg.

Der Verkauf der Bereiche Tanken und Parken an das Schweizer Unternehmen Hectronic mit Sitz in Brugg wurde schließlich 1996 vollzogen. Hectronic hatte sich mit Abfüllsystemen und Sensoren für das Tanksystemmanagement einen Namen gemacht und beschäftigte bis zum Zukauf des Kienzle-Standorts Bonndorf rund 50 Mitarbeiter. Deswegen bestand anfangs auch die Sorge, ob sich das kleine Unternehmen mit der Übernahme des kompletten Kienzle-Geschäftsfelds nicht übernehmen würde. Letztlich wurde aber ein guter Partner gefunden und der Übergang sicher gestaltet. Die Hectronic GmbH beschäftigt heute nach eigenen Angaben rund 200 Mitarbeiter an den Standorten Brugg, Bonndorf, in Polen und in Indien. Eigentümerin ist seit der Firmengründung die Familie Forster. 2005 wurde die Geschäftsführung vom Gründer Ernst auf den Sohn Stefan Forster übertragen. Das Unternehmen produziert bis heute Tanksysteme und Parkscheinautomaten in der Kienzle-Tradition und kooperiert in Deutschland eng mit dem bestehenden Kienzle-Vertriebsnetz.

Der letzte Verkauf eines Geschäftsfeldes betraf das älteste Kienzle-Produkt, den Taxameter, der schon seit 1905 am Standort Villingen von der Kienzle-Vorgängerfirma C. Werner unter dem Markennamen Argo hergestellt und verkauft worden war. Schon zu Zeiten des Familienunternehmens machte der Taxameter nur noch einen geringen Teil des Umsatzes des Unternehmens aus und die voranschreitende Integration des Kienzle-Werkes in den Mannesmann-Konzern hatte in den 90er Jahren diesen Prozess der Marginalisierung noch beschleunigt. Dennoch vollzog das Unternehmen als erster Hersteller in den 70er Jahren den technologischen Wandel von mechanischen zu elektronischen Systemen. Spätestens mit Einführung des Flachtaxamters 1144 im Jahr 1984 war das Produkt vollständig auf Elektronik umgestellt und die Fertigung des letzten mechanischen Taxameters T 12 wurde endgültig eingestellt. Der im Gehäuse identische 1145 löste 1990 das Modell 1144 ab.

Eine neuerliche Innovation war das Modell 1150 ab dem Jahr 1993, der als erster Taxameter der Welt in den Radio-DIN-Normschacht passte. In dieser Zeit entschied das Mannesmann-Management aber auch, die bei Mercedes entstandene Idee eines Spiegeltaxameters, also die Integration des Taxameters in den Rückspiegel des Taxis, nicht zu verfolgen. Damals wurden der Idee keine über die Mercedes-Baureihe W210 (u. a. das im Taxigewerbe so beliebte Modell 200 D) hinausgehende Marktdurchdringung zugetraut. Damit verpasste das Unternehmen eine der zentralen Innovationen der Taxi-Branche und verhalf dem seinerzeit noch unbedeutenden, in Salzburg beheimateten, Taxameterhersteller Hale in den Folgejahren zu internationaler Bekanntheit und Anerkennung, nachdem dieser den Spiegeltaxameter zunächst für Mercedes, später für einen Großteil der im Markt angebotenen Taxifahrzeuge realisiert hatte.

Hale war seit 1977 mit einem eigenen elektronischen Taxameter auf dem Markt und hatte das Produktangebot in den 80er Jahren weiter ausgebaut. Beispielsweise bot Hale früh eigene Speicherkarten an, die eine Datenübertragung vom Taxameter auf den PC ermöglichten. Fast parallel zur Markteinführung des Kienzle Argo 1150 stellte Hale einen eigenen Flachtaxameter vor und im Jahr 1999 präsentierte die Salzburger Firma den Spiegeltaxameter SPT-01, damals eine echte Weltneuheit, die in der Taxi-Branche Maßstäbe setzte.

In dieser Zeit fiel die Entscheidung des Managements in Villingen, das Geschäft mit den Kienzle-Taxiprodukten auszugliedern und in neue Hände zu übergeben. Käufer war die zu diesem Zwecke gegründete Kienzle Argo Taxi International GmbH, eine Tochter der Kienzle Argo GmbH. Formal wurde das neue Unternehmen am historischen Standort Villingen ins Handelsregister eingetragen, wo in neu angemieteten Räumen die übernommenen Mitarbeiter ihren Arbeitsplatz fanden. Während die kaufmännischen Prozesse ebenso wie die Materialwirtschaft an den Standort Leipzig der Kienzle Argo wanderten, wurden die Geschäftsführung sowie der Vertrieb in Berlin angesiedelt. In Villingen verblieben der technische Support und das Produktmanagement, das Werner Schweizer bis zu seinem Ableben 2003 führte. Nach seinem Tode wurde auch dieser Bereich nach Berlin verlegt. Geschäftsführer der Kienzle Argo Taxi International GmbH ist bis heute Thomas Guzatis, der gleichzeitig geschäftsführender Gesellschafter der Kienzle Argo GmbH ist. Er hatte seit 1982, zunächst unter dem Namen „Taxipartner", eine Software auf den Markt gebracht, die in der Taxibetriebsgesellschaft Guzatis & Noack mbH Berlin, entstanden war und die die komplette Verwaltung eines Taxibetriebes einschließlich aller behördlicherseits geforderten Aufzeichnungen ermöglichte. Auf diesen Erfahrungen aufbauend entstand die Software „KITAX-U (Kienzle Taxi Unternehmer)", die ab 1987 über das Kienzle Vertriebsnetz in Deutschland, Österreich und der Schweiz vertrieben wurde.

Im Jahre 2001 endete die Fertigung des Taxameters 1150 im Villinger Werk und die Produktionseinrichtungen wanderten nach Leipzig, wo schon kurze Zeit später die Produktion dieses bewährten Modells unter Leitung des Prokuristen Fred Ahlert wieder aufgenommen wurde. Zuvor schon war unmittelbar nach Aufnahme der Arbeit der Kienzle Argo Taxi International die Entscheidung gefallen, zügig in neue Produktentwicklungen zu investieren, um die Marktposition des Unternehmens wieder zu stabilisieren und längerfristig zu verbessern. Ab dem Jahr 2000 konnte so in Entwicklungs- und Fertigungskooperation mit Hale, als „Schnellschuss" im Gehäuse des 1150 konzipiert, der neue Systemtaxameter 1155 mit dem Drucker 1156 angeboten werden. Die Kooperation endete mit der eigenständigen Entwicklung des Druckerterminals 1157, der in Leipzig hergestellt, 2004 unter der Modellbezeichnung 1158 GR als speziell für Griechenland modifiziertes Fiskalsystem seinen Markteintritt erlebte. Anlässlich der Olympischen Sommerspiele in Athen war in Griechenland für alle Taxiunternehmen ein Gesetz in Kraft getreten, das die Einführung eines druckenden Fiskaltaxametersystems vorschrieb.

Derzeit wird ein weiterer, wichtiger Schritt in der Weiterentwicklung des Kienzle-Taxameters gegangen. 2008 stellte das Unternehmen auf der Europäischen Taximesse in Köln das Konzept einer völlig neuen Gerätefamilie unter dem Namen T21 vor. Damit wurde bewusst ein Bruch mit der seit 1975 bestehenden Namenstradition vollzogen und an die ursprüngliche Namensgebung wieder angeknüpft. Der T21, 2010 EU-weit MID-zertifiziert, vereint alle Funktionen des klassischen Taxameters, des Druckerterminals und des Datenfunkdisplays eines Taxis in einem Gerät, außerdem ist er der erste Taxameter im DIN-Radiofachformat mit einer Touchscreen-

Steuerung. Damit integriert er drei bislang eigenständige Module in ein System. Mit allen drei Funktionen wird das Gerät als Komplettsystem T21 D angeboten, es kann aber auch als reines Datenfunkdisplay D 21 oder als reiner Taxameter T 21 eingesetzt werden. Gerade in weltwirtschaftlich schwierigen Zeiten nimmt das Unternehmen sein Motto „Qualität und Know-how. Stimmt!" besonders ernst und investiert nachhaltig in die Zukunft.

6.7. Siemens, Conti, Schaeffler: Neue Konzerne am Traditionsstandort Villingen

Mit Abstand größter Erbe Kienzles ist heute der Continental-Konzern mit seinem Standort Villingen-Schwenningen, der 2007 die gesamte Unternehmensgruppe Siemens VDO übernommen hatte und seitdem das Kerngeschäft mit Fahrzeugtechnik für Nutzfahrzeuge weiterführt. Zwischen 2000 und 2007 hatte das Unternehmen Siemens VDO inklusive des ehemaligen Kienzle-Werks zum größten deutschen Industriekonzern Siemens gehört. Diese Entwicklung war eine Folge der spektakulärsten und bislang größten Firmenübernahme der Geschichte, die im Jahr 2000 vollzogen wurde. Gemeint ist die feindliche Übernahme des deutschen Traditionskonzerns Mannesmann durch das britische Mobilfunkunternehmen Vodafone.[50]

Die Mannesmann AG war mit dem Erwerb der D2-Mobilfunklizenz für Deutschland und dem Aufbau der neuen Unternehmenstochter Mannesmann Mobilfunk GmbH unter der Leitung des ehemaligen Kienzle-Managers Mihatsch ins Telekommunikationsgeschäft eingestiegen. Mannesmann wurde damit in Deutschland zum Marktführer im Bereich Mobilfunk und gründete 1996 zusammen mit der Deutschen Bahn den Festnetzanbieter Mannesmann Arcor. Aufkäufe von Telefongesellschaften im europäischen Ausland folgten.

Der boomende Telekommunikationsbereich sollte Jahr um Jahr mehr die Bilanz der Mannesmann AG dominieren und leitete damit auch einen Wandel im Selbstverständnis des Konzerns ein. Gestaltet wurde diese Ära v.a. vom Vorstandschef Joachim Funk und dessen Finanzvorstand Klaus Esser. Funk hatte den früheren Konzernchef Werner H. Dieter 1994 in dessen Position abgelöst. Als er selbst 1999 abtrat und in den Aufsichtsrat wechselte, war die Mannesmann AG auf dem Weg zum führenden Mobilfunkanbieter Kontinentaleuropas. Das Gesicht des Konzerns hatte sich innerhalb eines Jahrzehnts stark gewandelt. Geschäftsfelder wie Haustechnik, Metallurgie, Energie- und Umwelttechnik waren zugunsten der Telekommunikation verkauft worden. Offen wurde im Sommer 1999 über den Verkauf der Automobilsparte mit den beiden Bereichen VDO und Sachs nachgedacht.[51] Die Geschäftsstrategie wurde zunehmend an der Optimierung des Börsenwerts ausgerichtet. Shareholder-Value-Denken bestimmte von nun an Denken und Handeln in der Düsseldorfer Unternehmenszentrale.

---

50 Vgl. Thomas Knipp: Der Deal. Die Geschichte der größten Übernahme aller Zeiten, Hamburg 2007.
51 Vgl. Mannesmann erwägt Verkauf von VDO und Sachs, in: FAZ, 23.8.1999.

Der eigentliche Macher dieses Wandels war Esser. Als er im Mai 1999 zum Vorstandsvorsitzenden bei Mannesmann gewählt wurde, begann die endgültige Auseinandersetzung um die europäische Spitzenposition in der Mobilfunkbanche. Essers Gegner hieß Chris Gent und war Vorstandsvorsitzender des Unternehmens Vodafone. Vodafone war in Großbritannien in den 80er Jahren bei der Vergabe erster privater Mobilfunklizenzen gegründet worden und gehörte anfangs zum Unternehmen Racal Electronics. 1991 ging Vodafone an die Börse und löste sich von Racal. In den 90er Jahren wuchs das Unternehmen durch die Dynamik im Telefongeschäft und v.a. durch Beteiligungen und Zukäufe bei Konkurrenten in Europa. Der größte Entwicklungssprung gelang 1998/99 mit der Übernahme des amerikanischen Mobilfunkanbieters Airtouch Communications. Der Preis lag damals bei 62 Mrd. US-Dollar. Da Airtouch wiederum ein Spin-Off von PacTel war und somit deren Beteiligung am Mannesmann-Mobilfunk aus der Zeit der D2-Ausschreibung mit übernommen hatte, war Vodafone mit diesem Schritt auch Minderheitsaktionär im Mannesmann-Konzern geworden.

Esser und Mannesmann gingen im Herbst 1999 zur Offensive über und kauften den britischen Mobilfunkanbieter Orange für 60 Mrd. Mark. Damit wurde Mannesmann zum Marktführer in Europa und betrat gleichzeitig den britischen Markt. Orange war dort der größte Konkurrent von Vodafone.

Die direkte Konfrontation der beiden Mobilfunkriesen Mannesmann und Vodafone begann im November 1999 mit einem Übernahmeangebot von Vodafone an Mannesmann. Weil dieses in Düsseldorf abgelehnt wurde, begann Vodafone mit der feindlichen Übernahme. Die Schlacht endete am 2. bzw. am 4. Februar 2000 mit der Einigung der Verhandlungsführer und der Zustimmung des Mannesmann-Aufsichtsrats zum bekannten Ergebnis: Vodafone wurde Mehrheitseigentümer der Mannesmann AG und „bezahlte" dafür den – bislang nie mehr bei Unternehmensübernahmen erreichten – Preis von rund 190 Mrd. Euro. Bezahlt wurde über einen Aktientausch. Letztendlich bekam jeder Mannesmann-Aktionär 58,96 Vodafone-Aktien für eines seiner Aktienpapiere.

Da sich das Interesse Vodafones auf die Mobilfunk- und Festnetzsparte von Mannesmann konzentrierte, wurden alle anderen Bereiche im Laufe des Jahres 2000 verkauft. Aus kartellrechtlichen Gründen musste zusätzlich die Mobilfunkfirma Orange an France Telekom weiterverkauft werden. Das traditionelle Röhrengeschäft ging an die Salzgitter AG und die Bereiche Engineering und Automotive mit den Unternehmensgruppen VDO, Sachs, Rexroth und Dematic wurden zu einer neuen Gesellschaft ausgegründet, die den Namen Mannesmann Atecs AG trug – das Kürzel Atecs stand für „Advanced Technology".

Ursprünglich war geplant, die Mannesmann Atecs an die Börse zu bringen, schließlich wurde sie aber an ein Konsortium von Siemens und Bosch verkauft, die für den Bereich 9,6 Mrd. Euro an Vodafone bezahlten. Rexroth wurde an die Bosch-Gruppe weitergegeben, das Luxusuhrensegment an Richemont, der Bereich Sachs mit seinen Produkten der Antriebs- und Fahrzeugtechnik wurde an ZF Friedrichshafen weiterverkauft und die Dematic wurde schließlich nach und nach in einzelne Bereiche zergliedert und zum größten Teil an unterschiedlichste Partner veräußert.

Bei Siemens verblieb das bisherige Geschäftsfeld der Mannesmann VDO AG, die vor der Mannesmann-Zerschlagung 23.000 Mitarbeiter beschäftigt und einen Jahresumsatz von rund 3,5 Mrd. Euro erzielt hatte. VDO wurde 2001 mit dem bisherigen Siemens-Bereich Automobiltechnik (AT) zu einer gemeinsamen Gesellschaft mit dem neuen Namen Siemens VDO Automotive AG zusammengeführt. Der Bereich AT der Siemens AG hatte mit seinen 27.000 Mitarbeitern und einem Jahresumsatz von 3,3 Mrd. Euro ein ähnliches Volumen wie VDO. Sitz der neuen Siemens-Tochter wurde die frühere Zentrale des Bereichs AT in Regensburg. Das ehemalige Kienzle-Werk in Villingen blieb mit etwa 1.500 Mitarbeitern ein wichtiger Standort von Siemens VDO und war weiterhin für das Produktensemble aus Fahrtschreibern, Maut- und Cockpitsystemen für Nutzfahrzeuge verantwortlich.

Nachdem die Siemens VDO Automotive AG erst 2006 vollständig in den Siemens-Konzern integriert wurde und als Kerngeschäftsfeld der Siemens AG, Siemens VDO Automotive, firmierte, wurde das Unternehmen schon 2007 erneut reorganisiert. Im Januar 2007 kündigte der damalige Vorstandsvorsitzende der Siemens AG Klaus Kleinfeld auf der Hauptversammlung einen weitgehenden Umbau des Konzerns an, der auch einen Verkauf der Automobilsparte VDO vorsah. Zunächst wurde nur von einem Modell gesprochen, dass die industrielle Führung weiterhin bei Siemens gelassen und nur eine Minderheit der Aktien an die Börse gebracht hätte.

Im Juli 2007 entschied aber der Siemens-Aufsichtsrat, dass das komplette Geschäftsfeld Siemens VDO an die in Hannover ansässige Continental AG (Conti) verkauft würde. Als Kaufpreis wurden 11,4 Mrd. Euro vereinbart. Obwohl Conti schon kurz nach der Ankündigung eines bevorstehenden (Teil-) Verkaufs von Siemens VDO Anfang 2007 sein Kaufinteresse signalisiert hatte, war bis Sommer nicht klar gewesen, ob die Siemens-Spitze nicht doch den Einstieg eines internationalen Finanzinvestors zulassen würde. Lange Zeit war der vom US-amerikanischen Finanzinvestor Blackstone dominierte Autozulieferer TMW als Käufer im Gespräch, der aber letztlich gegenüber dem deutschen Industriekonzern das Nachsehen hatte.[52]

Überrascht waren sicherlich viele Beobachter von der offensiven Expansionspolitik des vor allem als Reifenhersteller bekannten Continental-Konzerns. Aber Conti hatte schon Ende der 1990er Jahre begonnen, offensiv in den Automotive-Bereich einzusteigen. Insbesondere durch den Kauf der Unternehmen ATE und Temic konnte Conti in kurzer Zeit eine starke Marktposition aufbauen. ATE steht als Kürzel für den Namen des Gründer- und Pionierunternehmers Alfred Tewes, der sein Unternehmen mit Entwicklungen im Bereich von Fahrzeugbremsen aufbaute und dessen Nachfolgefirmen im Bereich Bremsen und Fahrzeugstabilität (ABS) erfolgreich waren. Temic wiederum kam aus der Elektronik-Branche und war bis in die 1990er Jahre ein Unternehmen im Telefunken-Konzern (Telefunken microelektronic GmbH). Es brachte 2001 bei der Übernahme durch Conti Produkte aus dem Bereich der Steuer- und Kontrollelektronik mit ein. Die Conti-Unternehmen Temic und Tewes bildeten den Kern des neuen Geschäftsbereichs Continental Automotive Systems, der im Jahr 2006 durch den Zukauf des kompletten Autoelektronik-Geschäfts von Motorola weiter ausgebaut werden konnte.

---

52 Vgl. Artikel „VDO geht an Conti", in: www.manager-magazin.de, 25.7.2007.

Schon vor dem Zukauf der Motorola-Sparte und der VDO machte der Bereich Automotive knapp 40 Prozent des gesamten Konzernumsatzes aus. Nach den erneuten Zukäufen beschäftigte der Bereich Continental Automotive weltweit rund 83.000 Mitarbeiter und erzielte damit einen Jahresumsatz von rund 16 Mrd. Euro, was über 60 Prozent des gesamten Konzernumsatzes ausmacht. Das Werk in Villingen-Schwenningen mit seinen 1.500 Beschäftigten gehört nach der Integration der VDO in den Conti-Konzern zur Division Interior und ist dort Kern des Geschäftsbereichs Commercial Vehicles & Aftermarket, in dem die kompletten Nutzfahrzeuge- und Handelsaktivitäten der Automotive-Gruppe gebündelt werden.[53]

Wie unsicher selbst die Position eines Branchenriesen wie Conti ist, zeigt das bislang letzte Kapitel der Firmengeschichte. Noch war die VDO-Integration voll im Gange, da wurde die Konzernführung von einem Übernahmeangebot überrascht. Während die Fachpresse noch dabei war, von der dynamischen Kraft und den großen Zukunftsaussichten Contis zu schreiben und deren Vorstandschef Manfred Wennemer als starken Mann der Branche zu feiern, hatte man im fränkischen Herzogenaurach an einem intelligenten Angriffs- und Übernahmeplan geschmiedet. Herzogenaurach ist Sitz der Schaeffler-Gruppe, einem Familienunternehmen unter Führung von Maria-Elisabeth Schaeffler und deren Sohn Georg. Schaeffler ist ein Mischkonzern der Bereiche Maschinenbau und Autozulieferung, das Spektrum reicht von Kupplungen, Getriebe und Kugellagern bis zu verschiedensten Industrieprodukten. 2007 erzielte die Gruppe 8,9 Mrd. Euro Jahresumsatz und beschäftigte rund 66.000 Mitarbeiter weltweit. Damit war die Schaeffler-Gruppe deutlich kleiner als Conti, das nach dem VDO-Zukauf auf den dreifachen Jahresumsatz kam.[54]

Am 14. Juli 2008 wurde bekannt, dass Schaeffler die Mehrheit beim Conti-Konzern anstrebte. Außerdem wurde schnell klar, dass der Angreifer gut vorbereitet war und bereits Optionen auf 36 Prozent der Aktien besaß. Da diese über eine verbündete Bankengruppe organisiert worden war, waren diese Vorbereitungen dem Markt und der Conti-Führung verborgen geblieben. Entsprechend überrascht zeigte sich die Conti-Führung um Vorstandschef Wennemer. Trotz einiger Abwehrversuche wurden sich Conti und Schaeffler schließlich am 21. August 2008 einig. Schaeffler durfte bis zu 49,99 Prozent der Conti-Aktien zu einem Preis von 75 Euro je Aktie übernehmen und errang damit die Rolle des dominierenden Eigentümers. Gleichzeitig musste Conti-Vorstandschef Wennemer zurücktreten, zu seinem Übergangsnachfolger wurde der bisherige Conti-Technikvorstand Dr. Karl-Thomas Neumann ernannt.[55]

---

53 Vgl. Artikel „Die Geschichte der Division Automotive Systems", in: http://www.conti-online. com/generator/www/de/de/cas/cas/themen/das_unternehmen/historie_de/historie_einstieg_ de.html (Abruf 2. April 2008).
54 Michael Freitag: Das Duell. Bosch gegen Continental, in: Manager-Magazin 3/2008, S. 34–41.
55 Thomas Katzensteiner: Conti kann Kampf gegen Übernahme durch Schaeffler kaum noch gewinnen, in: www.wiwo.de, 21.7.2008; Georg Meck, Rainer Hank: Für Conti beginnt jetzt eine neue Ära, in: Frankfurt Allgemeine Sonntagszeitung, 24.8.2008; Artikel „Schaeffler ist bei Conti Herr im Haus, in: www.handelsblatt.de, 2.9.2008.

Das Übernahmevorhaben hätte aufgehen können, hätten sich nicht zwischenzeitlich die wirtschaftlichen Rahmenbedingungen fundamental verändert. Mit der Zuspitzung der globalen Finanzkrise im Sommer 2008 und ihren tief greifenden Folgen für die Weltwirtschaft, insbesondere auch für die Autoindustrie, lösten sich viele der optimistischen Annahmen des Schaeffler-Conti-Geschäfts in Luft auf. Am 15. September, also mitten in der Frist des Übernahme-Verfahrens, in der Schaeffler Conti-Aktien zum Festpreis von 75 Euro aufkaufen musste, musste in den USA die Großbank Lehmann Brothers Insolvenz anmelden, wodurch die Finanzkrise eine neue Dimension bekam. In der Folge befanden sich die weltweiten Aktienkurse auf Talfahrt, zahlreiche Banken und Unternehmen gerieten in Schwierigkeiten und auch die Conti-Aktie verlor stark an Wert.

Für Conti-Aktionäre war es nun plötzlich sehr attraktiv, Anteile zum Garantiepreis an Schaeffler zu verkaufen. Insgesamt musste Schaeffler deshalb nicht die erwarteten 50 sondern rund 90 Prozent der Conti-Aktien kaufen. Die überschüssigen 40 Prozent der Conti-Aktien mussten bis Jahresende 2008 an befreundete Banken weiterverkauft werden. Insgesamt kostete die Conti-Übernahme die Schaeffler-Gruppe etwa 10 Mrd. Euro, mehr als ein Jahresumsatz. Hinzu kommen die noch nicht abbezahlten 11 Mrd. Schulden der Continental AG aus dem VDO-Kauf, so dass der Gesamtkonzern 2009 mit einem Schuldenberg von deutlich über 20 Mrd. Euro zu kämpfen hatte. Und das unter den Rahmenbedingungen einer globalen Finanz- und Wirtschaftskrise sowie drastisch eingebrochener Absatz- und Umsatzzahlen in der gesamten Automobilindustrie.[56]

Anfang 2009 stand die Conti-Aktie deshalb deutlich unter 20 Euro, wodurch ihr Wert seit der Übernahme um drei Viertel verloren hat. Auch wenn sich der Aktienkurs mit der Gesamtentwicklung an der Börse im Jahresverlauf wieder erholen konnte und bei etwa 40 Euro stand, war Ende 2009 noch keine Besserung im Absatz absehbar. Hinzu kam, dass Schaeffler weiterhin kein tragfähiges Gesamtkonzept für den Doppelkonzern liefern konnte und der Schuldenberg unvermindert drückte. Selbst Conti-Vorstandschef Neumann kritisierte angesichts dieser Krise auf der Conti-Hauptversammlung im April 2009 öffentlich die Schaeffler-Familie und verspielte somit sein Vertrauen bei den Eigentümern.

Im gesamten Jahresverlauf 2009 kam das Verhältnis Schaeffler-Conti nicht aus den Schlagzeilen. Zwischenzeitlich wurden verschiedene Kooperationsmodelle diskutiert, sogar eine Vollfusion war im Gespräch. Schaeffler konzentrierte sich aber zunächst darauf, die eigene Machtposition bei Conti weiter abzusichern. Zunächst betrieb man die Ablösung von Vorstandschef Neumann und erreichte dies auch im August auf einer Aufsichtsratssitzung. Zum neuen Conti-Chef wurde Elmar Degenhart gewählt, der zuvor die Automotive-Sparte der Schaeffler-Gruppe geleitet hatte.[57]

---

56 Vgl. Artikel „Mit Steuermilliarden zum Weltkonzern, in: www.manager-magazin.de, 25.01.2009.
57 Vgl. Axel Höpner: Elmar Degenhart – ein Herkules für Conti, in: Handelsblatt, 3.8.2009; Guido Warlimont, Gregor Haake: Degenhart ersetzt Neumann an Conti-Spitze, in: www.ftd.de, 12.8.2009.

Degenhart ist Jahrgang 1959 und hat vor seiner Tätigkeit bei Schaeffler mehrere Führungspositionen bei Bosch, bei Continental-Tewes und Keiper Recaro ausgeübt.

Preis für die Wahl eines Schaeffler-Vertrauten an die Conti-Spitze war der Rücktritt von Rolf Koerfer als Vorsitzender des Conti-Aufsichtsrats. Koerfer war Familienanwalt der Schaefflers und war von diesen in diese Aufsichtsratsposition gebracht worden. Für die Position des Aufsichtsratsvorsitzenden konnte stattdessen mit Wolfgang Reitzle ein „Wundermann der Autobranche" (Handelsblatt) gewonnen werden. Zuletzt war Reitzle beim Industriegas-Konzern Linde, aber aus seiner Managementerfahrung bei BMW und Ford genoss er einen glänzenden Ruf in der Automobilbranche.

Vor Einbruch der großen Wirtschaftskrise stand der Standort Villingen sehr solide dar: Insbesondere das Geschäft mit den Digitalen Tachographen boomte und die Produktion war ausgelastet. Zweieinhalb Jahre nach dem Start der Serienproduktion waren schon eine Million Geräte des DTCO gebaut und der Jahresumsatz 2008 lag zum Jahresende mit 340 Mio. Euro rund 40 Mio. Euro über dem Plan.[58] Mit der allgemeinen Autokrise im Allgemeinen und den speziellen Problemen der Unternehmensgruppe Conti-Schaeffler machte aber die Krise auch vor dem Werk Villingen nicht halt. Bei den großen Nutzfahrzeugeherstellern war der Absatz massiv eingebrochen, so dass auch die Bestellungen bei den Zulieferern entsprechend zurückgefahren wurden. Anfang 2009 mussten im Werk Villingen 750 Mitarbeiter, also die Hälfte der gesamten Belegschaft, in Kurzarbeit geschickt werden, betroffen waren alle produktiven und produktionsnahen Abteilungen. Ausgenommen waren zunächst die Entwicklungs- und Vertriebsabteilungen. Im Juni 2009 wurde dann öffentlich, dass die allgemeinen Einsparungen im Continental-Konzern am Standort Villingen zu Einsparleistungen von jährlich rund 8 Mio. Euro führen sollten. Nachdem im ersten Halbjahr 2009 schon über 100 Stellen im Rahmen von Fluktuationen abgebaut worden waren, standen damit weitere rund 200 Arbeitsplätze zur Disposition.[59] In dieser Situation kam Ende Oktober 2009 das entscheidende Signal zur Standortsicherung, als bekannt wurde, dass sich die Conti-Führung, Betriebsrat und Gewerkschaften in Villingen darauf verständigt hatten, das Villinger Werk mindestens fünf weitere Jahre zu halten und dabei auf betriebsbedingte Kündigungen zu verzichten. Im Gegenzug nehmen die verbliebenen 1.300 Mitarbeiter Einschnitte bei der Entlohnung hin: Jahreszahlung und Teile des Urlaubs- und Weihnachtsgeldes werden gestrichen und geplante Lohnerhöhungen verschoben.[60]

Für die Konzerne Conti und Schaeffler wie für den Standort Villingen-Schwenningen gilt, dass die große Wirtschafts- und Finanzkrise ihre Spuren hinterlassen hat. Am alten Kienzle-Standort wurde eine mittelfristige Existenzgarantie vereinbart und dank des boomenden Autoexports 2010 bewegt sich der Gesamtkonzern wieder

---

58 Vgl. Artikel „Eine Million mal vom Band", in: Südkurier, 22.01.2008; „Bangen, wie es weitergeht, in: Neckarquelle, 03.02.2009; „Kurzarbeit für 750 Conti-Mitarbeiter angemeldet", in: Südkurier, 13.01.2009.
59 Vgl. Artikel „Conti VS: 200 Stellen sind in Gefahr", in: Südkurier, 6.6.2009.
60 Vgl. Artikel „Conti bleibt in Villingen", in: Südkurier, 28.10.2009; Artikel „Standort mit 1.300 Conti-Beschäftigten gesichert", in: www.swr.de, 27.10.2009.

in ruhigerem Fahrwasser. Aber die Integration der Conti AG in die Schaeffler-Gruppe ist noch lange nicht abgeschlossen. Der zukünftige Erfolg der Autozulieferer wird sicherlich auch von der mittelfristigen Gesamtentwicklung der Weltwirtschaft und der Autobranche abhängen. Absehbar ist, dass mancher Phoenix, der in den letzten Jahren in der Asche lag, nicht mehr neu entstehen wird. Bei Conti sind aber enorme technische Potentiale vorhanden, um mit intelligenten und innovativen Systemen auch in Zukunft eine wichtige Rolle in der weltweiten Zulieferindustrie zu spielen. Als Dr. Herbert Kienzle und Paul Riegger 1929 mitten in der Weltwirtschaftskrise versuchten, Kunden für die ersten Kienzle-Fahrtschreiber zu gewinnen, konnte keiner ahnen, welcher unternehmerische Erfolg damit noch verbunden sein würde.

7. EIN UNTERNEHMEN IN SEINER ZEIT

7.1. Produkte des angewandten Taylorismus

Nicht die Dampfmaschine sondern die Uhr muss als Schlüsselmaschine des modernen Industriezeitalters gesehen werden, stellte einst der Kulturhistoriker Lewis Mumford fest.[1] Damit meinte er sowohl den faktischen Gebrauch der mechanischen Uhr als auch ihre symbolisch-kulturelle Bedeutung für das neue Denken und Handeln der Menschen. In Bezug auf den faktisch-technischen Bereich sei sie immer das herausragende und fortschrittlichste Gerät und hier auch Symbol für die Maschine schlechthin gewesen. In ihrer Funktionalität und mechanischen Präzision war sie darüber hinaus Vorbild und Vorlage für verschiedene andere feinmechanische Maschinen und Apparate. In ihrer kulturellen Wirkung trug sie entscheidend zur Synchronisierung und Koordinierung des menschlichen Zusammenlebens – auch über größere Distanzen hinweg – bei. Indem sie von Witterung und Jahreszeit unabhängige Zeiteinheiten schuf, half sie bei der Bändigung und Kontrolle der Ressource Zeit, die wohl das zentrale Gerüst der modernen Welt darstellt.[2] Die Uhr war damit eine entscheidende Voraussetzung moderner Fabrikarbeit, sie half bei der Standardisierung von Produktion und Produkten und bei der Einführung und Durchsetzung moderner Managementtechniken sowie Ingenieurswissenschaften.

In der voranschreitenden Industrialisierung entwickelte sich die Ressource Zeit zu einem immer wichtigeren Faktor. Sie wurde zu einem Maß für Effizienz, Produktivität, Kosten und Erfolg im Arbeits- und Wirtschaftsleben, immer mehr Produkte sollten in einer möglichst kurzen Zeit hergestellt werden. Schon Adam Smith hatte in seinem zentralen Werk „Vom Wohlstand der Nationen" mit dem Beispiel der Nadelfabrik den Weg in Richtung Arbeitsteilung und Massenproduktion vorgegeben. Die Anfänge der Rationalisierung und Verwissenschaftlichung der Fabrikorganisation in Deutschland datierten auf die 1880er Jahre und griffen Vorbilder aus den USA auf. Die Modernisierung der Uhrenfabrikation bei Schlenker & Kienzle in Schwenningen durch Jakob Kienzle oder auch bei C. Werner im benachbarten Villingen waren Ausdruck dieses Zeitgeistes und führten beide Firmen an die Spitze der damaligen Uhrenindustrie.

---

1 Vgl. Lewis Mumford: Technics and Civilization, New York 1963 [Original 1934], S. 12–18; Gerhard Dohrn-van Rossum: Die Geschichte der Stunde. Uhren und moderne Zeitordnung, München u. Wien 1992, S. 11–23.
2 Vgl. auch Wolfgang Krohn: Technik als Lebensform - Von der aristotelischen Praxis zur Technisierung der Lebenswelt. In: Ingensiep, H.-W.; Eusterschulte, A. (Hrsg.): Philosophie der natürlichen Mitwelt: Grundlagen – Probleme – Perspektiven, Würzburg 2002, S. 193–210, hier S. 201–204.

Von den USA aus erfuhr diese Entwicklung infolge der von Frederick W. Taylor angeschobenen „wissenschaftlichen Betriebsführung" und die vom Industriellen Henry Ford initiierte Fließbandarbeit eine weitere Dynamik. Die mit der Stoppuhr kontrollierte Arbeitsnorm und die hochgradig arbeitsteilig aufgebaute Massenfertigung wurden zu einer zentralen Idee des beginnenden 20. Jahrhunderts. Im Arbeits- und Produktionsalltag deutscher Industrieunternehmen hielten aber Taylorismus und Fordismus erst nach und nach Einzug.[3] Die Kienzle Uhrenfabriken gehörten zu den Betrieben, die hier führend voran gingen. Dr. Herbert Kienzle zeigte schon während seiner Studienjahre um 1910 ein großes Interesse an den neuen Ideen aus Übersee. Nicht zufällig promovierte er mit einer Arbeit zu Automatisierungstechniken für Drehbänke und entwickelte einen Steuerapparat, der die Maschinenleistung bezüglich Zeit und Qualität steigerte. Danach reiste er mehrere Jahre durch die Vereinigten Staaten und sammelte dort praktische Erfahrungen mit den neuen Fertigungs- und Organisationstechniken. Diese setzte er in den 20er Jahren gewinnbringend bei der Modernisierung der väterlichen Uhrenfabriken ein und trug damit wesentlich zum erneuten Aufschwung der Kienzle-Uhrenproduktion in der Zwischenkriegszeit bei.

Einflussreich war aber sicherlich auch eine zweite Idee, die Dr. Kienzle aus den USA mitbrachte und die sein weiteres unternehmerisches Handeln mitbestimmte, nämlich die ersten Erfahrungen mit einer automobilen Gesellschaft. Während Autos in Deutschland noch ein skurriles und selten gesehenes Randphänomen darstellten, waren die USA Vorreiternation bei der Motorisierung. Dr. Kienzle erkannte hier, dass Kontroll- und Informationssysteme in Zukunft nicht nur für den Industriebetrieb sondern v.a. auch für den Fahrzeugbereich von Interesse sein würden. Wie der Zufall es wollte, hatte das eigene Familienunternehmen gerade im benachbarten Villingen den Uhrenbetrieb von C. Werner übernommen, wo man mit Taxametern genau solche Fahrzeuginstrumente produzierte und vertrieb. In den 20er Jahren investierte Dr. Kienzle zunehmend Energie und Zeit in die Weiterentwicklung dieses Apparats und in die Konstruktion von technisch verwandten Geräten. Neben dem Taxameter entstanden in den Kienzle-Werkstätten mit dem Autograf, der Arbeitsschauuhr, dem Rekorder, Zeitverlustuhren und Zählschreibern klassische tayloristische Instrumente für die Betriebsüberwachung. Kienzle übertrug deren Grundprinzipien zusätzlich auf den Fahrzeugbereich und konstruierte den Rüttelrekorder und die Autorex-Uhr. Als zum Zeit- und Wegstreckenaufschrieb noch eine Geschwindigkeitsregistrierung hinzukam, war das Grundprinzip der Kienzle-Schlüsselinnovation – des Fahrtschreibers – fertig.

In diesen Jahren durchlebte Deutschland gerade erst den Durchbruch zur Motorisierung der Gesellschaft. Im Transport- und Verkehrsgewerbe ersetzte der motorisierte Antrieb das Pferd, aber von einer Massenmotorisierung war man noch weit entfernt. Pkws blieben in den 20er Jahren ein Privileg kleiner kaufkräftiger Gruppen. Entscheidend waren diese Jahre aber dennoch, weil sich hier der in Deutschland

---

3 Christian Kleinschmidt: Technik und Wirtschaft im 19. und 20. Jahrhundert, München 2007, S. 33–45; Joachim Radkau: Technik in Deutschland. Vom 18. Jahrhundert bis zur Gegenwart, Frankfurt/M. 1989, S. 269–284.

zuvor weit verbreitete Widerstand gegen das Automobil aufzulösen begann und an seine Stelle eine breite Akzeptanz der modernen Verkehrsmittel trat. Es war ein allmählicher Wandel im gesellschaftlich-politischen Umgang mit dem Auto zu verspüren. Dieser Prozess wurde u.a. durch die Verbreitung des öffentlichen Personennahverkehrs, also durch den Einsatz von Bussen und Taxis angeschoben und er schlug sich im Aufkommen von motorisierten Nutzfahrzeugen nieder, deren Durchbruch auf die Zeit des Ersten Weltkriegs zurückging. Lkws wurden gerade in eisenbahnfernen Gebieten zu gern gesehenen Transportmitteln.[4] Wer die Zeichen der Zukunft sehen wollte, der sah sie.

Der Kienzle-Fahrtschreiber war aber zunächst ein Produkt fast ohne Markt. Keineswegs war es so, dass die Fuhrparkbetreiber und Autobauer sofort erkannten, welchen wirtschaftlichen Nutzen ihnen ein solches Kontrollgerät brachte. Mehrere Jahre vergingen, ehe das engagierte Werben bei potentiellen Kunden zu den ersten größeren Aufträgen führte. Diese Einführungsphase des Fahrtschreibers fiel zudem noch in die Jahre der Weltwirtschaftskrise, wodurch die Exportmärkte für den Kienzle-Taxameter in sich zusammenbrachen. Damit kam die Produktion im Villinger Kienzle-Werk fast völlig zum Erliegen, das Zweigwerk in Mönchweiler musste stillgelegt werden und die Belegschaft sank auf eine Minimalzahl, so dass die Zukunft der jungen Unternehmung stark gefährdet war.

Erinnert sei an die Uhrenfabrik C. Werner, die ihren Niedergang zwischen 1910 und 1913 erlebte und deshalb an Kienzle verkauft wurde. Dort hatte man die eigenen Kräfte überschätzt und zuviel in die beiden neuen Produkte Taxameter und Rechenmaschine investiert. Als noch eine Preiskrise die Branche erschütterte und ein großer Brand das Uhrenlager zerstörte, konnte das Unternehmen seine finanziellen Verbindlichkeiten nicht mehr bedienen. C. Werner ist ein gutes Beispiel dafür, wie riskant das Geschäft mit den Zukunftsmärkten war. Ein Scheitern war nie ausgeschlossen.

Von den gesamtwirtschaftlichen Rahmenbedingungen her sah es für Kienzle Apparate Anfang der 30er Jahre eher noch schlechter aus. Aber man profitierte von der Finanzkraft der väterlichen Uhrenfabriken, die immer noch im Hintergrund standen, und dem Durchhaltewillen und Können der beiden Schlüsselpersonen Dr. Kienzle und Paul Riegger. Beide waren davon überzeugt, dass die Krise vorübergehen und dann die Zeit für ihre Produkte kommen würde. Kienzles Entscheidung, sich mit vollem Tatendrang dem kleinen Spin-Off zu widmen und das große Geschäft mit den Uhren seinem Bruder zu überlassen, war sicherlich eine unbequeme gewesen. Sie sollte aber in den 30er Jahren von Erfolg gekrönt werden, als sowohl staatliche Stellen als auch die Autofabriken den Nutzen des Fahrtschreibers erkannten. Ein Gerät zur Fahrzeugkontrolle, das wirtschaftliches und materialschonendes Fahren beförderte, das den Verbrauch von Kraftstoff und Reifengummi reduzierte, passte in den Trend einer Gesellschaft, die sich für einen Krieg rüstete und in der Rohstofffrage auf Einsparungen und Autarkie setzte.

---

4   Vgl. Christoph Maria Merki: Der holprige Siegeszug des Automobils 1895–1930. Zur Motorisierung des Straßenverkehrs in Frankreich, Deutschland und der Schweiz, Wien/Köln/Weimar 2002, S. 194–196.

Dr. Kienzle verkörpert einen jungen und modern-dynamischen Unternehmertyp, der die Bedeutung der amerikanischen Entwicklungen in Richtung Rationalisierung und Automatisierung frühzeitig erkannte und darin den Trend der kommenden Jahrzehnte auch für Europa sah. Er verinnerlichte diese Erfahrung und setzte sie in sein unternehmerisches Handeln um. Letztlich entwickelte sein Unternehmen Geräte des angewandten Taylorismus und führte sie in den Jahren des Nationalsozialismus auf den Märkten ein, also zu einer Zeit, in der Rationalisierung, Automatisierung sowie Automobilisierung ihre Durchbrüche erlebten. Zum einen bot man weiterhin typische Apparaturen zur Maschinen- und Arbeiterüberwachung wie den Autografen oder die Arbeitsschauuhr an. Zum anderen hatte man tayloristische Prinzipien auf den Automobilbereich übertragen und entwickelte hier mit dem Fahrtschreiber ein Schlüsselgerät. Das Interesse der großen Autofabriken, der Reichsbahn und der Wehrmacht sowie erste gesetzliche Regelungen sicherten das Geschäft auf diesem neuen Markt ab. Wer ahnte zu diesem Zeitpunkt, dass die eigentliche Boomzeit des Fahrtschreibers noch bevorstand?

In der Nachkriegszeit sollte das Geschäft mit den typischen Kontrollapparaten für Fabrik und Büro immer weiter zurücktreten, ohne ganz aus dem Programm der Firma zu verschwinden. Die dynamische Entwicklung des Apparategeschäfts verband sich hingegen stärker mit dem rollenden Verkehr auf Deutschlands und Europas Straßen. Aber Kienzle Apparate war noch über Jahrzehnte hinweg in der Rationalisierungsbewegung der REFA, dem Verband für Arbeitsstudien, engagiert, und bis heute existiert eine Nachfolgefirma, die in der Kienzle-Tradition moderne Systeme zur Betriebsdatenerfassung herstellt und vertreibt.

7.2. Computer made in Germany

Zunächst brachten die Nachkriegsjahre aber eine notwendige Neuorientierung. In der Besatzungszeit bedrohten Demontagen das Werk und nach Wegfall der Kriegsproduktion suchte die Kienzle-Geschäftsführung nach neuen zivilen Bereichen, in die das Unternehmen mit seinem feinmechanischen Know-how einsteigen könnte. 1948 kam es zu einer entscheidenden Begegnung, die die weitere Entwicklung der Kienzle Apparate entscheidend prägen sollte. Mit Lorenz Maier trat ein ehemaliger Konstrukteur des Chemnitzer Büromaschinenherstellers Astra-Werke an Dr. Kienzle heran. Er war im Osten vor den heranrückenden Sowjets geflohen und hatte im Westen an verschiedenen Orten versucht, sich mit seinen Kenntnissen eine neue berufliche Existenz aufzubauen. Damit stand er beispielhaft für eine gesamte Branche, die bis 1945 ihren Schwerpunkt in Sachsen, Thüringen und Berlin hatte und die unter den neuen wirtschaftlichen Bedingungen einer kompletten Neuordnung unterworfen wurde. Viele Eigentümer und Mitarbeiter der ostdeutschen Büromaschinenindustrie drängten in die nichtkommunistischen Westzonen. Dr. Kienzle und sein Geschäftsführer Polzin erkannten darin die Chance für ihr Unternehmen und nahmen Maiers Angebot an, in Villingen mit dem Bau eigener Büromaschinen zu beginnen.

Während die ostdeutsche Büromaschinenindustrie versuchte, sich zwischen Enteignung, Demontage und Reparationslieferungen zu behaupten und auch wichtige Hersteller in den Westzonen in Trümmern lagen, zeichnete sich ein wachsender Bedarf an Schreib- und Rechenmaschinen ab. Zerstörte Ausrüstung musste ersetzt oder repariert werden und die wachsende Wirtschaft hatten mehr denn je Bedarf an modernem Hilfsgerät für Büro und Organisation.

Kienzle nutzte den Brain Drain aus der SBZ für das eigene Geschäft. Neben dem Konstrukteur Maier warb man den Vertriebsdirektor von Wanderer Continental aus Chemnitz ab und nutzte dessen Kontakte zur Übernahme eines funktionierenden Vertriebsnetzes für Westdeutschland. Außerdem erkannte man, dass in Oberndorf die Büromaschinenproduktion der Mauser-Waffenfabrik darnieder lag und viele gut qualifizierte Mitarbeiter einen neuen Arbeitgeber suchten. Dr. Kienzle rekrutierte hier sowohl leitende Angestellte als auch Facharbeiter, für die ein neues Kienzle-Zweigwerk in Oberndorf errichtet wurde.

Innerhalb von zwei Jahren konnte die Kienzle Apparate GmbH mit einer eigenen Saldiermaschine, innerhalb von drei Jahren mit einer eigenen Buchungsmaschine aufwarten und bis Mitte des Jahrzehnts war man mit einer Vielzahl weiterer Modelle und Varianten auf dem Markt. In den Folgejahren etablierte sich das Unternehmen damit erfolgreich in der aufstrebenden Büromaschinenbranche. Insbesondere die von Kienzle angebotenen Modelle von Saldier- und Buchungsmaschinen erzielten im Vergleich zu anderen Büromaschinen weit überdurchschnittliche Umsatzzahlen. Neben dem Geschäft mit Lochkartensystemen standen sie für eine wachsende Automatisierung im Büro.

Die Neuordnung der deutschen Büromaschinenindustrie erwies sich für Kienzle Apparate als große Chance, die man früh erkannte und die man zum Aufbau eines komplett neuen zweiten Standbeins nutzte. Anknüpfend an die eigenen Erfahrungen als feinmechanischer Industriebetrieb und mit der Anwerbung von beschäftigungs- und heimatlos gewordenen Managern bzw. Facharbeitern machte man sich in der Branche schnell einen guten Namen. In Westdeutschland musste man sich insbesondere gegen ausländische Fabrikate aus den USA und Frankreich sowie gegen die neu gegründeten Westableger der ehemals ostdeutschen Hersteller etablieren. Aber in der Gruppe der Branchenneueinsteiger galt man schnell als das erfolgreichste Unternehmen Westdeutschlands.

In der weiteren Branchenentwicklung war Kienzle Apparate mit dabei, als es darum ging, den Übergang von mechanischen zu elektronischen Buchungsmaschinen und später zu Computern zu bewältigen. Kienzle-Geschäftsführer Polzin erkannte diesen Trend schon früh und brachte erste Elektronikentwicklungen auf den Weg, die um 1960 zu einer Generation halbelektronischer Buchungsautomaten führten. Diese bauten zwar noch auf der mechanischen Grundmaschine auf, Rechen- und Speicherfunktionen wurden aber über elektronische Zusatzaggregate integriert.

Über einige Irrungen und Wirrungen hinweg war Kienzle Apparate in den 60er Jahren maßgeblich an der Entwicklung der Mittleren Datentechnik beteiligt. Als die großen Computerhersteller der Zeit nicht an einen Markt für kleinere, günstige und mit einem beschränkten Leistungsvolumen ausgestattete Computer glaubten, waren es einige Firmen aus der Büromaschinenindustrie, die diesen Weg trotzdem gingen und Ende des Jahrzehnts einen wahren Boom nach solchen Geräten auslösten. Dass in Deutschland Nixdorf/Wanderer, Kienzle Apparate, Olympia oder Triumph-Adler an der Spitze dieser Entwicklung standen und nicht Siemens, SEL oder AEG-Telefunken war somit kein Zufall. Bei den Herstellern kleiner Bürosysteme stand man über ein gut organisiertes Vertriebs- und Servicenetz schon länger im Austausch mit den Kunden und konnte diese neuen Bedürfnisse besser und schneller in technische Lösungen umsetzen. Der sich öffnende Markt für Büro- und Informationstechnologie war spätestens zu Zeiten der Mittleren Datentechnik v.a. ein Konsumenten- und kein Produzentenmarkt.

Auf Basis einer Kooperation mit dem späteren Branchenprimus Heinz Nixdorf stellte Kienzle 1966 bei der Hannover-Messe mit der Klasse 800 einen ersten vollelektronischen Magnetkontencomputer vor. Das deutlichste Signal für die neue Zeit ging aber sicherlich 1968 an die Öffentlichkeit, als Heinz Nixdorfs kleines Labor für Impulstechnik die Wanderer Büromaschinen GmbH, einen der großen Namen der Branche, aufkaufen konnte und deren Rechner zukünftig unter eigenem Namen vertrieb. Im gleichen Jahr stellte Kienzle seinen Magnetkontencomputer der Klasse 6000 vor, der für die Firma bis heute den Aufbruch in die neue Elektronik-Ära repräsentiert.

Die innovative Kraft der Mittleren Datentechnik bescherte der gesamten Branche in den 70er Jahren eine dynamische Aufwärtsentwicklung. Man stieß mit diesen Geräten in eine Angebotsnische vor, die zwischen den mechanischen Kleinmodellen und teuren Großcomputern bestand. Wichtige Kunden waren mittelständische Industrie- und Handelsunternehmen, Geldinstitute, Versicherungen aber auch öffentliche Verwaltungen, die mit Hilfe der Mittleren Datentechnik die Herausforderungen einer komplexeren Organisation und Verwaltung bewältigen konnten. Das Leitparadigma der Computeranwendungen verschob sich von zentralen auf dezentrale Lösungen. Rationalisierungs- und Automatisierungsprozesse erhielten dadurch in der mittelständischen Industrie und in den Verwaltungen einen weiteren Schub. Die Zahl der installierten Computersysteme ging sprunghaft in die Höhe.

Die langen 70er Jahre zwischen 1966 und 1981 bedeuteten für Kienzle Apparate eine Zeit dynamischer Expansion, in der man sich auf dem bundesdeutschen Markt für Mittlere Datentechnik – hinter Nixdorf – als Nummer zwei positionieren konnte. Die ersten Jahre waren für die beteiligten Unternehmen wahrlich ein „goldenes Zeitalter". Der Wettbewerb nahm aber gleichzeitig an Schärfe zu und die Anbieter waren gezwungen, immer mehr Ressourcen in eine beschleunigte Forschung und Entwicklung zu investieren. Kienzle Apparate konnten hier in den 70er Jahren mit Neuentwicklungen im oberen Bereich der Mehrplatzsysteme wie auch im unteren Segment der Abrechnungsautomaten bestehen. Zusätzlich half dem Unternehmen, dass mit dem ersten Standbein, dem Apparate-Bereich, außerordentlich gute Ergebnisse erzielt wurden, so dass damit auftretende Verluste bei den Computern ausgeglichen werden konnten. Insgesamt stand man besser und stabiler als viele Konkurrenten da. Mitbewerber wie Anker in Bielefeld oder Hohner in Trossingen mussten aus dem Computergeschäft wieder aussteigen.

Gleichzeitig war sich das Unternehmen bewusst, dass man bis Ende des Jahrzehnts eine komplett neue Systemfamilie auf den Markt bringen musste, um auch mittel- und langfristig gegen die internationale Konkurrenz bestehen zu können. Als man mit dem ABC-Einplatzmodell der Klasse 9055 offenbar an den Marktanforderungen vorbei geplant hatte, wurde die Krise für das Familienunternehmen evident. Die vorhandene Kapitaldecke reichte nicht aus, um sich hier aus eigenen Kräften zu erholen. Die veränderten Marktbedingungen werden deutlich, wenn man die notwendigen Entwicklungskosten zwischen dem Magnetkontencomputer der Klasse 6000 und den Kosten für die neue Systemfamilie 9000 vergleicht. In den Jahren 1964 bis 1968 hatte Kienzle Apparate etwa 4 Mio. Mark Entwicklungskosten für die Klasse 6000 aufbringen müssen, wobei schon in den Folgejahren die jährlichen Entwicklungsaufwendungen auf über 10 Mio. Mark anstiegen. In den vier Geschäftsjahren 1978 bis 1982 hatte das Unternehmen hingegen jeweils rund 50 Mio. Mark für die kommenden Computersysteme ausgegeben. Zwar wurde etwa ein Viertel der Entwicklungskosten aus Mitteln der Bundesförderung für Datenverarbeitung gedeckt, die anderen drei Viertel mussten aber aus dem laufenden Geschäft finanziert werden.

Die Aufgabe der unternehmerischen Selbständigkeit war eine fast unumgängliche Folge. Das Unternehmen hatte aber in Wirtschaftskreisen weiterhin ein solch solides Image, dass es nicht schwer war, einen leistungsstarken inländischen Investor zu finden. Die traditionsreiche Mannesmann AG war als neue Eigentümerin bereit, dem Kienzle-Computerbereich bei den notwendigen Zukunftsinvestitionen unter die Arme zu greifen. Die Konzentrationstendenzen und der technische Wandel verschärften sich aber in den 80er Jahren weiter. Obwohl man mit der Systemfamilie 9000 einige Jahre gute Ergebnisse erzielte, entschloss sich der Mannesmann-Vorstand 1990 dazu, das Kienzle-Computergeschäft zu veräußern. Nach dem Zuschlag für die D2-Mobilfunklizenz und dem gescheiterten Kauf der angeschlagenen Nixdorf Computer AG wurde der Konzern strategisch neu auf den Bereich der Telekommunikation und Fahrzeugtechnologie ausgerichtet. Für die Computersparte der Mannesmann Kienzle GmbH war in der neuen Konzernstrategie kein Platz mehr. Ironischerweise hatte man die erfolgreiche D2-Bewerbung unter Federführung des Villinger Tochterunternehmens bewältigt.

Der Lösung mit dem Verkauf an den US-Konzern DEC war aber wenig Glück beschieden. Das neue Unternehmen Digital-Kienzle existierte nur wenige Jahre und wurde dann den Umstrukturierungsprozessen im Großkonzern geopfert. Villingen war als Entwicklungs- und Produktionsstandort für einen Global Player wie DEC von zu geringem Interesse. Das Ende der Nachfolgefirma DITEC, aber auch das Schicksal anderer inländischer Anbieter, wie z.B. Nixdorf, verdeutlichen, dass die gesamte bundesdeutsche Computerindustrie gegen die amerikanisch-japanische Konkurrenz nicht bestehen konnte. Die Zeit nationaler Nischen lief spätestens seit den 80er Jahren aus. Im internationalen Maßstab kam es immer mehr zu Riesenfusionen, die Großen wurden von noch Größeren geschluckt.

Die Geschichte der Kienzle Apparate GmbH, ihr Auf und Ab, ist somit auch ein wichtiges Kapitel der deutschen Computergeschichte. Heute erinnern sich einige Zeitgenossen noch an Nixdorf, den wichtigsten Namen unter den bundesdeutschen Computerherstellern. In Vergessenheit gerieten aber die vielen anderen Namen der Branche, die wie Kienzle einen erheblichen Beitrag im Übergang von Großrechenanlagen zu kleineren und mittleren Systemen leisteten. Immerhin war Kienzle hier erfolgreicher als andere deutsche Computerhersteller, insbesondere mit Magnetkontensystemen war man zeitweise Schrittmacher des technischen Fortschritts, und man besaß eine sehr gute Marktposition, aus der mehr zu machen war.

Wichtige Fragen der Branchengeschichte sind aber weiterhin offen. War das Ende dieser Entwicklung schon in den 70er Jahren absehbar? Wie hoch war die Verantwortung der Politik an diesem Niedergang? Hätte ein Familienunternehmen wie Kienzle nicht länger am Markt bestehen können? Hätte es für die verantwortlichen Manager andere strategische Optionen gegeben? Es lohnt sich die Geschichte des deutschen Computers dem drohenden Vergessen zu entreißen. Sie ist noch lange nicht zu Ende erzählt.

7.3. Die automobile Gesellschaft und ihre Regulierung

Wie die Nachkriegszeit deutlich zeigte, war der Fahrtschreiber kein Sonderphänomen einer Kriegswirtschaft. Ganz im Gegenteil erlebte er seinen eigentlichen und anhaltenden Boom erst unter den Bedingungen einer massenmotorisierten Gesellschaft. Zum schnellen Anwachsen der Zulassungszahlen kam die allgemeine Fahrtschreiberpflicht in der Bundesrepublik für Lkws ab 7,5 Tonnen, für Busse ab 14 Sitzplätzen und Zugmaschinen ab 25 PS im Jahr 1953. Für das Unternehmen Kienzle Apparate und sein Fahrtschreiberprogramm brachen dadurch goldene Zeiten an. Die eigenen Verkaufsrekorde konnten immer wieder selbst übertroffen werden; die Konkurrenz wurde durch eine hohe technische Qualität bei den Geräten, eine enge Zusammenarbeit mit den Autofabriken und ein flächendeckendes Netz an Servicestationen auf Distanz gehalten. Manchmal – wie im Fall VDO Ende der 50er Jahre – bediente man sich auch des Mittels der Marktabsprache, um die eigene Dominanz zu erhalten.

Kienzle Apparate profitierte nicht nur mit dem Hauptprodukt Fahrtschreiber von der Massenmotorisierung, sondern begann auch mit der Konstruktion und dem Verkauf von zusätzlichen Produktgruppen. So stieg man in den 50er Jahren sowohl in den Bereich früher Tankdatensysteme als auch in das Geschäft mit Parkuhren ein. Im Tankbereich bot Kienzle mit dem so genannten Geld- und Literzähler Holland (GZH) ein mechanisches Zähl- und Rechenwerk für vollautomatische Zapfsäulen an. Das Gerät wurde an die Hersteller von Tankanlagen geliefert, so dass Kienzle als wichtiger Zulieferer vom Boom der Tankstellen in Deutschland profitierte. Als in der Bundesrepublik erste Städte und Gemeinden Mitte der 50er Jahre begannen, ihren Parkraum durch das Aufstellen von „Groschengräbern" zu bewirtschaften, stieg das Villinger Unternehmen auch in das Geschäft mit Parkuhren ein. Anfangs begann man mit der Montage von zugelieferten Bauteilen und nach und nach ging man zu einer Lizenzfertigung sowie völlig eigenständigen Parkuhrmodellen über.

Neben den genannten Apparaten spielte weiterhin der Taxameter eine wichtige Rolle. Mit der Öffnung der internationalen Märkte konnte er sich wieder als Exportschlager bewähren und mit dem feinmechanisch ausgereiften Modell T 12 dominierte Kienzle Apparate über zwei Jahrzehnte hinweg die Märkte in den verschiedensten Ländern. Der Taxameter war auch das erste Produkt des Apparate-Bereichs, bei dem der Übergang von der Mechanik zur Elektronik vollständig umgesetzt wurde. 1975 wurde mit dem Modell Argo 1140 der erste „Taxi-Mini-Computer" vorgestellt. Insgesamt liefen aber die goldenen Jahre des Taxametergeschäfts aus. Der Gesamtbestand der Taxis stieg nicht im gleichen Maße wie zuvor und die neuen Technologien veränderten den Markt grundsätzlich. Mit der Elektronik waren die Marktzugangsbeschränkungen für potentielle Mitbewerber stark abgesunken und die national wie regional sehr unterschiedlichen Gesetzgebungen und Tarifordnungen nagten an der dominierenden Marktstellung des Kienzle-Argo-Taxameters und der Fokus des Managements war immer weniger auf diesen Markt gerichtet.

Das Geschäft mit dem Fahrtschreiber erreichte eine neue Dimension, als die EWG 1969/70 die Einbaupflicht für alle ihre Mitgliedsländer einführte und diese sogar gegenüber der deutschen Regelung auf weitere Fahrzeuggruppen ausdehnte. Betroffen waren Lkws schon ab 3,5 Tonnen und Omnibusse ab 9 Sitzplätzen, Neufahrzeuge mussten einen Fahrtschreiber nach der neuen Gesetzgebung ab 1975 einbauen, ältere Fahrzeuge hatten noch bis Ende des Jahrzehnts Zeit zur Umrüstung. In Villingen war man auf die Situation bestens vorbereitet. 1970 war ein komplett neues Montagewerk vor den Toren der Stadt in Betrieb genommen worden, mit dem man über die benötigten Produktionskapazitäten für den europäischen Markt verfügte. Außerdem brachten die Kienzle-Entwickler innerhalb weniger Jahre gleich mehrere neue Gerätemodelle auf den Markt. 1970 löste der Baukastenfahrtschreiber TCO 15 die Modelle der 50er Jahre ab und 1972/73 stellte das Unternehmen mit dem TCO 1309 ein erstes teilelektronisches Gerät und mit dem Europafahrtschreiber TCO 1311 das Produkt für das anlaufende Massengeschäft im EWG-Raum vor.

Der Übergang von der Mechanik zur Elektronik gestaltete sich beim Fahrtschreiber deutlich länger als bei den anderen Apparaten. Das lag auch an der geltenden Fahrtschreibergesetzgebung, die jeweils genaue Vorschriften zur Funktion des Kontrollgeräts vorsah. Mitte der 80er Jahre wurde hier mit dem Kompakttachographen KTCO 1318 ein großer Schritt getan. War in den teilelektronischen Modellen der 70er Jahre nur die Impulsübertragung zwischen Getriebe und Gerät umgestellt worden, wurde der KTCO 1318 komplett elektronisch gesteuert und verfügte über Datenein- und -ausgänge für Zusatzfunktionen. Mechanisch funktionierten weiterhin die Anzeige und die Aufzeichnung auf den bewährten Diagrammscheiben.

Erst Ende der 80er Jahre begann die Europäische Gemeinschaft mit den Beratungen für ein volldigitales Kontrollgerät. Kienzle stieg nun mit dem Modularen Fahrtschreiber MTCO 1324 auf ein digitales Anzeigesystem um und vollzog die Trennung zwischen Aufzeichnungs- und Anzeigegerät. Es sollte aber bis nach der Jahrtausendwende dauern, bis die entsprechende EG-Verordnung verabschiedet und mit der Einführung des Digitalen Fahrtschreibers der endgültige Abschied von der Diagrammscheibe als mechanischem Speichermedium vollzogen wurde. Das neueste Zeitalter des Fahrtschreibers begann erst 2006. Kienzle Apparate und die Nachfolgeunternehmen unter den Dächern von Mannesmann, Siemens und Continental standen bei allen Veränderungen rechtzeitig mit eigenen Modellen bereit und bestimmen bis heute die Fahrtschreibertechnologie. Über die Jahrzehnte hinweg erreichte man so Marktanteile zwischen 70 und 90 Prozent weltweit.

Besonders interessant ist die hinter dem Fahrtschreiber stehende Produktphilosophie. Die Einbaupflicht des Fahrtschreibers Anfang der 50er Jahre stand ganz im

Zeichen der wachsenden Unfall- und Opferzahlen im Straßenverkehr. Die Politik erhoffte sich von dem Gerät eine technische Lösung zumindest für den Bereich der Nutzfahrzeuge, mit dem die Fahrer zu mehr Disziplin erzogen würden und mit dem man die notwendig gewordene Kontrolle der Lenk- und Ruhezeiten wirkungsvoll anging. Insofern hatte sich der Kern der Diskussion seit den 30er Jahren verschoben. War es damals das Argument der Rohstoffeinsparung und Wirtschaftlichkeit, stand nun die Unfallverhütung im Vordergrund. Der Fahrtschreiber wurde somit als ein Instrument der aktiven Sicherheitstechnik eingeführt.

Dabei muss man sich vor Augen führen, dass in den 50er und 60er Jahren die Massenmotorisierung erhebliche gesellschaftliche Probleme verursachte. Die angesprochenen Unfall- und Opferzahlen waren Ausdruck einer unzureichenden Verkehrs- und Fahrzeugtechnik, eines desolaten Zustandes des Straßennetzes und einer mangelhaften Schulung bzw. Ausbildung der Kraftfahrer.[5] Daran konnte auch die Fahrtschreiberpflicht und andere 1952 verabschiedete Maßnahmen zunächst wenig ändern. Bis 1970 kam es zu einem scheinbar unaufhaltsamen Anstieg der Unfall- und Opferzahlen. In diesem Jahr wurde mit 19.193 Verkehrstoten auf bundesdeutschen Straßen ein absolutes Maximum erreicht. Das waren immerhin fast 70 Prozent mehr als 1953, als die offizielle Unfallstatistik einsetzte. Ähnlich verhält es sich mit der Zahl der Verletzten, diese stieg fast parallel an. Dabei fällt aber auf, dass sich das Verhältnis von Leicht- zu Schwerverletzten stark in Richtung Leichtverletzte verschoben hatte. Noch stärker stieg aber die Zahl der Verkehrsunfälle ohne Personenschäden an. Hier wurde ein Anstieg von 221.000 auf über eine Million registrierter Fälle vermeldet, was einem Zuwachs von 350 Prozent entspricht.[6] Das entsprach etwa der Zuwachsrate im gesamten Kraftfahrzeugbestand.

Die relative Abkopplung der Unfall- von den Opferzahlen deutet auf erste Erfolge mit verkehrspolitischen Maßnahmen und bei den Fahrzeugkonstruktionen hin. In den 50er Jahren wurde die Bundesanstalt für Straßenwesen und das Kraftfahrtbundesamt gegründet, es kam zu einer Neuregelung des Fahrschulwesens und es wurde ein generelles Tempolimit von 50 km/h in Städten und Gemeinden beschlossen. Insbesondere das Tempolimit von 1957 machte sich in der Unfallstatistik deutlich bemerkbar. 1969 wurde der Verkehrssicherheitsrat gegründet und in den 70er Jahren wurde Tempo 100 auf Landstraßen durchgesetzt, der Rettungsdienst wurde flächendeckend ausgebaut und 1982 kam die allgemeine Gurtpflicht.[7] Parallel gingen die Hersteller das Thema Sicherheitstechnik im Fahrzeug an und haben hier bis heute einiges erreicht, was unter dem Stichwort passive Verkehrssicherheit diskutiert wird. Hierzu gehören beispielsweise Gurt- und Airbag-Technik, Knautschzone oder Seitenaufprallschutz. Gerade mit Hilfe von elektronischen Steuer- und Sensorsyste-

---

5 Vgl. Harry Niemann: Gleich nach dem Fall kommt der Unfall, in: Harry Niemann, Armin Hermann (Hg.): Geschichte der Straßenverkehrssicherheit im Wechselspiel zwischen Fahrzeug, Fahrbahn, Mensch, Bielefeld 1999, S. 9–18, hier S. 15.
6 Zu den Zahlen vgl. Verkehr in Zahlen (1972), S. C 103.
7 Vgl. Manfred Bandmann: Der Mensch im Mittelpunkt des Verkehrsgeschehens, in: Harry Niemann, Armin Hermann (Hg.): Geschichte der Straßenverkehrssicherheit im Wechselspiel zwischen Fahrzeug, Fahrbahn, Mensch, Bielefeld 1999, S. 19–37.

men wird hier heute an einer immer intelligenteren Schutztechnik gearbeitet. Auf der Seite der aktiven Unfallvermeidung kamen v.a. eine verbesserte Bremsleistung, ABS- und ESP-Systeme hinzu. Statistisch schlug sich das soweit nieder, dass die Zahl der Verkehrstoten heute im vereinigten Deutschland auf knapp über 5.000 Personen pro Jahr absank, wir also bei einem Viertel der Zahl von 1970 angekommen sind. Die Zahl der Verletzten liegt etwa 20 Prozent unter dem Niveau von 1970, während sich die Gesamtzahl der registrierten Unfälle mit 2,2 Millionen auf etwa das Doppelte erhöht hat.[8]

Vor dem Hintergrund einer weiteren Massenmotorisierung gelang zumindest eine Abkopplung der Häufigkeit und Schwere der Personenschäden vom weiter wachsenden Verkehrsvolumen und von den Unfallzahlen. Insofern zeigten die genannten gesetzlichen und fahrzeugtechnischen Maßnahmen Erfolge. Akzeptiert sind vor allem passive Sicherheitsmaßnahmen wie Knautschzone oder Airbag, die die Unfallfolgen lindern und Personenschäden vermeiden.[9] Bei den aktiven Maßnahmen hat sich das ABS- und neuerdings das ESP-System etabliert. Besonders schwierig erwiesen sich aber immer Maßnahmen, die auf eine Disziplinierung des Fahrers und auf eine generelle Geschwindigkeitsbegrenzung abzielten. Die Diskussion um ein generelles Tempolimit auf deutschen Autobahnen dauert bis heute an.

Zum aktiven Unfallschutz gehören auch Vorschriften zu Lenk- und Ruhezeiten sowie zur Schulung und Ausbildung der Fahrer. Hierher gehören auch die Fahrtschreibertechnik und die dahinter stehende Fahrphilosophie. Die Botschaft der Kienzle-Versuchsfahrten war von Anfang an, dass wirtschaftliches und kontrolliertes Fahren oberste Priorität für Fahrzeug und Fahrer haben müsste: Rasante Fahrweise und die Ausreizung der Geschwindigkeit gefährden die Verkehrsteilnehmer und führen zu unnötigem Treibstoffverbrauch und Materialverschleiß. Der Zeitgewinn hält sich in aller Regel stark in Grenzen. Im Nutzfahrzeugebereich hat sich diese Philosophie durchgesetzt und der Fahrtschreiber erlaubt der Polizei und den Fuhrparkbetreibern eine Kontrolle der Fahrer, inwieweit sie sich an diese Regeln halten. Wie schwierig es ist, diese Grundsätze in der Praxis einzuhalten, zeigt ein Blick auf den heutigen Berufsalltag der Kraftfahrer. Sie kämpfen nicht nur mit den Problemen verstopfter Autobahnen, sondern sind einem steigenden Arbeitsdruck ausgesetzt, weil die Speditionen wiederum von Kundenseite in der Kostenfrage und bei den Zeitplänen unter Druck gesetzt werden. In Zeiten von Just-in-Time-Produktion haben sich die Lkws auf unseren Autobahnen zu mobilen Warenlagern der Wirtschaft entwickelt.

Am Beispiel Kienzles konnte aber auch die Grenze dieser Produktphilosophie aufgezeigt werden. Insbesondere eine Übertragung dieser Technologie auf den Bereich der privaten Pkws stand vor erheblichen Schwierigkeiten. Das veranschaulicht das Beispiel des Unfalldatenspeichers UDS, mit dem Kienzle in den 90er Jahren versuchte, eine Black Box für den Pkw-Bereich einzuführen. Die technischen Hürden konnten alle überwunden werden und letztlich stand ein tadellos funktionierendes Gerät zur Verfügung, mit dem Unfallhergänge sehr präzise rekonstruierbar

---

8 Vgl. Verkehr in Zahlen (2000), S. 166 u. Pressemitteilung des Statistischen Bundesamtes Nr. 075 vom 23.02.2007.
9 Niemann (1999), S. 15f.

wurden. Das Unternehmen warb mit dem Versprechen, dass Autofahrer damit ihre Unschuld im Falle eines Unfalls belegen könnten. Zusätzlich wurde in Großversuchen belegt, dass das Gerät einen messbaren Erfolg auf die Fahrweise der meisten Lenker hatte. Im Bewusstsein, einen „Spion" oder ein „elektronisches Gewissen" im Fahrzeug zu haben, fuhren sie umsichtiger, so dass die Unfallzahlen im zweistelligen Prozentbereich zurückgingen. In Fuhrparks schlug sich dieser Einfluss auf die Fahrkultur in barer Münze nieder, denn die Kosten für Reparaturen, Versicherungen und Krankenausfälle sanken erheblich. Die Investitionen in den UDS-Einbau machten sich hier bezahlt.

Außerhalb kommerzieller Fuhrparks konnte sich das Gerät aber nicht durchsetzen. Private Autofahrer und die meisten Autohersteller blieben skeptisch, so dass der UDS nirgendwo in die Erstausstattung übernommen wurde. Bei den Autofabriken waren sicherlich Überlegungen mit im Spiel, dass mit dem UDS auch Daten zum technischen Versagen ihrer Fahrzeugtechnik gesammelt werden, was zu teuren Haftungsklagen vor Gericht führen könnte. Bei dem skeptischen Teil der Politik wurde immer von der Gefahr der Selbstbelastung und dem „gläsernen Autofahrer" gewarnt. Wichtig für das Scheitern des UDS-Projekts war aber auch, dass das Gerät eine andere Fahr- und Fahrzeugkultur verkörpert, die eben nicht einer verbreiteten Tempo- und Geschwindigkeitskultur folgt, sondern Sicherheit, wirtschaftliches und kontrolliertes Fahren befördert. Die verkehrspolitischen Diskussionen werden aber weiter von Werten der frühen Massenmotorisierung bestimmt, als der „schnelle Verkehr" und die freie Fahrt auf den Straßen synonym für Wirtschaftswachstum, Wohlstand und Modernität waren.[10] Trotz einer immer wieder aufflammenden Diskussion um den Nutzen einer Black Box für Pkws[11] ist der Unfalldatenspeicher deswegen bis heute ein Nischenprodukt geblieben, der erhoffte kommerzielle Erfolg des Geräts blieb aus.

Trotz Krisen und Rückschlägen ist das Kienzle-Erbe weiterhin lebendig. Über das Ende des Familienunternehmens, den Verkauf und das sich anschließende Ende des zweiten Standbeins hinaus blieb das Villinger Unternehmen weiter innovativ. In den 80er und 90er Jahren erschloss man sich in der Mannesmann-Zeit den Markt für automobile Kommunikationstechnik. Bis heute steht insbesondere das Villinger Werk der Continental AG für das industrielle Erbe Kienzles. Mit rund 1.300 Mitarbeitern ist es weiterhin größter industrieller Arbeitgeber der Region und trotz aller Umbrüche wird es sich sicherlich auch in Zukunft mit den bestehenden und neuen Systemen auf den Märkten platzieren.

Dabei lohnt es, die Erinnerung an die über 80jährige Geschichte des Unternehmens lebendig zu halten. Verfolgt man die Entwicklungen der Kienzle Apparate im 20. Jahrhundert und beschäftigt man sich mit ihren Menschen und Produkten, dann stößt man auf eine, in vielen Punkten mit großen Trends der Gesamtwirtschaft beispielhaft verwobene deutsche Industriegeschichte.

---

10 Vgl. Peter Borscheid: Das Tempo-Virus. Eine Kulturgeschichte der Beschleunigung, Frankfurt/Main 2004, hier S. 352.
11 Vgl. Artikel „EU will Schnüffler-Box im Auto", in: Berner Zeitung, 31.3.2009;

NACHWORT

Mitte Mai 2010 saß ich im Flugzeug von Frankfurt nach Detroit, der Weltstadt des Automobils und Ziel aller erfolgreichen Automobilzulieferer, um unsere Tochtergesellschaft ARGO-HYTOS Inc. in den USA zu besuchen. Der sympathische Herr, den der Buchungscomputer neben mich gesetzt hatte, stellte sich als Vorstand des Automobilzulieferers Continental vor, Eigentümer der Nachfolgegesellschaften der einstigen Kienzle Apparate GmbH in Villingen. Neben dem spannenden Thema der Wirtschaftskrise in der Automobilindustrie kamen wir auf ein Kernprodukt des Hauses Continental zu sprechen: den Fahrtschreiber! Natürlich litt auch dieses Produkt im Jahr 2008/2009 an dramatischen Umsatzrückgängen in der größten Rezession seit dem Zweiten Weltkrieg. Dennoch ist er nach wie vor ein Produkt, dass an seiner Aktualität nichts eingebüsst hat: Auch heute noch in digitaler Form ist der Fahrtschreiber ein Instrument zur Verkehrsüberwachung und zentrales Element des wirtschaftlichen Flottenmanagements!

Ein wenig Stolz habe ich schon empfunden, dass mein Großvater Dr. Herbert Kienzle mit seinem Ingenieur Paul Riegger dieses innovative Produkt damals unter großem unternehmerischen Risiko in den wirtschaftlich schwierigen 30er Jahren des letzen Jahrhunderts erfunden, produziert und auf den Markt gebracht hat. Kienzle-Tachografen und ARGO-Taxameter ließen die Firma Kienzle Apparate wachsen! Mit diesen Produkten wurde der Name Kienzle weltweit bekannt! Ich glaube, jeder ehemalige Mitarbeiter von Kienzle empfindet ein wenig Stolz, Teil dieser Erfolgsgeschichte gewesen zu sein, sicher mit einem Schuss Wehmut.

Den Käufern dieses Buches wird es ebenso gehen: Als Leser lernt man das ehemalige Unternehmen Kienzle Apparate in Villingen im Schwarzwald kennen und wird gleichzeitig in eine vergangene Zeit deutscher Industriegeschichte entführt.

Als Träger des Namens Kienzle und aktiver geschäftsführender Gesellschafter eines direkten Nachfolgeunternehmens der Kienzle Apparate möchte ich mich aber auch bei den vielen ehemaligen Mitarbeitern und Managern des Hauses Kienzle für ihre Beiträge zum Aufbau dieser Firma bedanken. Wie man in diesem Buch nachlesen kann, sind diese Beiträge nicht verloren, sondern legen in einer langen Kausalkette von Ereignissen und Begebenheiten Zeugnis einer Kontinuität ab: einst Familienunternehmen, nun erfolgreicher Konzernbestandteil. Viele Menschen haben in dieser Zeit Arbeit und Inhalt gefunden, viele Familien Sicherheit und Auskommen. Es sei allen den Menschen gedacht, die sich einst in die Kienzle Apparate eingebracht haben.

Ich möchte mich ganz herzlich – auch im Namen der Familie – bei den „Machern" dieser Firmengeschichte bedanken, die in großartiger Weise zu diesem umfassenden Werk beigetragen haben, sei es als Zeitzeugen, Verfasser oder Herausgeber dieses Buchs. Nicht zuletzt auch Herrn Guzatis, geschäftsführender Gesellschafter der Kienzle Argo Taxi International, ein Unternehmen, welches die Tradition des ARGO Taxameter weiterführt, für seine Beiträge und finanzielle Unterstützung dieses Werks.

Christian H. Kienzle   Baar, Juni 2010

DANKSAGUNG

Ohne die Zuarbeit und intensive Unterstützung folgender ehemaliger Mitarbeiter der Kienzle Apparate GmbH und ihrer Nachfolgeunternehmen wäre dieses Firmengeschichte in der vorliegenden Form nicht möglich gewesen. Ihnen gilt der besondere Dank des Autors.

Herbert Ackermann *Gunther Bartholomäi* *Heinz Beyer*

Gerhard Hirt *Heinz Kelch* *Adolf Ketterer*

Herbert Kleiser *Horst Lehmann* *Dr. Gerhard Lehmann*

Kurt Saier

Wolfgang Schumann

Horst Spormann

Dr. Hermann Stadel

Wolfgang Tauser

Klaus Thede

Karl Vögtlin

Josef Zieglwalner

BILDNACHWEIS

Stadtarchiv Villingen-Schwenningen: S. 17, 21, 22, 33, 35, 36, 39, 69, 76, 79, 80, 82, 85, 86, 89, 92, 98, 102, 105, 109, 114, 115, 121, 124, 150, 160, 163, 166, 169, 171, 176, 180, 183, 202, 203, 215, 217, 228, 233, 234, 238, 244, 247, 248
Uhrenindustriemuseum Schwenningen: S. 41, 42, 55, 57, 179
Archiv Wenzel: Titel, S. 21, 158, 208, 235, 237, 241, 253
Archiv KATI: S. 29, 30, 33, 47, 128, 131, 137, 141, 145, 148, 150, 153, 155, 173, 186, 188, 191, 193, 229, 262, 263, 265, 281
Bundesarchiv Berlin: S. 50
Archiv Daimler: 51
Heinz-Nixdorf-Forum: 91
Kienzle Automotive: 134, 207
Archiv Dresdner Bank: 219
Archiv Deutsche Bank: 219
Archiv Siemens: 220
Argo-Hytos: 222, 223, 224, 225
Continental: 277
Privatarchive: 101, 215, 308, 309